国家社科基金重大项目
"日本对华精神侵略民间史料收集、整理与研究（17ZDA206）"

王志强　赵继敏　主编

日本秘藏侵华战争照片实录

第1卷

鼓动与粉饰战争

王志强　肖　金　编著

山东画报出版社

济　南

图书在版编目（CIP）数据

日本秘藏侵华战争照片实录. 第1卷，鼓动与粉饰战争 / 王志强，赵继敏主编；王志强，肖金编著 . —济南：山东画报出版社，2023.6

ISBN 978-7-5474-4186-2

Ⅰ.①日… Ⅱ.①王…②赵…③肖… Ⅲ.①侵华战争 – 史料 – 日本 Ⅳ.①K265.06

中国国家版本馆CIP数据核字(2023)第068009号

RIBEN MICANG QINHUA ZHANZHENG ZHAOPIAN SHILU DI 1 JUAN GUDONG YU FENSHI ZHANZHENG

日本秘藏侵华战争照片实录 第1卷 鼓动与粉饰战争

王志强 赵继敏 主编
王志强 肖 金 编著

策　　划	傅光中
责任编辑	许　诺
装帧设计	王　芳
主管单位	山东出版传媒股份有限公司
出版发行	山东画报出版社
社　　址	济南市市中区舜耕路517号　邮编 250003
电　　话	总编室（0531）82098472
	市场部（0531）82098479
网　　址	http://www.hbcbs.com.cn
电子信箱	hbcb@sdpress.com.cn
印　　刷	山东临沂新华印刷物流集团有限责任公司
规　　格	185毫米×260毫米　16开
	14.75印张　341幅图　64千字
版　　次	2023年6月第1版
印　　次	2023年6月第1次印刷
书　　号	ISBN 978-7-5474-4186-2
定　　价	980.00元（全四册）

如有印装质量问题，请与出版社总编室联系更换。

总　序

回顾历史，近代以来中日之间发生过两次大的战争：1895年，清政府在甲午战争中的失败，击碎了中国人几千年来沉醉于其中的"天朝上国"迷梦，让"救亡图存"成为近代中国相当长时间内的历史主题；而1945年，全民族抗战的最终胜利，则开启了中华民族走向国家独立和民族复兴的伟大征程。

两次战争之间，又存在千丝万缕的联系。比如，引发七七事变的日本军队，即当时驻在宛平城外进行"军事演习"的河边旅团第1联队第3大队第8中队，隶属于日本"华北驻屯军"。追溯起来，日本获得在中国华北驻屯军队的特权，源于清政府被"八国联军"胁迫签署的《辛丑条约》，而日本之所以在1900年就能跻身世界"列强"，伙同各国联军参与到瓜分中国的行列中，正是甲午战争的结果。

让我们回拨历史的时针，大致梳理日本从甲午战争开始逐步武装侵略中国的历史脉络。1894年，因朝鲜国内爆发东学党起义，清政府以宗主国身份介入处理朝鲜半岛问题，日本则以协助平乱为名，乘机出兵占领了汉城；8月，日军突然袭击在牙山附近的中国运兵船和驻军，挑起战争。1895年4月17日，战败的清政府与日本签订了《马关条约》，清政府结束中朝宗藩关系，承认朝鲜"独立"身份。同年10月，日本公使三浦梧楼指使日本浪人及乱军闯入朝鲜王宫，杀死受俄国支持密谋发动政变的闵妃，扶植建立起以大院君为首的朝鲜傀儡政权。通过甲午战争，日本拥有了自己在海外的第一个傀儡政权——朝鲜，第一块殖民地——台湾。甲午战争

的这一结果，导致大清王朝"天朝上国"的形象轰然倒塌，同时也极大地助长了日本的民族自信，使其国家定位随之发生了根本性转变。日本通过这场战争验证了明治维新以来推行"脱亚入欧"战略的成功，一跃而跻身于世界列强行列。另一方面，俄国介入而引发的"干涉还辽"事件，导致日俄两国在东北亚地区的根本利益产生剧烈冲突。

其后，日俄战争爆发，日本再次通过战争，迫使俄国先后与其签订《日俄协定》和《日俄密约》，将中国东北划分为"北满"与"南满"，确认各自在中国东北的势力范围。由此，从"经营南满"到"满蒙生命线"，进而是对整个中国的觊觎，日本的侵略野心一步步膨胀。如果说甲午战争是日本自明治维新后以战争手段武装侵占中国、朝鲜等周边大陆国家的"大陆经略政策"的开端，那么，以九一八事变为起点的抗日战争的爆发，则是日本近代走上军国主义道路的必然结果。

当然，无论是从甲午战争到抗日战争，还是从九一八事变东北沦陷到七七事变全面抗战爆发；无论是近代中国国内自身矛盾的冲突演变，还是日本国内军国主义力量的发展壮大，都经历了一个复杂的历史过程。以日本方面的历史为例，在1931年的九一八事变前后，日本国内陆军青年军官先后策划了两次未遂政变，史称"三月事件"和"十月事件"。1932年2月至3月，日本国内右翼连续策划发动多次暗杀，史称"血盟团事件"。同年5月15日，日本海军少壮派军人发动法西斯政变，内阁总理大臣犬养毅被刺身亡，日本政党内阁时代结束，从此确立起完全由军部主导的法西斯军事政治体制。

日本近代军国主义的勃兴，肇始于明治维新奠定的政治、经济、思想基础。实际上，自19世纪末中日两国共同迈入近代化历史进程，中国洋务运动的挫折与甲午战争的失败，日本明治维新的成功与甲午战争的胜利，已经预示着中日两国的现代化"历史列车"各自驶上了两条不同的轨道。近代中日两国之间关系的演变，尤其是日本不断实施对华侵略扩张这一基本战略，虽然受到特定历史环境、特殊历史因素下一系列偶然事件的推动和影响，但从根本上说，则是近代世界历史与东北亚区域历史变迁的产物。如何叙述从1931年到1945年的日本侵华战争暨十四年抗战的历史？关于这个问题，

可以由多个视角切入。而其中一个很重要的视角，就是日本人，尤其是当年身处战争中的日本人，他们自己是如何记录这场战争的？他们对于这场侵华战争又记录了些什么？

本书内容的最大特点正在于此：所选照片，全部都是1931年到1945年日本侵华战争期间日本人用自己的镜头对这场战争的记录。而且，其中很大一部分照片，在当时就被日本军部审查人员盖上了"不许可"印戳，禁止公开发表。

今天，我们整理、公开、研究、解读这些照片，价值在于：

一、这些照片通过日本人自己的镜头，以最直观的形式，全面记录了日本发动侵华战争、武装攻占中国领土、疯狂掠夺中国资源、对沦陷区实施军事殖民统治的历史细节。据2014年7月7日《人民日报》法人微博公开的数据：日本侵华期间，大半中国被日军践踏。930余座城市被占；4200万难民无家可归，中国军民伤亡人数超3500万。被掠往日本的4万多名中国劳工中，有近7000人死在日本；日军从中国掠走钢铁3350万吨、煤炭5.86亿吨……这些冰冷的数字背后，需要通过直观的历史细节来补充、呈现。本书收录的绝大部分照片，都是日本侵华战争期间日军随军记者拍摄的，他们当时拍摄这些照片，是为了记录战况和宣传战争；这些照片在拍摄之后，也主要是给当时在战争后方的本土日本人看的。因此，对于日军在侵华战场上的军事行动、战略部署、物资转运，对于日军士兵的日常训练、生活场景，对于日军占领区和日军控制下的傀儡政权的统治情况，日军记者的拍摄与报道往往毫不避讳。其中不少照片之所以在侵华战争期间因未通过军部的审查而被禁止发表，恰恰是由于这些照片记录了日军在侵华战争期间的"不利形象"或他们当时不愿对外公开的"秘密"。换句话说，这些照片的拍摄初衷虽然不是为了揭露日军的侵略行为，但客观上却为我们留下了日军侵略的罪证。

二、这些照片反映了日本在侵华战争中操纵舆论、实施新闻审查控制的战时体制。本书收录的不少照片上，至今依然保留着"检阅济"（检阅完毕）或"不许可"（禁止发表）的印戳。

这些历史印戳从何而来？一方面，是侵华战争期间日本军部对舆论控制的体现。日本侵华战争期间，为控制舆论，服务侵略战争，成立了"国民精神总动员中央联盟""内阁情报部"等高层权力机

构，统筹管理战时信息，颁布了《不稳文书临时管理法》《言论、出版、结社等临时管理法》等一系列法规，并在军部控制下向侵华战场派驻大量新闻机构搜集战场情报。在涉及日本侵华战争的文字新闻和图片新闻的编辑出版具体流程中，日本军部还设立了情报局、审查委员会等专门机构负责检查和"指导"。美化日军形象、宣传侵华"战果"、鼓吹对外军事殖民的内容，在日本军部的战时新闻审查中畅通无阻；反之，不利于日军形象宣传、影响日军战争部署的信息，则被严格禁止。另一方面，这也是侵华战争期间，日本新闻机构参与并主动配合战争宣传的体现。如九一八事变后，日本国内媒体配合军部的侵略步伐，东京朝日新闻社、大阪朝日新闻社等先后发表了"日本重大之满蒙权益被蹂躏时，日本彻底防卫为严肃无比之事实"以及"满蒙的独立，若是成功将成为远东和平的新保障"等美化日军侵略行为的相关言论。七七事变后，朝日新闻社等日本各大媒体纷纷诬称中国士兵"非法射击"，煽动舆论"讨伐暴戾的中国"，号召民众"赤诚报国"，并组织捐款、慰问侵华日军。因此，仔细研究解读这些照片背后的信息"密码"，分析哪些内容是日本军部想要主动宣传的，哪些内容是被日本军部严令禁止的，哪些内容为何日本军部要刻意突出宣传，哪些内容为何又被日本军部讳莫如深，有助于我们更深刻地剖析日本侵华战争的历史真相。

三、这些照片不仅为我们保留了侵华战场的许多珍贵历史瞬间，还记录了侵华战争期间日本国内普通百姓在"战争总动员"下的日常生活场景，可以让我们更加全面地审视日本侵华战争给日本民众带来的灾难。日本侵华战争，不仅是"军事战""经济战"，还是"宣传战""思想战"；不仅是一场侵华战场前线上的日军士兵参与的战争，还是一场日本全民参与的战争。在军部控制国家机器的情况下，美化侵略、鼓吹战争的狂潮席卷当时日本社会，军国主义影响和渗透着当时日本民众生活的方方面面。从本书收录的照片中，我们可以看到，当时日本各大报纸、新闻媒体，铺天盖地都是在鼓吹日军侵华"战果"、宣传侵华前线日军士兵的"光辉事迹"；文学、电影无不以塑造侵华战场上的日军"英雄"形象为中心，一切质疑军国主义思想、质疑"皇国史观"的文学创作、学术研究活动都被严厉禁止；大、中、小各级学校，正常的教学内容一律被取消，军国主义教育和军事训练成为日常教育内容，甚至在侵华战争后期兵

源紧张的情况下，大批"学徒军""童子军"被送上前线战场；为最大限度地集中战争资源，数次发动全国性的所谓"金属献纳"运动，普通日本民众的金银饰品、金属制作的生活用品被要求收归军用，因而出现大量陶制、竹制"代用品"；正常生活消费需求被严格限制，粮食、糖油、火柴等基本生活用品限时限量供应，收音机、电风扇、皮制品等普通商品停售；由于大量日本男子被征召派往侵华战场，日本本土妇女被组织起来纳入"总体战"体制，妇女作为主要劳动力进入兵工厂制造枪炮、飞机等战争武器；侵华战争后期，日本军部大肆宣扬"一亿人玉碎"和"肉弹战"，引导日本青年加入军队"献身天皇"，执行自杀式战斗任务。总体而言，这种生活状态是狂热的，同时也是压抑的。在侵华战争期间，这种被严密裹挟于军国主义之下无处逃遁的生活，何尝不是战争对普通人制造的灾难呢？

四、这些照片披露了日本在侵华战争期间的大量机密信息和敏感历史内容。本书所收录的日本秘藏侵华战争照片中，一部分是经过当时日本军部审查程序之后未获通过，而被盖上了"不许可"禁令印戳的照片；一部分是上报军部之前，由随军记者及所属报社"自我审查"认为不宜公开，直接秘而不发，最后留在了记者手上或报社资料库存中的照片；另外还有一部分是侵华战争期间日军普通士兵私人拍摄的照片。这些在当时未能公开的照片，涉及的内容有侵华日军的军事部署、武器装备、军事指挥人员身份等一般军事秘密，也涉及前线伤亡情况、战场残酷血腥场面等可能引发厌战、反战情绪的信息。除此之外，本书所收录的照片还涉及日本侵华战争的诸多重大历史问题，如战俘关押处理、慰安妇、对华移民侵略、南京大屠杀、掠夺中国劳工等。尤为重要的是，这些日本人在侵华战争期间用自己的镜头拍摄的照片，为日本右翼至今拒不承认或一直狡辩回避的南京大屠杀、慰安妇等历史事实，提供了无可辩驳的相关历史细节的佐证。

这些照片虽然是日本人用自己的镜头对战争所作的记录，但也从侧面反映了中国人民在抗日战争中不屈抗争和顽强抵抗的精神。自以九一八事变为起点的抗日战争爆发以来，侵华日军的铁蹄从中国东北一步步向华北、华东、华中、华南扩张，尽管敌我力量悬殊，日军所到之处，依然遭遇我抗日军民的坚决抵抗。本书所选照片，记录了淞沪会战、徐州会战、武汉会战、长沙会战、桂南战役等一

系列正面战场上中国军人誓死抗击日军、守卫国土的历史瞬间，在侵华日军随军记者的镜头下，不少为国捐躯的中国士兵横尸战场，一些甚至已经白骨森森，只能由他们身上的军服，向世人宣告他们作为中国军人的身份和浴血奋战的历史。还有一部分照片反映的是在侵华日军占领区内的敌后抗日斗争，如东北、华北、华南等各地抗日游击武装被日军搜捕、"扫荡"的情景。除此之外，日军随军记者还用自己的镜头，记录了日本侵华战争期间遍布中国各地的大量以"声讨日军侵华暴行，呼吁民众团结抗战"为主题的壁画、标语和布告。无论侵华日军如何疯狂暴虐，正是这种始终不灭的抗战精神，让我们的民族坚守到了最终胜利的时刻。由于本书收录的日本秘藏侵华战争照片内容丰富、题材各异，我们在编写过程中根据照片所反映的不同历史内容，将其分为四卷，分别是《鼓动与粉饰战争》《保守与隐匿战时机密》《武力侵华与战场暴行》《抢占破坏与经济掠夺》。

《鼓动与粉饰战争》主要讲述了日本侵华战争期间，以军部为首的日本军国主义势力通过舆论宣抚、信息管控、社会动员等各种手段，对内鼓吹战争、对外粉饰侵略的历史行径。对侵略战争的鼓动与粉饰，是日军侵华炮火背后，另一场没有硝烟的战争。这场战争的战斗人员有日本军部负责情报信息管理和舆论审查的人员，活跃在侵华战场上的日本随军记者与后方新闻人员，为配合日军武装侵略而专门设置的负责"教化安抚"征服中国人"民心"的"宣抚班""宣抚队"，以及在"总体战""战争总动员"体制下，宗教、文化、教育、社会生活全面陷入狂热军国主义之中的日本人。在这场没有硝烟的战争中，实施鼓动与粉饰的武器，可能是一篇美化战争侵略行为的新闻报道，也可能是一张为侵略战争宣传服务的新闻照片；可能是一部鼓吹"为天皇献身"的电影，也可能是一幅宣扬"一亿人玉碎"的标语。本卷选取的照片主要内容包括：日本随军新闻人员在侵华战场上的活动留影；活跃在沦陷区的日军"宣抚班""宣抚队"；日本在"共存共荣"幌子下对殖民地与傀儡政权的统治；军部控制文化、宗教（神社）、教育等各个领域，操纵宣传机器，维护并美化侵华日军形象，对国民灌输"战争崇拜"和"忠君"意识；军部对战时报道涉及战争伤亡、俘虏关押、慰安所、慰安妇等一系列敏感信息的管制与引导。总之，日本侵华战争期间，在被战争机器绑架的舆论宣传中，军国主义的幽灵无处不在。其中，不少当年粉饰和美化侵华战争的思想观点与逻辑，直至今天，依然被妄图为军国主义招魂的日本右翼分子继承和利用。这一点，尤其值得我们注意。

《保守与隐匿战时机密》主要介绍了日本侵华战争期间，在战时保密机制下，日军对涉及军事信息的报道内容的处理。明治维新以后，日本军队和军事装备的现代化建设进展迅速，尤其是经过甲午战争、日俄战争等一系列实战之后，日本军事工业发展水平和军队战斗力在亚洲范围内已经首屈一指。而这种军事优势，客观上也刺激了穷兵黩武的日本军国主义势力对外扩张的野心。本卷所选照片内容，包括侵华战争期间日军战舰、坦克、飞机、山炮、高射炮等重型武器装备，防空侦探设备、运输车队、起重装置、军马等配套军事物资，高射炮布阵、海陆军协同作战、步炮兵协同作战等军事协作部署形式，陆军阵地修筑、海军舰艇训练等战场阵地信息，肩章、军旗、舰艇号码等军队建制标识，以及部分侵华日军战斗人员与指挥官的姓名、级别、头衔等个人信息。除此之外，还有不少是当时日本皇室人员担任军事长官或视察侵华战场时的留影。通过本卷所选照片内容，我们可以看到，对于这些涉及军事机密的战时信息，日本军部在新闻审查过程中的处理十分谨慎，除了少数信息因为配合战争宣传的需要可以公之于众，绝大部分内容在当时被严令禁止公开。即使部分允许发表的照片，也需要根据军部审查人员的"修改指示"，采取模糊照片内容、掩去人物具体姓名、删除战斗人员信息标识、隐去照片拍摄地等手段进行处理。

《武力侵华与战场暴行》主要记录了日本侵华战争期间，日军在武装攻占中国领土过程中的军事暴行。1931年9月18日晚间，日本关东军策划、发动九一八事变，其后日本在中国东北各地屯驻的军队多路齐发，迅速攻占沈阳、长春、齐齐哈尔、锦州、哈尔滨等各大城市，在仅仅4个多月时间里，辽、吉、黑三省全部沦陷。七七事变后，日本侵华战争全面升级。正面战场上，随着日军侵华战线的逐步延伸，中日两国军队先后进行了华北会战、淞沪会战、南京保卫战、徐州会战、长沙会战、浙赣会战、鄂西会战、常德会战等多次会战。敌后战场上，日军对各抗日根据地也多次实施了"扫荡"作战。本卷所收录的照片，内容涵盖了日军在侵

占中国东北、华北、华东、华中、华南等各个地区时经历的主要战役。这些珍贵的有关战争场面的照片，不仅记录了日本发动侵华战争的历史，同时也见证了十四年抗战期间，在日军武器装备占优、敌我力量悬殊的情况下，中国军民不畏牺牲，誓死捍卫国土完整和民族尊严的历史。

《抢占破坏与经济掠夺》主要揭露了日本侵华战争期间，日军对中国沦陷区的殖民控制，以及对中国经济的破坏和掠夺。自日俄战争以来，日本利用"满铁"等殖民机构在中国东北经营多年，将大量资源从中国东北源源不断地输入日本本土。对此，日本军国主义势力并不满足，又通过九一八事变，直接武装占领中国东北，并扶植成立了伪满洲国，全面控制中国东北的政治、经济、文化大权。七七事变后，日军进入华北，并将侵华战争一路向南推进。日军侵华战争所及之处，原有社会经济体系瘫痪，中国百姓流离失所、民不聊生。为防范、镇压中国人民的反抗，日军在沦陷区更是经常大肆搜捕、屠杀民众，损毁财物。日军在占领区，主要通过以下几种形式实施经济掠夺：一是通过"以战养战"的方式，直接抢掠中国煤、铁、粮食、棉花等战略物资，武力征用中国劳工；二是控制中国交通、金融、财税、海关、邮政等金融、物资、信息流通渠道，垄断和掌控沦陷区经济命脉；三是通过组织"开拓团""勤劳奉仕队""勤劳报国队"等移民侵略的形式，妄图达到长期占据中国领土的目的；四是利用殖民政权，为侵华战争提供劳动力、兵员和物资，如伪满洲国在七七事变后就颁布了《国家总动员法》《国防保安法》《国防资源秘密保护法》等一系列法律，配合支持日本侵华战争。以上这些历史事实，在本卷所收录的照片内容中都有不同程度体现。

需要说明的是，在本书编著过程中，作者团队力图从不同的角度全景式展现日本侵华战争。然而，囿于院藏日本侵华战争照片种类及数量，使其对抗战中有些方面反映得还不够充分，如敌后战场上日军对各抗日根据地的"扫荡"作战等。因此，本套丛书从日本战时画报中选取相关照片，在一定程度上反映侵华日军在东北、华北、华南各抗日根据地对抗日武装力量的搜捕与"扫荡"，以及日军试图抹去或消除抗日根据地内的壁画、标语、布告等的行径，从而凸显出敌后抗日根据地对全国抗战胜利发挥的重要作用和做出的不可磨灭的贡献。此外，本套书各卷反映的内容和题材各异，侧重

点也不同,所以各册之间可能出现照片的重复,但是各册作者根据专题分工,从各自角度对其进行了不同的解读。

《日本秘藏侵华战争照片实录》一书的编写,由伪满皇宫博物院专业人员完成。照片内容主要依托于伪满皇宫博物院的院藏资源。多年来,伪满皇宫博物院征集了日本侵华战争期间出版的大量书籍、画报、照片等历史文物,以及二战后日本方面整理出版的有关侵华历史的文字、图片资料。这些是研究日本侵华史、伪满洲国史的重要学术资源。《日本秘藏侵华战争照片实录》一书被列入"十三五"国家重点图书出版规划和2019年度国家出版基金项目,无疑是对我们编写、出版此书的价值和意义的高度肯定。然而,受研究水平和资料所限,作者在编写中会有疏漏和不完善之处,敬请广大读者谅解与指正。

反对战争,守卫和平,是人类永恒的理想。谨以此书献给那些为捍卫和平而牺牲的英灵,以及所有饱受战争灾难的无辜民众!

伪满皇宫博物院院长　王志强

序

　　大致梳理本书所选取的秘藏照片，其主要来源，一是侵华战争期间因为审查原因未被允许公开的《不许可写真》系列照片，通过这些照片，我们可以考察日本军部在战争期间对舆论信息的控制和引导；二是侵华战争期间从中国战场传回日本国内的各类战场写真，如《日支事变写真帖》《国际写真情报》《世界画报》《战场写真集》《大东亚战争写真史》等，这些写真相册作为见证日本侵华战争的特殊收藏，在二战结束后便湮没于历史长河之中；三是侵华战争期间个人拍摄记录下来的历史照片，如当年曾参加侵华战争的日军士兵村濑守保，在战后保留下来的《村濑守保写真集》。这些照片由于版权等原因，绝大多数从未在中国国内公开。今天，搜集、整理、公开这些秘藏照片，钩沉历史不是为了猎奇，更不是煽动民族仇恨，而在于警醒当下。为了"反对战争，维护和平"的目标，我们有责任拨开历史的重重迷雾，让其回归真相。

　　舆论宣传和精神动员是战争的重要组成部分。侵华战争期间，日军炮火背后的"心理战"和"舆论战"，可谓一直贯穿于战争始终。军国主义和战争狂热，把日本普通百姓绑架于庞大的战争机器之上。战争带来的灾难和伤害，往往被战时宣传机器刻意掩盖、粉饰甚至美化。

　　1937年七七事变爆发前后，军方控制下的日本政府相继成立"国民精神总动员中央联盟"（1937年）和负责内外宣传管理事务的"内阁情报部"（1937年），并出台了《不稳文书临时管理法》（1936年）、

《军机保护法修改案》(1937年)、《国家总动员法》(1938年)、《军用资源秘密保护法》(1939年)、《言论、出版、结社等临时管理法》(1941年)、《新闻纸等刊载限制令》(1941年)等一系列控制新闻舆论传播的法规,鼓吹战争,扼杀反战言行。在新闻审查尤其是照片审查中,对涉及抗日问题以及可能引发国内民众厌战情绪的照片,一律禁止刊发。从本书所选取的秘藏照片中,我们可以看到活跃在侵华战场上的日本随军新闻人员和由军部控制并派驻到中国战场的日本新闻机构,深度介入日本侵华战争的情况。

由于控制了宣传机器,侵华战争期间,随军记者的报道往往成为日本军部处理敏感事件与舆论引导的重要力量。如七七事变发生后,当时日本各大媒体的报道,都异口同声称是中国军队先开的枪。尤其是1938年4月1日,《国家总动员法》颁布后,当时日本的各大新闻机构都被军部完全掌控,媒体新闻需由海军省和陆军省的情报部统一经过记者招待会,传达给陆海军记者俱乐部,然后再由各媒体发布出版。媒体在编辑出版有关新闻报道的过程中,还要接受军部下属的情报局、特高课等机构的检查和内部"指导"。到1940年,日本内阁情报局(其前身为1937年成立的内阁情报部)设立专门机构直接控制纸张分配。在所谓"战时体制"之下,日本军部对新闻出版机构的干涉,可谓无所不用其极。这种控制,总体而言,是随着战争进程逐渐推移而加强的。比如,在侵华战争前期,日本各报社还能通过其派往中国的随军记者自行采写一些战事报道,到1941年后,一切战况均由日本军部"大本营"统一发布,报社不得自行采访;日本国内媒体的宣传报道和公开发表的所谓新闻图片,均由日本军部统一炮制。在本书所选取的秘藏照片中,我们可以看到,日本军部是如何控制媒体,如何操纵舆论,选取有利于鼓动战争的内容进行宣传,同时隐匿那些不利于自己的事实。

在对内进行舆论控制的同时,日军在武装侵占中国的过程中,还十分注意开展各种"宣抚工作"。最开始,承担此项工作的是专门的"宣抚班"。"宣抚班"隶属于日军特务部门,是一个以执行宣传、安抚占领区居民、刺探收集情报为主要任务的随军组织,常常以演说、唱歌、演剧、广播以及散发传单、出版报刊等手段,宣传美化侵略行径,丑化中国抗日力量,并帮助日军组织当地治安维持会等。后来,为改善宣传效果,日军调整对占领区的宣抚措施和办法，大力扶持汉奸政权出面组织宣抚工作，如伪满洲国组织的"协和会"、华北伪政权组织的"新民会"，都属于这一类型。除此之外，日军各部队均配有专门人员，负责战时广播诱降工作。本书所选取的秘藏照片中，收录了大量当时日军的内部宣传手册、宣传单、宣传画、标语、布告，以及进行战时广播的历史场景。

当然，侵华战争期间，日本军部控制下的一切宣传和舆论工具，归根结底还是为军国主义服务的。军国主义体制在日本的确立，伴随着暴力血腥甚至阴谋暗杀等一系列恐怖手段。如在1932年5月15日，日本海军少壮派军官发动政变，内阁总理大臣犬养毅被刺身亡，史称"五一五事件"。事件发生后，军部控制内阁权力，标志着日本政党内阁时代结束。从此，日本宪兵队和内务省开始对国内新闻报道进行特别审查。1936年2月26日，日本中下级军官再次发动政变，史称"二二六事件"。"二二六事件"发生后，日本军部严令新闻媒体保持沉默。日本由此走上了军部主导"举国一致"的道路，确立起以天皇为核心的法西斯军事体制。通过本书所选取的秘藏照片，我们可以看到，在强化军国主义意识过程中，日本军部主要通过鼓吹"战争崇拜"和"忠君（天皇崇拜）"等手段，对民众和士兵进行思想控制。比如，1940年7月，东条英机成为日本近卫内阁陆军大臣兼"对满事务局"总裁。东条英机上台后，立刻着手制定《战阵训》，倡导侵华日军在战场上要具备以死效忠天皇的精神。日本侵华战争期间，每逢"纪元节"（传说为日本神武天皇即位之日，二战后该名称被废除，改为日本建国纪念日）、"明治节"（日本明治天皇生日，二战后该名称被废除，改为日本文化日，亦称"菊花日"）、"天长节"（天皇生日，侵华战争期间即日本昭和天皇生日，二战后该名称被废除，改为天皇诞生日）等重大节日，在华日军均在各地举行遥拜天皇的仪式，在华日籍居民也会前往设在中国各地的日本神社参拜。每逢重大战役攻占中国城池后，侵华日军更是经常聚集到城头高呼"天皇万岁"。1941年12月8日，日本天皇发布对美、英的宣战诏书。1942年元旦，首相东条英机在内阁告谕中宣布，每月8日为"大诏奉戴日"，并要求在这一天，日本各个学校、工厂等都需举行宣战诏书奉读仪式，宣誓效忠天皇、祈祷日军必胜。另外，在二战末期，日军组织"神风特攻队"自杀式进攻等"疯狂行为"，都是军国主义分子鼓吹为天皇献身观念的结果。

　　日本是一个以佛教和神道教为主要宗教信仰的国家，侵华战争期间，在军部操控组织下，日本国内佛教各派纷纷举行效忠集会，表态要"发扬皇道宗教之真谛，奉戴圣战之宗旨"。各寺院布教宣传"尊皇即奉佛"、"皇军所至，宇宙经轮回转"、"天皇必胜，神国必胜"等说教。其中，以日本净土真宗和日莲宗表现得尤为积极。1932年1月18日，在日本特务机关的蓄意策划下，日本日莲宗极右翼代表人物、上海日莲宗妙法寺和尚天崎启升等5人，故意向上海公共租界杨树浦马玉山路的三友实业社工人义勇军挑衅，结果导致双方互殴，制造了当时震惊中外的所谓"日僧事件"。日本军部利用"日僧事件"混淆舆论，在日本国内和上海日籍侨民中鼓动战争，十天后发动一·二八事变，大举武装进攻上海。本书所选取的秘藏照片中，即有"日僧事件"当时留下的珍贵历史记录，以及日本军部当时利用"日僧事件"鼓动战争的历史场景。

　　神道教原本只是日本的传统民族宗教，明治维新以后，天皇重新掌握国家政权，为强化天皇权威，传统神道教经过改造，成为所谓"国家神道"。"国家神道"将神道教置于国教地位，内务省设立神祇院，直接管理和参与神社事务，鼓吹"天皇至上"，宣扬"崇祖尊皇""国体主义"等观念，并将发动对外侵略战争的国家行为，美化为实现日本"神国"与天皇"神威"的"圣战"，要求包括士兵在内的所有民众都必须无条件效忠天皇，为天皇奉献出自己的一切甚至生命。可以说，在整个侵华战争期间，"国家神道"成了日本军国主义势力控制民众、推行军国主义政策的思想渊薮。直到二战结束后，驻日盟军最高司令部发布《关于废除政府的保障、援助、保全、监督及弘布国家神道、神社神道的文件》即《神道指令》及《宗教法人令》两道命令，强制日本实现政教分离，废除了"国家神道"的国教地位，神道教才脱离国家管制，重新成为日本的普通宗教之一。神社作为尊奉、祭祀日本神道教中各种神灵的建筑，在侵华战争期间，也成为独具历史内涵的象征。据浙江大学历史系教授王海燕在其论文《日本侵华战争中的国家神道》（《抗日战争研究》2009年第1期）中介绍：1939年8月15日，日本陆军大臣板垣征四郎下令，允许神职人员在战时或事变之际随军。其后，又在东京成立了"海外神社协会"，专门负责海外神社问题的调查研究、神主的培养和祭祀指导等。日本侵华战争期间，在中国各地，凡有日本人居住的地方或有日军驻扎的地区，尤其是军事、经济要地，陆续建立了神社。仅以中国东北地区为例，在伪满洲国统治东北期间，日本官方于伪满各地设立的各类神社近三百座。在华神社作为日本本土神社的延伸，祭祀的是以天照大神、明治天皇为首的日本"神灵皇祖"，建筑式样也是日本式样，被视为"八纮一宇""肇国大精神"的象征性建筑物。这些神社不仅扮演着辅助军事侵略、实施文化侵略的角色，更是其施行所谓"皇民化"政策的重要一环。本书所选取的秘藏照片中，有不少反映了这方面历史的内容，如七七事变后，日本陆军中将香月清司担任中国驻屯军司令官，香月清司的妻子和女儿前往神社祭拜侵华战死日军，祈愿"皇军武运长久"；1938年初，为庆祝日军攻占南京后"凯旋"，南京大屠杀元凶、日本陆军大将松井石根率部众专程前往明治神宫参拜；被派往侵华前线的日军，临行前都要集体到靖国神社参拜；关东军从日本国内征召的"满洲建设勤劳奉仕队"队员抵达长春后，被安排参拜伪满新京神社。

"国家神道"将宗教纳入战争轨道的同时，日本的学校教育也沦为灌输军国主义思想、为侵略战争服务的工具。如1941年3月，日本政府发布的《国民学校令实施规则》中，开宗明义，要求全国各中小学校必须"奉体《教育敕语》之精神，在整个教育过程中学习皇国之道，特别应坚定对国体的信念"。其中所谓《教育敕语》是明治天皇于1890年颁布的教育主张，强调国民教育的目的在于巩固以天皇为中心的社会、政治秩序，侵华战争期间这一教育主张为军国主义势力利用，直到二战结束后的1948年才被正式废止。而所谓"皇国之道""国体"，即当时天皇制军国主义体制下，通过学校教育，鼓吹天皇崇拜，神话日本历史，宣扬"日本是神国""大和族是天照大神后裔"，美化对外侵略为"建立以皇国为中心，以日、满、华为基干的大东亚新秩序"。二战后期，随着侵华战争的日益扩大和太平洋战争的爆发，日军消耗越来越大，兵源不足，为迅速补充士兵数量，日本降低征兵年龄，大量征召学生兵投入前线。在本书所选取的秘藏照片里，我们可以看到当时日本推行军国主义教育的大量历史场景。如1943年，在东京市中心，明治神宫附近举行的学生军大阅兵，东条英机亲自对日军学生兵发表动员训令；在华日本人学校里，甚至训练小学生如何为伤员包扎伤口。可见，这一时期，军国主义对教育的渗透，已经无孔不入。

日本侵华战争期间，与宗教、教育军国主义化同步的，还有历史、文学、影视等公共文化领域的军国主义化。1940年3月，日本历史学家津田左右吉，因撰写《古事记及日本书纪的研究》《神代史的研究》《上代日本的社会及思想》等历史研究著作，否定了军国主义势力宣扬的日本神国历史而被起诉，出版这些书籍的岩波书店负责人岩波茂雄也连同被起诉，两人很快被定罪并判刑。"津田事件"轰动当时日本学术界，津田左右吉的思想也遭到日本右翼学者的集体批判和攻击。直到二战结束后，否定神话历史的"津田史观"，才成为日本历史学界的主流。在钳制民众思想的同时，侵华战争期间，宣扬军国主义精神的文学和影视作品大量涌现。如战后被称为"第一号文化战犯"的日本作家火野苇平，在侵华战争时期为日军第18师团士兵。火野苇平在战争期间以自身经历创作《麦子与士兵》《土地与士兵》《花儿与士兵》三部曲，因大肆宣扬军国主义精神而轰动日本，被狂热的军国主义分子追捧为"国民英雄"。1938年4月，日本《国家总动员法》颁布，标志着"战时体制"确立；8月，部分日本作家发起建立"笔部队"，随军出征中国。1938年8月24日，日本内阁情报部公布首批被派遣从军的22人作家成员名单。这22人中，女作家林芙美子第一个抵达中国，其后跟随侵华日军转战中国各地，并加入日军战地报告团，被当时《朝日新闻》称为"笔部队的功勋甲"。

为配合军国主义文化宣传，当时日本政府还在侵华日军官兵中进行"造神运动"。如侵华日军第5师团临时派遣队第2大队第8中队杉本五郎中佐写过一本名为《大义》的小册子，教导日本青年为了天皇要奉献自己的一切，包括生命。1937年9月，杉本五郎在华北战场战死。为神化《大义》作者杉本五郎，日本军部宣称，杉本五郎战死时，虽然炮弹击中了他的头部，但他却以站立不倒的姿势气绝身亡。杉本五郎被日本军部塑造成所谓"军神"，他的遗物被全部从侵华战场运回日本，《每日新闻》连载其事迹，日本作家还为其撰写了《军神杉本五郎中佐》一书。杉本五郎所写的《大义》一书，更是一度成为20世纪30年代日本青少年心目中的"圣经"。与杉本五郎类似的，还有侵华日军中国派遣军第5战车大队的西住小次郎大尉。1938年5月，徐州会战期间，西住小次郎被中国军队击毙。西住小次郎战死后，日本军部发现其驾驶的坦克在历次战斗中弹痕累累，曾被击中一千多处，因此被日本军部宣传为"陆军之神"，西住小次郎驾驶的那辆千疮百孔的坦克，也被当作所谓"神物"，被供奉在靖国神社公开展示。侵华战争期间，西住小次郎的故事被拍成电影，电影中由当时日本知名演员上原谦饰演的"西住大尉"形象，曾让日本青年热血沸腾。除了杉本五郎和西住小次郎的相关历史照片外，在本书所选取的秘藏照片中，还收录了这个时期日本拍摄的大量宣扬军国主义的电影剧照。如日活株式会社出品的影片《后方的赤诚》，该片主要反映的是侵华期间日本国内的战争动员状况。PCL株式会社出品的影片《冲向华北的天空》，通过从军记者的视角，宣传了华北战场上侵华日军的"英勇"形象。新兴株式会社出品的影片《皇军一鼓作气》，主要讲述了日本普通青年如何为"国家大义"走上侵华战场的经历。

侵华战争期间，日本军部实施"总体战"体制，动员社会各个领域的力量投入到战争之中，为战争服务。1940年10月，日本近卫文麿内阁参照德、意法西斯体制，在日本国内推行"新体制运动"，解散一切政党，成立了以"实践翼赞大政的臣道"为宗旨的法西斯组织——大政翼赞会。所谓"翼赞"，就是"帮助天皇"，其建立的目的是为了强化以天皇为中心的军国主义体制，使之成为国民总动员体制的核心组织。时任日本首相近卫文麿亲任大政翼赞会总裁（近卫文麿下台后，总裁由继任首相东条英机担任），各地支部长由都、道、府、县知事兼任，日本随后进入所谓"一君万民""万民翼赞"的状态。大政翼赞会建立后，立刻将各地"产业报国会"及各种妇女组织纳入"总体战"体制。比如，由明治时期日本女性社会活动家奥村五百子创建的"爱国妇人会"，其成员多为日本皇族、华族等上流阶层的女性，侵华战争期间，主要工作是慰问军人眷属或遗族、筹备军事后援与救济救护的资金。1932年3月，在大阪成立的"国防妇人会"（后更名为"大日本国防妇女会"），主要从事军工生产、前线慰劳、参加国防训练、照顾伤病士兵和阵亡者遗属等工作。七七事变后，日本妇女组织"相爱会"，其会员主要工作是为侵华日军募捐以及制作慰问品。侵华战争后期，"爱国妇人会""国防妇人会"等妇女组织统一合并为"大日本妇人会"。

凡20岁以上女性均被强迫入会，会员达1900多万人。在中国占领区，还有所谓"居留民会"（亦称日本侨民会、日本人会），负责组织在华日本侨民的生产、经营活动，保护在华日本侨民的利益，配合侵华日军维持当地秩序。上述这些组织在侵华战争期间的活动，在本书所选取的秘藏照片中，均有所反映。

在"总体战"体制之下，随着侵华战争的推进，日本人民的生活也随之陷入困境。他们中的许多人，既是军国主义的狂热追随者，其实也是军国主义的牺牲品。1940年6月1日，日本政府要求，对于奢侈品、不急需的商品，实施限制或禁止制造的措施：火柴一天5根、糖一个月半斤。从6月7日开始停止出售的物品包括宝石、30日元以上的手提包、收音机、针、电风扇、保险柜、台灯、一切皮革制品等，甚至连日本最繁华的商业中心东京市街头，也到处是要求"国民废止虚礼"的标语。侵华战争期间，为集中一切资源收归军用，金属、皮革、布料等物资均被国家征集用于支持战争，日本百姓日常生活中出现了形形色色的"战时代用品"，比如陶制的邮筒、火炉，竹制的书包、便当盒。为最大限度地征集军用物资支持战争消耗，日本政府多次发动全国金属回收运动，靖国神社内自中日甲午战争以来收藏陈列的所有金属"战利品"，甚至普通民众的首饰、随身配饰，均被要求上缴充归军用。七七事变期间，侵华日军为筹措军费，由政府出面发行所谓"支那事变国债"，其后又多次发行了大量所谓"爱国债券"，号召民众购买。侵华战争后期，在日本男性大量出征情况下，只能让女性来补充劳动力的缺口，进入军工厂并履行民兵义务。

日本军部实施的"总体战"体制，不仅针对日本国内，在日军占领区同样如此。侵华战争期间，为支撑持续深入的战争消耗，日本对各殖民地与傀儡政权进行了最大限度的盘剥和利用。1938年2月，日本在朝鲜颁布《特别志愿兵令》，设立专门训练所，包括朝鲜总督府交通局高等海员养成所、朝鲜总督府陆军志愿兵训练所等机构，大量征召朝鲜籍青年，进行所谓"皇道精神"训练后，将其派往侵华战争前线。日本扶植起汪精卫政权后，在各地制造舆论、组织集会，宣扬汪精卫政权与日本"合力参战""同生共死"。在伪满洲国，日本人把持内政外交各项大权，掠夺战略资源输送到侵华战争前线。如侵华战争期间日军主战坦克之一的九七式中型坦克，便由日本设在伪满洲国的兵工厂大量生产。日本关东军侵占中国东北期间，为加强其殖民统治，还建立并操控了伪满协和会、协和青少年团、协和义勇奉公队、国防妇人会、军人后援会等大量社团组织。侵华战争期间，日军通过武力攻陷中国城市后，由特务机关、宣抚班等负责扶植地方治安维持会协助其殖民统治，并由日军设置专门的"指导"机构，实施"以华制华""以战养战"的策略。

慰安所、慰安妇问题作为日本侵华战争的重要罪行之一，无论在战时还是战后，日本方面都曾讳莫如深。在本书所选取的秘藏照片中，有系列照片记录的正是这部分历史内容。侵华战争期间，慰安妇来源主要有如下几类，一是受军国主义宣传动员的影响，自愿随军并坚信"自己是为了国家在奉献"的日本本土妇女；二是日军从朝鲜等殖民地征召的妇女，她们或是被骗来的，或是被强行抓来的，随着战局的进展，她们像货物一样被敞篷卡车送往前线；三是日军在中国占领区强征的中国妇女。另外，侵华日军不少高级军官将日本本土的艺伎带到中国战场供自己享乐，这些人本质上也属于从军慰安妇。侵华战争期间，日军专门设立军队直营的慰安所。当时日军某兵站司令部为慰安所制定的如下规定：1. 必须持有到慰安所的外出许可证。2. 下士、列兵、军属的门票为2元。3. 只能进入门票规定的房间。4. 时间为30分钟。5. 结束后立即退出。日军慰安所在当时也被称为"欢乐店"，而慰安妇则被日本军部视作"不得建号编档的军需品"。

日本在侵华战争期间，为实现鼓动宣传的目的，还配合实施了严密的信息管控。侵华日军从战场发往国内的信件一律经过检查，如果写有部队行动等内容，会禁止发送。对敏感事件、特殊政治身份的人物的信息，审查尤为严格。如1937年7月，驻守通州（今北京通州区）的伪军通州保安队，突袭该地的日军守备队和特务机关，并击杀居留当地的日本人数百名，史称"通州事件"。因为涉及日军在中国军事占领区的统治稳定问题，相关信息被当时军部严控。张鼓峰事件后，日军占领区内到处都是战死士兵的尸体，为避免尸臭，日军戴着防毒面具查看，日本军部不想让人由此联想到毒气战，因此将日军戴防毒面具的相关照片全部禁止发表。自1938年2月至1944年12月，侵华日军对重庆进行了持续6年零10个月的无差别轰炸，轰炸过程中，不仅造成大量中国人伤亡、房屋损毁，同时被炸的还有外国教会及英国、法国等国驻华使馆，连挂有纳粹党旗的德国大使馆也未能幸免。类似这样因为战争暴行可能引发外交纠纷或国际谴责的情况，也是日军军部对外信息管控的重点。另外，本书选取的秘藏照片中，不少涉及日本皇室、汪精卫等傀儡政权重要成员活动的相关信息，当时也属于严格审查的对象。

为美化日军在侵华战争中的形象，掩饰其战争罪行，日本军部在信息管控上设置了一系列严格的审查标准。侵华战争期间，日本军部对日军官兵的军容"威信"十分重视。如雨中行军愁苦不堪的日军等可能影响士气的照片，当时一般是不允许公开的。凡军容不整、衣裤不全或者赤身露体"有伤风化"的照片，一般不允许公开，偶尔因为报道需要公开的，审查官甚至会要求后期"画上裤子"。战争期间，日本军部对士兵死伤照片严格控制，包括转移伤员的照片、战地医院的照片、患病士兵的照片，一切不利于战争宣传的内容，都面临被禁止发表的命运。为掩饰战争罪行，凡涉及抓捕关押战俘及中国军人、普通民众尸体的照片，包括南京大屠杀、重庆大轰炸等历史事件的现场伤亡图片，当时几乎都难以公开，甚至可能让人联想到战争暴行的照片也会被删除。如本书照片中，有一张为侵华战争期间在苏州市区街道上行进的日军骑兵，根据日本军部的审查要求，路边的马匹尸体因为暴露了战争的残酷，被命令删除。另一张是在上海方浜路路旁吃午饭的日军，照片审查过程中，街头出现的坦克被要求涂抹掉，这显然不只是因为保密要求，更重要的是为了掩饰日军在中国各占领区武装控制民众的事实。对于发动侵华战争的目的，日军更是不遗余力地营造假象。除了通过傀儡组织、广播报纸、传单画册等各种方式宣扬所谓"日华提携""共荣共存""建设王道乐土"等，日军每攻占中国一城一地后，经常组织仪式，胁迫中国民众（包括儿童）"欢迎"日军，甚至在国内画报上刻意刊登"中国老人为皇军倒水"之类的照片。所到之处，不忘为自己树碑立传。为应对抗日力量的影响，日军在一些占领区还采用发放物资、医疗检查等怀柔政策。对于中国人推崇敬仰的历史人物，日军表面上也表示尊崇。如1938年1月，日本华北方面军第2军分别于1月4日、11日占领了曲阜和济宁。占领曲阜后不久，日军军官、随军记者即前往孔庙大成殿参拜，并与留守孔府的孔子后人会面。

综上所述，本书所选取的有关日本侵华的秘藏照片，是从舆论宣抚、宗教信仰、学校教育、公共文化、社会动员、殖民地（傀儡政权）组织、信息管控等角度，全面揭露侵华战争期间，日本军国主义势力鼓动战争、美化侵略的历史。鉴往知来，战争的阴霾离我们并不遥远，这段特殊的历史记忆，直到今天依然影响着中日两国关系与中日两国人民的情感。只有正视历史，才可能真正避免重蹈历史的覆辙。

肖　金

2022年1月

目 录

**第一章　日军侵华炮火背后的
　　　　"心理战"和"舆论战"**　……………………………… 1

　第一节　活跃在侵华战场上的日本随军新闻人员　………… 3
　第二节　战时敏感事件处理与舆论公关　…………………… 14
　第三节　日军在中国占领区的宣抚工作　…………………… 27
　第四节　对涉及抗日问题、厌战情绪的处理　……………… 38

第二章　侵华战争与日本军国主义幽灵　………………… 47

　第一节　被刻意营造的武力炫耀与"战争崇拜"　………… 49
　第二节　全面侵入教育的军国主义狂热　…………………… 61
　第三节　日本神社与侵华战争　……………………………… 75
　第四节　战争机器绑架下的"精神洗脑"与肉体献祭　…… 84

第三章　日军发动侵华战争与战争总动员　……………… 97

　第一节　侵华战争与日本的"全民奉献"　………………… 99
　第二节　战时动员下的日本国民生活　……………………… 111
　第三节　侵华战争期间日本对殖民地
　　　　　与傀儡政权的利用　………………………………… 124

第四节　慰安所、慰安妇问题 …………………………………………… 139

第四章　侵华日军形象的维护与美化 …………………………… 149

第一节　侵华日军对军容的维护 …………………………………… 151
第二节　侵华日军对战时报道的管制 ……………………………… 159
第三节　侵华日军对战场伤亡信息的处理 ………………………… 172
第四节　侵华日军对俘虏问题的处理 ……………………………… 183
第五节　侵华日军对战争行为的粉饰宣传 ………………………… 192

后记 ………………………………………………………………… 207

第一章

日军侵华炮火背后的"心理战"和"舆论战"

舆论宣传是战争的重要组成部分，日本在发动侵华战争期间，为配合战场军事行动，在国内精神动员、战场情报信息管理、新闻舆论引导方面，投入了极大的人力物力。通过战时宣传机器，日本军部一方面大肆鼓吹军国主义"圣战"，另一方面竭力掩盖罪行，刻意粉饰、美化其侵略行径。

侵华战争期间，在日本国内先后成立了"国民精神总动员中央联盟"（1937年）和负责内外宣传管理事务的"内阁情报部"（1937年），并出台了《不稳文书临时管理法》（1936年）、《军机保护法修改案》（1937年）、《国家总动员法》（1938年）、《军用资源秘密保护法》（1939年）、《言论、出版、结社等临时管理法》（1941年）、《新闻纸等刊载限制令》（1941年）等一系列控制新闻舆论传播的法规。在中国战场，日本军部组织国内各大新闻社派遣随军记者搜集、记录战场信息，通过战时审查机制，选取有利于鼓动战争的内容进行宣传报道，同时回避战场真相，尤其是不利于自己的事实。同时，在侵华日军内部，还有专门的人员负责战场宣传。

本章主要内容包括：活跃在侵华战场上的日本随军新闻人员，战时宣传机器对敏感事件的处理与舆论公关，日军在中国占领区开展宣抚工作的情况，以及侵华日军对于涉及抗日问题、厌战情绪等内容的处理。

第一节　活跃在侵华战场上的
　　　日本随军新闻人员

侵华战争期间，日本军部介入并控制着战场宣传，无论是日本国内当时各大报社、新闻机构随军人员的战场活动，还是新闻图片、新闻报道的采写、编辑、刊载，均由日本军部统一管理。

大量日本媒体从业人员跟随侵华日军来到中国，并活跃在战场前线，被称为"笔部队"。在拍摄战场信息的同时，这些随军新闻人员也留下了不少记录自己活动情况的照片。他们中的很多人转战中国各地，并最终成为中国战场上的牺牲品。

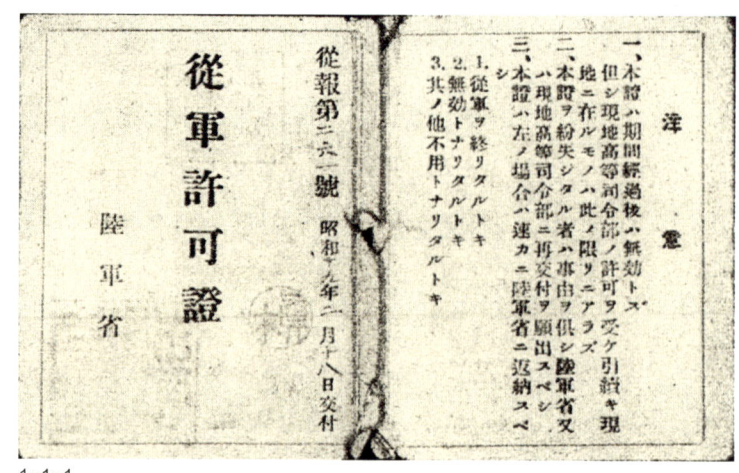

1-1-1

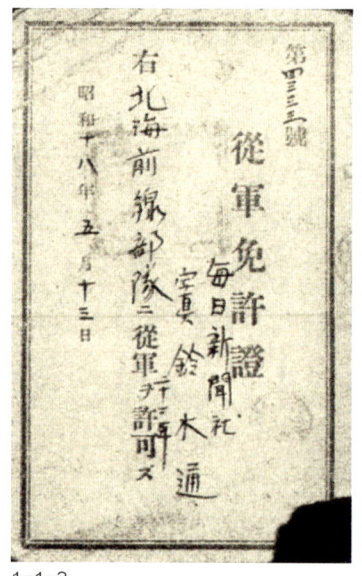

1-1-2

1-1-3

1-1-1 侵华战争期间，日本陆军省向随军记者颁发的"从军许可证"，许可证右侧标注了相关注意事项，左侧是证件号码和颁发日期。〔（日）赤木益一郎：《从满洲事变到太平洋战争——20年中的不许可战场写真集》，每日新闻社，1965年，第182页〕

1-1-2 侵华战争期间，每日新闻社随军记者的"从军免许证"（即从军许可证书）。从照片中的日期看，这张证书的颁发时间为1943年5月13日。〔（日）赤木益一郎：《从满洲事变到太平洋战争——20年中的不许可战场写真集》，每日新闻社，1965年，第182页〕

1-1-3 照片中，是正在杭州湾进行登陆作战的日军部队随军记者，为了不让相机浸湿，他们将相机举在头顶前进。而拍摄这张照片的摄影师，后来跟随日军到菲律宾，并最终死在那里。〔（日）赤木益一郎：《从满洲事变到太平洋战争——20年中的不许可战场写真集》，每日新闻社，1965年，第195页〕

1-1-4

1-1-4 随军记者石井清在洞庭湖参与登陆作战,当时相机浸入水中,镜头前是匍匐前进的士兵和没入水中的尸体,他因为右手腕被子弹射穿而倒下,最后只能从被污损的胶卷中冲洗出这张照片。战后,石井清一直将其放置在他办公桌的玻璃板下。〔(日)赤木益一郎:《从满洲事变到太平洋战争——20年中的不许可战场写真集》,每日新闻社,1965年,第28页〕

1-1-5 在没有无线电信号的伪满洲国荒野,日军侵华前线战况的稿子只能用飞机运送。照片反映的是九一八事变后,日本每日新闻社的飞机强行在没有滑行道的伪满洲国荒野上着陆,新闻社特派员们抓紧时间在飞机机身上赶写新闻稿件。〔(日)每日新闻社编:《日本的战历》,每日新闻社,1967年,第76页〕

1-1-5

1-1-6

1-1-6 侵华日军随军记者冒死在阵前40米拍摄照片，迫击炮炮弹在眼前爆炸的场景被记录了下来。〔（日）每日新闻社编：《日本的战历》，每日新闻社，1967年，第124页〕

1-1-7 1937年8月，每日新闻社特派石川摄影班，跟随日军到达北平南口时的留影。〔（日）每日新闻社整理：《不许可写真1：20世纪的记忆》，每日新闻社，1998年，第183页〕

1-1-8 攻占上海期间，日本空军飞行员向每日新闻社随军记者讲述战况。照片摄于1937年9月11日，照片左侧红色印记为"不许可"是审查官打上的，即该照片被"禁止发表"。〔（日）每日新闻社整理：《不许可写真1：20世纪的记忆》，每日新闻社，1998年，第49页〕

1-1-8

1-1-9

1-1-10

1-1-11

1-1-9　1937年9月，侵华日军攀登上海宝山城墙的场景。照片中左下角的"×"记号，标注的是日本随军摄影记者在战斗中被手榴弹炸伤腿部的地点。〔（日）每日新闻社整理：《不许可写真1：20世纪的记忆》，每日新闻社，1998年，第45页〕

1-1-10　在淞沪会战期间，日本每日新闻社用摩托艇在黄浦江上向日军各舰船配送报纸。照片由每日新闻社记者松尾摄于1937年9月20日。〔（日）每日新闻社整理：《不许可写真1：20世纪的记忆》，每日新闻社，1998年，第78页〕

1-1-11　1937年9月22日，日本媒体深入战斗前线，图为在前线被中国军队炮火损伤的每日新闻社的汽车。〔（日）每日新闻社整理：《不许可写真1：20世纪的记忆》，每日新闻社，1998年，第82页〕

1-1-12 1937年12月17日，日军举行占领南京的入城式，图为每日新闻社记者当天从飞机上航拍的照片。〔（日）每日新闻社整理：《不许可写真1：20世纪的记忆》，每日新闻社，1998年，第148页〕

1-1-13 侵华战争期间，大量日本媒体跟随日军来到中国，并活跃在前线，不少人最终死在中国战场上。图中这辆简易两轮平板车上装载的，是朝日新闻社随军记者冈部孙四郎的尸体。照片摄于1937年7月底的北平南苑。此照片被"禁止发表"。〔（日）每日新闻社整理：《不许可写真1：20世纪的记忆》，每日新闻社，1998年，第173页〕

1-1-12

1-1-13

1-1-14

1-1-15

1-1-14 战争期间，随军新闻人员的饮食经常需要自己解决。照片上戴帽者是侵华日军随军摄影师木村治一，他一手拿着摄影器材，一手拎着一只鸡前行。照片摄于侵华日军深入华中战线期间。〔（日）赤木益一郎：《从满洲事变到太平洋战争——20年中的不许可战场写真集》，每日新闻社，1965年，第195页〕

1-1-15 照片里是战争中的东京日日新闻社随军记者。战斗前夕，这些随军记者经常需要拿着照相器材、联络器材，一路追赶才跟得上急行军的日军士兵。〔（日）赤木益一郎：《从满洲事变到太平洋战争——20年中的不许可战场写真集》，每日新闻社，1965年，第194页〕

1-1-16 日军华北方面军第2军第108师团自邯郸向山西省南部进军，于1938年2月20日占领了潞安。图为日军第108师团在潞安召开的追悼会上被祭奠的东京日日新闻社从军记者3位死亡人员名单。〔（日）每日新闻社整理：《不许可写真2：20世纪的记忆》，每日新闻社，1999年，第31页〕

1-1-17 七七事变后，侵华日军沿津浦铁路深入中国腹地，日本新闻人员同样紧随其后。图为正在战场前线拍摄的日本随军新闻人员。照片摄于1938年4月26日。〔（日）每日新闻社整理：《不许可写真2：20世纪的记忆》，每日新闻社，1999年，第32页〕

1-1-16

1-1-17

1-1-18

1-1-19

1-1-18 1938年10月26日，日军华中派遣军占领了汉口，图为东京日日新闻社慰问队在汉口举办的演奏会，慰问日军续木部队（第4特别陆战队）官兵。〔（日）每日新闻社整理：《不许可写真2：20世纪的记忆》，每日新闻社，1999年，第92页〕

1-1-19 1938年12月10日，日本东久迩宫稔彦王担任日军华中派遣军第2军司令官，图为东久迩宫稔彦王在武汉与在华日本随军记者团的留影。〔（日）每日新闻社整理：《不许可写真2：20世纪的记忆》，每日新闻社，1999年，第92页〕

1-1-20

1-1-20 战斗间隙，侵华日军官兵在一起阅读日本国内新闻报纸。〔（日）石原俊明编：《世界画报》第十三卷第十一号·《日支大事变号》第三辑，东京国际情报社，1937年，原书无页码〕

1-1-21

1-1-22

1-1-23

1-1-21 随着侵华战争深入，日本与英美等国矛盾不断加深，1939年7月，日本爆发全国性排英运动，新闻人员也加入其中。图为全大阪日刊新闻社联合排英大会会场。〔（日）石原俊明编：《世界画报》第十五卷第九号·《日支大事变号》第廿五辑，东京国际情报社，1939年，原书无页码〕

1-1-22 日本每日新闻社特派随军记者安保久武前往中国战场前一天，邻居为其送行的场面。摄于1943年7月7日。〔（日）每日新闻社整理：《一亿人的昭和史》，每日新闻社，1982年，第210页〕

1-1-23 日本每日新闻社特派随军记者安保久武1944年1月参加长沙战役前夕，在每日新闻社汉口分社前的留影。〔（日）每日新闻社整理：《一亿人的昭和史》，每日新闻社，1982年，第211页〕

第二节　战时敏感事件处理与舆论公关

侵华战争期间，管控并利用宣传媒体，是日本军部处理敏感事件和实施舆论引导的重要手段。

管控对象包括日本军国主义势力逐步攫取国家权力过程中的一系列重大历史事件。如由日本海军少壮派军官为主发动政变，刺杀内阁总理大臣犬养毅，导致日本社会走向法西斯化的"五一五事件"；由军队极端势力组织策划，使日本由此走上军部主导国家道路的"二二六事件"。在侵华前线，也有不少敏感事件，需要日本军部进行信息控制。如七七事变后，伪军通州保安队突袭该地日军守备队和特务机关，并击杀居留当地的日本人数百名，对日本在华北殖民统治造成严重恐慌的"通州事件"；日军侵华期间，日、苏在中国东北边境两军对垒并发生激烈军事冲突的"张鼓峰事件"。另外还包括日军在侵华战争过程中，与各国利益冲突，可能引发外交纠纷的情况；军事失利、军事意外，可能暴露日军战场机密的情况；特殊装备、特定场景，可能引发外界对日军侵华期间实施生化战、毒气战联想的情况。

1-2-1

1-2-1 1932年5月15日,日本内阁总理大臣犬养毅被刺杀的"五一五事件"发生后的日本首相官邸。这场由日本海军少壮派军官为主发动的政变,是导致日本社会走向法西斯化的重要历史事件之一。从这一天开始,日本宪兵队和内务省开始对国内新闻报道进行特别审查。〔(日)每日新闻社整理:《一亿人的昭和史》,每日新闻社,1982年,第36页〕

1-2-2

1-2-3

1-2-2 1936年"二二六事件"发生后,日本军方严令新闻媒体保持沉默,日本由此走上了军部主导国家的道路,直到二战结束,叛军活动的照片一直被禁止公开发表。图为"二二六事件"中的叛军。〔(日)每日新闻社整理:《一亿人的昭和史》,每日新闻社,1982年,第37页〕

1-2-3 1936年"二二六事件"中,在东京山王酒店门前的叛军。〔(日)每日新闻社整理:《一亿人的昭和史》,每日新闻社,1982年,第37页〕

1-2-4　1937年7月29日，驻守通州（今北京通州区）的伪军通州保安队突袭该地日军守备队和特务机关，并击杀居留当地的日本人数百名，史称"通州事件"。图为"通州事件"发生后的日本通州守备队总部大楼。摄于1937年8月4日。〔（日）每日新闻社整理：《不许可写真1：20世纪的记忆》，每日新闻社，1998年，第178页〕

1-2-5　淞沪会战期间，在上海密勒路（今峨眉路）上待命的英国义勇军装甲汽车。英国义勇军是英国人为保护自身利益，在上海租界内利用外侨组织的武装力量。摄于1937年8月13日，红字为"不许可"即审查官指示该照片"禁止发表"。〔（日）每日新闻社整理：《不许可写真1：20世纪的记忆》，每日新闻社，1998年，第1页〕

1-2-6　图为日军攻打中国首都南京期间，因空袭被摧毁的洛克菲勒研究院。摄于1937年10月。审查官考虑到此照可能造成对日本不利的国际影响，所以禁止公开。〔（日）每日新闻社整理：《不许可写真1：20世纪的记忆》，每日新闻社，1998年，第218页〕

1-2-7　侵华战争期间，日军多次对重庆进行大轰炸，轰炸时，各国驻中国使领馆也难以幸免。图为在1941年日军飞机的一次轰炸中，德国外交人员在德国大使馆外摊开巨大的卐字旗，试图警示日本飞机，以此避免被轰炸。〔（日）平塚柾绪编：《日中战争》，翔泳社，1995年，第155页〕

1-2-6

1-2-7

第一章 日军侵华炮火背后的"心理战"和"舆论战"

1-2-8

1-2-9

1-2-8　1932年第一次攻占上海即一·二八事变期间，为了减少误伤租界内外国人的权益，日军特意出动千叶热气球部队，从空中侦察并指导炮击目标。〔（日）每日新闻社编：《日本的战历》，每日新闻社，1967年，第81页〕

1-2-9　为配合侵华战场切断"援蒋通道"，1942年3月，日军占领缅甸仰光。图为4月5日被日本宪兵逮捕的印度人。因可能会影响日印关系，对日本当时正在策动组织的所谓"印度独立义勇军"造成不良后果，照片被禁止公开。〔（日）每日新闻社整理：《一亿人的昭和史》，每日新闻社，1982年，第8页〕

19

1-2-10

1-2-11

1-2-10　1937年8月14日上午10时50分，日军进攻上海的第二天，中国空军1架轰炸机、3架战斗机袭击日本海军陆战队总部。图为空袭后的上海跑马厅。为了避免在外国权益复杂地区对西方列强形成刺激，日本方面禁止公开此图片。〔（日）每日新闻社整理：《一亿人的昭和史》，每日新闻社，1982年，第74页〕

1-2-11　受到空袭后，上海著名娱乐场所"大世界"门前一片狼藉（日本海军审查官禁止此照公开。日本东京每日新闻社记者于1937年9月13日将照片秘密带回了日本）。〔（日）每日新闻社整理：《一亿人的昭和史》，每日新闻社，1982年，第77页〕

第一章 日军侵华炮火背后的"心理战"和"舆论战"

1-2-12

1-2-12 1938年7月末8月初，日、苏在中国东北边境的张鼓峰爆发冲突后，日军面对苏军炮火压制一度处于被动局面，为了在国际上争取舆论支持，邀请各国记者到战场做实地调查。〔（日）平塚桢绪编：《日中战争》，翔泳社，1995年，第99页〕

1-2-13　日军攻占中国上海后烧杀抢掠，国际舆论哗然。图为 1937 年 9 月 15 日，已经被日军占领的上海市政府门口，因为上海战事前来调查报道的外国记者团成员。〔（日）每日新闻社整理:《不许可写真 1: 20 世纪的记忆》，每日新闻社，1998 年，第 65 页〕

1-2-14　外国记者在上海市政府附近巡察。〔（日）每日新闻社整理:《不许可写真 1: 20 世纪的记忆》，每日新闻社，1998 年，第 65 页〕

1-2-13

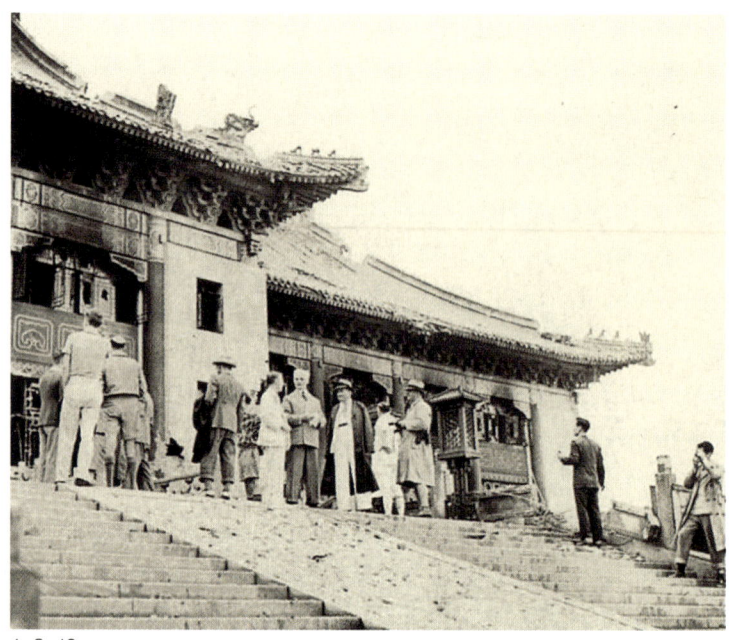

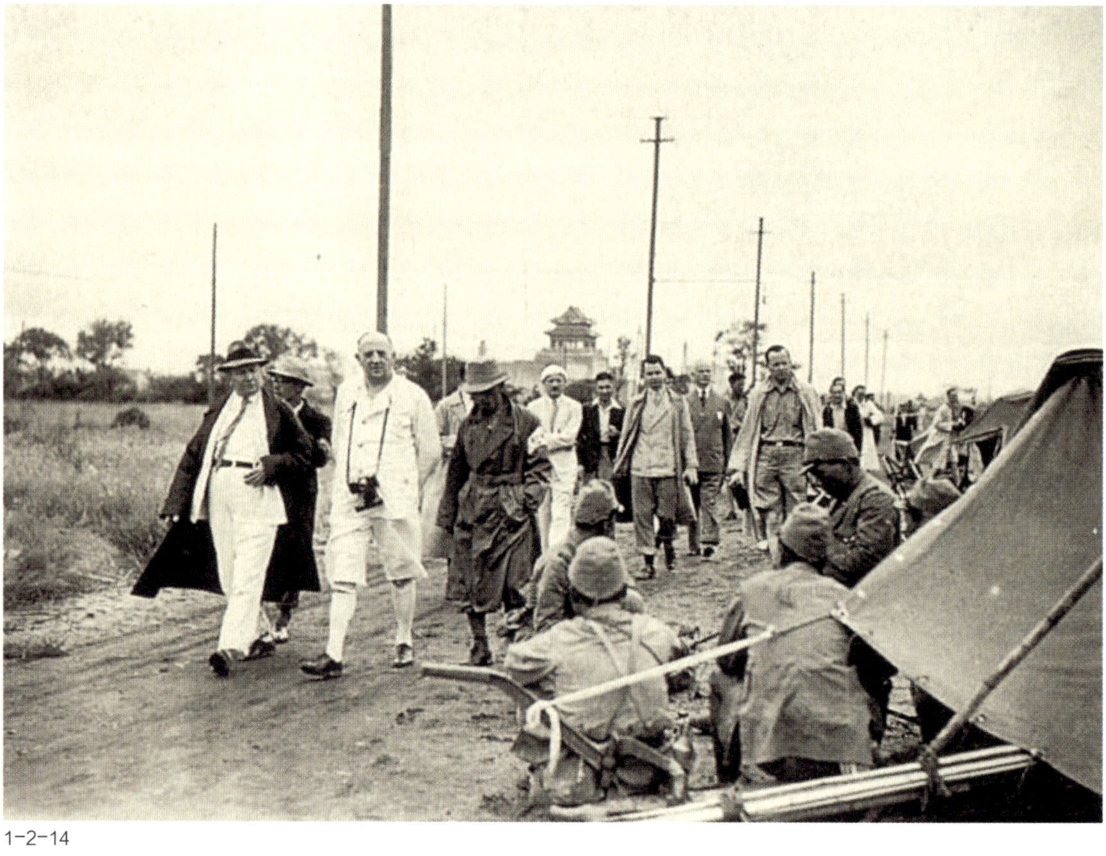

1-2-14

第一章 日军侵华炮火背后的"心理战"和"舆论战"

1-2-15

1-2-16

1-2-15 九一八事变后,一架在沈阳郊外被迫降落的日军轻型轰炸机迫降后报废。军部对类似信息严格控制。〔(日)每日新闻社编:《日本的战历》,每日新闻社,1967年,第74页〕

1-2-16 1938年9月6日,一架日本海军的飞机坠毁在华中湖北省广水市西南部长岭镇一个叫徐家河的地方,因坠落在日军阵地附近,不久日军士兵便围拢过来。飞机坠毁后的相关照片,审查官一律禁止公开。〔(日)每日新闻社整理:《一亿人的昭和史》,每日新闻社,1982年,第96页〕

23

1-2-17 曾率领战斗机群攻击中国南昌飞机场的日军海军少佐南乡，因乘坐的战机被炮火击中，坠毁在南昌附近的水田中。南乡少佐死前被日本军方寄予厚望，照片中纸上的黑色团状物便是日军搜寻到的南乡尸体上遗留下来的头发。〔（日）赤木益一郎：《从满洲事变到太平洋战争——20年中的不许可战场写真集》，每日新闻社，1965年，第80页〕

1-2-18 1938年1月12日，日本随军记者拍摄的当时留守曲阜孔庙的孔子后裔。照片被禁止公开的理由不详。〔（日）每日新闻社整理：《一亿人的昭和史》，每日新闻社，1982年，第55页〕

1-2-17

1-2-18

1-2-19

1-2-20

1-2-19 图为攻占石家庄期间，日军木村铁路卫队队员正在注射霍乱疫苗。为避免引发生化战联想，类似注射霍乱疫苗的照片一律禁止发表。此照摄于1937年底。〔（日）每日新闻社整理：《不许可写真2：20世纪的记忆》，每日新闻社，1999年，第14页〕

1-2-20 1937年9月，上海闸北，身着防毒护具等待突击命令的日本海军陆战队队员。〔（日）平塚桢绪编：《日中战争》，翔泳社，1995年，第38页〕

1-2-21　1937年10月，上海街头，配戴防毒面具的日军突击队士兵。〔（日）石原俊明编：《世界画报》第十三卷第十一号·《日支大事变号》第三辑，东京国际情报社，1937年，原书无页码〕

1-2-22　"张鼓峰事件"后，日军占领区内到处都是战死士兵的尸体，日军士兵带着防毒面具查看尸体情况。这类照片受到严格审查，因为日本当局不想让人由此联想到毒气战。照片摄于1938年7月上旬。〔（日）赤木益一郎：《从满洲事变到太平洋战争——20年中的不许可战场写真集》，每日新闻社，1965年，第56页〕

1-2-21

1-2-22

第三节 日军在中国占领区的宣抚工作

侵华战争期间,日本在对内进行舆论控制的同时,为配合武装侵略行动,十分重视进行各种形式的所谓"宣抚"工作。

日军"宣抚"工作主要包括:一、战斗过程中,为了使中国抗日军人丧失斗志,通过大喇叭播放唱片、汉语广播以及宣讲等渠道播送宣抚内容,是日军重要的辅助性军事手段。二、在军队内部成立专门的"宣抚班",负责执行宣传、安抚占领区居民、刺探收集情报的任务,通过演说、唱歌、演剧、广播以及散发传单、出版报刊等手段,美化侵略战争,丑化中国抗日力量。三、从皇后、亲王、国会议员到演艺团体,组织日本各阶层、各类人群慰劳侵华日军官兵,鼓动宣传侵华战争。

1-3-1 侵华战争期间，日军为了使中国军人丧失斗志，经常组织女性用汉语做广播宣抚工作。图为在日军监督下，一名青年女子通过大喇叭向中国军队播送宣抚内容。〔（日）赤木益一郎：《从满洲事变到太平洋战争——20年中的不许可战场写真集》，每日新闻社，1965年，第155页〕

1-3-2 1943年2月24日，日军宪兵利用中国妇女珠云亭（左）、陶春和（右）对中国军队进行广播诱降。〔（日）每日新闻社整理：《一亿人的昭和史》，每日新闻社，1982年，第105页〕

1-3-1

1-3-2

1-3-3

1-3-3 正在对中国军队播放唱片的日军宣抚人员,摄于1943年4月26日。唱片内容一般为容易引发乡愁的歌曲或音乐,同时进行劝降或播报有利日军的战况。此类行动需秘密进行,审查官在照片一侧打上"不许可"印戳,禁止发表。〔(日)每日新闻社整理:《一亿人的昭和史》,每日新闻社,1982年,第104页〕

1-3-4 只播放唱片效果不理想，日军宣抚人员便组织中国人在胡琴伴奏下现场演唱。该照片拍摄具体时间、地点不详，凡涉及日军宣抚人员工作的照片一律禁止公开。〔（日）每日新闻社整理：《一亿人的昭和史》，每日新闻社，1982年，第105页〕

1-3-5 河北晋县，日军组织的"少年宣抚队"。从事宣抚活动的日军，有专门的编制，其任务包括奴化宣传、美化侵略、搜集情报等。〔（日）森高繁雄编：《大东亚战争写真史（第5卷）·大陆战尘篇》，富士书苑，1954年，第143页〕

1-3-6 占领中国城市后，日军由宣抚班专门组织歌手、乐队沿街宣传。〔（日）森高繁雄编：《大东亚战争写真史（第4卷）·乐土兴亡篇》，富士书苑，1954年，第72页〕

1-3-4

1-3-5

1-3-6

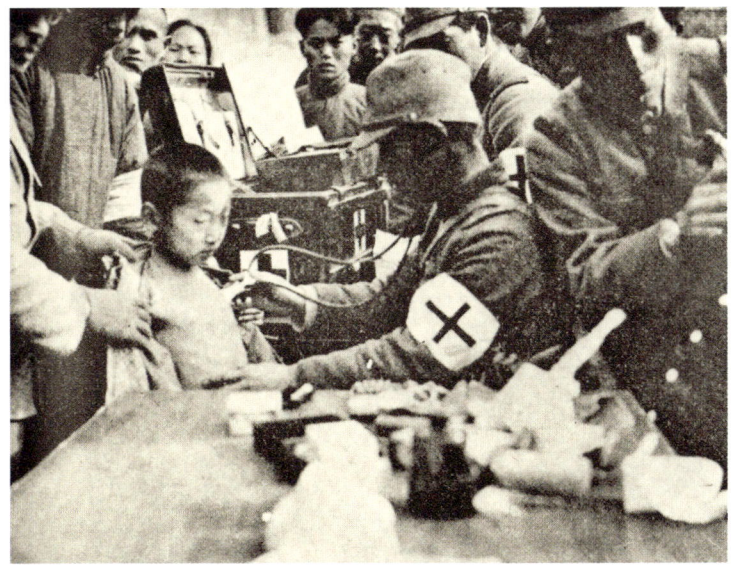

1-3-7

1-3-8

1-3-7 为掩饰侵略行径，日军宣抚班为占领区儿童检查身体。〔（日）森高繁雄编：《大东亚战争写真史（第4卷）·乐土兴亡篇》，富士书苑，1954年，第72页〕

1-3-8 占领山西大同后，日军在清远街牌坊上悬挂的反共标语。〔（日）森高繁雄编：《大东亚战争写真史（第5卷）·大陆战尘篇》，富士书苑，1954年，第143页〕

1-3-9

1-3-10

1-3-9　1932年1月，沈阳城内，日本关东军自治指导部组织印制的宣传品。〔（日）玉井清五郎编：《日支事变写真帖》，忠孝之日本社，1932年，原书无页码〕

1-3-10　日伪在其占领区向中国人散发的"宣扶传单"之一。这张传单内容主要是丑化当时的中国抗日统帅蒋介石及其将领，离间国民党抗日阵营，煽动其军政要人投降日伪政权。摄于1938年2月22日，照片中红色印记为"禁止发表"。〔（日）每日新闻社整理：《不许可写真2：20世纪的记忆》，每日新闻社，1999年，第30页〕

第一章 日军侵华炮火背后的"心理战"和"舆论战"

1-3-11

1-3-12

1-3-13

1-3-11 日军在其占领区向中国人散发的"宣抚传单"之一。这张传单的主要内容是宣传日军要在中国建立所谓"王道乐土"。摄于1938年2月22日，照片中红色印戳"不许可"即判为"禁止发表"。〔（日）每日新闻社整理：《不许可写真2：20世纪的记忆》，每日新闻社，1999年，第30页〕

1-3-12 侵华战争期间，日军向中国军民散发的"投降票"。"投降票"上的文字内容为："一、投降者携带此票来至日军；二、日军对于携带此票者不但不看做敌兵而且优遇之矣。"摄于1938年2月22日，照片红色印戳"不许可"即"禁止发表"。〔（日）每日新闻社整理：《不许可写真2：20世纪的记忆》，每日新闻社，1999年，第30页〕

1-3-13 侵华战争期间，日本国内经常组织慰问团对前线部队进行慰问。图为被日军官兵团团围住并要求其签名的两位女明星渡边滨子、川田文子。1938年3月29日摄于上海吴淞兵站支部。〔（日）每日新闻社整理：《不许可写真2：20世纪的记忆》，每日新闻社，1999年，第51页〕

33

1-3-14 专程组织到中国战场慰劳侵华日军官兵的日本演艺团体。〔日中友好协会总部提供,村瀬守保拍摄〕

1-3-15 日本侵华官兵们最盼着慰问团的到来,许多官兵从100公里以外的深山中赶来,现场挤得无立锥之地。〔日中友好协会总部提供,村瀬守保拍摄〕

1-3-14

1-3-15

第一章 日军侵华炮火背后的"心理战"和"舆论战"

1-3-16

1-3-16 1937年10月31日,为庆祝侵华前线取得的"战果",闲院宫载仁亲王向在华日军官兵赏赐香槟酒。图为接到赏赐后,正在设宴庆祝的伊东部队。载仁侵华期间任日军参谋总长,1937年曾下达对中国实施化学战的《大陆指第345号》。〔(日)每日新闻社整理:《不许可写真1:20世纪的记忆》,每日新闻社,1998年,第121页〕

1-3-17

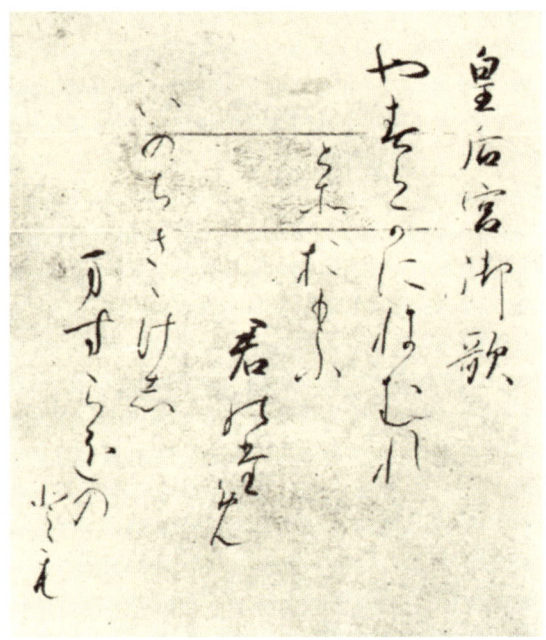

1-3-18

1-3-17 1937年11月17日，日本香淳皇后久迩宫良子在海军大将米内光政陪同下到横须贺海军医院慰问侵华日军伤兵。〔（日）石原俊明编：《国际写真情报》第十七卷第一号·《日支大事变画报》第五辑，东京国际情报社，1938年，原书无页码〕

1-3-18 1937年11月17日，日本香淳皇后久迩宫良子在横须贺海军医院慰问侵华日军伤兵时所作和歌手迹，手迹意思为"祝福为天皇献身的勇士"。〔（日）石原俊明编：《国际写真情报》第十七卷第一号·《日支大事变画报》第五辑，东京国际情报社，1938年，原书无页码〕

第一章 日军侵华炮火背后的"心理战"和"舆论战"

1-3-19

1-3-20

1-3-21

1-3-19　日本皇室三笠宫亲王在一文字山战争遗迹"慰问视察"。摄于1943年1月。一文字山（当地居民亦称"文字山"）位于宛平城东北约600米处。七七事变时，中日两军曾在此对垒。侵华日军将其视为"支那事变发端之地"。〔（日）每日新闻社整理：《不许可写真2：20世纪的记忆》，每日新闻社，1999年，第41页〕

1-3-20　日军在北平城市上空放送气球，气球上绑着日本国旗和巨幅文字"庆祝日军陷落南京"。〔（日）石原俊明编：《国际写真情报》第十七卷第二号·《南京陷落记念画报》，东京国际情报社，1938年，原书无页码〕

1-3-21　1938年，日本宪兵张贴在上海桥上的传单，传单上写有日军占领徐州的"捷报"。〔（日）每日新闻社编：《日本的战历》，每日新闻社，1967年，第228页〕

37

第四节　对涉及抗日问题、厌战情绪的处理

　　侵华战争期间，日军铁蹄所到之处遭遇中国各地军民的顽强抵抗。中国军队和民众的抗日活动、抗日宣传也被日本随军记者大量记录了下来。同时，在漫长而又残酷的战争过程中，侵华日军内部也有部分官兵产生了厌战情绪。

　　日本军部在战时新闻审查尤其是照片审查中，对涉及抗日问题以及可能引发官兵或者民众厌战情绪的照片，一律禁止刊发。

1-4-1

1-4-1 战争期间,中日双方墙壁宣传战同样激烈。图为1939年武汉市区内日军正在清理反日宣传的墙壁标语。〔(日)每日新闻社编:《日本的战历》,每日新闻社,1967年,第228页〕

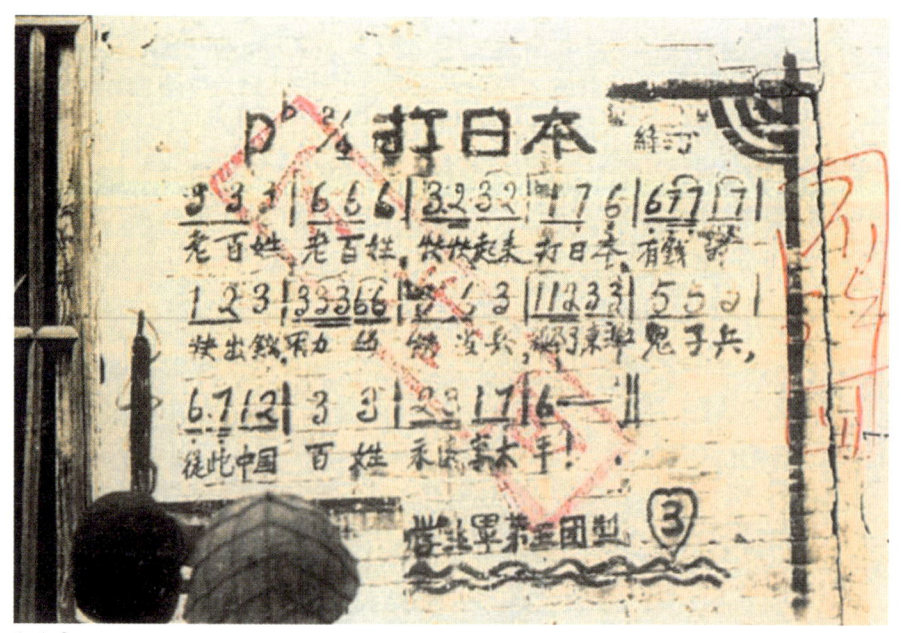

1-4-2

1-4-3

1-4-2　中国军队写在墙壁上的宣传抗日歌曲。这首名为《打日本》的歌词、乐谱照片摄于1940年2月3日，地点为广西壮族自治区宾阳县。照片被写上了禁止发表的"不许可"字迹。〔（日）每日新闻社整理：《不许可写真2：20世纪的记忆》，每日新闻社，1999年，第111页〕

1-4-3　1940年2月3日，被写上"不许可"字迹的抗日宣传壁画。〔（日）每日新闻社整理：《不许可写真2：20世纪的记忆》，每日新闻社，1999年，第111页〕

1-4-4

1-4-4 1941年4月19日,在东海沿岸海门镇登陆的日军发现了羞辱汪精卫夫妇的裸体石雕跪像。关于此类信息,日本军部极为敏感,一般均禁止公开。〔(日)每日新闻社整理:《一亿人的昭和史》,每日新闻社,1982年,第165页〕

1-4-5

1-4-6

1-4-5 图为号召中国民众参军抗日的壁画。〔日中友好协会总部提供，村濑守保拍摄〕

1-4-6 宣传抗战必胜精神的《有我无敌》壁画，作者落款为"广西学生军"。〔日中友好协会总部提供，村濑守保拍摄〕

1-4-7

1-4-7 中方在日军占领地留下的除奸宣传漫画，警告当汉奸者将面临"捉到立刻枪毙""枭首示众"等惩处。〔日中友好协会总部提供，村濑守保拍摄〕

1-4-8

1-4-9

1-4-8　1938年7月7日，为了纪念七七事变一周年，日军占领下的上海街头，有中国居民悄悄悬挂起被禁止的青天白日旗（代表当时中华民国政府），表示对日军侵华的抗议。〔（日）赤木益一郎：《从满洲事变到太平洋战争——20年中的不许可战场写真集》，每日新闻社，1965年，第155页〕

1-4-9　1938年7月，日军沿长江逆流而上作战时，遇见从上游漂下来一名中国士兵，但他对日军抛过去的救助器材并不接受，因为接受救助就等于投降。这一场景被日军随军记者记录了下来。〔（日）每日新闻社编：《日本的战历》，每日新闻社，1967年，第100页〕

第一章 日军侵华炮火背后的"心理战"和"舆论战"

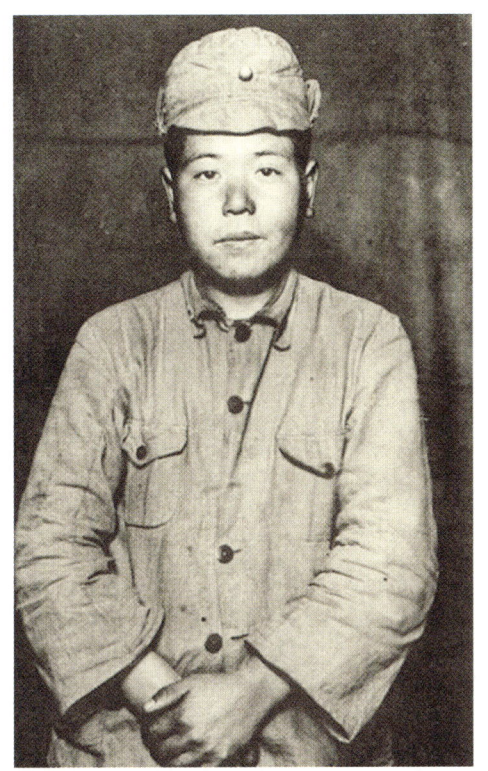
1-4-10

1-4-11

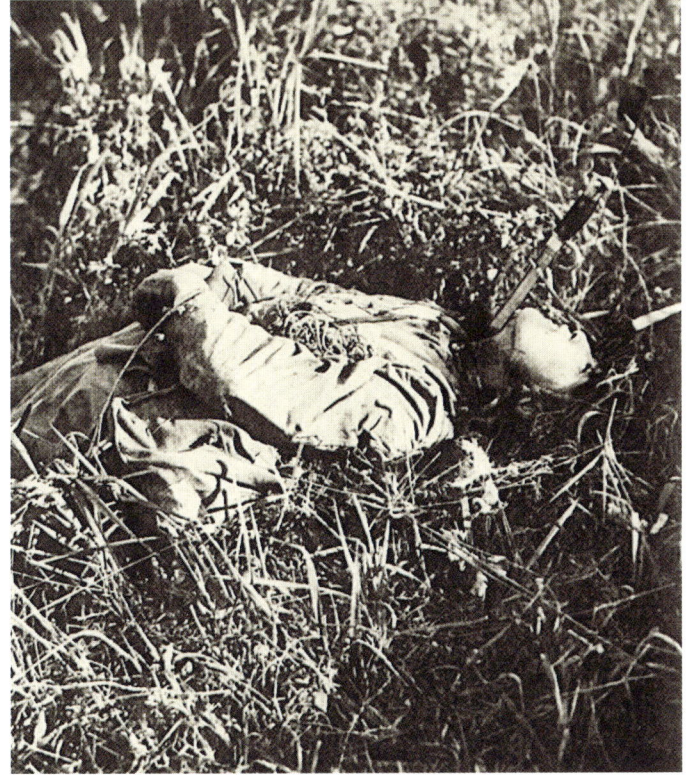
1-4-12

1-4-10 这张泛黄的照片上只写着如下说明:"背叛日军投奔南京军(中国政府军)的中野田次郎。拍摄于1932年3月5日。"这样的照片当时显然是不允许公开的。〔(日)每日新闻社整理:《一亿人的昭和史》,每日新闻社,1982年,第35页〕

1-4-11 1939年,侵华日军在中国南昌附近农民家墙壁上留下的文字。文字内容反映的是一个出身农民的日本底层士兵的厌战心理。〔(日)每日新闻社编:《日本的战历》,每日新闻社,1967年,第页229〕

1-4-12 由于忍受不了军队的严酷训练,演习间隙用刺刀刺向喉咙自杀的日军静冈部队士兵。此照摄于1938年夏。审查官判定照片禁止发表。〔(日)每日新闻社编:《日本的战历》,每日新闻社,1967年,第13页〕

1-4-13

1-4-13 1938年2月22日，拍摄于陕西潞安城南门附近的一个土坑，土坑内死人死马等堆在一起，一片狼藉。每日新闻报社判断审查官会因这幅照片可能激发民众厌战情绪而无法通过审查，故未将此照片送审，而是直接秘密保存于报社内。〔（日）每日新闻社整理：《一亿人的昭和史》，每日新闻社，1982年，第42页〕

第二章

侵华战争与日本军国主义幽灵

军国主义体制在日本的兴起，经历了一个相当长的历史过程，从近代史变迁的角度，可以追溯到明治维新和甲午战争。到 20 世纪 30 年代，伴随着军国主义势力发动的一系列暴力血腥甚至阴谋暗杀的手段，日本最终确立起以军部为主导的法西斯国家体制。

侵华战争期间，日本军国主义的幽灵无处不在。在侵华战争前线，日本军部主要通过鼓吹"战争崇拜"和"忠君意识（天皇崇拜）"，对士兵和其他参战人员进行思想控制。通过战争宣传机器，渲染对华侵略扩张取得的"战绩、战果"，反过来又刺激国内民众陷入战争狂热。教育、宗教、文化，一切有利于思想灌输和思想控制的渠道，在侵华战争期间，都被日本军部严密控制。到了侵华战争末期，由于日军深陷中国战场，同时在太平洋战场遭遇美军的痛击，巨大的战争消耗，让日本的侵略战争难以为继。进入最后的疯狂阶段，日本军部只能通过"竹枪战""肉弹战"等宣传，让大量士兵甚至普通民众充当其侵略战争的牺牲品。

本章主要内容包括：侵华战争期间，在战争前线和日本国内，日本军部极力刻意营造的武力炫耀与"战争崇拜"；在军国主义思潮影响下，被扭曲的教育秩序、教学内容以及青少年学生被全面卷入战争的狂热；神社作为日本传统民间宗教神道教的道场，在侵华战争期间如何成了为侵略战争招魂、祈祷的场所。另外，还有受军国主义宣传影响，在战争机器绑架之下，被"精神洗脑"与肉体献祭的普通民众和士兵的命运。

第一节　被刻意营造的武力炫耀与"战争崇拜"

九一八事变后，日本长期占领中国东北。七七事变后，日军迅速从华北、华东向中国内地推进，将战火延伸到华中、华南，武装攻占了大部分中国领土。

在侵华战争中，日本前线军队非常重视塑造其"胜利形象"，攻占中国城市之后，常常专门举行大规模的入城式、阅兵式。通过武力炫耀与营造"战争崇拜"的方式，一方面希望恫吓和震慑中国军民的反抗，另一方面也是为了鼓吹战争、提振士气，以吸引更多的日本民众支持和参与侵华战争。

2-1-1

2-1-2

2-1-1　1937年7月，七七事变爆发后，日军很快攻下宛平县城。图为日军登上宛平县城楼。〔（日）每日新闻社整理：《不许可写真1：20世纪的记忆》，每日新闻社，1998年，第170页〕

2-1-2　图为1937年9月23日下午3点半，日军在河北保定城墙上挥舞日本国旗欢呼的场面。〔（日）石原俊明编：《世界画报》第十三卷第十一号·《日支大事变号》第三辑，东京国际情报社，1937年，原书无页码〕

第二章　侵华战争与日本军国主义幽灵

2-1-3

2-1-4

2-1-3　七七事变后，日本关东军自山西大同北上，于9月24日占领了平地泉（今内蒙古乌兰察布市）。图为站在乌兰察布市丰镇一座碉堡上欢呼的日军士兵。摄于1937年9月。〔（日）每日新闻社整理：《不许可写真2：20世纪的记忆》，每日新闻社，1999年，第11页〕

2-1-4　1937年10月，侵华日军谷川部队在复旦大学校门口欢呼。〔（日）石原俊明编：《世界画报》第十三卷第十二号·《日支大事变号》第四辑，东京国际情报社，1937年，原书无页码〕

51

2-1-5

2-1-6

2-1-5　1937年11月9日，日军攻占太原，图为炸毁太原小北门的日军第5师团工兵第5联队爆破敢死队在阵地上举枪庆贺。〔（日）每日新闻社整理：《不许可写真2：20世纪的记忆》，每日新闻社，1999年，第20页〕

2-1-6　在江苏太仓城头挥动日本国旗的日军和知部队。照片拍摄于1937年11月14日。〔（日）每日新闻社整理：《不许可写真1：20世纪的记忆》，每日新闻社，1998年，第129页〕

2-1-7

2-1-8

2-1-7 1937年11月，日本高松宫宣仁亲王在上海闸北视察日本海军陆战队。〔（日）石原俊明编：《世界画报》第十四卷第一号·《日支大事变号》第五辑，东京国际情报社，1938年，原书无页码〕

2-1-8 1937年11月，日本久迩宫亲王在上海日本军舰上，与海陆军军官讨论海陆共同作战计划。〔（日）石原俊明编：《世界画报》第十四卷第一号·《日支大事变号》第五辑，东京国际情报社，1938年，原书无页码〕

2-1-9

2-1-10

2-1-9　1937年12月14日，日军攻占南京后在中山门遥拜天皇，高呼万岁。〔（日）石原俊明编：《世界画报》第十四卷第二号·《日支大事变号》第六辑，东京国际情报社，1938年，原书无页码〕

2-1-10　1937年12月17日，侵华日军举行南京入城式，参加入城式的日军全副武装，有的手捧战死侵华日军官兵灵位牌。〔（日）石原俊明编：《国际写真情报》第十七卷第二号·《南京陷落记念画报》，东京国际情报社，1938年，原书无页码〕

2-1-11　攻占南京后，在南京紫金山高呼"天皇万岁"的侵华日军官兵。摄于1938年1月1日。〔（日）每日新闻社整理：《不许可写真1：20世纪的记忆》，每日新闻社，1998年，第151页〕

2-1-11

2-1-12

2-1-13

2-1-12 1937年12月，在江阴炮台上耀武扬威的日军士兵。炮口上清楚地写着"昭和十二年十二月二日，大日本军仓林部队"两行大字。〔（日）平塚桢绪编：《日中战争》，翔泳社，1995年，第51页〕

2-1-13 在中国占领区持枪列队、耀武扬威的侵华日军。〔日中友好协会总部提供，村濑守保拍摄〕

2-1-14

2-1-15

2-1-14　1938年1月，日本海军在青岛举行阅兵式庆祝"胜利"。〔（日）石原俊明编：《国际写真情报》第十七卷第三号·《日支大事变画报》第七辑，东京国际情报社，1938年，原书无页码〕

2-1-15　1938年初，日本海军陆战队在中国青岛市区列队行进，前往参拜忠灵塔。〔（日）石原俊明编：《国际写真情报》第十七卷第三号·《日支大事变画报》第七辑，东京国际情报社，1938年，原书无页码〕

第二章　侵华战争与日本军国主义幽灵

2-1-16

2-1-17

2-1-18

2-1-16　1938年1月，日本贺阳宫亲王在南京大屠杀惨案制造者、陆军大将松井石根陪同下，巡视上海苏州河附近中日两军激战过的地区。〔（日）石原俊明编：《世界画报》第十四卷第三号·《日支大事变号》第七辑，东京国际情报社，1938年，原书无页码〕

2-1-17　1938年5月10日，日本海军第五舰队第二特别陆战队对中国厦门发动登陆战。图为厦门沦陷后，日军在厦门中山公园举行的阅兵式。摄于1938年5月19日。〔（日）每日新闻社整理：《不许可写真1：20世纪的记忆》，每日新闻社，1998年，第189页〕

2-1-18　进入山东章丘胡山附近的日军田村坦克队，正在高呼"天皇万岁"。摄于1938年5月。〔（日）每日新闻社整理：《不许可写真2：20世纪的记忆》，每日新闻社，1999年，第34页〕

2-1-19

2-1-19 1938年11月3日,日军在汉口举行阅兵式。〔(日)平塚桢绪编:《日中战争》,翔泳社,1995年,第107页〕

2-1-20

2-1-21

2-1-22

2-1-20　1939年11月17日，侵华日军进入广西钦州，在被战火摧残的钦州城头高呼"天皇万岁"。照片由每日新闻社随军记者石川拍摄。〔（日）每日新闻社整理：《不许可写真2：20世纪的记忆》，每日新闻社，1999年，第108页〕

2-1-21　日军攻陷南宁后，于1939年11月29日举行了"隆重"的入城仪式。〔（日）平塚桢绪编：《日中战争》，翔泳社，1995年，第121页〕

2-1-22　1942年1月1日，侵华日军怀抱战死士兵的骨灰，在大路一侧列队，举行占领香港入城仪式。〔（日）每日新闻社编：《日本的战历》，每日新闻社，1967年，第180页〕

2-1-23

2-1-24

2-1-23 日本前首相中曾根康弘在二战期间的戎装照。1941年4月,中曾根康弘应征入伍,担任日本海军会计中尉,到1945年战争结束时已是军务局的会计少佐。他是战后第一个以首相身份参拜靖国神社的日本政客。〔(日)赤木益一郎:《从满洲事变到太平洋战争——20年中的不许可战场写真集》,每日新闻社,1965年,第178页〕

2-1-24 为提振士气,军事演习前,日军对着大海高唱军歌。日军训练时唱的歌曲,一般包括《步兵的本领》《战阵训之歌》等。图片摄于1944年8月9日。〔(日)每日新闻社编:《日本的战历》,每日新闻社,1967年,第194页〕

第二节　全面侵入教育的军国主义狂热

　　侵华战争期间，日本的国民教育体系全面沦为军部控制下向民众灌输军国主义思想的工具。从教育理念的设计到日常教学的内容，都以为侵略战争服务为宗旨。

　　尤其到二战后期，随着侵华战线的逐渐深入和太平洋战争的爆发，日军消耗越来越大，兵源严重不足。为迅速补充士兵数量，日本多次降低征兵年龄，大量征召学生兵投入前线。在本节所展示的照片里，我们可以看到当时日本推行军国主义教育的历史场景。如在东京市中心、明治神宫附近举行的学生兵大检阅，东条英机亲自对日军学生兵发表动员演讲；在华日本人开办的学校内，校方让小学生模拟演习巷战等。

2-2-1

2-2-1　1943年5月，被征召的日军娃娃兵们正在宣誓，表达"为国战死"的决心。〔（日）森高繁雄编：《大东亚战争写真史（第8卷）·落日终战篇》，富士书苑，1954年，第128页〕

2-2-2　1943年10月，在东京市中心明治神宫外苑举行的学生军大阅兵。〔（日）森高繁雄编：《大东亚战争写真史（第8卷）·落日终战篇》，富士书苑，1954年，第123页〕

2-2-2

2-2-3

2-2-4

2-2-3　随着侵华战争的逐渐深入和太平洋战争的爆发，日军兵员缺口越来越大。为迅速补充兵员，日本降低征兵年龄，征召学生上战场。图为1943年10月21日，东条英机在明治神宫外苑为学生军奔赴前线举行欢送会的场景。〔（日）赤木益一郎：《从满洲事变到太平洋战争——20年中的不许可战场写真集》，每日新闻社，1965年，第198页〕

2-2-4　东条英机检阅日军学生兵，学生兵振臂高呼"必胜"口号的情景。〔（日）森高繁雄编：《大东亚战争写真史（第8卷）·落日终战篇》，富士书苑，1954年，第127页〕

2-2-5

2-2-6

2-2-5　1943年10月22日，日本东京举行学生军战时动员大会。〔(日)森高繁雄编：《大东亚战争写真史(第8卷)·落日终战篇》，富士书苑，1954年，第122页〕

2-2-6　参加战前动员大会的日本学生兵。〔(日)森高繁雄编：《大东亚战争写真史(第8卷)·落日终战篇》，富士书苑，1954年，第122页〕

2-2-7

2-2-8

2-2-7　日军军官按名录清点核对新征召的学生兵人数。〔(日)森高繁雄编:《大东亚战争写真史(第8卷)·落日终战篇》,富士书苑,1954年,第124页〕

2-2-8　冒雨列队行进的学生兵,他们一般经过一个月的训练就被派上侵华前线。〔(日)森高繁雄编:《大东亚战争写真史(第8卷)·落日终战篇》,富士书苑,1954年,第122页〕

2-2-9

2-2-10

2-2-9　为克服大学生中存在的个人主义和自由主义，日军对学生兵的训练要求非常严苛。〔（日）森高繁雄编：《大东亚战争写真史（第8卷）·落日终战篇》，富士书苑，1954年，第127页〕

2-2-10　日本在二战期间培养空军人才的大本营——日本霞浦海军航空队的学员们正在进行战前训练。〔（日）森高繁雄编：《大东亚战争写真史（第8卷）·落日终战篇》，富士书苑，1954年，第103页〕

2-2-11

2-2-11 肩挂白色束袖带,列队行进在日本街道上的学生兵。侵华战争期间,为补充前方兵员,日军在本土大量征召学生兵。〔(日)森高繁雄编:《大东亚战争写真史(第8卷)·落日终战篇》,富士书苑,1954年,第129页〕

2-2-12

2-2-13

2-2-12 1937年11月3日"明治节"（明治节为纪念明治天皇诞辰而设，二战后名称被改为文化日），日本各学校、社会团体举行"爱国大游行"，庆祝日军在侵华前线取得的"胜利"。〔（日）石原俊明编：《国际写真情报第十六卷第十号·日支大事变画报第四辑》，东京国际情报社，1937年，原书无页码〕

2-2-13 "大诏奉戴日"，日本青年女学生在东京日比谷公园举行宣战诏书奉读仪式，祈祷日军必胜。〔（日）森高繁雄编：《大东亚战争写真史（第8卷）·落日终战篇》，富士书苑，1954年，第106页〕

第二章　侵华战争与日本军国主义幽灵

2-2-14

2-2-14　1942年，日本女子学校的学生练习薙刀术。薙，音tì，义同剃。薙刀术即剃刀术或劈刀术。〔（日）森高繁雄编：《大东亚战争写真史（第8卷）·落日终战篇》，富士书苑，1954年，第132页〕

2-2-15

2-2-16

2-2-15　1943年夏天，东京音乐学校的女学生们正用木枪演练格斗术。〔（日）森高繁雄编：《大东亚战争写真史（第8卷）·落日终战篇》，富士书苑，1954年，第131页〕

2-2-16　为战争前线制作防毒面具的日本女学生。〔（日）森高繁雄编：《大东亚战争写真史（第8卷）·落日终战篇》，富士书苑，1954年，第111页〕

2-2-17

2-2-18

2-2-17 日本在华侨民开办的"敏存职业学校",该校学生们正在练习射箭。照片摄于1942年12月10日,中国广东。〔(日)每日新闻社整理:《不许可写真2:20世纪的记忆》,每日新闻社,1999年,第118页〕

2-2-18 1942年在伪满洲国召开的"国民动员大会"上,日本女学生和伪满洲国女学生并排列队前行。〔(日)森高繁雄编:《大东亚战争写真史(第4卷)·乐土兴亡篇》,富士书苑,1954年,第83页〕

2-2-19

2-2-20

2-2-19　手举日本国旗的日本童子军。〔（日）石原俊明编：《国际写真情报》第十七卷第三号·《日支大事变画报》第七辑，东京国际情报社，1938年，原书无页码〕

2-2-20　在日本本土，小学生们为即将上前线的士兵唱歌送行。〔（日）森高繁雄编：《大东亚战争写真史（第8卷）·落日终战篇》，富士书苑，1954年，第128页〕

2-2-21

2-2-21　1943年，日本本土小学生们戴着"防空头巾"，在学校空地进行防空训练。〔（日）赤木益一郎：《从满洲事变到太平洋战争——20年中的不许可战场写真集》，每日新闻社，1965年，第201页〕

2-2-22

2-2-23

2-2-22 1938年，上海的日本人小学校，日本小学生们在训练如何为伤员包扎。〔（日）石原俊明编：《世界画报》第十四卷第四号·《日支大事变号》第八辑，东京国际情报社，1938年，原书无页码〕

2-2-23 除了急救训练，日军还指导日本小学生练习射击及演习巷战。〔（日）石原俊明编：《世界画报》第十四卷第四号·《日支大事变号》第八辑，东京国际情报社，1938年，原书无页码〕

第三节　日本神社与侵华战争

神道教原本只是日本的传统民族宗教，明治维新以后，传统神道教被改造为所谓"国家神道"，内务省设立神祇院直接管理和参与神社事务，鼓吹"天皇至上"，将发动对外侵略战争的国家行为美化为实现日本"神国"与天皇"神威"的"圣战"。

侵华战争期间，日本国内各地的神社成了为侵略战争"招魂""祈福"的场所。在中国各地，凡有日本人居住的地方或有日军驻扎的地区，尤其是军事、经济要地，都陆续建立了神社。在华神社作为日本本土神社的延伸，实际成为了侵华日军实现对外侵略，进行军事殖民统治的精神标志。

2-3-1

2-3-1 1937年10月,侵华日军接连攻占华北、华东多个城市,战况传回日本,举国狂欢。图为日本小学生手举日本国旗前往靖国神社参拜。〔(日)石原俊明编:《世界画报》第十三卷第十二号·《日支大事变号》第四辑,东京国际情报社,1937年,原书无页码〕

2-3-2 1937年底,日本东京浅草寺内,为侵华日军"凯旋"祈愿的日本妇女和孩子。〔(日)石原俊明编:《国际写真情报》第十六卷第十号·《日支大事变画报》第四辑,东京国际情报社,1937年,原书无页码〕

2-3-2

2-3-3

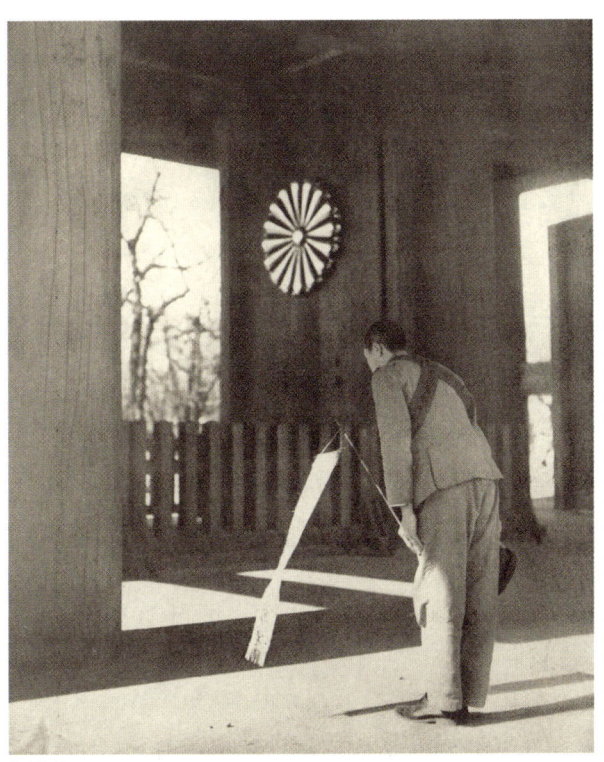

2-3-3　1937年底，一名应征派往侵华前线的日军士兵，临行前到靖国神社参拜。〔（日）石原俊明编：《世界画报》第十四卷第一号·《日支大事变号》第五辑，东京国际情报社，1938年，原书无页码〕

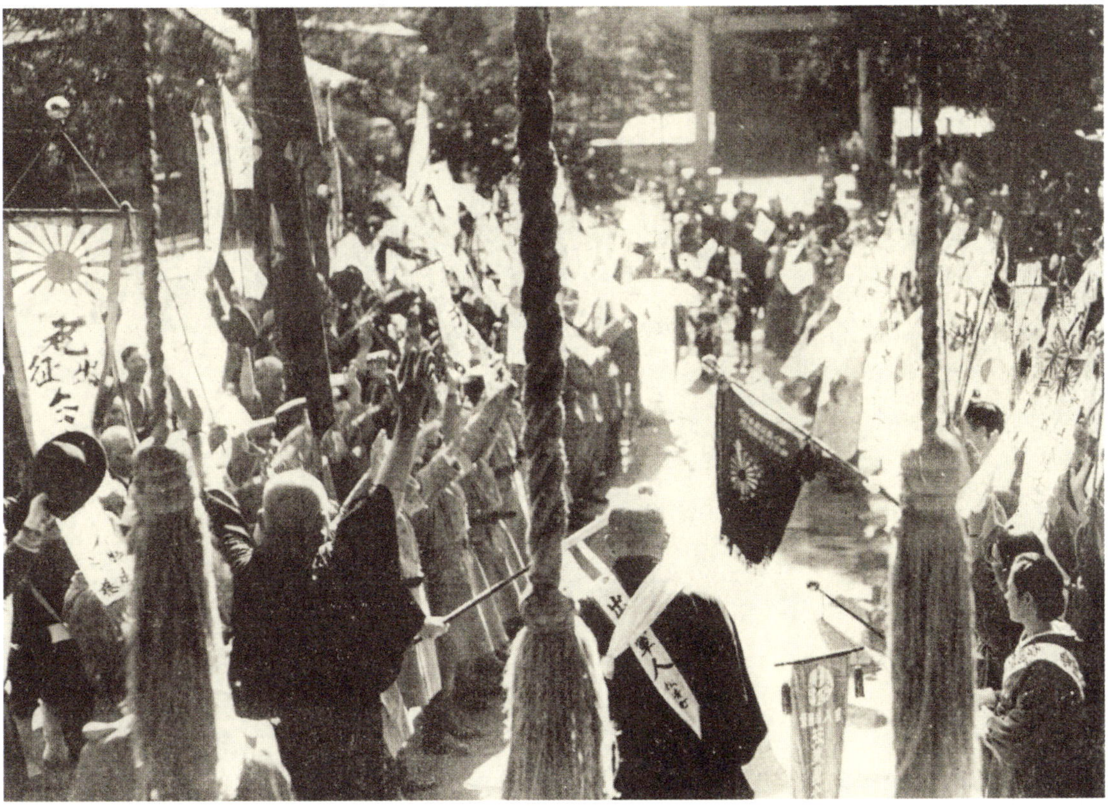

2-3-4

2-3-4　七七事变后，日军大举入侵华北。日本国内各地民众纷纷聚集到神社，为“出征”中国的日军“祈福”。〔（日）石原俊明编：《国际写真情报》第十六卷第十号·《日支大事变画报》第四辑，东京国际情报社，1937年，原书无页码〕

2-3-5

2-3-5 七七事变后，日本海军第3舰队司令官长谷川清率军攻打上海。图为长谷川清的妻子和女儿前往神社为他和其他侵华前线日军"祈福"。〔（日）石原俊明编：《世界画报》第十三卷第十号·《日支大事变号》第二辑，东京国际情报社，1937年，原书无页码〕

2-3-6 七七事变后，日本陆军中将香月清司担任中国驻屯军司令官。图为香月清司的妻子和女儿前往神社祭拜，祈愿"皇军武运长久"。〔（日）石原俊明编：《世界画报》第十三卷第十号·《日支大事变号》第二辑，东京国际情报社，1937年，原书无页码〕

2-3-6

第二章　侵华战争与日本军国主义幽灵

2-3-7

2-3-8

2-3-7　1938年2月，南京大屠杀惨案制造者、日本陆军大将松井石根参拜上海神社。〔（日）石原俊明编：《世界画报》第十四卷第四号·《日支大事变号》第八辑，东京国际情报社，1938年，原书无页码〕

2-3-8　日军攻占南京后，为庆祝"凯旋"，松井石根率部众专程前往东京明治神宫参拜。〔（日）石原俊明编：《世界画报》第十四卷第四号·《日支大事变号》第八辑，东京国际情报社，1938年，原书无页码〕

79

2-3-9

2-3-10

2-3-9 侵华日军攻陷南京的消息传回日本，大量日本人手举日本国旗涌入明治神宫举行庆祝会。〔（日）石原俊明编：《国际写真情报》第十七卷第一号·《日支大事变画报》第五辑，东京国际情报社，1938年，原书无页码〕

2-3-10 1938年2月11日"纪元节"（传说为日本神武天皇即位之日，二战后此名称废除，被改为日本建国纪念日），狂热的日本青年团成员参拜完靖国神社后列队行进。〔（日）石原俊明编：《国际写真情报》第十七卷第三号·《日支大事变画报》第七辑，东京国际情报社，1938年，原书无页码〕

2-3-11

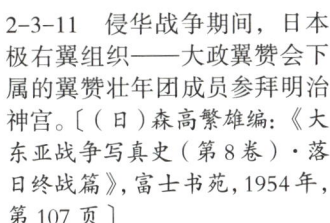

2-3-11　侵华战争期间，日本极右翼组织——大政翼赞会下属的翼赞壮年团成员参拜明治神宫。〔（日）森高繁雄编：《大东亚战争写真史（第8卷）·落日终战篇》，富士书苑，1954年，第107页〕

2-3-12　日军海军少年航空兵"出征"中国前参拜靖国神社。〔（日）森高繁雄编：《大东亚战争写真史（第8卷）·落日终战篇》，富士书苑，1954年，第105页〕

2-3-12

2-3-13

2-3-13 关东军占领中国东北后,在哈尔滨修建神社,祭奠在中国战死的官兵。图为前往该神社参拜的日本军人。〔日中友好协会总部提供,村濑守保拍摄〕

2-3-14

2-3-14 因为洪水而被浸泡在水中的山田长政神社。作为日军占领地象征而建造的神社，因为自然灾害而被淹没，显然是日军不愿见到的事情，所以此照片被禁止公开。摄于1942年10月。〔（日）每日新闻社整理：《不许可写真2：20世纪的记忆》，每日新闻社，1999年，第148页〕

第四节　战争机器绑架下的"精神洗脑"与肉体献祭

　　日本侵华战争期间，与宗教、教育军国主义化同步的，还有历史、文学、影视等公共文化领域的军国主义化。大量宣扬军国主义、鼓吹战争的文艺作品成为宣传工具，被日本军部用来对民众进行"精神洗脑"。

　　二战后期，随着战火日益逼近日本本土，日军提出"本土决战"思想。在"为圣战献身""为天皇献身"思想的鼓动下，很多被临时征召的日本年轻人成为"人肉炸弹"被派往前线，大量执行自杀式攻击任务的日军战死，充当了侵略战争的"炮灰"。

2-4-1

2-4-1 日本作家杉本五郎在华战死后留下的物品。摄于1937年10月。杉本五郎的《大义》一书当时风靡日本，宣传为天皇要奉献自己的一切。为了军国主义宣传需要，杉本死后被神化，他死后留下的物品悉数从侵华战场运回日本。〔（日）赤木益一郎：《从满洲事变到太平洋战争——20年中的不许可战场写真集》，每日新闻社，1965年，第81页〕

2-4-2 日军坦克队队长西住大尉在华北战死后，被宣传成所谓"陆军之神"。他的故事被拍成电影，由当时日本知名演员上原谦饰演的"西住大尉"形象，曾让日本青年热血沸腾。图为日军坦克队高桥伍长在祭典西住时，手持西住的遗物坦克帽和防尘镜作追思状。〔（日）赤木益一郎：《从满洲事变到太平洋战争——20年中的不许可战场写真集》，每日新闻社，1965年，第80页〕

2-4-2

2-4-3 日活株式会社出品的影片《梦中的钢盔》（《梦の铁兜》）剧照。该片以侵华战争为背景，号召日本青年为天皇、为帝国献身，以战死疆场为荣耀。〔（日）石原俊明编：《世界画报》第十三卷第十号·《日支大事变号》第二辑，东京国际情报社，1937年，原书无页码〕

2-4-4 日活株式会社出品的影片《后方的赤诚》（《铳后の赤诚》）剧照。该片主要反映的是侵华期间日本国内的战争动员状况。〔（日）石原俊明编：《世界画报》第十三卷第十号·《日支大事变号》第二辑，东京国际情报社，1937年，原书无页码〕

2-4-3

2-4-4

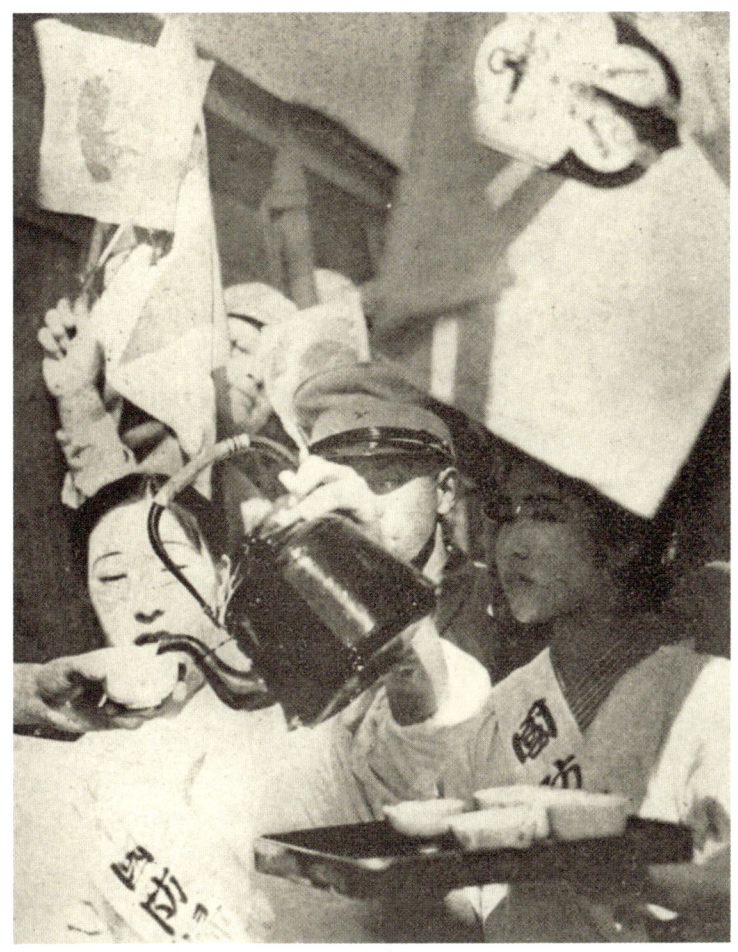

2-4-5

2-4-6

2-4-5 新兴株式会社出品的影片《皇军一鼓作气》(《皇军一度起たぱ》)剧照。影片主要讲述了日本普通青年如何"为国家大义"走上侵华战场的经历。〔(日)石原俊明编:《世界画报》第十三卷第十号·《日支大事变号》第二辑,东京国际情报社,1937年,原书无页码〕

2-4-6 PCL株式会社出品的影片《冲向华北的天空》(《北支の空を衝》)剧照。该片通过从军记者的视角,描述了华北战场上侵华日军的"英勇无畏"形象。〔(日)石原俊明编:《世界画报》第十三卷第十号·《日支大事变号》第二辑,东京国际情报社,1937年,原书无页码〕

2-4-7

2-4-7 1938年，日本东和商事制作的电影《新土》中，刻意丑化中国军人形象的剧照。〔（日）石原俊明编：《国际写真情报》第十七卷第三号·《日支大事变画报》第七辑，东京国际情报社，1938年，原书无页码〕

2-4-8

2-4-8 1939年，狂热的军国主义者、日本作家火野苇平的小说《土地与士兵》被改编成电影上映，该影片以侵华战争为背景，大肆宣扬日本军国主义精神。图为该片当时的剧照。〔（日）石原俊明编：《世界画报》第十五卷第九号·《日支大事变号》第廿五辑，东京国际情报社，1939年，原书无页码〕

2-4-9

2-4-9 图为法国电影《大幻影》剧照，战俘们以笛声为暗号集体逃脱。该片于1939年引入日本，因内容涉及反战，一直被禁映至二战结束。〔（日）每日新闻社整理：《一亿人的昭和史》，每日新闻社，1982年，第127页〕

2-4-10

2-4-11

2-4-10　1932年2月11日，上海吴淞的侵华日军举行遥拜天皇的仪式，庆祝纪元节。〔（日）玉井清五郎编：《日支事变写真帖》，忠孝之日本社，1932年，原书无页码〕

2-4-11　1938年2月11日纪元节，占领中国南京的侵华日军在出云舰上举行仪式，遥拜天皇。〔（日）石原俊明编：《世界画报》第十四卷第四号·《日支大事变号》第八辑，东京国际情报社，1938年，原书无页码〕

2-4-12

2-4-13

2-4-12　1938年3月，南下日军在黄河一带与中国军队隔岸对峙。图为按当时日军惯例，选出由一等兵和二等兵组成的"敢死队"强渡黄河。〔（日）每日新闻社编:《日本的战历》，每日新闻社，1967年，第87页〕

2-4-13　1940年3月，南昌修水渡河战中，日军充当头阵的是"柿岛敢死队"。白色袖章是乱战时的识别标志，胸前斜系的白色束袖带是分队长的标志。柿岛队长自己系着十字形束袖带并高呼"让我们一起为天皇献身！"〔（日）赤木益一郎:《从满洲事变到太平洋战争——20年中的不许可战场写真集》，每日新闻社，1965年，第75页〕

第二章　侵华战争与日本军国主义幽灵

2-4-14

2-4-15

2-4-14　二战后期，随着战火日益逼近日本本土，日军大本营提出"本土决战"计划。图为手持竹枪进行刺杀训练的日军士兵。〔（日）森高繁雄编：《大东亚战争写真史（第8卷）·落日终战篇》，富士书苑，1954年，第130页〕

2-4-15　1944年10月20日，日军第一航空舰队发布命令："就目前战局形势，集合26架舰载战斗机组成自杀式攻击队，命名为神风特别攻击队。"图为当时应召而来的神风特别攻击队队员。其后，大量执行自杀式攻击任务的日军士兵战死，但高级指挥官中只有大西泷治郎中将在二战后剖腹自尽。〔（日）每日新闻社编：《日本的战历》，每日新闻社，1967年，第200页〕

91

2-4-16

2-4-16 二战后期,日本国力耗尽,日军组织"人肉炸弹"神风特攻队上阵,作为人肉炸弹出击的多是临时征召的年轻人。图为1944年日军自杀式攻击队"初樱队"命名式。〔(日)每日新闻社编:《日本的战历》,每日新闻社,1967年,第198页〕

2-4-17 1945年4月,日军九州基地一名即将作为人肉炸弹执行自杀式攻击盟国军舰的日本海军航空兵。由于出发前已经做好了成为人肉炸弹的心理准备,故而在后背写上了"炸沉"二字。〔(日)赤木益一郎:《从满洲事变到太平洋战争——20年中的不许可战场写真集》,每日新闻社,1965年,第115页〕

2-4-17

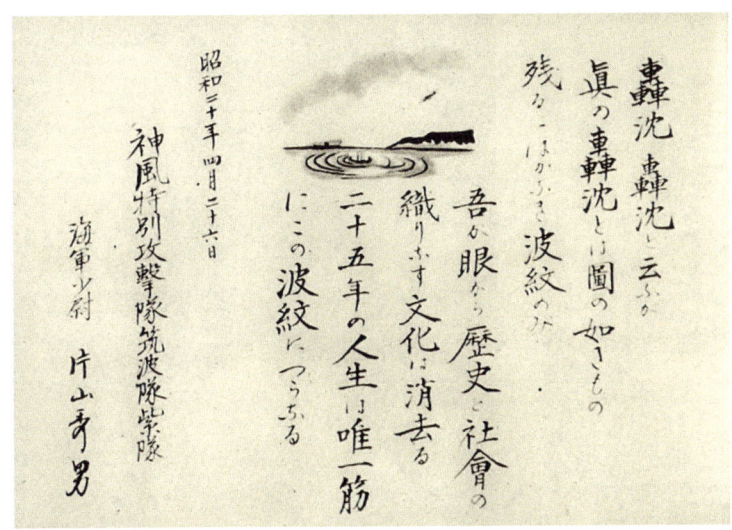

2-4-18

2-4-18 1945年4月26日，侵华日军神风特别攻击队队员、海军少尉片山秀男执行自杀式攻击任务前写下的誓词。〔（日）每日新闻社编：《日本的战历》，每日新闻社，1967年，第41页〕

2-4-19

2-4-19 1945年5月，侵华战争结束前夕，日军在太平洋战场、东南亚战场等各条战线上屡屡遭受重创，陷入军国主义的最后疯狂。图为奔赴战场前喝"壮行酒"的日军士兵。〔（日）每日新闻社编：《日本的战历》，每日新闻社，1967年，第226页〕

2-4-20 1945年5月，日本鹿儿岛县南九州市的知览机场一架军机正准备起飞执行任务，送行的地勤人员振臂欢呼。〔（日）每日新闻社编：《日本的战历》，每日新闻社，1967年，第202页〕

2-4-20

2-4-21

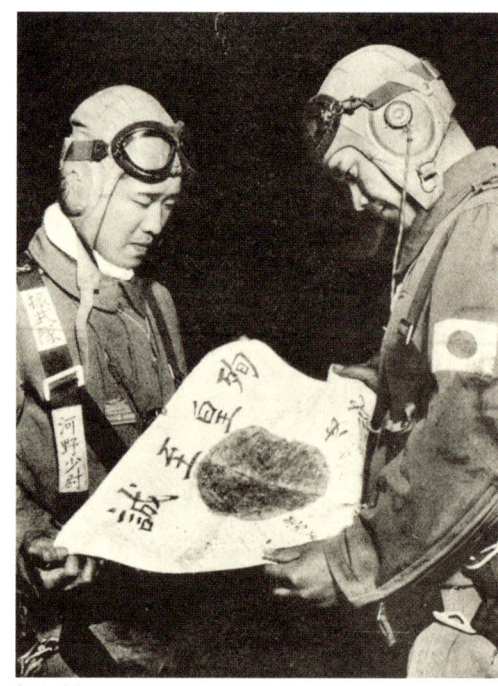
2-4-22

2-4-21　1945年5月，日本九州空军基地，日本女子挺进队队员爬上空军监视哨屋顶，欢送驾机"出征"的特攻队飞行员。〔（日）赤木益一郎：《从满洲事变到太平洋战争——20年中的不许可战场写真集》，每日新闻社，1965年，第114页〕

2-4-22　执行自杀式攻击任务前，日军飞行员传看写有"殉皇至诚""必死"字样的军国主义宣传品。〔（日）森高繁雄编：《大东亚战争写真史（第8卷）·落日终战篇》，富士书苑，1954年，第18页〕

2-4-23　执行自杀式攻击任务前，日军佐佐木部队的震洋突击队队员在军国主义宣传标语前留影。图中"七生报国"誓词源于日本14世纪著名武士楠木正成，意为即使死去七次也要转生尽忠天皇。〔（日）森高繁雄编：《大东亚战争写真史（第8卷）·落日终战篇》，富士书苑，1954年，第28页〕

2-4-23

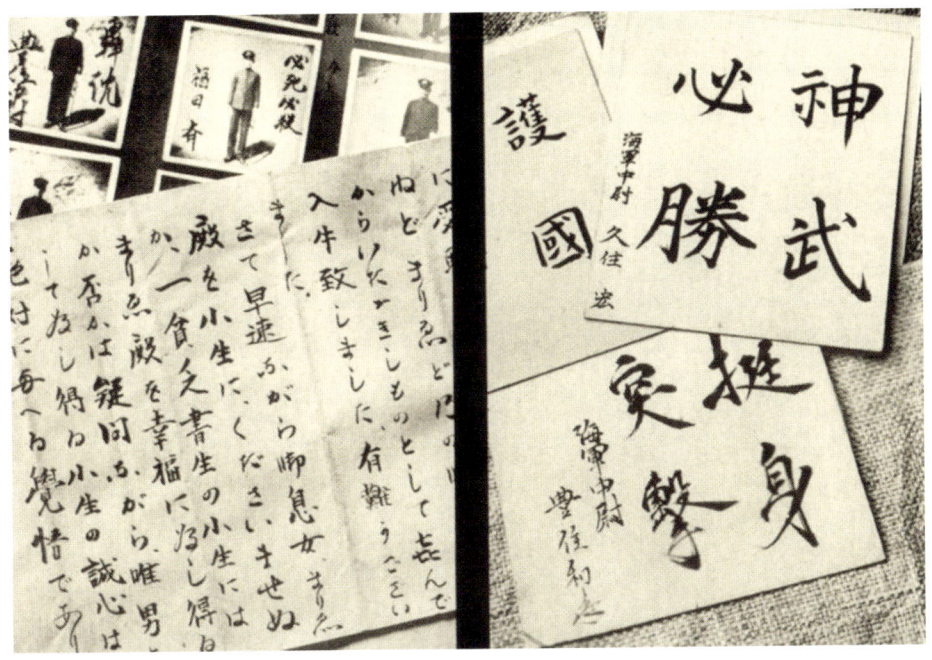
2-4-24

2-4-25

2-4-24 侵华日本海军突击队队员的战斗誓词。〔（日）每日新闻社编：《日本的战历》，每日新闻社，1967年，第38页〕

2-4-25 图为日军神风特别攻击队"天兵队""梅花队""神武队""神兵队"执行自杀式攻击前集体诀别的场景。〔（日）每日新闻社编：《日本的战历》，每日新闻社，1967年，第199页〕

第三章

日军发动侵华战争与战争总动员

1940年10月，日本近卫文麿内阁参照德、意法西斯体制，在日本国内推行"新体制运动"，解散一切政党，成立了以"实践翼赞大政的臣道"为宗旨的法西斯组织大政翼赞会。大政翼赞会建立后，立刻将各地"产业报国会"及各种妇女组织纳入"总体战"体制。

所谓"总体战"体制，实际就是全民战争总动员，将全体国民绑架到侵略战争机器之上。侵华战争期间，为了最大限度地实现战争动员，无论是社会公共资源还是个人私有财物，无论是日本本土还是其殖民地、占领区，无论是青壮年还是妇女儿童，一律被纳入战争资源统筹之中。民众在陷入战争狂热的同时，也面临着死亡、贫困、物资紧缺、精神匮乏的现实。从这个意义上说，这场侵华战争带来的灾难，不仅是军国主义加诸被侵略国家的灾难，同时也是军国主义加诸本国民众的灾难。

本章主要内容包括：侵华战争期间，在军部控制和主导下，日本社会为服务战争"全民奉献"的历史；战争总动员机制下，日本国民陷入"不正常的日常生活"；日本利用殖民地与傀儡政权，实施"以战养战"策略；侵华战争期间，日军慰安所、慰安妇问题。

第一节　侵华战争与日本的"全民奉献"

日本侵华战争期间，为将一切资源收归军用，金属、皮革、布料等物资均被国家征集用于支持战争。为支持前线作战，动员社会力量，日本主要通过日本本土的妇女组织、青少年组织、日本殖民地和占领区的日本居民组织，集中社会资源，为侵略战争服务。

其中，"爱国妇人会"原本由明治时期日本女性社会活动家奥村五百子创建，成员多为日本皇族、华族等上流阶层的女性，侵华战争期间，其主要工作是慰问军人眷属或遗族、筹备军事后援与救济救护的资金。1932年3月，在大阪成立的"国防妇人会"（后更名为"大日本国防妇女会"），主要从事战后生产、前线慰劳、参加国防训练、照顾伤病士兵和阵亡者遗属等工作。侵华战争后期，大量妇女、儿童被征召进军工厂参与制作武器装备。而"居留民会"也称日本侨民会、日本人会，是旅华日侨的自治性社团的一种，"居留民会"除了维护所谓"在华日侨权益"，还配合日军在占领区开展军事、政治、经济殖民等活动。

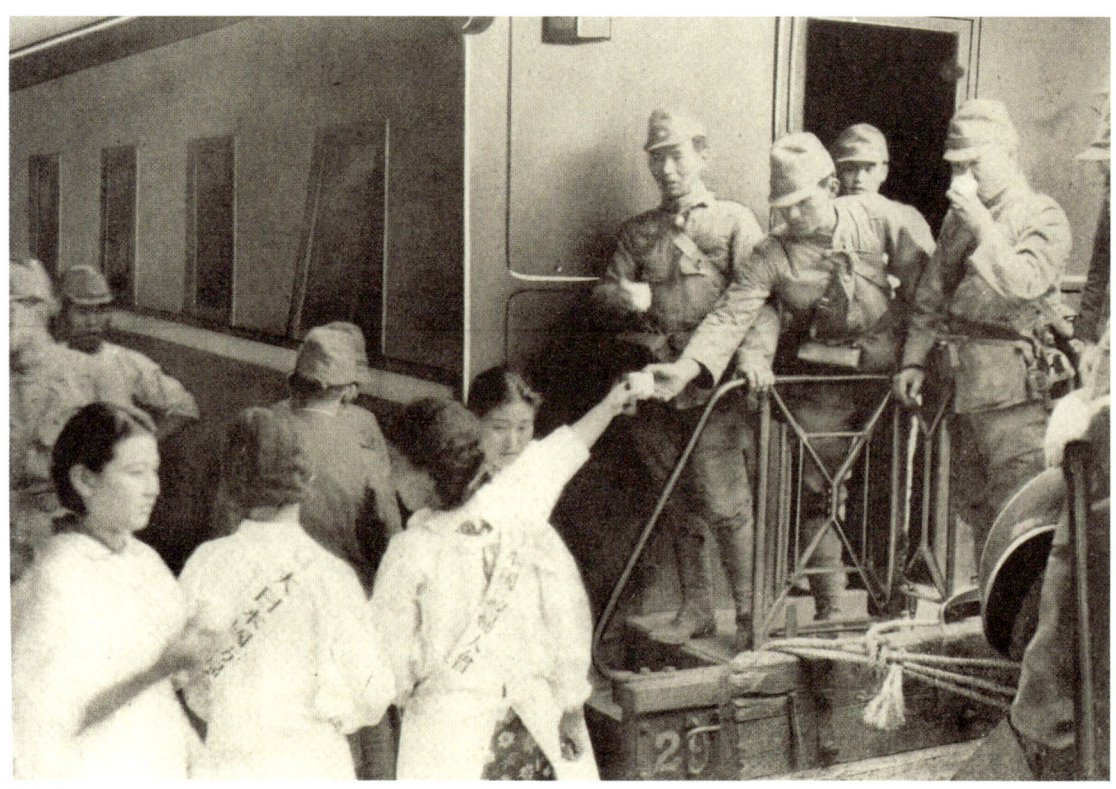

3-1-1

3-1-1 七七事变后,在日军占领区,由在华日本妇女组成的"大日本国防妇人会"成员,专程到车站为侵华日军士兵递送茶水、水果。〔(日)石原俊明编:《世界画报》第十三卷第九号·《日支大事变号》第一辑,东京国际情报社,1937年,原书无页码〕

3-1-2 日本妇女组织"相爱会",主要为侵华日军募捐以及制作慰问品。〔(日)石原俊明编:《世界画报》第十四卷第四号·《日支大事变号》第八辑,东京国际情报社,1938年,原书无页码〕

3-1-2

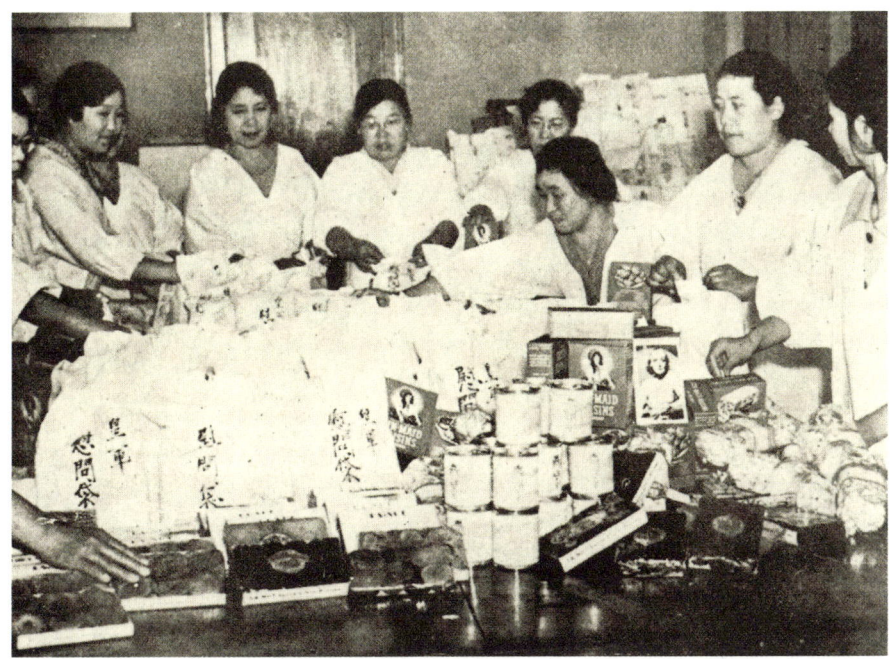

3-1-3

3-1-4

3-1-3 日本妇女为远赴中国的侵华日军士兵准备"皇军慰问袋"。〔(日)石原俊明编：《世界画报》第十三卷第十一号·《日支大事变号》第三辑，东京国际情报社，1937年，原书无页码〕

3-1-4 日本当局号召国民为在侵华前线战死的日军士兵捐赠"国防献金"。图为当时日本著名的"松竹少女歌剧团"成员到日本陆军省恤兵部访问并捐赠"国防献金"。〔(日)石原俊明编：《世界画报》第十三卷第九号·《日支大事变号》第一辑，东京国际情报社，1937年，原书无页码〕

3-1-5

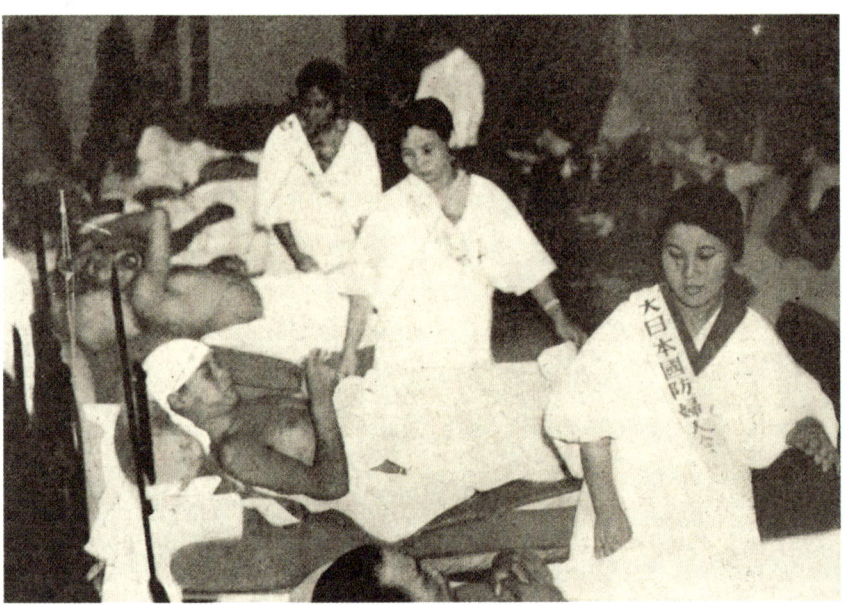

3-1-6

3-1-5 侵华战争期间,日本政府为筹集军费,大量发放所谓"爱国债券"。图为排队购买债券的日本"爱国妇人会"成员。〔(日)石原俊明编:《国际写真情报》第十七卷第一号·《日支大事变画报》第五辑,东京国际情报社,1938年,原书无页码〕

3-1-6 天津的"大日本国防妇人会"成员在护理侵华日军伤兵。〔(日)石原俊明编:《国际写真情报》第十六卷第十号·《日支大事变画报》第二辑,东京国际情报社,1937年,原书无页码〕

第三章 日军发动侵华战争与战争总动员

3-1-7

3-1-7 侵华战争期间,日本国内一切资源收归军用。金属、皮革、布料等物资均被国家征用于支持战争,图为日本街头铜像雕塑被征用装车,用于制造枪炮的军用物资。〔(日)森高繁雄编:《大东亚战争写真史(第8卷)·落日终战篇》,富士书苑,1954年,第115页〕

3-1-8

3-1-9

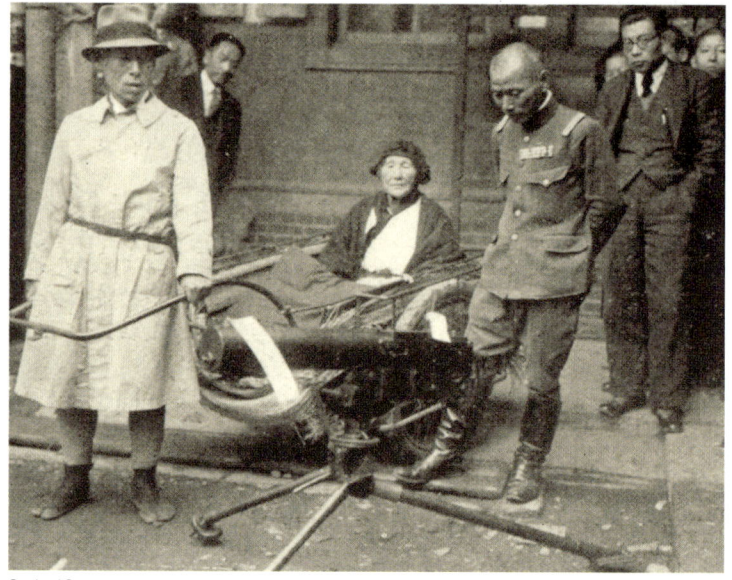

3-1-10

3-1-8 图为响应军国主义号召捐献配饰的日本市民。〔(日)森高繁雄编：《大东亚战争写真史（第8卷）·落日终战篇》，富士书苑，1954年，第114页〕

3-1-9 在军国主义宣传影响下，日本普通老百姓捐献的银器。〔(日)森高繁雄编：《大东亚战争写真史（第8卷）·落日终战篇》，富士书苑，1954年，第114页〕

3-1-10 八十八岁日本妇人到陆军省恤兵部捐资助战，为了达到宣传目的，日军军官让她与从中国战场缴获的战利品合影。〔(日)石原俊明编：《国际写真情报》第十七卷第一号·《日支大事变画报》第五辑，东京国际情报社，1938年，原书无页码〕

3-1-11

3-1-12

3-1-11 1943年夏天，日本动员大量妇女加入"女子挺身队"，从事军工生产。〔（日）森高繁雄编：《大东亚战争写真史（第8卷）·落日终战篇》，富士书苑，1954年，第110页〕

3-1-12 响应征召，加入"女子青年团勤劳挺身队"的日本青年女子。日本所谓"女子挺身队"其实就是女子民兵武装。在日本男性大量出征后，用女人来补充劳动力的缺口，履行民兵职责。〔（日）森高繁雄编：《大东亚战争写真史（第8卷）·落日终战篇》，富士书苑，1954年，第110页〕

3-1-13

3-1-13 为支持日军侵华战争，日本本土组织的女子挺身队队员正在操作机床生产军用物资。〔（日）森高繁雄编：《大东亚战争写真史（第8卷）·落日终战篇》，富士书苑，1954年，第113页〕

3-1-14 制作子弹的日本女子挺身队队员。〔（日）森高繁雄编：《大东亚战争写真史（第8卷）·落日终战篇》，富士书苑，1954年，第112页〕

3-1-14

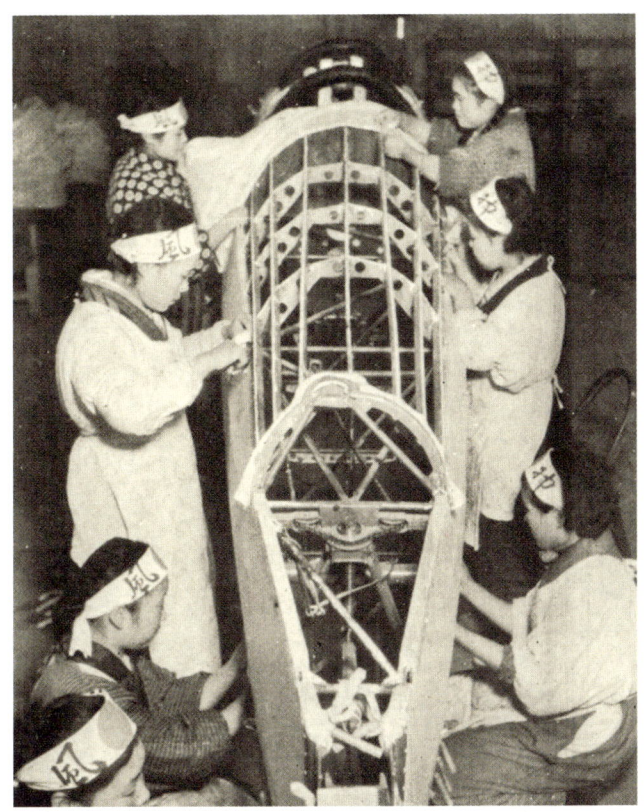

3-1-15

3-1-16

3-1-15 头缠"神风"布条制造自杀式木制飞机机身的日本女子挺身队队员。〔(日)森高繁雄编:《大东亚战争写真史(第8卷)·落日终战篇》,富士书苑,1954年,第112页〕

3-1-16 正在赶制飞机木质机翼的日本青年。随着战争损耗加剧,大量普通百姓被征召进军工厂参与制造军用飞机。〔(日)森高繁雄编:《大东亚战争写真史(第8卷)·落日终战篇》,富士书苑,1954年,第98页〕

3-1-17

3-1-17　军工厂内和大人一起从事军工生产的童工。〔(日)森高繁雄编:《大东亚战争写真史(第8卷)·落日终战篇》,富士书苑,1954年,第99页〕

第三章　日军发动侵华战争与战争总动员

3-1-18

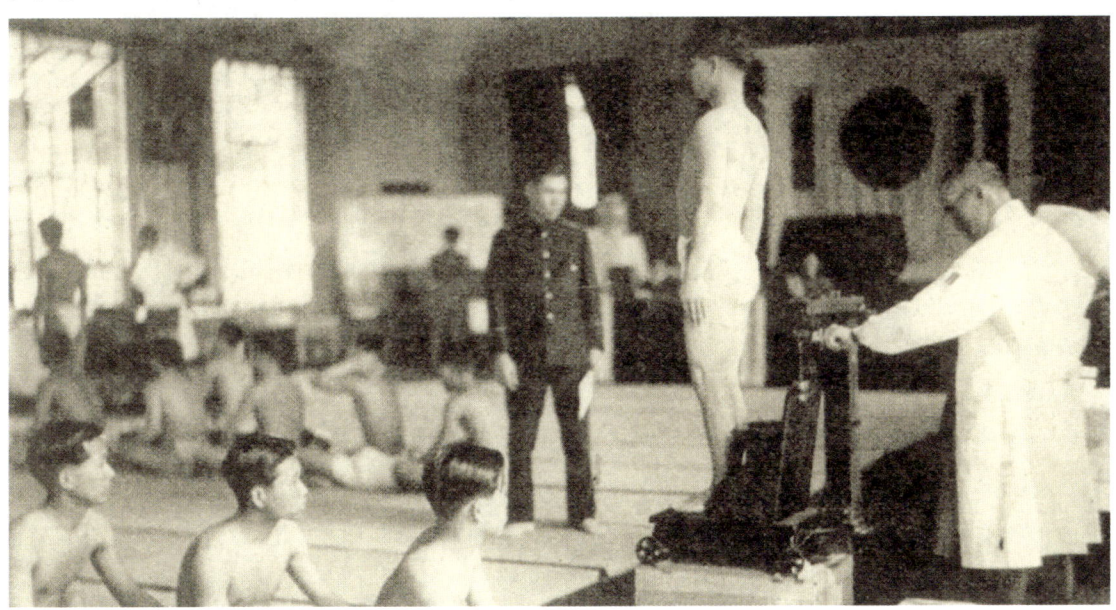
3-1-19

3-1-18　1932年1月20日，日本海军军官正在发表演说，煽动上海的日本侨民参与战争。〔（日）玉井清五郎编：《日支事变写真帖》，忠孝之日本社，1932年，原书无页码〕

3-1-19　侵华战争期间，日军为补充兵员，大量征召侨居中国的日本人入伍。图为日占区一名在华日本青年正在接受当地日军的征兵体检。〔（日）赤木益一郎：《从满洲事变到太平洋战争——20年中的不许可战场写真集》，每日新闻社，1965年，第155页〕

109

3-1-20

3-1-21

3-1-20 攻占上海以后，由于其海军陆战队兵力紧张，侵华日军在上海日本侨民协会中组织的编外军人。〔（日）每日新闻社编：《日本的战历》，每日新闻社，1967年，第85页〕

3-1-21 1932年1月底，上海租界内的日本日莲宗僧侣帮助日军装填沙袋,构筑阵地工事。〔（日）玉井清五郎编：《日支事变写真帖》,忠孝之日本社,1932年，原书无页码〕

第二节　战时动员下的日本国民生活

在"总体战"体制之下,随着侵华战争的推进,日本本国人民的生活也随之陷入困境。他们中许多人既是军国主义的狂热追随者,其实也是军国主义的牺牲品。

本节收录了大量反映当时日本普通民众生活的内容,其中有街头鼓动战争的宣传语,有商店、旅馆为侵华战争祈祷的标识,有全家出动为入伍士兵送行的家属,有民众为侵华战场所谓胜利"庆祝"的狂热,当然也有侵华战场上战死的日军士兵家属迎接骨灰或遗物的悲凉。他们是这场战争的参与者,也是战争后果的承受者。

3-2-1

3-2-1 在军国主义狂热气氛笼罩下，日本东京银座商业区大楼上挂出的巨幅标语，分别是"皇军万岁"与"国民精神总动员"。〔（日）石原俊明编：《国际写真情报》第十七卷第二号·《南京陷落记念画报》，东京国际情报社，1938年，原书无页码〕

3-2-2

3-2-3

3-2-2 1937年开始，随着侵华战争的深入，日军在国内征兵需求剧增。图为全家出动，为入伍士兵送行的日军家属。〔（日）石原俊明编：《国际写真情报》第十六卷第十号·《日支大事变画报》第四辑，东京国际情报社，1937年，原书无页码〕

3-2-3 军营门口，众多新兵和送行者形成的人流。按照侵华战争期间日军的征兵制度，每年12月是日军征召新兵入伍的时间。〔（日）森高繁雄编：《大东亚战争写真史（第8卷）·落日终战篇》，富士书苑，1954年，第124页〕

113

3-2-4

3-2-5

3-2-4 东京市街头要求国民废止虚礼,将一切资源集中用于战争的标语。〔(日)森高繁雄编:《大东亚战争写真史(第8卷)·落日终战篇》,富士书苑,1954年,第109页〕

3-2-5 侵华战争期间,东京街头召开"轴心国必胜总进军大会"的标语。标语上的"日德意亲善协会""日华学会""日满中央协会"都是当时日本倡导军国主义的宣传机构。〔(日)森高繁雄编:《大东亚战争写真史(第8卷)·落日终战篇》,富士书苑,1954年,第108页〕

3-2-6 日本军国主义分子组织"降伏敌国"祈愿大会的标语。〔(日)森高繁雄编:《大东亚战争写真史(第8卷)·落日终战篇》,富士书苑,1954年,第109页〕

3-2-6

3-2-7 东京街头宣传"大诏奉戴日"的标语。为纪念天皇发布对美、英的宣战诏书,1942年元旦,东条英机在内阁告谕中宣布,每月8日为"大诏奉戴日",并要求这一天日本各个学校、工厂等都需举行宣战诏书奉读仪式,祈祷日军必胜。〔(日)森高繁雄编:《大东亚战争写真史(第8卷)·落日终战篇》,富士书苑,1954年,第109页〕

3-2-8 为纪念天皇发布对美、英宣战诏书,军国主义分子们组织召开的大诏奉戴国民大会。〔(日)森高繁雄编:《大东亚战争写真史(第8卷)·落日终战篇》,富士书苑,1954年,第106页〕

3-2-9

3-2-10

3-2-9 日军攻陷中国首都南京的消息传回日本，许多日本市民特意换上和服盛装，汇集到城市街头欢呼庆祝。〔（日）石原俊明编：《世界画报》第十四卷第二号·《日支大事变号》第六辑，东京国际情报社，1938年，原书无页码〕

3-2-10 大批日本妇女头戴日本国旗钵卷（编者注：钵卷，和服中的一种头带）、身披"爱国妇人会"绶带，在陆军省门口游行，"庆祝"日军攻占中国首都南京。〔（日）石原俊明编：《世界画报》第十四卷第二号·《日支大事变号》第六辑，东京国际情报社，1938年，原书无页码〕

3-2-11

3-2-11　日本东京银座商业区为"庆祝"日军攻陷中国首都南京升起的气球、轴心国国旗和标语。〔(日)石原俊明编:《世界画报》第十四卷第二号·《日支大事变号》第六辑,东京国际情报社,1938年,原书无页码〕

3-2-12

3-2-12 1937年年末,为庆祝日军侵华前线"胜利",三千艺伎身穿"大日本国防妇人会"会服,手举日本国旗,在东京二重桥天皇皇宫附近游行。〔(日)石原俊明编:《国际写真情报》第十六卷第十号·《日支大事变画报》第四辑,东京国际情报社,1937年,原书无页码〕

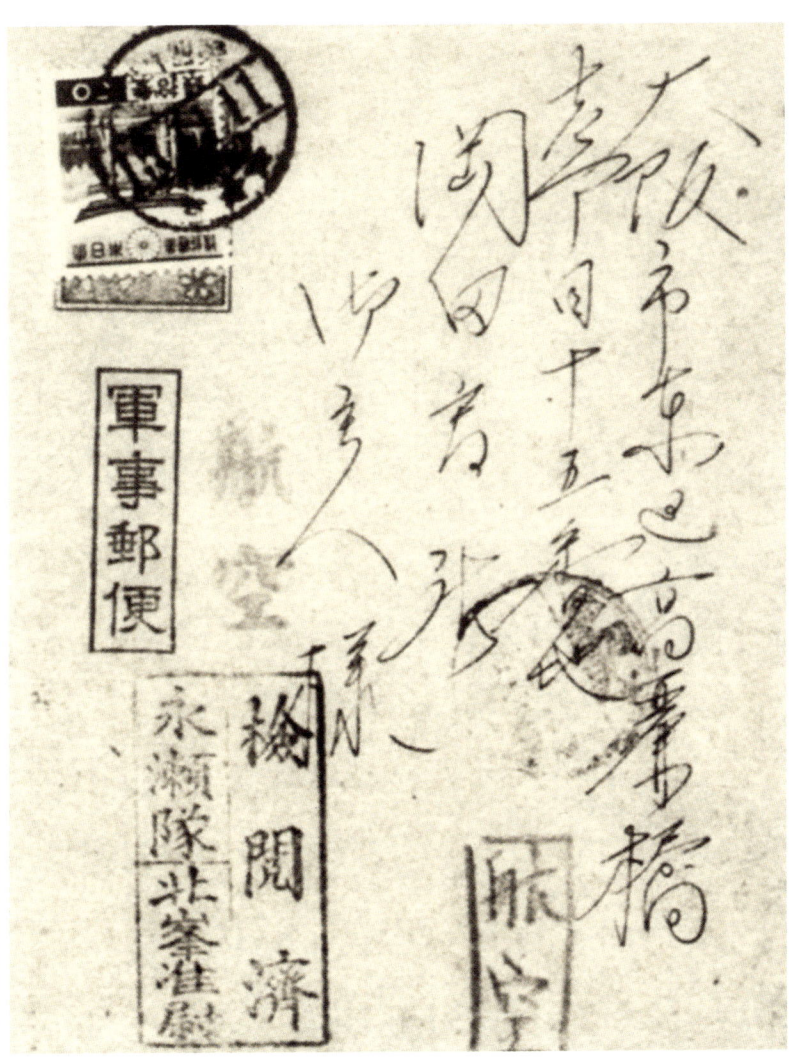

3-2-13　侵华日军从战场发往国内的信件一律经过检查，如果写有部队行动等内容，即禁止发送。从这张摄于1940年的照片中，可以清楚地看到当时的审查印章。〔（日）每日新闻社整理：《一亿人的昭和史》，每日新闻社，1982年，第232页〕

3-2-14

3-2-15

3-2-14 随着侵华战争的深入，日本与英美等国矛盾不断加深，尤其不满租界成为中国抗日活动的庇护所。1939年7月，在军方操纵下，日本爆发全国性、大规模排英运动。图为当时英国驻日大使馆门口聚集大量日本民众，高举"打倒援蒋元凶英国"等标语。〔（日）石原俊明编：《世界画报》第十五卷第九号·《日支大事变号》第廿五辑，东京国际情报社，1939年，原书无页码〕

3-2-15 日本大阪"南地五花街"的两千多名艺伎、妓女高举反英标语，在街头游行。〔（日）石原俊明编：《世界画报》第十五卷第九号·《日支大事变号》第廿五辑，东京国际情报社，1939年，原书无页码〕

3-2-16

3-2-17

3-2-16 1931年秋，九一八事变中战死的日军板仓大尉的尸体在奉天（现在的沈阳）焚化。图为板仓的妻子带着孩子在捡板仓的遗骨。〔（日）赤木益一郎：《从满洲事变到太平洋战争——20年中的不许可战场写真集》，每日新闻社，1965年，第119页〕

3-2-17 侵华战场上战死的日军遗孀们在车站迎接亲人骨灰或遗物。摄于1938年日本前桥车站。侵华战争期间，为宣扬"战死光荣"，日军官兵一旦战死，其母亲妻子被奉为"军国母亲""军国妻子"，接收遗物时，要求她们"为了国家"不能流眼泪。〔（日）每日新闻社整理：《一亿人的昭和史》，每日新闻社，1982年，第256页〕

3-2-18

3-2-18 1932年1月底，日军策划日本日莲宗僧侣被中国工人袭击事件，借机发动一·二八事变。图为日僧被殴事件发生后，在军方鼓动下，日本众多侨民聚集到虹口日本人俱乐部开会，要求中国方面惩办殴打日僧的凶手并赔偿损失，并向日方道歉。〔（日）玉井清五郎编：《日支事变写真帖》，忠孝之日本社，1932年，原书无页码〕

3-2-19 1937年10月，上海虹口的日本侨民"欢庆"日军攻占上海。〔（日）石原俊明编：《世界画报》第十三卷第十二号·《日支大事变号》第四辑，东京国际情报社，1937年，原书无页码〕

3-2-19

第三章　日军发动侵华战争与战争总动员

3-2-20

3-2-20　1938年1月10日，日军占领青岛。此照为青岛某码头上，手持日本国旗欢迎日军的日本侨民。〔（日）石原俊明编：《国际写真情报》第十七卷第三号·《日支大事变画报》第七辑，东京国际情报社，1938年，原书无页码〕

第三节　侵华战争期间日本对殖民地与傀儡政权的利用

　　侵华战争期间，日军扶植成立了伪满洲国、汪精卫伪国民政府等一系列傀儡政权。日军武力攻陷中国城市后，通常由特务机关、宣抚班等负责扶植地方治安维持会来协助其殖民统治，以粉饰太平，掩人耳目，实施"以华制华""以战养战"的策略。

　　日本军部实施的"总体战"体制，不仅针对日本国内，在日军占领区同样如此。侵华战争期间，为支撑持续的战争消耗，日本对各殖民地与傀儡政权进行了最大限度地盘剥和利用。在伪满洲国，日本人把持内政外交各项大权，建立并操控了伪满协和会、协和青少年团、协和义勇奉公队、国防妇人会、军人后援会等众多社团组织，掠夺战略资源输送到侵华战争前线。日本扶植起汪精卫政权后，在各地制造舆论、组织集会，宣扬汪精卫政权与日本"合力参战""同生共死"。在朝鲜，日本颁布了《特别志愿兵令》，并设立专门训练所，大量征召朝鲜籍青年进行所谓"皇道精神"训练，然后将其派往侵华战争前线。

3-3-1

3-3-1 "协和义勇奉公队"是日本关东军侵占中国东北期间,为加强其殖民统治而操控的重要组织之一。图为当时齐齐哈尔协和义勇奉公队永安北区队本部的招牌。〔日中友好协会总部提供,村濑守保拍摄〕

3-3-2

3-3-3

3-3-2　1939年7月8日，关东军从日本国内征召的"满洲建设勤劳奉仕队"队员抵达长春后，被首先安排参拜"新京神社"。〔（日）石原俊明编：《世界画报第十五卷第九号·日支大事变号第廿五辑》，东京国际情报社，1939年，原书无页码〕

3-3-3　为实现"日满战争协力"，1942年伪满洲国召开"国民动员大会"。图为动员大会上接受检阅的"协和义勇奉公队"。〔（日）森高繁雄编：《大东亚战争写真史（第4卷）·乐土兴亡篇》，富士书苑，1954年，第83页〕

3-3-4

3-3-5

3-3-4 日军占领北平后，征用中南海内的丰泽园，组织成立"北平市地方维持会"，协助其统治。摄于1937年8月。〔（日）每日新闻社整理：《不许可写真1：20世纪的记忆》，每日新闻社，1998年，第181页〕

3-3-5 1937年10月，日军攻占河北正定后，成立正定县政府治安维持会。图为当时参加"日华提携会议"的中国人走出会场。〔（日）石原俊明编：《世界画报》第十三卷第十二号·《日支大事变号》第四辑，东京国际情报社，1937年，原书无页码〕

3-3-6

3-3-6 1938年1月,日军操纵下的上海南市自治委员会成立,日本军官与中国人参会代表在日本国旗前合影。〔(日)石原俊明编:《世界画报》第十四卷第三号·《日支大事变号》第七辑,东京国际情报社,1938年,原书无页码〕

3-3-7

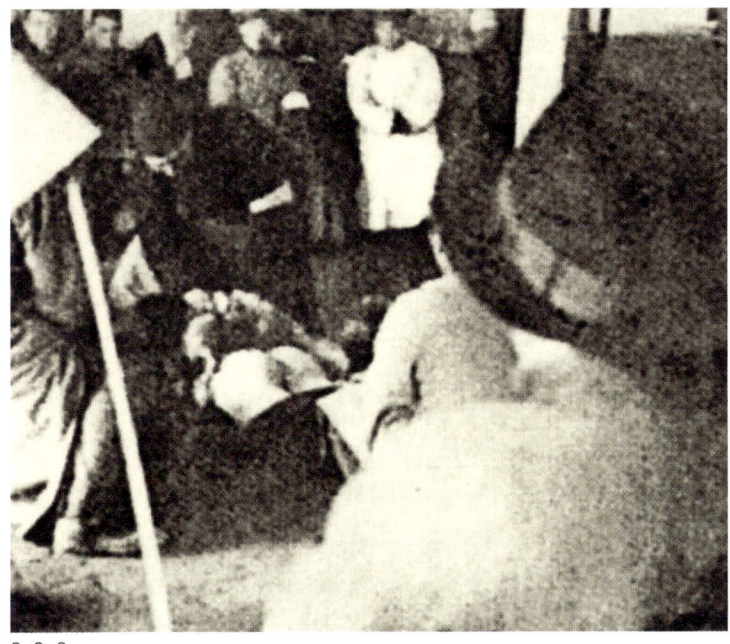

3-3-8

3-3-7 1938年2月，侵华日军占领了京汉铁路沿线的黄河北部地区，强迫不少中国军人投降日军，成为所谓"归顺兵"。图为日军大野部队控制下的中国归顺兵。摄于1938年2月22日。〔（日）每日新闻社整理：《不许可写真2：20世纪的记忆》，每日新闻社，1999年，第30页〕

3-3-8 日军占领江苏镇江后，成立所谓"镇江自治委员会法庭"，图为伪法官在法庭上正在用竹竿抽打镇江百姓。摄于1938年2月，类似照片当时一律禁止发表。〔（日）每日新闻社整理：《不许可写真2：20世纪的记忆》，每日新闻社，1999年，第46页〕

3-3-9

3-3-9 1938年2月23日,日军占领青岛后组织"打倒国民政府大会"。图为会场门柱上张贴的"国民党已毁灭,中日敦睦提高民生"的标语。〔(日)石原俊明编:《世界画报》第十四卷第四号·《日支大事变号》第八辑,东京国际情报社,1938年,原书无页码〕

3-3-10

3-3-11

3-3-10 侵华日军攻占中国城市之后，一般由日本宪兵队接手负责日常的治安与管理。图为当时汉口日本宪兵队本部驻扎的大楼。〔日中友好协会总部提供，村濑守保拍摄〕

3-3-11 日军占领汉口后，日伪组织的各界治安维持会、联合会头目们聚会用餐的场景。摄于1938年12月。〔（日）每日新闻社整理：《不许可写真2：20世纪的记忆》，每日新闻社，1999年，第92页〕

3-3-12

3-3-12 侵华战争期间,日军通过武力攻陷中国城市后,由特务机关、宣抚班等负责扶植地方治安维持会来协助其推行殖民统治,并由日军设置专门的"指导"机构。图为日军控制下的"湖北湖南江西省地方治安维持会指导部"。〔日中友好协会总部提供,村濑守保拍摄〕

3-3-13

3-3-13 日军占领江西九江后,依靠汉奸组织起所谓"皇协维新队"。照片中一群头扎白色布条的"皇协维新队"队员正在接受军事训练。〔(日)赤木益一郎:《从满洲事变到太平洋战争——20年中的不许可战场写真集》,每日新闻社,1965年,第155页〕

3-3-14

3-3-14 日军占领杭州后,成立了由杭州本地女青年组成的警察队,图为日伪教官正在训练这些中国女子学习日式敬礼。〔(日)赤木益一郎:《从满洲事变到太平洋战争——20年中的不许可战场写真集》,每日新闻社,1965年,第155页〕

3-3-15

3-3-15 1939年7月12日，在日本幕后策动下，朱深、王揖唐、王克敏、梁鸿志等在青岛观象山举行会议，表示支持汪精卫"和平救国"主张。会议期间，代表们在巨幅日本国旗前合影。〔（日）石原俊明编：《世界画报》第十五卷第九号·《日支大事变号》第廿五辑，东京国际情报社，1939年，原书无页码〕

3-3-16 汪精卫（中间）、王克敏（伪北平临时政府主席，汪左侧）、梁鸿志（伪南京维新政府行政院院长，汪右侧）以及伪蒙古联合政府代表等共同商议建立统一的傀儡政府。摄于1940年1月26日，山东青岛。虽然是日本陆军情报部门促成了本次会议，但日本军方审查要求发表必须抹去后方监督会议的日本陆军军官身影。〔（日）每日新闻社整理：《一亿人的昭和史》，每日新闻社，1982年，第226页〕

3-3-16

3-3-17

3-3-17 南京伪国民政府成立后，汪精卫随即设立了伪中央陆军训练团，意在培养自己的嫡系军队。图为1940年2月20日汪精卫在伪中央陆军训练团毕业典礼上为毕业生代表颁发奖状。〔（日）每日新闻社整理：《一亿人的昭和史》，每日新闻社，1982年，第164页〕

3-3-18

3-3-19

3-3-18 日本扶植起汪精卫政权后，随即在各地制造舆论、组织集会，宣扬汪精卫政权与日本"合力参战""同生共死"。图为日伪当时在北平组织的有关群众集会。〔（日）森高繁雄编：《大东亚战争写真史（第5卷）·大陆战尘篇》，富士书苑，1954年，第182页〕

3-3-19 日伪当时在汉口组织的汪伪参战游行。〔（日）森高繁雄编：《大东亚战争写真史（第5卷）·大陆战尘篇》，富士书苑，1954年，第182页〕

3-3-20

3-3-21

3-3-20 侵华战争期间，日军从当时日本殖民下的中国台湾地区大量征兵，图为日军构筑阵地工事的台湾士兵。摄于1937年9月26日，此照被禁止发表。〔（日）每日新闻社整理：《不许可写真1：20世纪的记忆》，每日新闻社，1998年，第91页〕

3-3-21 1938年2月，日军在朝鲜颁布《特别志愿兵令》并设立专门训练机构。图为朝鲜总督府陆军兵志愿者训练所门前站岗的哨兵。朝鲜总督府是日本在朝鲜设立的殖民地最高管理机关。〔（日）森高繁雄编：《大东亚战争写真史（第4卷）·乐土兴亡篇》，富士书苑，1954年，第192页〕

3-3-22

3-3-22　为日本侵华战争服务的朝鲜总督府交通局高等海员养成所门口,学员正列队前进。日本对朝鲜实行殖民统治后,大量征召朝鲜籍青年参与侵华战争。〔(日)森高繁雄编:《大东亚战争写真史(第4卷)·乐土兴亡篇》,富士书苑,1954年,第194页〕

3-3-23　日军从朝鲜征召即将派往侵华战场的士兵,正在接受所谓"皇道精神"训练。〔(日)森高繁雄编:《大东亚战争写真史(第4卷)·乐土兴亡篇》,富士书苑,1954年,第193页〕

3-3-23

第四节　慰安所、慰安妇问题

慰安妇问题是日本侵华战争期间犯下的主要战争罪行之一。直至今日，日本右翼势力依然对此回避甚至否认。

本节照片内容是侵华战争期间，通过日本随军记者的镜头，对慰安妇历史真相的记录。有关照片为慰安妇这一问题的存在，提供了无可辩驳的依据。其中有日军在中国占领区强征的中国妇女，有从朝鲜等殖民地征召的妇女，也有部分受军国主义宣传影响自愿充当慰安妇的日本本土妇女。另外，还有侵华日军高级军官带到中国战场供自己享乐的日本本土的艺伎，这些人本质上也属于从军慰安妇。

3-4-1

3-4-2

3-4-1 侵华战争期间，日军在中国各地设立大量军队直营的慰安所。图为慰安所前的日军在排队等待"慰安"的场景。〔日中友好协会总部提供，村濑守保拍摄〕

3-4-2 侵华日军开设的普通慰安所，要求士兵必须持有到慰安所的外出许可证，下士、列兵、军属的门票为2元，普通士兵只能进入门票规定的房间。此照为日军在上海设立的一般慰安所。〔日中友好协会总部提供，村濑守保拍摄〕

3-4-3

3-4-3 1938年1月，开设于上海江湾镇的慰安所，慰安所门口挂着"欢迎圣战勇士"的幌子。侵华战争期间，碍于"军队的颜面"，不少日军直营的慰安所转为民营，虽然转为民营，但依旧由军医负责慰安妇的身体检查。〔（日）每日新闻社整理：《一亿人的昭和史》，每日新闻社，1982年，第62页〕

3-4-4

3-4-4 1938年8月，日军慰安所以"欢乐店"的形式出现在河北石家庄。"欢乐店"店名一般以日军各部队所在地的地名命名。〔（日）每日新闻社编：《日本的战历》，每日新闻社，1967年，第118页〕

3-4-5 作为日军慰安所，"欢乐店"除了按地名命名外，还有类似图中这样打着所谓"爱国食堂"招牌的其他各种形式。照片中"欢乐店"的女子为穿和服的日本年轻女子，在军国主义宣教之下，这些女子坚信"自己是为了国家在奉献"。摄于1938年8月，河北石家庄。〔（日）每日新闻社编：《日本的战历》，每日新闻社，1967年，第118页〕

3-4-5

3-4-6

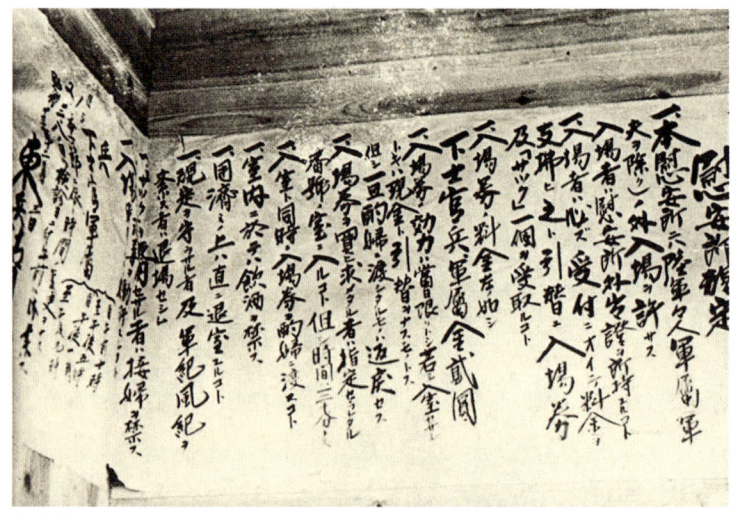

3-4-7

3-4-6 上海杨家宅日军直接管理的慰安所第1号。在一排小木屋前士兵们轮番排队等候"慰安",每个人只有30分钟时间。该慰安所内当时有120名女性。摄于1938年1月。〔(日)每日新闻社整理:《一亿人的昭和史》,每日新闻社,1982年,第64页〕

3-4-7 日军某兵站司令部制定的慰安所有关规定:士兵上午10点至下午5点,下士官、军属下午1点至9点。费用为30分钟2日元,并规定"禁止接待不使用避孕套者"。〔(日)每日新闻社整理:《一亿人的昭和史》,每日新闻社,1982年,第64页〕

3-4-8 侵华日军第六慰安所"樱楼"张贴着落款为"池田龙兵站司令官"的"登楼者注意事项",其中一项为"必须使用避孕套,事后必须清洗"。〔日中友好协会总部提供,村濑守保拍摄〕

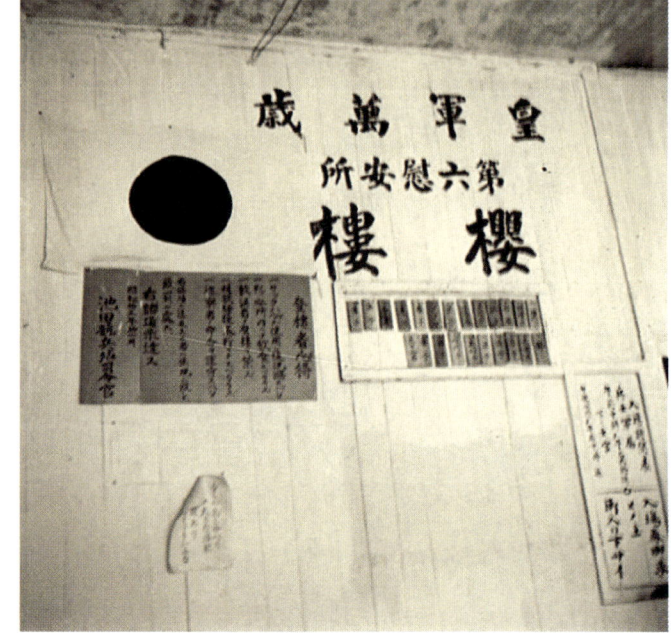

3-4-8

3-4-9

3-4-10

3-4-9 很多不满足于军队直营慰安所的士兵，会到后街个人私设的慰安所去。图为在肮脏破败的小巷中，因战争失去生路的中国妇女被迫卖身于日军士兵。〔日中友好协会总部提供，村濑守保拍摄〕

3-4-10 日军运输船船舱下层，是与日本本土征召士兵同行的慰安妇们。这些日本妇女接受军国主义"要与士兵们共赴战场献身"的教育，自愿前往中国，为日军提供性服务。〔（日）每日新闻社编：《日本的战历》，每日新闻社，1967年，第207页〕

3-4-11

3-4-11 侵华战争期间,被征召到安徽芜湖的日本随军慰安妇。她们中的大多数人在日本国内没有收入,无法正常生活,到中国战场充当慰安妇,能得到少量收入。当然,有人也会无偿为负伤的日军士兵提供性服务。〔(日)每日新闻社整理:《一亿人的昭和史》,每日新闻社,1982年,第63页〕

3-4-12

3-4-13

3-4-12 一名戴着日本海军军帽的日本慰安妇。从侵华战场上回国的日本士兵，大多都保存着类似这样的一张照片。〔（日）每日新闻社整理：《一亿人的昭和史》，每日新闻社，1982年，第65页〕

3-4-13 战场上没有专业的妇科检诊台，图为日军某慰安所内卫生兵制作的木质临时妇科检诊台。〔（日）每日新闻社整理：《一亿人的昭和史》，每日新闻社，1982年，第65页〕

3-4-14

3-4-15

3-4-14 因日军认为初次征召的慰安妇中,朝鲜女性无性病史、身体健康者居多,于是又陆续从朝鲜半岛强制征召年轻女性充当慰安妇,后来她们大多命运悲惨,死于战争之中。图为被征召前往做妇科检查的朝鲜女性。〔(日)每日新闻社整理:《一亿人的昭和史》,每日新闻社,1982年,第65页〕

3-4-15 该图中的慰安妇几乎都是来自朝鲜的女性,她们或是被骗来的,或是被强行抓来的。随着战局的进展,她们像货物一样被敞篷卡车送往前线。〔日中友好协会总部提供,村濑守保拍摄〕

3-4-16

3-4-17

3-4-16 侵华战争期间，除了"随军慰安妇"，各部队司令部中还有私自将日本国内料亭（日式高级餐馆）艺伎带到战场的现象。图为侵华战争期间，在当时北平市区大街上坐人力车的日本艺伎。〔（日）每日新闻社整理：《一亿人的昭和史》，每日新闻社，1982年，第62页〕

3-4-17 日军占领天津后，随军进城的日本艺伎。摄于1938年10月6日，天津福岛街。侵华战争期间，日本国内很多艺伎作为慰安妇随军来到中国战场。这些在当时都是严令禁止公开的照片。〔（日）每日新闻社编：《日本的战历》，每日新闻社，1967年，第129页〕

第四章

侵华日军形象的维护与美化

维护日军在侵华战争中的形象，掩饰其战争罪行，是侵华战争期间日本军部控制新闻舆论的主要目的之一。

在信息管控上，日本军部审查机构设置了一系列标准和要点。其基本原则是，对于侵华日军形象、军队士气有不利影响的，一律禁止公开；反之，有利于鼓吹战争、反映侵华日军战场"正面"形象的内容，则大肆宣传。对于反映侵华战争对中国人民造成深重灾难，导致中国城市破坏、百姓流离失所、民不聊生的事实；对于反映侵华战场残酷性如士兵死伤惨烈的事实，一律严格控制。对有利于侵华日军实施军事殖民统治、有利于收拢"人心""民意"、有利于进一步扩大侵略战争、有利于粉饰侵略行为的内容，则有目的、有选择性地公开报道。

本章主要内容包括：侵华战争期间，日本军部通过控制宣传机器对日军军容的维护；侵华战争期间，日军对各类战时负面信息的管制和引导；为了长期鼓动和维持军国主义狂热，侵华日军对于战场伤亡信息的处理；侵华期间，日军对涉及战时敏感信息的俘虏问题的处理。

最后，是日军在侵华战争过程中对战争行为采取的一系列粉饰宣传措施。

第一节　侵华日军对军容的维护

侵华战争期间，日本军部在对新闻照片的审查过程中，对涉及士兵军容军纪等所谓"威信"的内容十分重视。此举从本质上而言是为了维护侵华日军的士气和形象，有利于军国主义宣传。

如可能影响士气的愁苦不堪的雨中行军照片，当时一般是不允许公开的。凡军容不整、疲惫不堪、衣裤不全或者赤身露体"有伤风化"的军人照片，同样严禁公开，偶尔因为报道需要不得不公开，也需经新闻审查官的严格管控或进行特别处理。

4-1-1 七七事变期间，中日双方在卢沟桥附近展开阵地战。图为战斗结束后的日军伤亡人员。〔（日）每日新闻社整理：《不许可写真1：20世纪的记忆》，每日新闻社，1998年，第159页〕

4-1-2 经历了中国南方长达一个月的秋雨季节，湿寒中愁苦不堪的日军。每日新闻社随军记者藤本，1937年9月15日摄于上海军工路。类似可能影响士气的照片，日本军方当时都是不允许公开的。〔（日）每日新闻社整理：《不许可写真1：20世纪的记忆》，每日新闻社，1998年，第61页〕

4-1-3 1937年10月，上海战场上的侵华日军。照片中因为军服淋湿有损日军形象，当时被要求禁止公开。〔（日）每日新闻社整理：《不许可写真1：20世纪的记忆》，每日新闻社，1998年，第105页〕

4-1-1

4-1-2

4-1-3

第四章　侵华日军形象的维护与美化

4-1-4

4-1-5

4-1-4　阴雨连绵的天气下，侵华前线的日军士兵身披稻草在野地睡觉。图中红色印戳为"检阅完毕"的意思。摄于1937年11月。〔（日）每日新闻社整理：《不许可写真1：20世纪的记忆》，每日新闻社，1998年，第137页〕

4-1-5　日本战时新闻审查的重要内容包括军人的"威信"。图为日军1937年11月5日突袭上海后方、在杭州湾北岸登陆的第10军山田部队官兵。其中有士兵未穿长裤，允许公开的条件是要求后期"画上裤子"。〔（日）每日新闻社整理：《一亿人的昭和史》，每日新闻社，1982年，第16页〕

153

4-1-6

4-1-6 七七事变后，日军遭遇中国国民革命军第 29 军的顽强抵抗。图为战斗间隙，在溪边洗浴的侵华日军士兵。因有多名士兵赤身裸体，影响日军的形象，被禁止公开发表。〔（日）石原俊明编：《世界画报》第十三卷第十号·《日支大事变号》第二辑，东京国际情报社，1937 年，原书无页码〕

第四章 侵华日军形象的维护与美化

4-1-7

4-1-8

4-1-7 战斗间隙,侵华日军士兵在晾晒衣物。士兵的裸体照片在日本军部看来,是"作为日军不该有"的军容,在审查中一般禁止发表,但个别审查官有时也会允许发表。〔(日)每日新闻社整理:《不许可写真1:20世纪的记忆》,每日新闻社,1998年,第77页〕

4-1-8 在山东微山湖地区作战期间,日军官兵只能穿着内裤赶路。因影响军容问题此照片不允许公开。摄于1938年5月16日。〔(日)每日新闻社编:《日本的战历》,每日新闻社,1967年,第116页〕

155

4-1-9

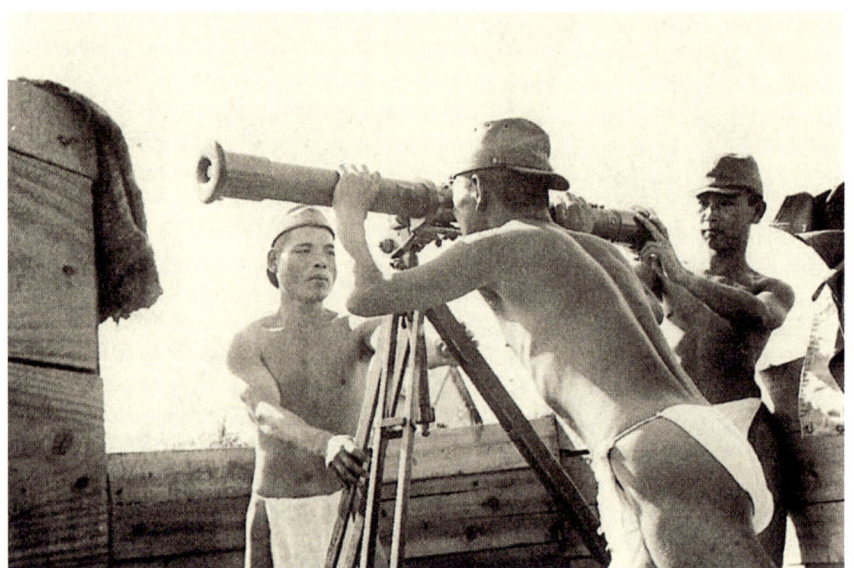

4-1-10

4-1-9 徐州会战结束后在农村水井旁取水洗澡的日军士兵,因军方认为这类照片有伤风化,所以禁止公开。摄于 1938 年 5 月 20 日。〔(日)每日新闻社整理:《一亿人的昭和史》,每日新闻社,1982 年,第 41 页〕

4-1-10 烈日之下,赤裸身体工作的侵华日军某高射炮队测高机班。除了测高机涉密,只穿丁字裤的士兵也是照片被禁止发表的原因。1938 年 7 月,摄于汉口。〔(日)每日新闻社整理:《不许可写真 2:20 世纪的记忆》,每日新闻社,1999 年,第 188 页〕

第四章　侵华日军形象的维护与美化

4-1-11

4-1-12

4-1-11　1938年10月12日，日军在广东大亚湾登陆过程中，为了能让登陆艇停住不动，日军士兵趴在岸边，用自己的身体做锚。〔（日）赤木益一郎：《从满洲事变到太平洋战争——20年中的不许可战场写真集》，每日新闻社，1965年，第157页〕

4-1-12　在战争物资紧缺情况下，日军伤兵用中国南方的特产——竹子做成假肢。摄于1938年底。〔（日）每日新闻社编：《日本的战历》，每日新闻社，1967年，第64页〕

157

4-1-13

4-1-13　1941年，侵华日军华南方面军于5月10日开始了对惠州的攻击。图为登陆之前，在轮船甲板上洗澡的日军士兵，远方海面上可以看到"睦月"号驱逐舰。摄于1941年5月11日。由于有士兵裸露形象，此照片被禁止公开。〔（日）每日新闻社整理：《不许可写真2：20世纪的记忆》，每日新闻社，1999年出版，第114页〕

第二节　侵华日军对战时报道的管制

侵华战争期间，日军对战时报道的管制十分严格，凡涉及中国军人或普通民众尸体的照片，包括南京大屠杀、重庆大轰炸等历史事件的现场伤亡图片，当时几乎都难以公开。甚至可能让人联想到战争暴行的照片，也会被日本新闻审查人员删除。

本节照片中，有的因为暴露了战争的残酷而被命令删除，有的因为暴露了日军在中国占领区武装控制民众的事实被要求后期处理，有的因为反映了军官和士兵战场待遇差别被禁止公开，有的因为人工合成痕迹过于明显以致照片失真被弃用，还有的是因为反映了战争灾难而被严禁报道。

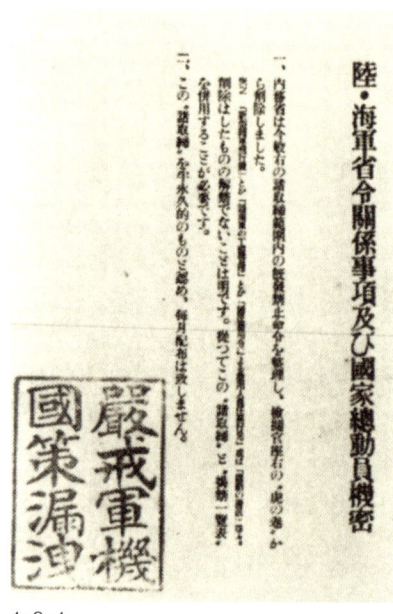
4-2-1

4-2-2

4-2-3

4-2-1　侵华战争期间日军关于战时宣传报道审查事项的小册子。这在当时属于高度军事机密。〔（日）每日新闻社整理：《一亿人的昭和史》，每日新闻社，1982年，第249页〕

4-2-2　随着侵华战争的战火蔓延，日本红十字会的护士们也被派往前线。该照片是1937年9月8日，第一批护士从日本到达上海。照片被禁是因为汽车车身上布满的弹孔。〔（日）赤木益一郎：《从满洲事变到太平洋战争——20年中的不许可战场写真集》，每日新闻社，1965年，第61页〕

4-2-3　在上海方浜路路旁吃午饭的日军士兵，照片审查过程中，要求将街头出现的坦克涂抹掉。这样的审查处理，显然不只是因为军事保密要求，更重要的是为了掩饰日军在中国土地上的暴力侵略行为。拍摄于1937年11月12日。〔（日）每日新闻社整理：《不许可写真1：20世纪的记忆》，每日新闻社，1998年，第128页〕

第四章 侵华日军形象的维护与美化

4-2-4

4-2-5

4-2-4　图为在苏州市区街道上行进的日军骑兵。按照日本军方的审查要求，路右边电线杆下面的马匹尸体因为暴露了战争的残酷而被命令删除。照片摄于1937年11月22日。〔（日）每日新闻社整理：《不许可写真1：20世纪的记忆》，每日新闻社，1998年，第138页〕

4-2-5　1937年9月24日，日军占领河北保定期间，各部队的庆祝会照片均被禁止发表。〔（日）每日新闻社整理：《不许可写真2：20世纪的记忆》，每日新闻社，1999年，第10页〕

161

4-2-6 图为日军战机起飞前，飞行员合影留念的场景。摄于1937年10月22日，山东德州。为保守武器秘密，照片背景中飞机上的武器要被全部隐去。〔（日）每日新闻社整理：《不许可写真2：20世纪的记忆》，每日新闻社，1999年，第18页〕

4-2-7 1938年10月8日，每日新闻社特派随军记者拍摄的会餐照片，照片中军官和士兵的饭盒样式不同，被禁止公开。〔（日）每日新闻社整理：《一亿人的昭和史》，每日新闻社，1982年，第95页〕

4-2-6

4-2-7

第四章　侵华日军形象的维护与美化

4-2-8

4-2-9

4-2-8　上海吴淞路上，肩扛步枪，背负毛巾、饭盒、袜子的日军士兵在街道上行军，照片摄于1943年2月27日。为避免战争联想，此照被禁止发表。〔（日）每日新闻社整理：《不许可写真2：20世纪的记忆》，每日新闻社，1999年，第191页〕

4-2-9　这张宣传日军"空降神兵"的照片"拍摄"于1942年1月11日海军演习，禁止公开的原因是后期人工合成痕迹过于明显，以致照片太过失真。〔（日）每日新闻社整理：《一亿人昭和史》，每日新闻社，1982年，第17页〕

163

4-2-10 九一八事变后,东北进入战争状态。照片记录的是当时山海关附近的日本侨民,纷纷在自家庭院里开挖防空洞,以便躲避战火。类似反映战争灾难的内容,被严禁公开。〔(日)赤木益一郎:《从满洲事变到太平洋战争——20年中的不许可战场写真集》,每日新闻社,1965年,第147页〕

4-2-11 饱受日军空袭摧残的南京市区。为避免激发反战情绪,日本军方一律禁止类似照片公开。照片摄于1937年底,红色印戳意为"不许可"即"禁止发表"。〔(日)每日新闻社整理:《不许可写真1:20世纪的记忆》,每日新闻社,1998年,第108页〕

4-2-10

4-2-11

第四章　侵华日军形象的维护与美化

4-2-12

4-2-12　为抵抗日军侵略，中国军队在上海与日军激战。图为当时上海市政府旁路桥上，中国军队构筑的工事，桥下有很多中国士兵的尸体。照片摄于1937年9月13日，红色印戳为"不许可"即"禁止发表"的意思。〔（日）每日新闻社整理：《不许可写真1：20世纪的记忆》，每日新闻社，1998年，第57页〕

4-2-13

4-2-13 日军随军记者在上海北郊罗店镇拍摄到的已经白骨化的中国士兵的尸体。摄于1938年2月，由于照片直接呈现了战争的残酷性，当时被严禁公开。〔(日)每日新闻社整理：《不许可写真2：20世纪的记忆》，每日新闻社，1999年，第187页〕

4-2-14 上海的大场镇被日本的海军陆战队攻陷。这里曾发生激战，中国军人的遗体裸露在阵地旁而且已经枯干。〔日中友好协会总部提供，村濑守保拍摄〕

4-2-14

第四章 侵华日军形象的维护与美化

4-2-15

4-2-15 华中战场上，被日军静冈连队抓获的"战场小偷"。这些人实际只是中国贫苦百姓，为了生计在战场上冒险扒下战死者衣服而已。拍摄时间不详。〔（日）每日新闻社编：《日本的战历》，每日新闻社，1967年，第103页〕

4-2-16

4-2-16 侵华日军士兵村濑守保所在部队,在驻地附近的一个村庄中捉住了几个中国年轻人,第二天早上,为了试日本刀将他们斩杀。图中的死者被砍了一刀,到了夜里又爬出了50多米后气绝身亡。〔日中友好协会总部提供,村濑守保拍摄〕

第四章　侵华日军形象的维护与美化

4-2-17

4-2-18

4-2-17　一个日本兵认为一位从其部队附近经过的中国老人行迹可疑，将其带到部队的后方，不久便传来了一声枪响。当村濑过去看的时候，老人已经倒在了地上。〔日中友好协会总部提供，村濑守保拍摄〕

4-2-18　日军攻占南京后，立刻在市内展开搜捕，接着便开始了大屠杀，该照片摄于1937年12月13日。类似搜捕照片当时一律严禁公开。〔（日）每日新闻社整理：《一亿人的昭和史》，每日新闻社，1982年，第82页〕

169

4-2-19 南京大屠杀期间,在获准进城后的某一天,为了接收货物,日军士兵村濑守保到了长江边的南京下关码头。长长的江岸边堆满了尸体,堆积的尸体有十多米宽,其中许多尸体被泼上燃油烧焦。〔日中友好协会总部提供,村濑守保拍摄〕

4-2-20 南京大屠杀期间,大量的尸体堆满了江边,他们也许是屠杀后运来的,也许是带到江边后被屠杀的。〔日中友好协会总部提供,村濑守保拍摄〕

4-2-19

4-2-20

第四章　侵华日军形象的维护与美化

4-2-21

4-2-22

4-2-21　据日军士兵村濑守保回忆，南京大屠杀期间，那些被屠杀后泼上油烧掉的尸体几乎都是没穿军服的，大部分是穿着普通服装的平民，其中包括不少妇女和儿童。〔日中友好协会总部提供，村濑守保拍摄〕

4-2-22　南京大屠杀期间，随着尸体腐烂发臭，日军工兵乘坐机动船用铁钩拖着尸体向江心运，任其顺流而去。因为每一次只能钩走几具尸体，据说这项工作持续了两个多月才拖完全部尸体。〔日中友好协会总部提供，村濑守保拍摄〕

171

第三节　侵华日军对战场伤亡信息的处理

战争是残酷的，无论是发动战争的一方，还是被侵略的一方，都需承受战场伤亡的现实。因此，日方对于战争伤亡信息的处理，尤为慎重。

侵华战争期间，日本军部对士兵死伤照片严格控制曝光。包括转移伤员、战地医院、患病士兵和战死官兵的照片，一切不利于战争宣传的内容，都受到严格控制。

第四章　侵华日军形象的维护与美化

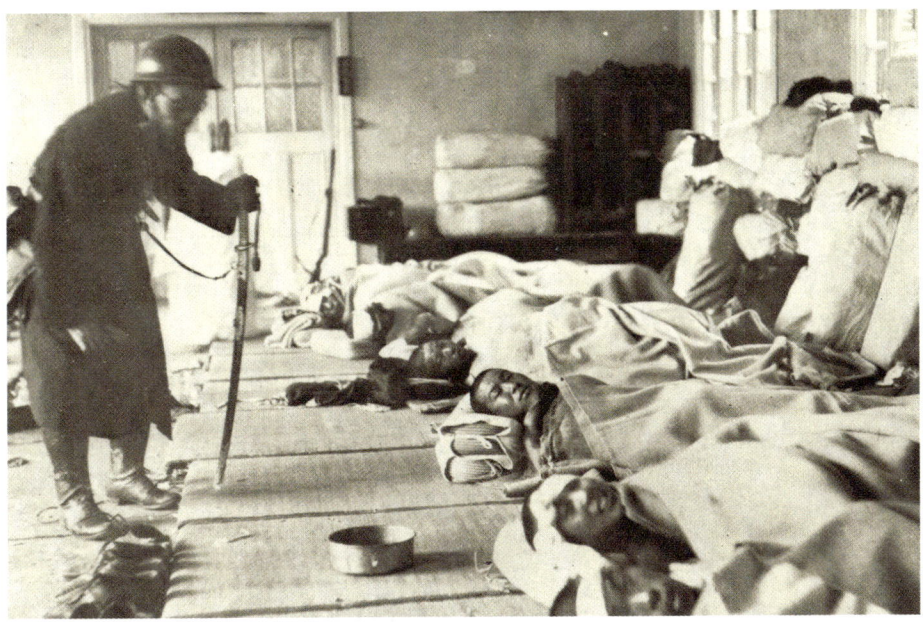

4-3-1

4-3-2

4-3-1　1932年1月底，日军攻打上海时遭到中国军队顽强抗击，大量伤员被安置在临时野战医院。〔（日）玉井清五郎编：《日支事变写真帖》，忠孝之日本社，1932年，原书无页码〕

4-3-2　1937年8月13日，日军渡过当时北平城以南9公里的永定河，并以进攻第29军（军长宋哲元）为名开始进攻永定河南岸的良乡城。图为战斗期间日军转移伤员的场景。凡涉及伤兵的照片，日本军方一般禁止公开。〔（日）每日新闻社整理：《一亿人的昭和史》，每日新闻社，1982年，第54页〕

173

4-3-3

4-3-3 身患疟疾的日本士兵烈日下穿着外套煮粥。类似涉及士兵伤病的照片，均须接受日本军方严格审查。〔（日）每日新闻社整理：《一亿人的昭和史》，每日新闻社，1982年，第122页〕

4-3-4

4-3-4 日军胁坂部队一名士兵在上海以西苏州河战场上右腿负伤，用绑腿带紧急止血后在战友的搀扶下转移。因画面血腥，此照被禁止公开。摄于1937年11月1日。〔（日）每日新闻社整理：《一亿人的昭和史》，每日新闻社，1982年，第72页〕

4-3-5

4-3-5 一座古庙被日军作为临时医院安置伤员。战时日本军部严控伤兵照片公开。〔(日)平塚桢绪编:《日中战争》,翔泳社,1995年,第78页〕

4-3-6 临时卫生站是一个比战场更加充满血腥味的地方,被送来的士兵都在痛苦呻吟。摄于1938年9月,广东大岭山附近的日军"临时卫生站"。〔(日)每日新闻社编:《日本的战历》,每日新闻社,1967年,第65页〕

4-3-6

第四章 侵华日军形象的维护与美化

4-3-7

4-3-8

4-3-9

4-3-7 日军攻打河南省固始县富金山时，负伤的士兵身上缠着简易绷带。摄于1938年9月7日。〔（日）每日新闻社整理：《一亿人的昭和史》，每日新闻社，1982年，第93页〕

4-3-8 日军进攻湖南期间，利用临时担架转移伤员。摄于1939年9月19日。〔（日）每日新闻社整理：《一亿人的昭和史》，每日新闻社，1982年，第93页〕

4-3-9 一场战斗结束，常常尸横遍野，一般情况下，己方战友的尸体会被掩埋，敌方士兵的尸体则会任由野狗啃食。侵华日军战地特派记者发回的战场照片原件上就曾这样写道："哪有什么天堂！"〔（日）赤木益一郎：《从满洲事变到太平洋战争——20年中的不许可战场写真集》，每日新闻社，1965年，第102页〕

177

4-3-10

4-3-10 九一八事变后,大部分东北军放弃抵抗,但也有少部分东北军出于民族义愤奋起抵抗并造成日军伤亡。比如马占山领导的江桥抗战,即给日军以沉重打击。此照反映的是日军在齐齐哈尔附近埋葬战死者。〔(日)赤木益一郎:《从满洲事变到太平洋战争——20年中的不许可战场写真集》,每日新闻社,1965年,第147页〕

4-3-11 侵华战场上,只剩下白骨的士兵尸体,已经难以辨认是中国军人还是日本军人。〔日中友好协会总部提供,村濑守保拍摄〕

4-3-11

4-3-12

4-3-12 1938年9月,日军袭击罗店镇,两军交战,全镇被毁,房屋烧尽,到处是烧焦得无法辨认的尸体。〔(日)每日新闻社编:《日本的战历》,每日新闻社,1967年,第31页〕

4-3-13

4-3-13　1938年2月，日军攻占山东济宁期间，火葬战死的日本士兵。照片中红色印戳为"不许可"即"禁止发表"。〔（日）每日新闻社整理：《不许可写真2：20世纪的记忆》，每日新闻社，1999年，第29页〕

4-3-14　1937年10月5日，上海战场，日军第101师团津田部队的士兵正在祭奠刚刚战死的亡灵。〔（日）每日新闻社编：《日本的战历》，每日新闻社，1967年，第66页〕

4-3-15　在山东济宁韩庄车站旁，整齐排列着侵华日军为战死官兵树立的墓碑牌。照片摄于1938年4月末。〔（日）每日新闻社编：《日本的战历》，每日新闻社，1967年，第247页〕

4-3-16

4-3-16 1938年，上海日军祭奠在侵华战争中死亡的军马。〔（日）石原俊明编：《世界画报》第十四卷第四号·《日支大事变号》第八辑，东京国际情报社，1938年，原书无页码〕

4-3-17 1938年，上海日军为在侵华战争中死亡的军马举行慰灵祭。〔（日）石原俊明编：《世界画报》第十四卷第四号·《日支大事变号》第八辑，东京国际情报社，1938年，原书无页码〕

4-3-17

第四节　侵华日军对俘虏问题的处理

战俘问题是战时报道中的敏感问题，也是侵华战争期间日本军部新闻审查的重点内容之一。由于战俘抓捕、关押过程中，通常都涉及战场机密，同时也反映了战争残酷性的一面，所以，侵华战争期间，涉及战俘的照片，日军极少公开。

本节选取的照片中，有被日军俘虏的中国士兵，也有日本宪兵借口维持治安，大肆抓捕、绑架的中国居民，还有部分是侵华战争期间，日军在中国抓捕、关押的外国战俘。

4-4-1　两名因错过撤退机会而被日军俘虏的中国东北军士兵，被紧紧捆绑在柱子上。摄于1931年12月29日。〔（日）每日新闻社整理：《一亿人的昭和史》，每日新闻社，1982年，第22页〕

4-4-2　1937年7月30日，通州事件后，由于在天津火车站挖战壕撤离不及时而被俘虏的中国军人。〔（日）每日新闻社编：《日本的战历》，每日新闻社，1967年，第2页〕

4-4-1

4-4-2

第四章　侵华日军形象的维护与美化

4-4-3

4-4-3　1937年9月14日，被侵华日军片山部队抓捕的中国平民，此照片被禁止发表。〔（日）每日新闻社整理：《不许可写真1：20世纪的记忆》，每日新闻社，1998年，第61页〕

4-4-4

4-4-4 日军在福建厦门双十中学内搜捕到的中国抗战官兵。摄于1938年6月，红色印戳为"不许可"即"禁止发表"。〔（日）每日新闻社整理：《不许可写真1：20世纪的记忆》，每日新闻社，1998年，第190页〕

4-4-5 日军攻占广州虎门蒲州炮台后俘虏的中国士兵。摄于1938年10月22日。侵华战争期间，日本海军省、陆军省禁止刊载对日方造成负面影响的照片，因此很多涉及俘虏的照片被禁止发表。〔（日）每日新闻社整理：《不许可写真1：20世纪的记忆》，每日新闻社，1998年，第191页〕

4-4-5

第四章 侵华日军形象的维护与美化

4-4-6

4-4-6 湖北安陆，一名已经投降日军的中国女兵。摄于1939年5月3日。〔（日）每日新闻社整理：《一亿人的昭和史》，每日新闻社，1982年，第87页〕

4-4-7 在山西省耿家庄与日军连续激战后，受伤被俘的中国士兵。摄于1939年6月24日。〔（日）每日新闻社编：《日本的战历》，每日新闻社，1967年，第104页〕

4-4-7

4-4-8

4-4-9

4-4-8 1941年4月19日,日军登陆海南岛,在海口押送被反绑双手的中国战俘。〔(日)每日新闻社编:《日本的战历》,每日新闻社,1967年,第8页〕

4-4-9 1941年初夏,被侵华日军关押的中国战俘及其两个孩子。〔(日)赤木益一郎:《从满洲事变到太平洋战争——20年中的不许可战场写真集》,每日新闻社,1965年,第69页〕

4-4-10

4-4-10 与中国战俘摔跤的日军士兵。拍摄于1942年6月6日。反映与俘虏关系过于亲近的照片，当时也被禁止公开。〔（日）每日新闻社整理：《一亿人的昭和史》，每日新闻社，1982年，第86页〕

4-4-11　日军攻陷香港后，抓捕了不少英国俘虏，这些俘虏面对即将到来的灾难处境，大多满脸沮丧。摄于 1941 年 12 月 24 日。〔（日）赤木益一郎：《从满洲事变到太平洋战争——20 年中的不许可战场写真集》，每日新闻社，1965 年，第 174 页〕

4-4-12　图为被日军武装押送到上海的美军俘虏。摄于 1942 年 1 月 23 日，上海日军某舰船甲板上。有关美军俘虏的照片当时一律禁止公开发表。〔（日）每日新闻社整理：《不许可写真 2：20 世纪的记忆》，每日新闻社，1999 年，第 189 页〕

4-4-11

4-4-12

第四章 侵华日军形象的维护与美化

4-4-13

4-4-14

4-4-13 被送到上海收容所的美军俘房。收容所内的美军俘房的照片均被禁止发表。摄于1942年1月23日。〔（日）每日新闻社整理：《不许可写真2：20世纪的记忆》，每日新闻社，1999年，第189页〕

4-4-14 图为正在下棋的美军俘房。摄于1942年1月23日，日军在上海的战俘收容所。〔（日）每日新闻社整理：《不许可写真2：20世纪的记忆》，每日新闻社，1999年，第189页〕

191

第五节 侵华日军对战争行为的粉饰宣传

侵华战争期间，日军所到之处大肆劫掠、屠杀，对中国人民犯下了不可饶恕、罄竹难书的罪行。正因为如此，为了掩盖其战争罪行，日军采取了各种手段粉饰、宣传、美化其侵略行径。

其中包括：通过傀儡组织、广播报纸、传单画册等各种方式宣扬所谓"日华提携""共荣共存""建设王道乐土"等观念。组织、胁迫中国民众（包括儿童）"欢迎"日军，甚至在国内画报上刻意刊载"中国老人为皇军倒水"之类的照片。在一些占领区，还采用发放物资、医疗检查等虚伪政策收买人心。对于孔子、孙中山等中国人推崇敬仰的人物，日军也做足了表面文章。

第四章　侵华日军形象的维护与美化

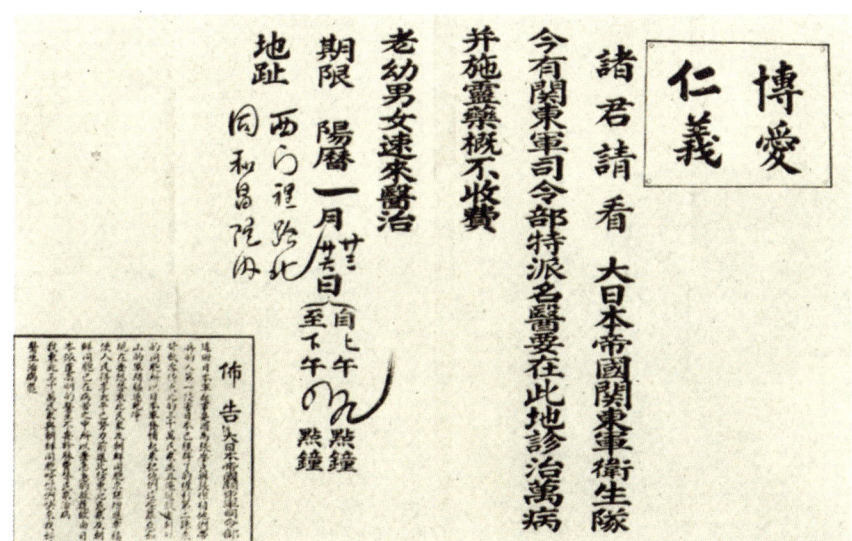

4-5-1

4-5-2

4-5-1　1932年1月，日本关东军占领沈阳不久，发布的"免费义诊"告示。〔（日）玉井清五郎编：《日支事变写真帖》，忠孝之日本社，1932年，原书无页码〕

4-5-2　1937年7月29日，日军占领北平城之后，要求中国市民、商户在自家门口插上日本国旗表示归顺。〔（日）石原俊明编：《世界画报》第十三卷第十号·《日支大事变号》第二辑，东京国际情报社，1937年，原书无页码〕

193

4-5-3

4-5-3 1937年8月8日,日军"北平入城司令"发布告示如下:"为布告事,照得本司令入城伊始,其目的端在襄助维持治安,确保内外人士之安宁,所有城区官民,务须照常安居乐业,勿得故意造谣,或煽惑流言……切切此布。"〔(日)石原俊明编:《世界画报》第十三卷第十号·《日支大事变号》第二辑,东京国际情报社,1937年,原书无页码〕

第四章　侵华日军形象的维护与美化

4-5-4

4-5-4　1937年侵华日军占领上海宝山后，为营造"日中亲善"假象，建立所谓"日之丸村"。图为上海郊外，侵华日军士兵在中国孩子面前弹琴唱歌。〔（日）石原俊明编：《世界画报》第十三卷第十二号·《日支大事变号》第四辑，东京国际情报社，1937年，原书无页码〕

4-5-5 1937年年底,日军田中部队占领绥远(今内蒙古自治区中部),全副武装的日军在街头与胸佩日本国旗标志的中国少年合影。〔(日)石原俊明编:《世界画报》第十三卷第十二号·《日支大事变号》第四辑,东京国际情报社,1937年,原书无页码〕

4-5-6 京汉铁路沿线,被胁迫"欢迎"日军的华北农民及侧后全副武装的日军士兵。〔(日)石原俊明编:《世界画报》第十三卷第十二号·《日支大事变号》第四辑,东京国际情报社,1937年,原书无页码〕

4-5-5

4-5-6

第四章 侵华日军形象的维护与美化

4-5-7

4-5-8

4-5-7 在沦陷区，为粉饰太平，塑造"日中亲善"假象，被日伪组织起来的中国农民的衣袖上缝上了日本国旗，家门篱笆墙上插上了日本国旗。〔（日）平塚桢绪编：《日中战争》，翔泳社，1995年，第51页〕

4-5-8 日军侵占华北某城时，专门组织中国儿童手拿日章旗"欢迎皇军入城"。〔（日）石原俊明编：《国际写真情报》第十六卷第十号·《日支大事变画报》第二辑，东京国际情报社，1937年，原书无页码〕

4-5-9

4-5-10

4-5-9 日军占领曲阜后,日军长濑部队军官与衍圣公府代理奉祀官孔令煜(前排右一穿马褂者)合影。摄于1938年1月,照片中红色印戳"不许可"意为"禁止发表"。〔(日)每日新闻社整理:《不许可写真2:20世纪的记忆》,每日新闻社,1999年,第28页〕

4-5-10 日军占领山东曲阜后,专门派兵看守当时中国孔学总会及明德学校,以示尊孔。〔(日)石原俊明编:《世界画报》第十四卷第三号·《日支大事变号》第七辑,东京国际情报社,1938年,原书无页码〕

4-5-11

4-5-12

4-5-11 1938年1月，日军占领曲阜后，日军军官、随军记者到孔子墓前行礼。〔（日）石原俊明编：《国际写真情报》第十七卷第三号·《日支大事变画报》第七辑，东京国际情报社，1938年，原书无页码〕

4-5-12 1938年1月，日本华北方面军第2军分别于1月4日、11日占领了曲阜和济宁。图为日军占领曲阜后，前往孔庙大成殿参拜的长濑部队官兵。〔（日）每日新闻社整理：《不许可写真2：20世纪的记忆》，每日新闻社，1999年，第28页〕

4-5-13

4-5-13　1940年农历正月，南京机场的日军正在练习中国传统的舞龙技巧。照片中舞龙的日军士兵名叫佐野周二，当时是航空通信队的军曹。侵华战争结束后，他成为享誉日本的演艺明星。〔（日）赤木益一郎：《从满洲事变到太平洋战争——20年中的不许可战场写真集》，每日新闻社，1965年，第178页〕

4-5-14

4-5-14　1941年12月8日，日本政府向美英宣战。同日凌晨，开始进攻香港。25日，侵华日军占领了香港全岛。图为在日军胁迫下，被迫挂起日本国旗的九龙沿街住户。〔（日）每日新闻社整理《不许可写真2：20世纪的记忆》，每日新闻社，1999年，第117页〕

第四章 侵华日军形象的维护与美化

4-5-15

4-5-16

4-5-15 1942年，日本随军漫画家小野佐世男在日占区民宅的墙壁创作"墙壁漫画"，宣传日军正面形象，号召日占区民众要服从日本统治，实现"军民协力"。〔（日）每日新闻社编：《日本的战历》，每日新闻社，1967年，第230页〕

4-5-16 沦陷区街头，日伪水警局宣传人员制作并张贴的"建设东亚新秩序"汉字标语。〔日中友好协会总部提供，村瀬守保拍摄〕

201

4-5-17

4-5-17 日军占领中国城市后,在街头刷的宣抚标语,声称"不杀中国兄弟"。〔(日)平塚桢绪编:《日中战争》,翔泳社,1995年,第185页〕

4-5-18 侵华日军攻占汉口后,在所谓"保护村"挂出"不得随意征用民间物资及危害居民"的告示。但据村濑回忆,当时实际情况是:一日,外出抢粮的日军某部队到了晚上一个也没归队。第二天,搜寻部队回来后报告说,他们也许是在那一带被杀掉了。于是,日军便把那一带的居民都枪杀了,村庄也烧掉了。〔日中友好协会总部提供,村濑守保拍摄〕

4-5-18

4-5-19

4-5-19　图为日军在占领河南清化县（今河南省焦作市博爱县）后，发布"庆祝中元节"告示，要为所谓"阵殁皇军"举办慰灵祭，并向贫民和难民施舍粮食与药物。〔日中友好协会总部提供，村濑守保拍摄〕

4-5-20

4-5-20 为美化侵略,日军组织在华日本少女向飞行员敬献花环。照片拍摄于1943年10月,中国广东。〔(日)每日新闻社整理:《不许可写真2:20世纪的记忆》,每日新闻社,1999年,第120页〕

第四章 侵华日军形象的维护与美化

4-5-21

4-5-22

4-5-21 为粉饰侵略，随军记者特意拍下中国老人为日军倒水的照片。〔（日）石原俊明编：《国际写真情报》第十六卷第十号·《日支大事变画报》第二辑，东京国际情报社，1937年，原书无页码〕

4-5-22 由于南京的汪精卫政权依然打着"继承孙中山"的旗号，日军对孙中山表面上依然尊崇。照片显示的是江西九江附近的日军正在清洁整理孙中山的肖像。〔（日）赤木益一郎：《从满洲事变到太平洋战争——20年中的不许可战场写真集》，每日新闻社，1965年，第155页〕

4-5-23

4-5-23 为配合军队行动,侵华日军每攻占一地,当地日本侨民一般都会组织起来协助开展军事殖民活动。图为七七事变后,手举日本国旗欢迎日军入城的在华日本侨民。〔(日)石原俊明编:《世界画报》第十三卷第九号·《日支大事变号》第一辑,东京国际情报社,1937年,原书无页码〕

后　记

　　《日本秘藏侵华战争照片实录》之第 1 卷《鼓动与粉饰战争》作为"十三五"国家重点图书、音像、电子出版物出版规划项目——《日本秘藏侵华战争照片实录》的分卷课题，内容共分为 4 大部分、17 个专题，遴选历史照片 400 多幅，主要从"鼓动战争与粉饰侵略"的角度，揭示了日本侵华战争的历史真相。

　　在编著过程中，我们始终坚持两个原则：一是尽量使用一手资料，保持照片历史原貌；二是尽量要求所遴选的历史照片都未曾在中国国内公开发表过，保证"稀见"这一特质。期望通过本卷内容，向读者呈现日本侵华战争历史真实、客观的一面。

　　本卷遴选照片内容，主要依托于伪满皇宫博物院丰富的院藏资源，同时也得到了日中友好协会总部等日本对华友好团体的支持。另外，在本卷编著过程中，还离不开山东画报出版社新老领导和编辑、伪满皇宫博物院各位同仁的大力协助！在此一并致谢！

　　由于资料支撑和编著水平所限，本卷内容难免存在疏漏、不足之处，希望有关专家和广大读者不吝指正。

王志强　肖　金

2022 年 6 月

王志强 赵继敏 主编

日本秘藏侵华战争照片实录

第 2 卷

保守与隐匿战时机密

赵继敏 赵士见 编著

山东画报出版社

济南

图书在版编目（CIP）数据

日本秘藏侵华战争照片实录. 第2卷，保守与隐匿战时机密/王志强，赵继敏主编；赵继敏，赵士见编著.—济南：山东画报出版社，2023.6
ISBN 978-7-5474-4186-2

Ⅰ.①日… Ⅱ.①王…②赵…③赵… Ⅲ.①侵华战争－史料－日本 Ⅳ.①K265.06

中国国家版本馆CIP数据核字(2023)第068007号

RIBEN MICANG QINHUA ZHANZHENG ZHAOPIAN SHILU　DI 2 JUAN　BAOSHOU YU YINNI ZHANSHI JIMI
日本秘藏侵华战争照片实录　第2卷　保守与隐匿战时机密
王志强　赵继敏　主编
赵继敏　赵士见　编著

策　　划	傅光中
责任编辑	张　欢
装帧设计	王　芳

主管单位	山东出版传媒股份有限公司
出版发行	山东画报出版社
社　　址	济南市市中区舜耕路517号　邮编 250003
电　　话	总编室（0531）82098472
	市场部（0531）82098479
网　　址	http://www.hbcbs.com.cn
电子信箱	hbcb@sdpress.com.cn
印　　刷	山东临沂新华印刷物流集团有限责任公司
规　　格	185毫米×260毫米　16开
	12.5印张　374幅图　59千字
版　　次	2023年6月第1版
印　　次	2023年6月第1次印刷
书　　号	ISBN 978-7-5474-4186-2
定　　价	980.00元（全四册）

如有印装质量问题，请与出版社总编室联系更换。

总 序

回顾历史，近代以来中日之间发生过两次大的战争：1895年，清政府在甲午战争中的失败，击碎了中国人几千年来沉醉于其中的"天朝上国"迷梦，让"救亡图存"成为近代中国相当长时间内的历史主题；而1945年，全民族抗战的最终胜利，则开启了中华民族走向国家独立和民族复兴的伟大征程。

两次战争之间，又存在千丝万缕的联系。比如，引发七七事变的日本军队，即当时驻在宛平城外进行"军事演习"的河边旅团第1联队第3大队第8中队，隶属于日本"华北驻屯军"。追溯起来，日本获得在中国华北驻屯军队的特权，源于清政府被"八国联军"胁迫签署的《辛丑条约》，而日本之所以在1900年就能跻身世界"列强"，伙同各国联军参与到瓜分中国的行列中，正是甲午战争的结果。

让我们回拨历史的时针，大致梳理日本从甲午战争开始逐步武装侵略中国的历史脉络。1894年，因朝鲜国内爆发东学党起义，清政府以宗主国身份介入处理朝鲜半岛问题，日本则以协助平乱为名，乘机出兵占领了汉城；8月，日军突然袭击在牙山附近的中国运兵船和驻军，挑起战争。1895年4月17日，战败的清政府与日本签订了《马关条约》，清政府结束中朝宗藩关系，承认朝鲜"独立"身份。同年10月，日本公使三浦梧楼指使日本浪人及乱军闯入朝鲜王宫，杀死受俄国支持密谋发动政变的闵妃，扶植建立起以大院君为首的朝鲜傀儡政权。通过甲午战争，日本拥有了自己在海外的第一个傀儡政权——朝鲜，第一块殖民地——台湾。甲午战争

的这一结果，导致大清王朝"天朝上国"的形象轰然倒塌，同时也极大地助长了日本的民族自信，使其国家定位随之发生了根本性转变。日本通过这场战争验证了明治维新以来推行"脱亚入欧"战略的成功，一跃而跻身于世界列强行列。另一方面，俄国介入而引发的"干涉还辽"事件，导致日俄两国在东北亚地区的根本利益产生剧烈冲突。

其后，日俄战争爆发，日本再次通过战争，迫使俄国先后与其签订《日俄协定》和《日俄密约》，将中国东北划分为"北满"与"南满"，确认各自在中国东北的势力范围。由此，从"经营南满"到"满蒙生命线"，进而是对整个中国的觊觎，日本的侵略野心一步步膨胀。如果说甲午战争是日本自明治维新后以战争手段武装侵占中国、朝鲜等周边大陆国家的"大陆经略政策"的开端，那么，以九一八事变为起点的抗日战争的爆发，则是日本近代走上军国主义道路的必然结果。

当然，无论是从甲午战争到抗日战争，还是从九一八事变东北沦陷到七七事变全面抗战爆发；无论是近代中国国内自身矛盾的冲突演变，还是日本国内军主义力量的发展壮大，都经历了一个复杂的历史过程。以日本方面的历史为例，在1931年的九一八事变前后，日本国内陆军青年军官先后策划了两次未遂政变，史称"三月事件"和"十月事件"。1932年2月至3月，日本国内右翼连续策划发动多次暗杀，史称"血盟团事件"。同年5月15日，日本海军少壮派军人发动法西斯政变，内阁总理大臣犬养毅被刺身亡，日本政党内阁时代结束，从此确立起完全由军部主导的法西斯军事政治体制。

日本近代军国主义的勃兴，肇始于明治维新奠定的政治、经济、思想基础。实际上，自19世纪末中日两国共同迈入近代化历史进程，中国洋务运动的挫折与甲午战争的失败，日本明治维新的成功与甲午战争的胜利，已经预示着中日两国的现代化"历史列车"各自驶上了两条不同的轨道。近代中日两国之间关系的演变，尤其是日本不断实施对华侵略扩张这一基本战略，虽然受到特定历史环境、特殊历史因素下一系列偶然事件的推动和影响，但从根本上说，则是近代世界历史与东北亚区域历史变迁的产物。如何叙述从1931年到1945年的日本侵华战争暨十四年抗战的历史？关于这个问题，

可以由多个视角切入。而其中一个很重要的视角，就是日本人，尤其是当年身处战争中的日本人，他们自己是如何记录这场战争的？他们对于这场侵华战争又记录了些什么？

本书内容的最大特点正在于此：所选照片，全部都是1931年到1945年日本侵华战争期间日本人用自己的镜头对这场战争的记录。而且，其中很大一部分照片，在当时就被日本军部审查人员盖上了"不许可"印戳，禁止公开发表。

今天，我们整理、公开、研究、解读这些照片，价值在于：

一、这些照片通过日本人自己的镜头，以最直观的形式，全面记录了日本发动侵华战争、武装攻占中国领土、疯狂掠夺中国资源、对沦陷区实施军事殖民统治的历史细节。据2014年7月7日《人民日报》法人微博公开的数据：日本侵华期间，大半中国被日军践踏。930余座城市被占；4200万难民无家可归，中国军民伤亡人数超3500万。被掠往日本的4万多名中国劳工中，有近7000人死在日本；日军从中国掠走钢铁3350万吨、煤炭5.86亿吨……这些冰冷的数字背后，需要通过直观的历史细节来补充、呈现。本书收录的绝大部分照片，都是日本侵华战争期间日军随军记者拍摄的，他们当时拍摄这些照片，是为了记录战况和宣传战争；这些照片在拍摄之后，也主要是给当时在战争后方的本土日本人看的。因此，对于日军在侵华战场上的军事行动、战略部署、物资转运，对于日军士兵的日常训练、生活场景，对于日军占领区和日军控制下的傀儡政权的统治情况，日军记者的拍摄与报道往往毫不避讳。其中不少照片之所以在侵华战争期间因未通过军部的审查而被禁止发表，恰恰是由于这些照片记录了日军在侵华战争期间的"不利形象"或他们当时不愿对外公开的"秘密"。换句话说，这些照片的拍摄初衷虽然不是为了揭露日军的侵略行为，但客观上却为我们留下了日军侵略的罪证。

二、这些照片反映了日本在侵华战争中操纵舆论、实施新闻审查控制的战时体制。本书收录的不少照片上，至今依然保留着"检阅济"（检阅完毕）或"不许可"（禁止发表）的印戳。

这些历史印戳从何而来？一方面，是侵华战争期间日本军部对舆论控制的体现。日本侵华战争期间，为控制舆论，服务侵略战争，成立了"国民精神总动员中央联盟""内阁情报部"等高层权力机

构，统筹管理战时信息，颁布了《不稳文书临时管理法》《言论、出版、结社等临时管理法》等一系列法规，并在军部控制下向侵华战场派驻大量新闻机构搜集战场情报。在涉及日本侵华战争的文字新闻和图片新闻的编辑出版具体流程中，日本军部还设立了情报局、审查委员会等专门机构负责检查和"指导"。美化日军形象、宣传侵华"战果"、鼓吹对外军事殖民的内容，在日本军部的战时新闻审查中畅通无阻；反之，不利于日军形象宣传、影响日军战争部署的信息，则被严格禁止。另一方面，这也是侵华战争期间，日本新闻机构参与并主动配合战争宣传的体现。如九一八事变后，日本国内媒体配合军部的侵略步伐，东京朝日新闻社、大阪朝日新闻社等先后发表了"日本重大之满蒙权益被蹂躏时，日本彻底防卫为严肃无比之事实"以及"满蒙的独立，若是成功将成为远东和平的新保障"等美化日军侵略行为的相关言论。七七事变后，朝日新闻社等日本各大媒体纷纷诬称中国士兵"非法射击"，煽动舆论"讨伐暴戾的中国"，号召民众"赤诚报国"，并组织捐款、慰问侵华日军。因此，仔细研究解读这些照片背后的信息"密码"，分析哪些内容是日本军部想要主动宣传的，哪些内容是被日本军部严令禁止的，哪些内容为何日本军部要刻意突出宣传，哪些内容为何又被日本军部讳莫如深，有助于我们更深刻地剖析日本侵华战争的历史真相。

三、这些照片不仅为我们保留了侵华战场的许多珍贵历史瞬间，还记录了侵华战争期间日本国内普通百姓在"战争总动员"下的日常生活场景，可以让我们更加全面地审视日本侵华战争给日本民众带来的灾难。日本侵华战争，不仅是"军事战""经济战"，还是"宣传战""思想战"；不仅是一场侵华战场前线上的日军士兵参与的战争，还是一场日本全民参与的战争。在军部控制国家机器的情况下，美化侵略、鼓吹战争的狂潮席卷当时日本社会，军国主义影响和渗透着当时日本民众生活的方方面面。从本书收录的照片中，我们可以看到，当时日本各大报纸、新闻媒体，铺天盖地都是在鼓吹日军侵华"战果"、宣传侵华前线日军士兵的"光辉事迹"；文学、电影无不以塑造侵华战场上的日军"英雄"形象为中心，一切质疑军国主义思想、质疑"皇国史观"的文学创作、学术研究活动都被严厉禁止；大、中、小各级学校，正常的教学内容一律被取消，军国主义教育和军事训练成为日常教育内容，甚至在侵华战争后期兵

源紧张的情况下，大批"学徒军""童子军"被送上前线战场；为最大限度地集中战争资源，数次发动全国性的所谓"金属献纳"运动，普通日本民众的金银饰品、金属制作的生活用品被要求收归军用，因而出现大量陶制、竹制"代用品"；正常生活消费需求被严格限制，粮食、糖油、火柴等基本生活用品限时限量供应，收音机、电风扇、皮制品等普通商品停售；由于大量日本男子被征召派往侵华战场，日本本土妇女被组织起来纳入"总体战"体制，妇女作为主要劳动力进入兵工厂制造枪炮、飞机等战争武器；侵华战争后期，日本军部大肆宣扬"一亿人玉碎"和"肉弹战"，引导日本青年加入军队"献身天皇"，执行自杀式战斗任务。总体而言，这种生活状态是狂热的，同时也是压抑的。在侵华战争期间，这种被严密裹挟于军国主义之下无处逃遁的生活，何尝不是战争对普通人制造的灾难呢？

四、这些照片披露了日本在侵华战争期间的大量机密信息和敏感历史内容。本书所收录的日本秘藏侵华战争照片中，一部分是经过当时日本军部审查程序之后未获通过，而被盖上了"不许可"禁令印戳的照片；一部分是上报军部之前，由随军记者及所属报社"自我审查"认为不宜公开，直接秘而不发，最后留在了记者手上或报社资料库存中的照片；另外还有一部分是侵华战争期间日军普通士兵私人拍摄的照片。这些在当时未能公开的照片，涉及的内容有侵华日军的军事部署、武器装备、军事指挥人员身份等一般军事秘密，也涉及前线伤亡情况、战场残酷血腥场面等可能引发厌战、反战情绪的信息。除此之外，本书所收录的照片还涉及日本侵华战争的诸多重大历史问题，如战俘关押处理、慰安妇、对华移民侵略、南京大屠杀、掠夺中国劳工等。尤为重要的是，这些日本人在侵华战争期间用自己的镜头拍摄的照片，为日本右翼至今拒不承认或一直狡辩回避的南京大屠杀、慰安妇等历史事实，提供了无可辩驳的相关历史细节的佐证。

这些照片虽然是日本人用自己的镜头对战争所作的记录，但也从侧面反映了中国人民在抗日战争中不屈抗争和顽强抵抗的精神。自以九一八事变为起点的抗日战争爆发以来，侵华日军的铁蹄从中国东北一步步向华北、华东、华中、华南扩张，尽管敌我力量悬殊，日军所到之处，依然遭遇我抗日军民的坚决抵抗。本书所选照片，记录了淞沪会战、徐州会战、武汉会战、长沙会战、桂南战役等一

系列正面战场上中国军人誓死抗击日军、守卫国土的历史瞬间，在侵华日军随军记者的镜头下，不少为国捐躯的中国士兵横尸战场，一些甚至已经白骨森森，只能由他们身上的军服，向世人宣告他们作为中国军人的身份和浴血奋战的历史。还有一部分照片反映的是在侵华日军占领区内的敌后抗日斗争，如东北、华北、华南等各地抗日游击武装被日军搜捕、"扫荡"的情景。除此之外，日军随军记者还用自己的镜头，记录了日本侵华战争期间遍布中国各地的大量以"声讨日军侵华暴行，呼吁民众团结抗战"为主题的壁画、标语和布告。无论侵华日军如何疯狂暴虐，正是这种始终不灭的抗战精神，让我们的民族坚守到了最终胜利的时刻。由于本书收录的日本秘藏侵华战争照片内容丰富、题材各异，我们在编写过程中根据照片所反映的不同历史内容，将其分为四卷，分别是《鼓动与粉饰战争》《保守与隐匿战时机密》《武力侵华与战场暴行》《抢占破坏与经济掠夺》。

《鼓动与粉饰战争》主要讲述了日本侵华战争期间，以军部为首的日本军国主义势力通过舆论宣抚、信息管控、社会动员等各种手段，对内鼓吹战争、对外粉饰侵略的历史行径。对侵略战争的鼓动与粉饰，是日军侵华炮火背后，另一场没有硝烟的战争。这场战争的战斗人员有日本军部负责情报信息管理和舆论审查的人员，活跃在侵华战场上的日本随军记者与后方新闻人员，为配合日军武装侵略而专门设置的负责"教化安抚"征服中国人"民心"的"宣抚班""宣抚队"，以及在"总体战""战争总动员"体制下，宗教、文化、教育、社会生活全面陷入狂热军国主义之中的日本人。在这场没有硝烟的战争中，实施鼓动与粉饰的武器，可能是一篇美化战争侵略行为的新闻报道，也可能是一张为侵略战争宣传服务的新闻照片；可能是一部鼓吹"为天皇献身"的电影，也可能是一幅宣扬"一亿人玉碎"的标语。本卷选取的照片主要内容包括：日本随军新闻人员在侵华战场上的活动留影；活跃在沦陷区的日军"宣抚班""宣抚队"；日本在"共存共荣"幌子下对殖民地与傀儡政权的统治；军部控制文化、宗教（神社）、教育等各个领域，操纵宣传机器，维护并美化侵华日军形象，对国民灌输"战争崇拜"和"忠君"意识；军部对战时报道涉及战争伤亡、俘虏关押、慰安所、慰安妇等一系列敏感信息的管制与引导。总之，日本侵华战争期间，在被战争机器绑架的舆论宣传中，军国主义的幽灵无处不在。其中，不少当年粉饰和美化侵华战争的思想观点与逻辑，直至今天，依然被妄图为军国主义招魂的日本右翼分子继承和利用。这一点，尤其值得我们注意。

《保守与隐匿战时机密》主要介绍了日本侵华战争期间，在战时保密机制下，日军对涉及军事信息的报道内容的处理。明治维新以后，日本军队和军事装备的现代化建设进展迅速，尤其是经过甲午战争、日俄战争等一系列实战之后，日本军事工业发展水平和军队战斗力在亚洲范围内已经首屈一指。而这种军事优势，客观上也刺激了穷兵黩武的日本军国主义势力对外扩张的野心。本卷所选照片内容，包括侵华战争期间日军战舰、坦克、飞机、山炮、高射炮等重型武器装备，防空侦探设备、运输车队、起重装置、军马等配套军事物资，高射炮布阵、海陆军协同作战、步炮兵协同作战等军事协作部署形式，陆军阵地修筑、海军舰艇训练等战场阵地信息，肩章、军旗、舰艇号码等军队建制标识，以及部分侵华日军战斗人员与指挥官的姓名、级别、头衔等个人信息。除此之外，还有不少是当时日本皇室人员担任军事长官或视察侵华战场时的留影。通过本卷所选照片内容，我们可以看到，对于这些涉及军事机密的战时信息，日本军部在新闻审查过程中的处理十分谨慎，除了少数信息因为配合战争宣传的需要可以公之于众，绝大部分内容在当时被严令禁止公开。即使部分允许发表的照片，也需要根据军部审查人员的"修改指示"，采取模糊照片内容、掩去人物具体姓名、删除战斗人员信息标识、隐去照片拍摄地等手段进行处理。

《武力侵华与战场暴行》主要记录了日本侵华战争期间，日军在武装攻占中国领土过程中的军事暴行。1931年9月18日晚间，日本关东军策划、发动九一八事变，其后日本在中国东北各地屯驻的军队多路齐发，迅速攻占沈阳、长春、齐齐哈尔、锦州、哈尔滨等各大城市，在仅仅4个多月时间里，辽、吉、黑三省全部沦陷。七七事变后，日本侵华战争全面升级。正面战场上，随着日军侵华战线的逐步延伸，中日两国军队先后进行了华北会战、淞沪会战、南京保卫战、徐州会战、长沙会战、浙赣会战、鄂西会战、常德会战等多次会战。敌后战场上，日军对各抗日根据地也多次实施了"扫荡"作战。本卷所收录的照片，内容涵盖了日军在侵

占中国东北、华北、华东、华中、华南等各个地区时经历的主要战役。这些珍贵的有关战争场面的照片，不仅记录了日本发动侵华战争的历史，同时也见证了十四年抗战期间，在日军武器装备占优、敌我力量悬殊的情况下，中国军民不畏牺牲，誓死捍卫国土完整和民族尊严的历史。

《抢占破坏与经济掠夺》主要揭露了日本侵华战争期间，日军对中国沦陷区的殖民控制，以及对中国经济的破坏和掠夺。自日俄战争以来，日本利用"满铁"等殖民机构在中国东北经营多年，将大量资源从中国东北源源不断地输入日本本土。对此，日本军国主义势力并不满足，又通过九一八事变，直接武装占领中国东北，并扶植成立了伪满洲国，全面控制中国东北的政治、经济、文化大权。七七事变后，日军进入华北，并将侵华战争一路向南推进。日军侵华战争所及之处，原有社会经济体系瘫痪，中国百姓流离失所、民不聊生。为防范、镇压中国人民的反抗，日军在沦陷区更是经常大肆搜捕、屠杀民众，损毁财物。日军在占领区，主要通过以下几种形式实施经济掠夺：一是通过"以战养战"的方式，直接抢掠中国煤、铁、粮食、棉花等战略物资，武力征用中国劳工；二是控制中国交通、金融、财税、海关、邮政等金融、物资、信息流通渠道，垄断和掌控沦陷区经济命脉；三是通过组织"开拓团""勤劳奉仕队""勤劳报国队"等移民侵略的形式，妄图达到长期占据中国领土的目的；四是利用殖民政权，为侵华战争提供劳动力、兵员和物资，如伪满洲国在七七事变后就颁布了《国家总动员法》《国防保安法》《国防资源秘密保护法》等一系列法律，配合支持日本侵华战争。以上这些历史事实，在本卷所收录的照片内容中都有不同程度体现。

需要说明的是，在本书编著过程中，作者团队力图从不同的角度全景式展现日本侵华战争。然而，囿于院藏日本侵华战争照片种类及数量，使其对抗战中有些方面反映得还不够充分，如敌后战场上日军对各抗日根据地的"扫荡"作战等。因此，本套丛书从日本战时画报中选取相关照片，在一定程度上反映侵华日军在东北、华北、华南各抗日根据地对抗日武装力量的搜捕与"扫荡"，以及日军试图抹去或消除抗日根据地内的壁画、标语、布告等的行径，从而凸显出敌后抗日根据地对全国抗战胜利发挥的重要作用和做出的不可磨灭的贡献。此外，本套书各卷反映的内容和题材各异，侧重

点也不同，所以各册之间可能出现照片的重复，但是各册作者根据专题分工，从各自角度对其进行了不同的解读。

《日本秘藏侵华战争照片实录》一书的编写，由伪满皇宫博物院专业人员完成。照片内容主要依托于伪满皇宫博物院的院藏资源。多年来，伪满皇宫博物院征集了日本侵华战争期间出版的大量书籍、画报、照片等历史文物，以及二战后日本方面整理出版的有关侵华历史的文字、图片资料。这些是研究日本侵华史、伪满洲国史的重要学术资源。《日本秘藏侵华战争照片实录》一书被列入"十三五"国家重点图书出版规划和2019年度国家出版基金项目，无疑是对我们编写、出版此书的价值和意义的高度肯定。然而，受研究水平和资料所限，作者在编写中会有疏漏和不完善之处，敬请广大读者谅解与指正。

反对战争，守卫和平，是人类永恒的理想。谨以此书献给那些为捍卫和平而牺牲的英灵，以及所有饱受战争灾难的无辜民众！

伪满皇宫博物院院长　王志强

序

  本卷所选照片是日本陆军省、海军省、各大报社派遣的随军人员在1931年至1945年间侵华战场上拍摄的战时照片。这些照片不可以直接公开发表，必须接受层层严格审查，其中涉及日军军官、武器装备、军用物资等信息的照片大多被盖上"不许可"（禁止发表）印戳。

  1945年日本战败前夕，军方多次向各家报社施压，要求必须把战时拍摄的随军照片全部烧毁。其他报社几乎将其全部销毁，而大阪每日新闻社顶住压力、冒着盟军猛烈空袭，将照片从大阪转移至奈良，保存在梅田旅馆的地下室，使得有关照片得以保存至今。20世纪70年代开始，每日新闻社相继出版了一系列"不许可"照片集，如《不许可写真1：20世纪的记忆》《不许可写真2：20世纪的记忆》《1亿人的昭和史10·不许可写真史》《从满洲事变到太平洋战争——20年中的不许可战场写真集》《日本的战历》等。还有曾参加侵华战争的日军士兵，如村濑守保、佐藤振涛等拍摄的战时照片因寄给了家人而逃过审查被保存下来。本卷也部分选录了这些民间照片，以全面客观再现日本侵华历史。

  这些战时拍摄的照片会被盖上"检阅济"（检阅完毕）、"保留"（保密期结束后可以发表）、"不许可"三个等级的印戳。其中"检阅济"涉密级别最低，盖上"检阅济"印戳的照片一般很少涉及军事机密，可以公开发表。"保留"级别的照片在一定时间内禁止发表，但在实际操作过程中，审查官往往会对这些照片做出"批示""指示""命令"等修改指令。"不许可"是照片审查的最高等级，它表示永久禁止公开发表。这类照片除极少部分因涉及最高机密而被日本海军省、陆军省等没收底片，大部分被保留在报社仓库当中。

本卷所选照片主要是"战时机密"类照片，内容主要涉及兵力信息、武器信息、物资信息三个方面。兵力信息类照片主要涉及日本高级军官。武器信息类照片主要涉及当时的新式武器和常规武器：新式武器多以高精尖武器为主，如陆军 AB 艇、高研机等；常规武器包含舰船、枪炮、坦克、飞机等。物资信息类照片主要涉及军马、矿石燃料、高清照相机、给水器械、架桥装备等。

审查兵力信息类照片，是为了隐藏日军高级军官信息，避免泄露兵力布置情况，从而达到取得战场胜利、"征服中国"的目的。高级军官作为日军侵略中国的战役组织者、指挥者，在战争中具有至关重要的作用。为确保战争获胜，日军对各级军官采取了保护措施。本卷所选照片涉及军官和要员共计 86 人，其照片属于"不许可"之列的人数为 76 人，其余军官的照片则须按要求修改后方可发表。中下层军官的照片虽不在被禁之列，但是一旦其涉及部队序列或容易暴露战争意图时，同样会被禁止发表。

审查武器信息类照片，主要是为了避免泄露各类别武器装备信息。武器在一定程度上可以决定战场的胜败，因此，照片审查官会对这类照片进行严格审查。照片一旦涉及新式武器或者常规武器中的核心部件，则面临被禁止发表的命运。例如，一张日军进攻天津时使用的陆军 AB 艇的照片，就被审查官指示禁止发表。如果涉及海军潜艇、声呐探测器等"最高机密"类武器，连照片底片也要被海军省或陆军省没收。常规武器高射炮的高射镜一旦出现在照片中，这类照片也会被禁止发表。

审查物资信息类照片，主要是为了避免盟军获取日军战场上使用的军马、给水器械、高清照相机等物资的信息。物资是战场作战的物质基础，日军远离国土作战，军事物资的补给情况一定程度上决定战争走向。因此，日军对于军事物资极为重视。本卷涉及的军事物资主要分为运输、武器辅助、给水等三类：其中运输类物资包含军马、汽车等，涉及军马的照片更成为审查的重点；给水类物资涉及石井式快速净水器、便携式净水器等装置；武器辅助类物资包括高清照相机、舰船上的悬索等。虽然这三类物资并非直接作战武器，但是它们能够有效地提高部队的战斗力和武器的杀伤性，因此，审查官也对涉及这类物资的照片进行严格审查。

"战时机密"照片的拍摄者必须经过严格的资格审查，主要通过军队内派和报社选派两种方式产生。侵华战争前期，照片拍摄的任务主要由军队内派人员执行。卢沟桥事变后，照片拍摄工作量增加，因此，日本每日新闻社、朝日新闻社、读卖新闻社等报社都派遣了大量随军拍摄人员从事战时拍摄活动。当然，报社选派人员首先须向陆军省、海军省提出拍摄申请，通过严格审查后的合格者才能获得"写真许可证"，取得进入战场的资格。这些拍摄者被编入军队"写真部"，执行战时拍摄任务时，必须遵守陆军省、海军省及所在部队的严格规定，甚至要听从所在部队长官的命令。

"战时机密"类照片拍摄完成后，还要接受层层审查。一般，照片先由报社派遣专门审查人员把关，审查官第一要务是检查照片是否含有尚未公开的武器，如果没有，就盖上表示已审查的印戳。当然，报社内审只是整个照片审查过程中的基础环节。除此之外，战场照片还要接受内阁情报局、陆海军省以及具体相关部队的审查。1937年前，内务省警保局图书科承担新闻审查任务；七七事变爆发后，为防止泄露军事秘密，改由陆军省、海军省、内阁情报局共同承担审查任务。具体承担审查的部门有陆军省报道审查科、陆军省新闻报道班、海军普及会、内阁情报局等。如若照片涉及特定部门，还要接受所涉特定部门有针对性的审查；如涉及特殊事件，必须接受宪兵司令部和戒严司令部的审查。另外，战时日军部队中也设有专门的照片审查人员。

日本将其精心培养的"军事精英"派往侵华战场，充当各级指挥官，将研发的新式武器和常规武器以及作战所需的配套器材投入侵华战场，形成"总体战"体制下的国家战争犯罪。为了实现舆论的"统制"战略，日本政界军界联合媒体界对侵华战争期间拍摄的各类照片进行审查。通过照片审查，意在管控战场各类军事信息，避免被中国抗日阵营和盟军获取。当然，这些战时照片在一定程度上也起到了迷惑、蒙蔽日本民众，粉饰侵华战争的罪恶和歪曲战争侵略性质的作用，混淆了战后日本民众对于本国政府罪责的认知，也为当下日本右翼势力美化侵华的企图提供了条件。

本卷通过对所选录照片中涉及的各级军官、武器装备、军用物资等信息进行研究、剖析和解读，力求还原历史真相，以正视听。

旨在警惕日本军国主义复活,避免战争悲剧重演。铭记历史不是为了纠缠历史旧账,更不是为了记住仇恨,只有正确认识历史,汲取历史教训,才能更好地开创未来。人类需要和平,让世界远离战争,构建人类命运共同体,需要全世界爱好和平的人们携起手来共同努力。

赵继敏　赵士见
2022 年 1 月

目　录

第一章　保守战时兵力机密 ………………………………… 1

　　第一节　对涉及高级军官照片的处理 ………………… 3
　　第二节　对涉及中下级军官照片的处理 ……………… 44

第二章　保守战时武器机密 ………………………………… 63

　　第一节　对涉及新式武器照片的处理 ………………… 65
　　第二节　对涉及常规武器照片的处理 ………………… 71

第三章　保守战时物资机密 ………………………………… 131

　　第一节　对涉及给水类物资照片的处理 ……………… 133
　　第二节　对涉及武器辅助类物资照片的处理 ………… 140
　　第三节　对涉及运输类物资照片的处理 ……………… 148

后记 ……………………………………………………………… 181

第一章

保守战时兵力机密

侵华战争期间，日军为了保守兵力机密，将投放到侵华战场的各级军官的照片纳入严格审查范围。据统计，这些军官不仅包括皇族亲王，而且有高级军官，甚至还有中下层军官。审查官极为严苛地审查每一帧照片，一旦发现涉密，轻则指示其须修改后方可发表，重则盖上"不许可"印戳，永远禁止其发表，即便是已经死去的日军军官的照片也难逃被审查的命运。

第一节　对涉及高级军官照片的处理

高级军官作为日军侵略中国的战役指挥者，在战争中起到至关重要的作用。因此，他们成为中国乃至盟军重点清除的对象。当时日军内部流传着这样的说法：中国战场上有专门刺杀日本高级将领的便衣队。为了保证高级将领的人身安全，除个别情况，日军一般不允许刊载少将级别以上军官的照片。这道禁令可以有效防止盟军间谍机关获知其作战部队番号、战术设置等情报。

皇族亲王是高级军官中最重要的组成人员。明治维新后，日本军队经过山县有朋主持的新式陆军改革，逐渐形成"效忠天皇"的"皇军"。天皇不但拥有统帅陆海军，确定陆海军的编制及常备兵的数量、宣战、讲和等权力，还有"帷幄上奏"权，即直接接受参谋总长和军令部长上奏的权力。天皇为了显示自己对军队的重视和控制，时常会委派皇族亲王充任军队要职。如朝香宫鸠彦亲王接任松井石根为日本上海派遣军司令官，东久弥宫亲王任日本华中派遣军第2军司令官。皇室亲王除了到军队直接任职，还会代表天皇深入战场前线视察日军部队，如贺阳宫亲王曾视察杭州吴山东岳庙日军部队。[1]每当皇族亲王深入中国战场，其随行人员必定进行拍摄记录，由此留下的照片便成为兵力机密的重要组成部分。

秩父宫雍仁亲王曾以华南派遣军参谋身份进入中国。他视察中国战场时，有众多参谋官随行，并且留下了一些照片。日本陆军省发布的《报纸登载事项许可与否判定要领》明确规定，禁止发表"多数参谋在一起的照片，记载

---

[1]（日）每日新闻社整理：《不许可写真1：20世纪的记忆》，每日新闻社，1998年，第152页。

司令部、本部名称的新闻照片"。因此，秩父宫雍仁亲王视察战场的系列照片被禁止发表。

然而，极少数有关皇族亲王的照片会反常地通过审查，得以公开发表，这背后的目的性极强。1938年2月，日本公开发表了一张华中派遣军第2军司令官东久弥宫亲王的照片[1]，其目的在于向国际社会展示日军的"纪律严明"，美化侵华战争。除此之外，三笠宫崇仁亲王因反对侵略战争而被陆军省区别对待，其照片被公开刊载以示"惩戒"。1943年初，三笠宫崇仁亲王视察部队射击练习以及与中国老妇交谈的照片，均未被盖上"不许可"印戳，而三笠宫亲王在内蒙古南部的鄂尔多斯河套乘船渡黄河的照片，则注有"已经在报纸登载完毕"字样[2]。令人费解的是，这几张照片均由日本陆军省提供。为何三笠宫亲王的照片既未盖有"不许可"印戳，又未做"在回国前禁止刊载"标注，而是直接见诸报端呢？这与三笠宫亲王的反战言论密切相关。三笠宫亲王是和平理念的倡导者，他对日军侵华期间的暴行极为不满，加上他曾被日军司令部下达不准随便发表言论的"禁言令"，因此，日本陆军省为显示"惩戒"，解除对三笠宫亲王的保护，有意公开发表其活动照片。

---

[1]（日）每日新闻社整理：《不许可写真2：20世纪的记忆》，每日新闻社，1999年，第92页。
[2]（日）每日新闻社整理：《不许可写真2：20世纪的记忆》，每日新闻社，1999年，第41页。

1-1-1

1-1-2

1-1-3

1-1-1　1937年9月19日，日本关东军占领大同火车站，照片中间有日本关东军参谋长东条英机。日军为保障高级将领的人身安全，禁止发表少将以上军官照片，陆军中将东条英机的照片毫无疑问被判为此照被判定为"不许可"公开发表。〔（日）每日新闻社整理：《不许可写真2：20世纪的记忆》，每日新闻社，1999年，第13页〕

1-1-2　1937年11月8日，高松宫宣仁亲王视察日军上海战场。高松宫宣仁亲王为大正天皇第三皇子，是昭和天皇在日本海军的代理人。审查官禁止该照片发表。〔（日）每日新闻社整理：《不许可写真1：20世纪的记忆》，每日新闻社，1998年，第124页〕

1-1-3　1937年11月8日，高松宫宣仁亲王视察上海闸北铁路管理局。审查官禁止该照片发表，每日新闻社编纂者猜测，"可能审查官认为高松宫宣仁亲王弯腰动作有损日本皇室威严"。〔（日）每日新闻社整理：《不许可写真1：20世纪的记忆》，每日新闻社，1998年，第124页〕

1-1-4

1-1-4　1937年11月8日，高松宫宣仁亲王视察上海闸北铁路管理局。审查官指示，须删除高松宫宣仁亲王等人的肩章后方可发表该照片。〔（日）每日新闻社整理：《不许可写真1：20世纪的记忆》，每日新闻社，1998年，第124页〕

1-1-5　1937年12月18日，朝香宫鸠彦亲王参加南京战役日军战死官兵追悼会。从左至右分别为日本第3舰队司令官长谷川清、华中派遣军司令官松井石根、朝香宫鸠彦亲王、第10军司令官柳川平助。审查官指示，禁止发表朝香宫鸠彦亲王的照片，第10军为隐秘部队，禁止公开其司令官。〔（日）每日新闻社整理：《1亿人的昭和史10·不许可写真史》，每日新闻社，1982年，第83页〕

1-1-5

1-1-6

1-1-7

1-1-6 1938年1月1日，日本上海派遣军司令官朝香宫鸠彦亲王在南京军队司令部门口。当时，朝香宫鸠彦亲王接替松井石根担任上海派遣军司令官，审查官要求删除将校排序及肩章，且禁止发表该照片。〔（日）每日新闻社整理：《不许可写真1：20世纪的记忆》，每日新闻社，1998年，第151页〕

1-1-7 1938年1月12日，贺阳宫恒宪亲王参拜位于杭州的南宋忠臣岳飞之墓。贺阳宫恒宪亲王是久迩宫朝彦亲王次子，曾任陆军中将。审查官指示，对贺阳宫恒宪亲王身后左侧将校面孔进行虚化处理。〔（日）每日新闻社整理：《不许可写真1：20世纪的记忆》，每日新闻社，1998年，第219页〕

1-1-8 贺阳宫恒宪亲王参拜杭州吴山的东岳庙。审查官明确标出将领的肩章，要求将部队名称改成"○○"，并删除肩章。〔（日）每日新闻社整理：《不许可写真1：20世纪的记忆》，每日新闻社，1998年，第152页〕

1-1-9 1938年1月13日，贺阳宫恒宪亲王视察江南激战后的战场。审查官给该照片盖上"不许可"印戳，禁止其发表。〔（日）每日新闻社整理：《1亿人的昭和史10·不许可写真史》，每日新闻社，1982年，第98页〕

1-1-8

1-1-9

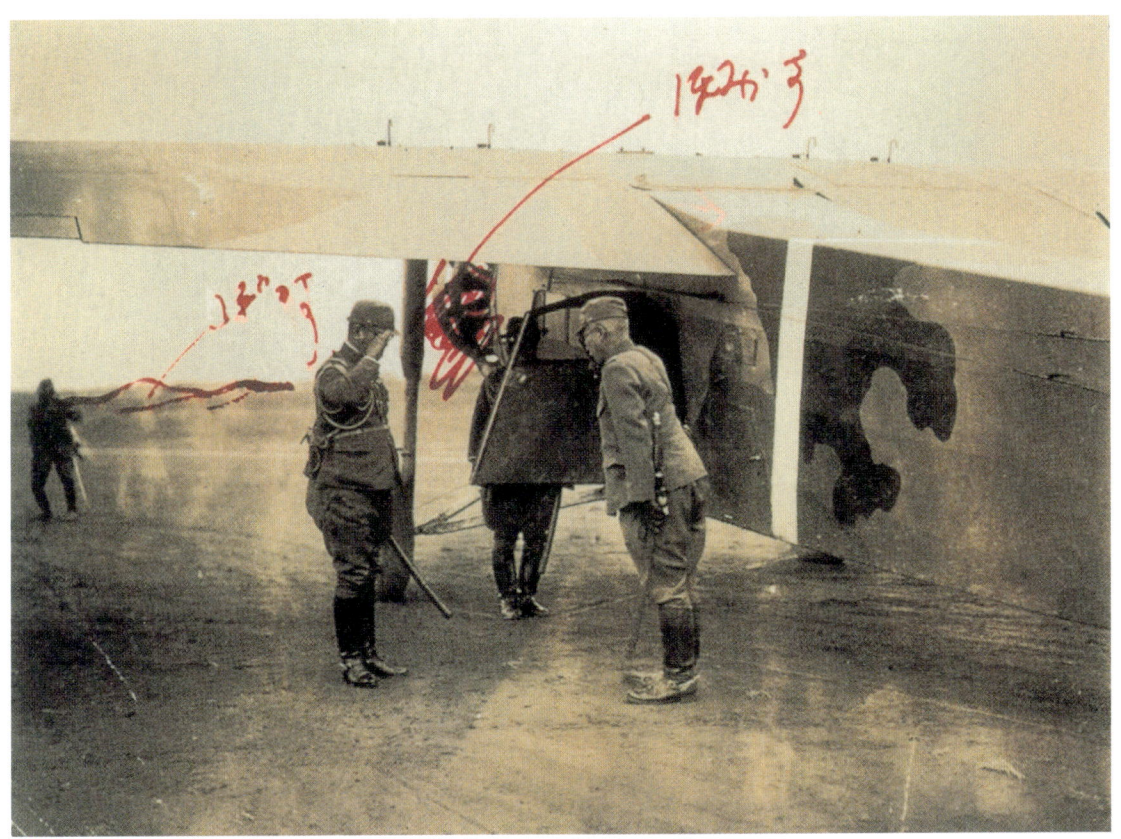

1-1-10

1-1-10 贺阳宫恒宪亲王从杭州笕桥机场出发。审查官要求将机场名改为"○○",模糊照片的背景及飞机发动机。〔(日)每日新闻社整理:《不许可写真1:20世纪的记忆》,每日新闻社,1998年,第152页〕

1-1-11

1-1-12

1-1-13

1-1-14

1-1-11　1938年5月8日，秩父宫雍仁亲王乘坐飞机到达蚌埠后，日本华中派遣军司令官畑俊六到达机场迎接秩父宫雍仁亲王。审查官指示，将有关部队名称改为"○○"，整幅照片做模糊化处理。〔（日）每日新闻社整理：《不许可写真2：20世纪的记忆》，每日新闻社，1999年，第60页〕

1-1-12　1938年5月8日，秩父宫雍仁亲王到达安徽蚌埠视察。徐州战场的指挥官、华中派遣军司令官畑俊六到机场迎接。畑俊六（左）向秩父宫亲王（右）敬礼表示欢迎，秩父宫亲王还礼。审查官指示，将照片中远处的飞机、地形等做模糊化处理后，方可发表。〔（日）每日新闻社整理：《不许可写真2：20世纪的记忆》，每日新闻社，1999年，第60页〕

1-1-13　1938年5月8日，秩父宫雍仁亲王视察蚌埠北侧堤防。审查官指示，将随行参谋的肩章删除后方可发表，但该照片最后仍被盖上"不许可"印戳，禁止发表。〔（日）每日新闻社整理：《不许可写真2：20世纪的记忆》，每日新闻社，1999年，第60页〕

1-1-14　1938年，秩父宫雍仁亲王到蚌埠进行视察。审查官指示，删除照片中秩父宫雍仁亲王和随行参谋的肩章。〔（日）每日新闻社整理：《不许可写真2：20世纪的记忆》，每日新闻社，1999年，第60页〕

1-1-15

1-1-16

1-1-15 1938年5月8日，秩父宫雍仁亲王在蚌埠周边高地遥望中国军队阵地，陪同他的是准备进攻的炮兵官佐。审查官指示，将照片模糊处理后方可发表，故为其盖上"检阅济"印戳。〔（日）每日新闻社整理：《不许可写真2：20世纪的记忆》，每日新闻社，1999年，第60页〕

1-1-16 1938年5月8日，秩父宫雍仁亲王视察蚌埠战场时，与日本华中派遣军司令官畑俊六以及其他军官合影。日本陆军省规定，照片涉及较多高级参谋人员时，将被禁止发表。因此，审查官为其盖上"不许可"印戳。〔（日）每日新闻社整理：《不许可写真2：20世纪的记忆》，每日新闻社，1999年，第60页〕

1-1-17 1938年5月8日，秩父宫雍仁亲王视察淮河上的新军桥。审查官起初为该照片盖上"检阅济"印戳，允许其发表，但因亲王随行参谋职衔较高，后均加盖了"不许可"印戳，禁止其发表。〔（日）每日新闻社整理：《不许可写真2：20世纪的记忆》，每日新闻社，1999年，第60页〕

1-1-18 1940年4月，日本闲院宫载仁亲王视察上海。照片标有"在回国前禁止刊载"字样。闲院宫载仁亲王于1931—1940年任日军参谋总长，掌握军队指挥大权，对日本发动侵华战争负有重要责任。〔（日）每日新闻社整理：《不许可写真2：20世纪的记忆》，每日新闻社，1999年，第99页〕

1-1-19 1941年3月26日，日军华南方面军司令官后宫淳中将（前排左）在汕尾视察。因照片暴露了日军高级将官的行踪，被日方禁止发表。〔（日）每日新闻社整理：《不许可写真2：20世纪的记忆》，每日新闻社，1999年，第113页〕

1-1-17

1-1-18

1-1-19

1-1-20

1-1-21

1-1-20 1943年1月，三笠宫崇仁亲王视察前线。手持望远镜者为三笠宫崇仁亲王。该照片盖有"昭和十九年二月廿八日使用"印戳。〔（日）每日新闻社整理：《不许可写真2：20世纪的记忆》，每日新闻社，1999年，第41页〕

1-1-21 1945年，日本裕仁天皇在美国驻日大使馆。裕仁天皇在位期间，策划和指挥日本相继发动侵华战争和太平洋战争，侵略和践踏了中国和东南亚等国家的领土。日本官方尽全力要求日本国内各报刊禁止刊登该照片。〔（日）每日新闻社整理：《1亿人的昭和史10·不许可写真史》，每日新闻社，1998年，第244页〕

日本侵华期间，高级军官当中除了皇族亲王，大多是受过军校教育和不同战场洗礼的日军"精英"。这些"精英"在侵华战争中多为战略制定者或战场指挥者。因此，这些日军"精英"的照片也是战时兵力机密的重要内容。我们梳理已出版的《不许可写真1：20世纪的记忆》《不许可写真2：20世纪的记忆》《1亿人的昭和史10·不许可写真史》等照片集，检索出86名日军军官和小矶国昭[1]、汪精卫[2]的战时照片。为了更好地针对战场的"不许可"照片进行深入分析，制表如下：

表1.1.1 "不许可"照片所涉日军军官分类表

日军军官类别	禁止发表	修改后允许发表
高级军官	66人	7人
中下层军官	10人	3人
总计	76人	10人

列表内高级军官是指职务为联队长或军衔为大佐及以上的军官。虽然《1亿人的昭和史10·不许可写真史》将少将及以上军衔的军官设定为高级军官，禁止发表其照片（见《1亿人的昭和史10·不许可写真史》，第50~51页），但是《不许可写真1：20世纪的记忆》《不许可写真2：20世纪的记忆》均多次出现联队长或大佐军衔军官的照片盖有"不许可"印戳的情况。因此，我们将列表中高级军官定义为职务为联队长或军衔为大佐及以上的军官。

列表内中下层军官则是指军衔为中佐及以下的日军军官。根据上表可知，日军将绝大部分军官的照片列入禁止发表之列。究其原因，一方面是出于保护军官人身安全的考虑；另一方面则是防止中国及盟军间谍机关根据其军官

---

[1] 小矶国昭，时任日本内阁要员，拓务大臣，大将军衔。
[2] 汪精卫，时任伪国民政府主席。为了行文书写方便，特将小矶国昭、汪精卫暂列"高级军官"行列。

姓名推测出有关战场机密。这与日军习惯以部队长的姓氏称呼所属部队[1]的做法有关。例如，板垣征四郎指挥的第5师团，又称板垣师团、板垣部队、板垣兵团；柳川平助指挥的第10军，又称为柳川兵团或柳川部队。1941年10月9日，日军大本营下令给日军所有方面军、师团、旅团配发永久性文字代号，文字代号为单个文字。但以部队长姓氏称呼该部队的做法未被完全废除。因此，日军审查机构通常禁止公开高级军官的照片。[2]

除此之外，含有武器装备、有损日军"威严"的画面，也是高级军官照片被禁止发表的重要原因。香月清司中将的照片中含有显示铁船发动机的画面，音羽部队长照片中含有登陆舟船的画面，藤田部队长照片内含有轻便渡桥的画面，这些照片因此都被禁止发表。高级军官死于战场的照片也在被禁之列，例如日本华中派遣军第15师团田路少将坠机而亡的照片被禁止发表。审查官认为此类画面不仅会削弱日军"战无不胜"的士气，而且容易透露出海军联络飞机战时性能存在瑕疵的信息。当然，日军高级军官亲近青少年、寡妇的照片也被禁止发表，究其原因，审查官认为其有损"皇军威严"。[3]

高级军官照片即便被允许公开发表，也必须经过不同程度的修改。修改方式主要有模糊化处理、改名、删除肩章等。模糊化处理一般要求虚化高级军官面部轮廓，直到无法辨认为止。改名则是将部队长官真实姓名以"○○"替换。删除肩章是将高级军官军服上的肩章直接删除，有时还要删除照片拍摄地。

---

[1] 吴京昂：《侵华日军关内师团的编制与分类》，《军事历史研究》2016年第3期。

[2]（日）每日新闻社整理：《1亿人的昭和史10·不许可写真史》，每日新闻社，1982年，第50～51页。

[3]（日）每日新闻社整理：《1亿人的昭和史10·不许可写真史》，每日新闻社，1982年，第50～51页。

1-1-22

1-1-23

1-1-22　1937年卢沟桥事变后，香月清司担任中国驻屯军司令官，同年8月就任华北派遣军第1军司令官，负责河北作战。图中清晰显示出香月清司的肩章和军衔，因此该照片被禁止发表。〔（日）每日新闻社整理：《不许可写真1：20世纪的记忆》，每日新闻社，1998年，第179页〕

1-1-23　1937年卢沟桥事变后，中国驻屯军步兵牟田口廉也骑着马、手拿西瓜的照片。他是事变现场的最高指挥官，身后骑马者为铃木参谋。审查官要求，将部队长姓名改为"○○"，删除"铃木参谋"字样。〔（日）每日新闻社整理：《不许可写真1：20世纪的记忆》，每日新闻社，1998年，第176页〕

1-1-24

1-1-25

1-1-26

1-1-24　1937年7月19日，炮击宛平县城后正在休息的牟田口部队。审查官指示，将牟田口廉也等人改为"部队干部"，并且删除参谋（居中骑马者）肩章。〔（日）每日新闻社整理：《不许可写真1：20世纪的记忆》，每日新闻社，1998年，第172页〕

1-1-25　1937年卢沟桥事变后，日军过卢沟桥向长辛店行进。为了避免暴露日军作战意图，审查官要求将卢沟桥的名称及部队名都改为"○○"。〔（日）每日新闻社整理：《不许可写真1：20世纪的记忆》，每日新闻社，1998年，第171页〕

1-1-26　1937年7月7日，日军悍然发动卢沟桥事变。图为日本扶持的伪天津维持会要员合影。画面中间为伪维持会会长高凌霨。审查官指示，将照片拍摄地做模糊化处理。〔（日）每日新闻社整理：《不许可写真1：20世纪的记忆》，每日新闻社，1998年，第179页〕

1-1-27 1937年8月，日军在上海浦东川沙镇附近海湾登陆。图为日军第11师团师团长山室宗武。审查官指示，须删除番号、地名、部队名称，后因照片涉及师团长而被禁止发表。〔（日）每日新闻社整理：《不许可写真1：20世纪的记忆》，每日新闻社，1998年，第27页〕

1-1-28 1937年8月，日本军队在上海登陆，图为片山步兵第5旅团旅团长正在听取仓永部队长关于中方情况的汇报。因该照片暴露了日军的战略意图，被禁止发表。〔（日）每日新闻社整理：《不许可写真1：20世纪的记忆》，每日新闻社，1998年，第23页〕

1-1-27

1-1-28

1-1-29

1-1-30

1-1-29 1937年，上海战场上的日军陆战队司令官大川内及其随从。审查官要求删除照片内军官的肩章，模糊化拍摄地点。〔(日)每日新闻社整理：《不许可写真1：20世纪的记忆》，每日新闻社，1998年，第12页〕

1-1-30 1937年，日军部队长"○○"在驾驶室内操纵汽车。审查官要求删除近处人物的肩章。〔(日)每日新闻社整理：《不许可写真1：20世纪的记忆》，每日新闻社，1998年，第175页〕

1-1-31

1-1-32

1-1-33

1-1-31　1938年8月1日，日军华中派遣军第6师团占领黄梅。图为第6师团师团长稻叶四郎骑马进入黄梅。因该照片涉及高级军官，审查官禁止其发表。〔（日）每日新闻社整理：《不许可写真2：20世纪的记忆》，每日新闻社，1999年，第79页〕

1-1-32　1937年9月6日，日军大举进攻宝山。图为日军第3师团步兵第68联队联队长鹰森孝（左）与仓田部队长（右）。审查官认为照片中出现成群军官，故禁止其发表。〔（日）每日新闻社整理：《不许可写真1：20世纪的记忆》，每日新闻社，1998年，第43页〕

1-1-33　卢沟桥事变后，日军向华北增派兵力，成立华北派遣军。1937年9月11日，华北派遣军第2军第10师团占领马厂。图为第2军第10师团步兵第10联队联队长赤柴八重藏与原田部队长一边用餐，一边商讨军事部署。审查官禁止该照片发表。〔（日）每日新闻社整理：《不许可写真2：20世纪的记忆》，每日新闻社，1999年，第2页〕

第一章 保守战时兵力机密

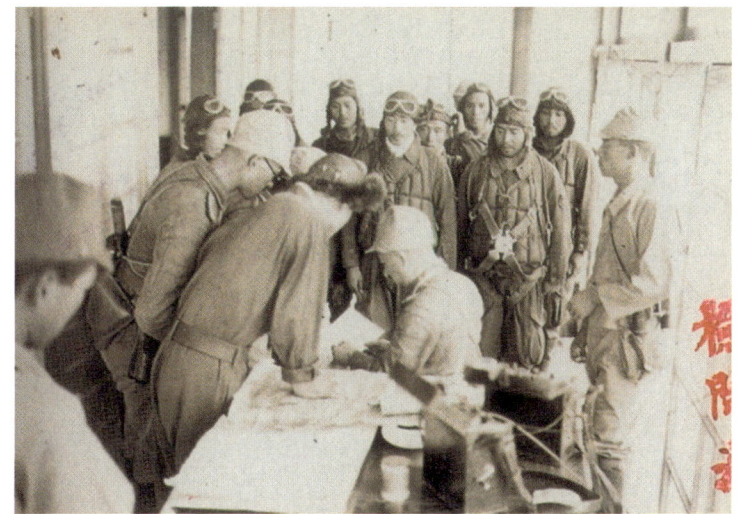

1-1-34

1-1-35

1-1-36

1-1-37

1-1-34 1937年9月11日，司令官吉川在指挥室内和参谋人员制订轰炸计划。审查官起初为该照片盖上了"检阅济"印戳，允许其发表，后来要求必须对飞行员做模糊化处理。〔（日）每日新闻社整理：《不许可写真1：20世纪的记忆》，每日新闻社，1998年，第49页〕

1-1-35 1937年9月12日，日本派出众议员慰问团到海军陆战队驻上海本部进行慰问。该照片暴露了陆战队本部屋顶上的机关炮，因此被禁止发表。〔（日）每日新闻社整理：《不许可写真1：20世纪的记忆》，每日新闻社，1998年，第58页〕

1-1-36 1937年9月13日，日军大举进攻嘉定。照片中间为日军第11师团步兵第10旅团旅团长天谷直次郎。该照片涉及高级军官，被禁止发表。〔（日）每日新闻社整理：《不许可写真1：20世纪的记忆》，每日新闻社，1998年，第55页〕

1-1-37 1937年9月14日，日军第3师团步兵第5旅团旅团长片山理一郎视察部队。因该照片涉及高级军官，审查官禁止其发表。〔（日）每日新闻社整理：《不许可写真1：20世纪的记忆》，每日新闻社，1998年，第62页〕

1-1-38 1937年9月15日，上海战场日军第3师团师团长藤田进查看缴获的中国军队的各式武器。审查官认为此照片清晰暴露军官肩章，为其盖上"不许可"印戳，禁止其发表。〔（日）每日新闻社整理：《不许可写真1：20世纪的记忆》，每日新闻社，1998年，第66页〕

1-1-39 1937年10月下旬，上海战场日军第3师团师团长藤田进在指挥室使用放大镜观看作战地图。审查官认为照片涉及高级军官，禁止其发表。〔（日）每日新闻社整理：《不许可写真1：20世纪的记忆》，每日新闻社，1998年，第118页〕

1-1-38

1-1-39

第一章　保守战时兵力机密

1-1-40

1-1-41

1-1-40　1-1-41　1937年9月19日，日军第2联合航空队司令官三竝贞三向即将驾驶战机轰炸南京的日军飞行员们训话。审查官认为这些照片会暴露日军的轰炸意图，禁止其发表。〔（日）每日新闻社整理：《不许可写真1：20世纪的记忆》，每日新闻社，1998年，第74页〕

23

1-1-42

1-1-43

1-1-42 1-1-43 1937年9月19日，结束第1次南京空袭后归队的海军航空队，正在向第2联合航空队司令官三竝贞三汇报轰炸情况。此处的机场为公大机场，由沪江大学南侧高尔夫球场改造而成。审查官指示将不远处的建筑等抹去，避免暴露机场所在位置。〔（日）每日新闻社整理：《不许可写真1：20世纪的记忆》，每日新闻社，1998年，第71页〕

1-1-44

1-1-45

1-1-46

1-1-44 1937年9月19日，听取南京空袭汇报的海军首脑，其中有第3舰队司令官长谷川清、上海特别陆战队司令官大川内（照片原说明文字作"大河内"）、第2联合航空队司令官三竝贞三。审查官认为该照片会暴露飞机场所在位置以及高级军官信息，禁止其发表。〔（日）每日新闻社整理：《不许可写真1：20世纪的记忆》，每日新闻社，1998年，第73页〕

1-1-45 1937年9月20日，日军第11师团步兵第43联队部队长浅间在检查士兵住处时抽烟。审查官指示，为避免泄露部队部署情况，须将浅间部队长姓名修改为"部队长"。〔（日）每日新闻社整理：《不许可写真1：20世纪的记忆》，每日新闻社，1998年，第69页〕

1-1-46 1937年9月21日，日军第27师团师团长本间雅晴（右）使用望远镜在汉口战场上观察中国军情。本间雅晴身后使用炮队镜者为第27师团参谋长原田义和。审查官认为此照片涉及高级军官，禁止其发表。〔（日）每日新闻社整理：《不许可写真2：20世纪的记忆》，每日新闻社，1999年，第86页〕

1-1-47

1-1-48

1-1-47 1937年10月4日，上海战场日军第101师团部队长内山在作战指挥室前。审查官指示，必须将肩章删除，方可发表。〔（日）每日新闻社整理：《不许可写真1：20世纪的记忆》，每日新闻社，1998年，第97页〕

1-1-48 1937年，上海战场日军第101师团步兵第103联队部队长谷川在作战指挥室内。审查官指示，必须将部队长谷川等人的肩章删除，方可发表。〔（日）每日新闻社整理：《不许可写真1：20世纪的记忆》，每日新闻社，1998年，第97页〕

第一章　保守战时兵力机密

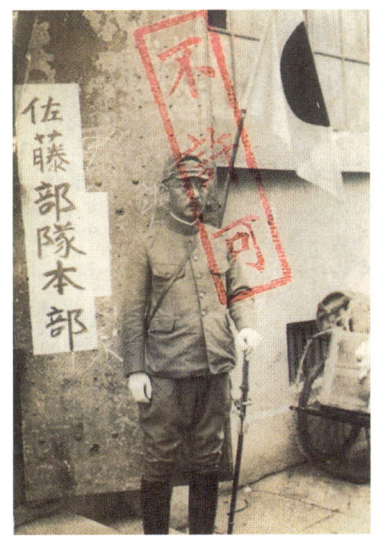

1-1-49

1-1-50

1-1-51

1-1-49　1937年9月，前往作战地增援的第101师团旅团长佐藤在佐藤部队本部前。审查官认为此照片极可能暴露日军驻扎地点，故禁止其发表。〔（日）每日新闻社整理：《不许可写真1：20世纪的记忆》，每日新闻社，1998年，第86页〕

1-1-50　1937年9月22日，日军第101旅团旅团长佐藤正在与同僚商讨作战布署。审查官认为此照片极可能暴露日军兵力配置，禁止其发表。〔（日）每日新闻社整理：《不许可写真1：20世纪的记忆》，每日新闻社，1998年，第85页〕

1-1-51　1937年11月3日，以香槟庆祝胜利的第101师团的高级军官们。照片中留有白须者为第101师团师团长伊东正喜。该照片一度被禁止发表，但删除部队名称、场所后又被允许发表。〔（日）每日新闻社整理：《不许可写真1：20世纪的记忆》，每日新闻社，1998年，第121页〕

1-1-52

1-1-53

1-1-52　1937年9月，日军第101师团步兵第149联队部队长津田正在作战指挥室前观看地图。此照片因拍摄地点无显著特点，画面中军官肩章模糊不清，故而被允许发表。〔（日）每日新闻社整理：《不许可写真1：20世纪的记忆》，每日新闻社，1998年，第85页〕

1-1-53　1937年10月，上海战场日军第101师团师团长伊东政喜和随行将佐们为运往后方的部下遗骨送行。审查官禁止该照片发表。〔（日）每日新闻社整理：《不许可写真1：20世纪的记忆》，每日新闻社，1998年，第113页〕

1-1-54　1937年9月，日军第3师团师团长藤田进在查看轻便渡桥。该照片不仅涉及高级军官，而且暴露了日军渡河的军用器具，故而被禁止发表。〔（日）每日新闻社整理：《不许可写真1：20世纪的记忆》，每日新闻社，1998年，第84页〕

1-1-54

1-1-55

1-1-56

1-1-57

1-1-55　1-1-56　1937年10月9日，日军上海派遣军司令官松井石根登陆后召开首次记者见面会。记者见面会上，松井石根傲慢地叼着香烟向记者讲述日军行动的原因。审查官认为照片涉及高级军官，禁止其发表。〔（日）每日新闻社整理：《不许可写真1：20世纪的记忆》，每日新闻社，1998年，第104页〕

1-1-57　1937年10月14日，上海战场第9师团师团长吉佳良辅与第3师团师团长藤田进等日本军官合影。审查官以照片涉及日军将官为由，禁止其发表。〔（日）每日新闻社整理：《不许可写真1：20世纪的记忆》，每日新闻社，1998年，第110页〕

1-1-58

1-1-59

1-1-58　1-1-59　1937年10月14日，上海战场第9师团第6旅团旅团长秋山及其同行军官。审查官以照片涉及日军将官为由，禁止其发表。〔（日）每日新闻社整理：《不许可写真1：20世纪的记忆》，每日新闻社，1998年，第111页〕

第一章　保守战时兵力机密

1-1-60

1-1-61

1-1-60　1937年10月下旬，日军派遣第9师团前往苏州掩护攻击。图为准备渡苏州河的第9师团师团长吉佳良辅。审查官为该照片盖上"不许可"印戳，禁止其发表。〔（日）每日新闻社整理：《不许可写真1：20世纪的记忆》，每日新闻社，1998年，第119页〕

1-1-61　1937年10月下旬，日军埋葬了在上海战场上战死的日军部队长安藤，图为在安藤下葬地向其"致敬"的日军军官。审查官指示，删除部队名称后方可发表该照片。〔（日）每日新闻社整理：《不许可写真1：20世纪的记忆》，每日新闻社，1998年，第118页〕

1-1-62

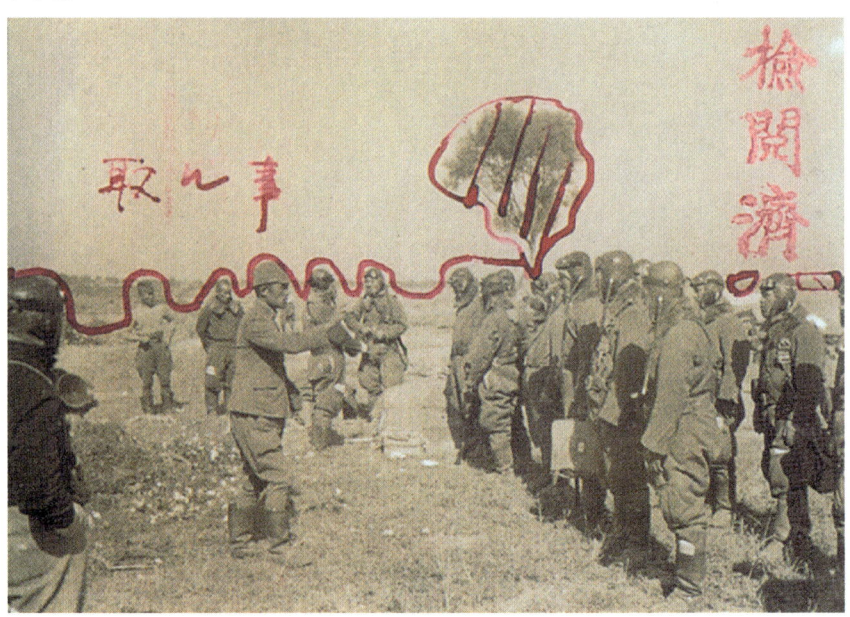

1-1-63

1-1-62　1937年10月下旬，上海战场日军第9师团旅团长井出与军官们在指挥所外交谈的情景。审查官认为照片中将官人数较多，禁止其发表。〔（日）每日新闻社整理：《不许可写真1：20世纪的记忆》，每日新闻社，1998年，第118页〕

1-1-63　1937年10月23日，日军在山东德州设立陆地飞机场。图为日军战机飞行员接受部队长官的训示。审查官指示，对飞机场进行模糊化处理，删除远处的树木和战机后，方可发表。〔（日）每日新闻社整理：《不许可写真2：20世纪的记忆》，每日新闻社，1999年，第17页〕

1-1-64

1-1-65

1-1-66

1-1-64　1937年10月1日，日军华北派遣军第5师团奉命从察哈尔赶赴山西太原。图为第5师团指挥部人员研究作战的情景。审查官禁止该照片发表。〔（日）每日新闻社整理：《不许可写真2：20世纪的记忆》，每日新闻社，1999年，第15页〕

1-1-65　1937年11月9日，经由太原北大门入城阅兵的第5师团师团长（戴白手套敬礼者）。该照片涉及高级军官，被禁止发表。〔（日）每日新闻社整理：《不许可写真2：20世纪的记忆》，每日新闻社，1999年，第20页〕

1-1-66　1937年11月10日，日军第5师团经由太原小北门街，进入太原城。第5师团下辖步兵第9旅团、步兵第21旅团、骑兵第5联队、野炮兵第5联队、工兵第5联队、辎重兵第5联队、通信队、卫生队、第1至第4野战医院等相继由此进城。审查官指示，抹去照片中的军旗和军人肩章后，方可发表，但是后来仍为其盖上"不许可"印戳。〔（日）每日新闻社整理：《不许可写真2：20世纪的记忆》，每日新闻社，1999年，第21页〕

1-1-67 1937年11月12日，日军第10军司令官柳川平助与众参谋官商讨进一步行动的战略。审查官禁止该照片发表。〔（日）每日新闻社整理：《不许可写真1：20世纪的记忆》，每日新闻社，1998年，第126页〕

1-1-68 1937年11月26日，日军第10军司令官柳川平助在南浔附近。审查官给该照片盖上了多个"不许可"印戳，禁止其公开发表。〔（日）每日新闻社整理：《不许可写真1：20世纪的记忆》，每日新闻社，1998年，第139页〕

1-1-69 1937年11月，日军陆海军在上海地区实行协同作战。图为日军第4舰队司令官丰田与第10军司令官柳川平助在军舰上。因涉及高级军官，审查官禁止该照片发表。〔（日）每日新闻社整理：《不许可写真1：20世纪的记忆》，每日新闻社，1998年，第123页〕

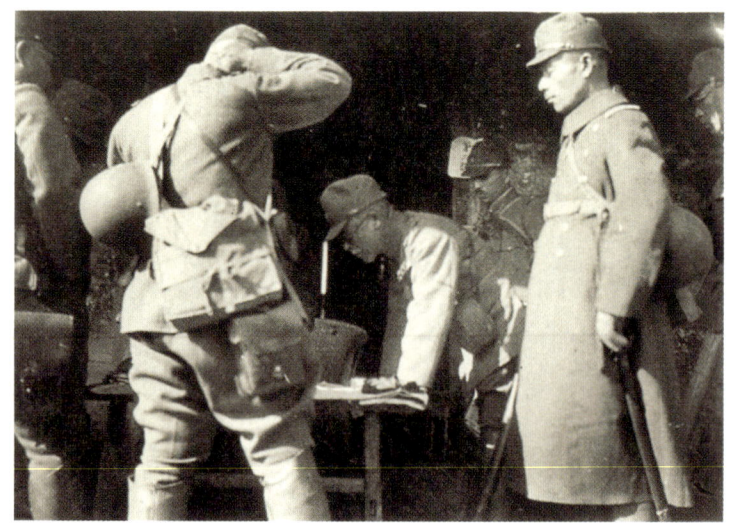

1-1-67

1-1-68

1-1-69

1-1-70

1-1-71

1-1-70 1937年11月25日，日本上海派遣军占领无锡。图为在无锡站交谈的第16师团师团长中岛（右）和步兵第30旅团旅团长（左）。这张照片起初被允许发表，盖有"检阅济"印戳，随后又被盖上"不许可"印戳，被禁止发表。〔（日）每日新闻社整理：《不许可写真1：20世纪的记忆》，每日新闻社，1998年，第140页〕

1-1-71 1937年11月，日军与中国军队在上海战场陷入胶着状态，日军不断增派兵力加入战斗。图为前来增援的第10军第114师团步兵第128旅团旅团长正在骑马行军。审查官给该照片盖上"不许可"印戳，禁止其发表。〔（日）每日新闻社整理：《不许可写真1：20世纪的记忆》，每日新闻社，1998年，第129页〕

1-1-72

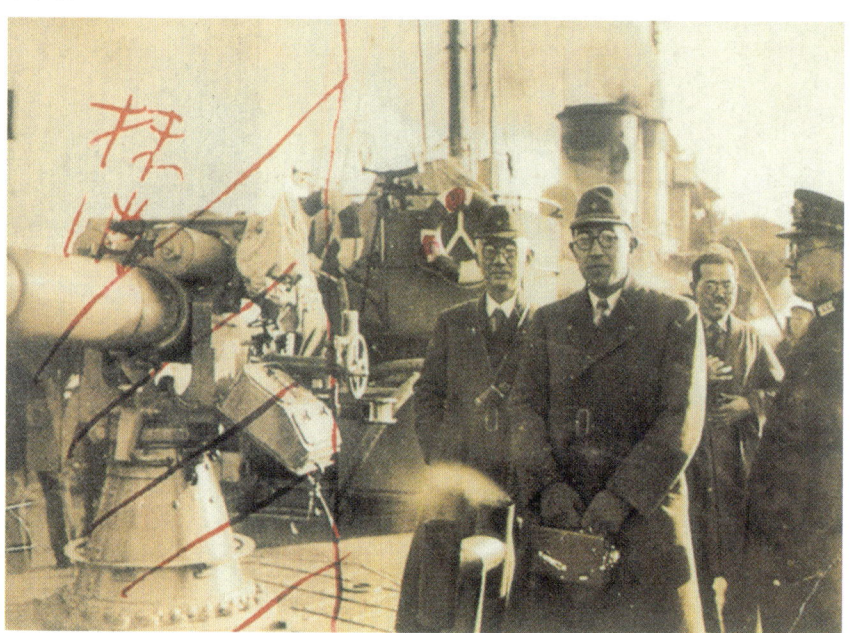

1-1-73

1-1-72 1937年12月，南京郊外，第6师团师团长谷寿夫与第114师团师团长末松茂治会面。为了避免暴露日军作战意图，审查官禁止该照片发表。〔（日）每日新闻社整理：《不许可写真1：20世纪的记忆》，每日新闻社，1998年，第153页〕

1-1-73 1937年12月，西本愿寺法主大谷光瑞在长江上的日本海军军舰上。审查官指示，此照片发表时须删去舰上炮塔。〔（日）每日新闻社整理：《不许可写真1：20世纪的记忆》，每日新闻社，1998年，第150页〕

1-1-74

1-1-75

1-1-76

1-1-74 1937年，日军不断向山西进发，图为脱去军装上衣的日军军官在商讨下一步战略。审查官要求虚化军队干部形象，抹去军官名称，军队名称改为"○○"。〔（日）每日新闻社整理：《不许可写真1：20世纪的记忆》，每日新闻社，1998年，第175页〕

1-1-75 1-1-76 1938年1月28日，为了纪念此前在一·二八事变中的战死者，日军在上海建立了"上海事变海军战死者忠魂碑"。图为日军舰队参谋长等祭奠日军战死者"忠魂碑"。因该照片涉及众多军官，审查官禁止其发表。〔（日）每日新闻社整理：《不许可写真2：20世纪的记忆》，每日新闻社，1999年，第43页〕

1-1-77

1-1-78

1-1-79

1-1-77 1938年2月，上海派遣军第13师团进逼南京。图为日军第13师团步兵第26旅团旅团长泽田德重在南京当地小学教室内用餐。因该照片涉及高级军官，审查官禁止其发表。〔（日）每日新闻社整理：《不许可写真2：20世纪的记忆》，每日新闻社，1999年，第44页〕

1-1-78 1938年2月，日军占领济宁。图为日军小西部队长参加日军战死者火葬仪式后返回指挥部。审查官指示，去除肩章后，方可发表该照片。〔（日）每日新闻社整理：《不许可写真2：20世纪的记忆》，每日新闻社，1999年，第29页〕

1-1-79 1938年3月，山西战场日军第2军第108师团自邯郸向山西南部进军。图为第108师团为阵亡者召开的追悼会上，日军第108师团步兵第104旅团旅团长苫米地四楼为《东京日日新闻》特派员撰写挽联。因该照片涉及高级军官，审查官禁止其发表。〔（日）每日新闻社整理：《不许可写真2：20世纪的记忆》，每日新闻社，1999年，第31页〕

1-1-80

1-1-81

1-1-82

1-1-80　1938年6月9日，郑州花园口黄河大堤被中国军队炸开，日军占领开封、郑州，由平汉路进攻武汉的战略计划受阻。图为日军第16师团第29旅团长酒井骑马在黄泛区行军的情景。此照片涉及日军军官及日军动态信息，被禁止发表。〔（日）每日新闻社整理：《不许可写真2：20世纪的记忆》，每日新闻社，1999年，第66页〕

1-1-81　1-1-82　1938年9月12日，日军华中派遣军第6师团士兵在固始县富金山中发现三谷中佐的尸体后，为其斫木立碑哀悼，并将尸体火化。这些照片被禁止发表。〔（日）每日新闻社整理：《不许可写真2：20世纪的记忆》，每日新闻社，1999年，第85页〕

1-1-83　1-1-84　1-1-85
1939年6月17日，自汉口向上海进发的日本海军军用联络飞机坠毁。坠毁飞机上有日本华中派遣军第15师团第15步兵团团长田路朝一。图为日军派遣的搜索队进山搜索坠毁现场的画面。审查官认为，这些照片可能有损日军士气，故禁止其发表。〔（日）每日新闻社整理：《不许可写真2：20世纪的记忆》，每日新闻社，1999年，第93页〕

1-1-83

1-1-84

1-1-85

1-1-86　1939年9月26日，日军栋川中将到达上海。审查官指示，对该照片做暂且搁置处理。"保留"指的是在保密期结束后才可以发表的意思。〔（日）每日新闻社整理：《不许可写真2：20世纪的记忆》，每日新闻社，1999年，第96页〕

1-1-87　1940年4月14日，汪精卫的姐姐汪兆娥在日本军官的陪同下与汪精卫的儿子汪文婴会面。1940年3月，国民党、国民政府二号人物汪精卫在日本不断诱降下出任伪国民政府主席。审查官按照上级有关"汪兆铭的相关报道都要接受严格审查"的指示，要求发表该照片时必须删去其日军军官。〔（日）每日新闻社整理：《不许可写真2：20世纪的记忆》，每日新闻社，1999年，第98页〕

1-1-86

1-1-87

1-1-88

1-1-89

1-1-88 1940年4月14日，汪精卫的姐姐汪兆娥在日本军队的陪同下与汪精卫的儿子汪文婴会面。审查官允许该照片发表。〔（日）每日新闻社整理：《不许可写真2：20世纪的记忆》，每日新闻社，1999年，第98页〕

1-1-89 1940年10月30日，时任日本陆军参谋总长的杉山元来中国战场视察。图为杉山元与伪国民政府主席汪精卫会谈。审查官认为照片涉及高级军官，禁止其发表。〔（日）每日新闻社整理：《不许可写真2：20世纪的记忆》，每日新闻社，1999年，第101页〕

第一章　保守战时兵力机密

1-1-90

1-1-91

1-1-92

1-1-90　1940 年 10 月 30 日，日本陆军参谋总长杉山元来中国战场视察。图为日本中国派遣军总司令西尾寿造（左）在南京"○○"机场迎接杉山元（右）。杉山元是日本二战期间晋升的陆军三元帅之一。因照片涉及众多高级将领，审查官禁止其发表。〔（日）每日新闻社整理：《不许可写真 2：20 世纪的记忆》，每日新闻社，1999 年，第 101 页〕

1-1-91　1940 年 10 月 30 日，杉山元在陆军医院慰问伤员。审查官要求，此照片必须将高级将领胸前的资历章模糊化后才可发表。〔（日）每日新闻社整理：《不许可写真 2：20 世纪的记忆》，每日新闻社，1999 年，第 101 页〕

1-1-92　衍圣公孔德成的代理奉祀官孔令煜（孔子第七十六代孙）正在挥毫写字。站立戴帽者为日军第 10 师团步兵第 8 旅团旅团长濑武平，其身后为步兵第 39 联队联队长沼田多稼藏、步兵第 40 联队联队长长野义雄。审查官要求去除照片中的军人肩章，并将长濑武平改为"○○部队长"，且禁止其发表。〔（日）每日新闻社整理：《不许可写真 2：20 世纪的记忆》，每日新闻社，1999 年，第 28 页〕

43

第二节　对涉及中下级军官照片的处理

中下级军官的照片一般不纳入禁止公开发表的范围。然而，一旦涉及部队名称等信息，或者容易暴露战争意图、有损日军士气时，有关照片也会被禁止发表。例如第一个攻入南京城的日军军官山际少尉，曾因此举获得军刀和奖状的奖励。[1]直接刊载他的照片容易暴露日军大举进攻南京的意图，因此，审查官要求对他的照片进行处理，禁止出现奖状，且须消去其肩章。[2]

中下级军官的照片如有涉及武器的，则必须经过修改方可发表。尤其是航空作战人员拍摄的涉及飞机的照片，更是审查的重点。审查官对整个侵华战争期间出现的飞机画面都进行了严格的审查，禁止公开涉及飞机的照片。[3]

另外，涉及中下级军官伤亡的照片也会被列入审查范围。有别于对高级军官照片的处理方式，审查官一般会对中下级军官伤亡的照片做出差异化处理。例如死于同一起坠机事件的高级将领田路兵团长和藤井中佐，日军在对前者死亡的描述中隐去了飞机的具体型号，笼统地以"海军军用联络机"[4]代替，而在对后者死亡的描述中则直言飞机型号"海军九六式陆上攻击机"。由此可见，审查官会根据军官的级别，对照片所涉内容做出不同程度的修改指示，反映了日军审查机关对死难军官蕴藏的军事信息的差异化对待。

---

[1]（日）每日新闻社整理：《不许可写真2：20世纪的记忆》，每日新闻社，1999年，第45页。

[2]（日）每日新闻社整理：《不许可写真2：20世纪的记忆》，每日新闻社，1999年，第45页。

[3]（日）每日新闻社整理：《1亿人的昭和史10·不许可写真史》，每日新闻社，1982年，第12～13页。

[4]（日）每日新闻社整理：《不许可写真2：20世纪的记忆》，每日新闻社，1999年，第47页。

1-2-1

1-2-2

1-2-3

1-2-1　1937年9月，日军占领察哈尔后，迅速成立伪自治政府。图为日军在大同设立的"察南自治政府财政厅"。审查官认为此照片并未暴露日军军情，允许其发表。〔（日）每日新闻社整理：《不许可写真2：20世纪的记忆》，每日新闻社，1999年，第9页〕

1-2-2　1937年8月28日，日军第11师团步兵第44联队在占领上海近郊罗店镇后，迅速布置防御，防范中国军队反扑。审查官认为此照片会暴露日军单兵携带装备的机密，禁止其发表。〔（日）每日新闻社整理：《不许可写真1：20世纪的记忆》，每日新闻社，1998年，第33页〕

1-2-3　1937年8月28日，在日军第11师团攻占罗店镇过程中，其下辖的第44联队士兵正用担架将伤兵送至汽车上。审查官认为此照片会暴露日军军医的装备，禁止其发表。〔（日）每日新闻社整理：《不许可写真1：20世纪的记忆》，每日新闻社，1998年，第18页〕

1-2-4

1-2-5

1-2-6

1-2-4　1937年8月，日军第11师团步兵第44联队占领上海近郊的罗店镇。图为举着军旗的第44联队士兵。审查官认为军旗涉及部队序列信息，禁止该照片发表。〔（日）每日新闻社整理：《不许可写真1：20世纪的记忆》，每日新闻社，1998年，第24页〕

1-2-5　1937年8月，日军第11师团步兵第44联队攻占罗店镇过程中，士兵在凉亭内进餐。审查官认为该照片会暴露日军士兵的战时饮食情况，禁止其发表。〔（日）每日新闻社整理：《不许可写真1：20世纪的记忆》，每日新闻社，1998年，第20页〕

1-2-6　1937年8月，日军大举进攻北京昌平的南口。照片中日军无线电队正在进行战时情报接收工作。审查官指示，必须将无线电设备全部抹去，照片方可发表。〔（日）每日新闻社整理：《不许可写真1：20世纪的记忆》，每日新闻社，1998年，第183页〕

1-2-7

1-2-8

1-2-7 1937年9月6日，上海战场上，饭田部队两个赤裸上身的士兵架着一个伤兵在公大机场旁草地上行走。审查官认为照片不涉及机密，允许其公开发表。〔（日）每日新闻社整理：《不许可写真1：20世纪的记忆》，每日新闻社，1998年，第42页〕

1-2-8 1937年9月6日，上海战场上，公大机场旁四名日军士兵用担架抬着受伤的长官赶往临时救护地点接受治疗。审查官为其盖上了"检阅济"印戳，但是又要求删除远处的建筑。〔（日）每日新闻社整理：《不许可写真1：20世纪的记忆》，每日新闻社，1998年，第42页〕

1-2-9

1-2-10

1-2-9 1937年9月6日，为确保海军对公大航空基地的控制权，上海派遣军饭田支队登陆杨浦虹江码头。图为饭田支队受伤的士兵正在撤离前线。审查官认为照片中日本官兵衣冠不整且神情略显沮丧，有损"皇军"威严，因此禁止其发表。〔（日）每日新闻社整理：《不许可写真1：20世纪的记忆》，每日新闻社，1998年，第42页〕

1-2-10 1937年9月6日，日军大举进攻杨浦虹江码头。图为虹江码头下游的日军敢死队。该照片涉及敢死队乘坐的铁船，审查官禁止其发表。〔（日）每日新闻社整理：《不许可写真1：20世纪的记忆》，每日新闻社，1998年，第46页〕

第一章　保守战时兵力机密

1-2-11

1-2-11　1937年9月10日，经历近一个月的进攻，日军占领上海市政府。图为日军官兵进入市政府内，坐在还未被炸毁的椅子上。审查官认为该照片并无不妥之处，为其盖上"检阅济"印戳，允许其公开发表。〔（日）每日新闻社整理：《不许可写真1：20世纪的记忆》，每日新闻社，1998年，第62页〕

1-2-12

1-2-13

1-2-14

1-2-12　1-2-13　1-2-14
1937年9月6日，日军向上海宝山城发动总攻。图为日军攻占宝山城后，站立在城楼上举起军刀或双手庆祝。审查官认为这些照片会暴露日军的行动轨迹，禁止其发表。〔（日）每日新闻社整理：《不许可写真1：20世纪的记忆》，每日新闻社，1998年，第45页〕

第一章 保守战时兵力机密

1-2-15　1-2-16　1937年9月11日，为了直接摧毁南京，迫使南京国民政府屈服，日军编成第3飞行团。该照片为日军该飞行团在轰炸南京前进行战略部署。审查官认为画面中清晰的飞机照片会暴露飞行器涉密信息，禁止其发表。〔（日）每日新闻社整理：《不许可写真1：20世纪的记忆》，每日新闻社，1998年，第81页〕

1-2-15

1-2-16

1-2-17 1937年9月11日，日军航空队士兵正在向随军的每日新闻社记者介绍其作战经过及战果。审查官认为此照片会暴露飞机的机密信息，禁止其发表。〔（日）每日新闻社整理：《不许可写真1：20世纪的记忆》，每日新闻社，1998年，第49页〕

1-2-18 1937年9月20日，司令官长谷川、司令官大河内以及司令官三竝贞三与轰炸南京返回的飞行员的合影。审查官要求将照片中用红线标出的人物删除。〔（日）每日新闻社整理：《不许可写真1：20世纪的记忆》，每日新闻社，1998年，第70页〕

1-2-19 1937年9月19日，日军空袭南京前，士兵正接受三竝司令官训话。此照片涉及日军军官，被日方禁止发表。〔（日）每日新闻社整理：《不许可写真1：20世纪的记忆》，每日新闻社，1998年，第73页〕

1-2-17

1-2-18

1-2-19

1-2-20

1-2-21

1-2-20　1937年9月20日，日军航空队轰炸南京返回后，飞行员接受战地摄影班的拍摄。照片中为山下大尉（左）和衡山中尉（右）。审查官指示，删除照片中的飞机后，方可发表。〔（日）每日新闻社整理：《不许可写真1：20世纪的记忆》，每日新闻社，1998年，第70页〕

1-2-21　1937年9月22日，刚从南京轰炸返回的日军飞行员。从9月19日至25日，日军飞机对南京进行了11次轰炸，对整个南京城的城建、民众安全等造成了难以描述的灾难。审查官要求将飞行员背后的帐篷做模糊化处理。〔（日）每日新闻社整理：《不许可写真1：20世纪的记忆》，每日新闻社，1998年，第87页〕

1-2-22

1-2-22 1937年9月23日，上海战场上，日军在战后满目疮痍的废墟上食用配给的米酥。审查官认为此幅照片会暴露日军士兵的军粮配给情况，禁止其发表。〔（日）每日新闻社整理：《不许可写真1：20世纪的记忆》，每日新闻社，1998年，第83页〕

1-2-23 1937年9月，上海战场上，中国军队利用地雷和铁丝网阻挡日军的进攻。图为突破中国军队防线，拿到中国军队防毒面具的重藤支队联队长佐藤及其部属。因照片中有众多日本前线指挥官面孔，审查官禁止其发表。〔（日）每日新闻社整理：《不许可写真1：20世纪的记忆》，每日新闻社，1998年，第91页〕

1-2-24 1937年12月11日，日军山田工兵部队向南京城逼近。图为日军背着火焰喷射器向光华门进犯。涉及日军军事机密武器以及部队动态的照片，被禁止发表。〔（日）每日新闻社整理：《一亿人的昭和史》，每日新闻社，1982年，第83页〕

1-2-23

1-2-24

1-2-25

1-2-26

1-2-25 1937年9月，日军发动八一三事变后，出现军力持续性不足的难题，日军第101师团随即赶赴上海战场增援。图为日军挑选的敢死队士兵在出发前与长官告别的画面。审查官认为此照片会暴露日军的军力布置和战术，禁止其发表。〔（日）每日新闻社整理：《不许可写真1：20世纪的记忆》，每日新闻社，1998年，第86页〕

1-2-26 1937年9月，为了改变日军在上海战场的被动局面，日军编设第3飞行团。该照片涉及清晰的日军战机画面，被禁止发表。〔（日）每日新闻社整理：《不许可写真1：20世纪的记忆》，每日新闻社，1998年，第76页〕

1-2-27 1937年9月,日军指挥官与即将前往南京执行空袭任务的航空队士兵握手道别。审查官要求对照片中的军官做模糊化处理。〔(日)每日新闻社整理:《不许可写真1:20世纪的记忆》,每日新闻社,1998年,第75页〕

1-2-28 1-2-29 1937年9月,日军空袭南京的航空队士兵正在接受编队指挥官的作战部署。飞行员背后的飞机被审查官打上"×"或抹上黑墨色块,意为必须抹去。〔(日)每日新闻社整理:《不许可写真1:20世纪的记忆》,每日新闻社,1998年,第74、75页〕

1-2-27

1-2-28

1-2-29

1-2-30

1-2-31

1-2-32

1-2-30　1-2-31　日本于1937年9月10日编成第3飞行团,并将其编入上海派遣军战斗序列。图为飞行指挥官进行战前轰炸目标部署及确认的画面。审查官要求删除前一幅照片画面中的飞机,而后一幅照片即图1-2-29被禁止公开发表。〔(日)每日新闻社整理:《不许可写真1：20世纪的记忆》,每日新闻社,1998年,第72页〕

1-2-32　1938年10月19日,汉口战役中,日军越过伏牛山向西进犯。图为原田部队的轰炸机正在执行轰炸任务。近距离摄有轰炸机机身的照片被日方禁止发表。〔(日)每日新闻社整理:《不许可写真2：20世纪的记忆》,每日新闻社,1999年,第90页〕

1-2-33

1-2-33 1937年11月15日，沿津浦铁路南下的日军第2军到达黄河北岸。日军参谋本部命令部队为渡河做侦察准备。图为日军在渡河前与配备的机枪合影。因照片涉及新型机枪等武器，审查官禁止其发表。〔（日）每日新闻社整理：《不许可写真2：20世纪的记忆》，每日新闻社，1999年，第22页〕

1-2-34 1937年12月，日军为了渡过黄河，不断派出侦察兵侦察中国军队军事部署，搜集情报。图为12月24日正在改换当地中国百姓服装的沼田部队。因照片暴露了日军秘密行动，审查官禁止其发表。〔（日）每日新闻社整理：《不许可写真2：20世纪的记忆》，每日新闻社，1999年，第24页〕

1-2-34

1-2-35

1-2-36

1-2-35 1937年12月7日，在黄河岸边对中国军队阵地进行观察的木下千田部队。为了避免被中国老百姓认出，参与侦查的士兵均身着当地人服装。因照片涉及日军的谍报行动，审查官禁止其发表。〔（日）每日新闻社整理：《不许可写真2：20世纪的记忆》，每日新闻社，1999年，第25页〕

1-2-36 1937年，牟田口部队的无线电队正在进行战时情报收发工作。审查官指示，禁止公开涉及无线电队活动的照片。〔（日）每日新闻社整理：《不许可写真1：20世纪的记忆》，每日新闻社，1998年，第176页〕

1-2-37

1-2-38

1-2-37 1938年3月26日，日军赶赴汉口进行轰炸的海军航空队。图为航空队飞行员在起飞前挥手。审查官认为该照片大面积展现了飞机发动机等的构造情况，禁止其发表。〔（日）每日新闻社整理：《不许可写真2：20世纪的记忆》，每日新闻社，1999年，第55页〕

1-2-38 1939年3月，在南昌渡河的柿岛敢死队。白色袖章是日本敢死队队员标志，胸前斜系的白色束袖带是分队长的标志。照片中队长柿岛系着十字形白色束袖带高呼："让我们一起为天皇献身！"此照片中有渡河铁船的整体轮廓，因而被审查官判定为禁止发表。〔（日）赤木益一郎：《从满洲事变到太平洋战争——20年中的不许可战场写真集》，每日新闻社，1965年，第75页〕

第一章　保守战时兵力机密

1-2-39

1-2-40

1-2-39　1942年1月,八纮队勤皇队最年轻的队员、少年飞行员出身的伍长大村在位于台湾基地的飞机上写下遗书:"亲爱的妈妈,感谢您的养育之恩,再见!"因照片暴露了飞机的重要部位,被禁止发表。〔(日)赤木益一郎:《从满洲事变到太平洋战争——20年中的不许可战场写真集》,每日新闻社,1965年,第77页〕

1-2-40　按照惯例,日军官兵战死后,战友要为他整理遗物。审查官认为该照片呈现了日本官兵的沮丧情绪,禁止其发表。〔(日)赤木益一郎:《从满洲事变到太平洋战争——20年中的不许可战场写真集》,每日新闻社,1965年,第80页〕

61

第二章

保守战时武器机密

日本侵略中国使用了大量的军事武器和军事物资，这些武器和物资也被日军认为是战时机密的重要组成部分。有关这些武器、物资的照片，轻则被要求删除局部，重则直接被禁止发表，甚至连底片也要被海军省或者陆军省没收。

新式武器投入战场会带来意想不到的效果，更会对对手造成毁灭性打击。日军对有关新式武器的研制、使用过程的照片进行严格的审查。应用于战场的新式武器主要分为两类：一是满足局部战场或者特定战役作战需求的武器，二是服务于战争全局的战略性武器。

第一节　对涉及新式武器照片的处理

新式武器多数为首次在中国战场使用的武器。这些新式武器在陆军、空军、海军中都起到"杀手锏"的作用。日军入侵上海后，地面战争逐渐呈现出以炮战为主的局面。为了提高炮弹的命中率，日军迅速派出热气球队进入中国战场，对炮击进行精准化辅助。[1]在日本军队中，热气球队有"炮兵部队的儿子"之称，足见热气球队在日军陆地炮战中的重要作用。因此，日军将涉及热气球队的照片纳入严密审查范围。

陆军装甲艇是新式武器照片审查的重要内容。1937年七七事变后，日军在攻占马厂时出动了AB艇。AB艇是根据日军第一次进攻上海需要研制而成的，全熔接构造，长17米，时速13节。当时AB艇属于最高军事机密，审查部门严禁AB艇照片发表。

随着战争进程的不断推进，日军不得不面临水雷难题。如何快速清除水雷障碍，保障海军舰艇畅行无阻的问题被推到重要位置。战争中，日军不断研制新型扫雷作业设备，加强扫雷队建设，并对涉及扫雷作业、扫雷设备研制的照片严加管控。日本华中派遣军扫雷队在汉口作战时，扫雷作业器材的照片不仅被禁止发表，而且底片也被海军省没收。

以飞行器和细菌武器为代表的新式武器，则服务于战争全局，具有战略性、毁灭性的特点。南京空袭后，日军认识到在空战中夺取制空权的重要性。因此，日军在整个战争期间对有关飞机的照片都进行了严格控制。海军省《报

---

[1]赤木益一郎：《从满洲事变到太平洋战争——20年中的不许可战场写真集》，每日新闻社，1965年，第149页。

纸登载事项许可与否判定要领》规定:"飞机照片,特别是涉及机种类别、机场、飞行基地内的飞机数量的,严禁发表。"[1]

---

[1]《报纸等限制登载事项·情报局第四部·内务省警报局》,日本国立公文书馆亚洲历史资料中心藏,编号:A06030059600。

2-1-1

2-1-2

2-1-3

2-1-1　日军进攻京津地区的马厂时，新武器装甲 AB 艇在战场上"大显神威"。图为日军乘坐装甲 AB 艇庆祝胜利。审查官认为此 AB 艇为需严格保密的新式武器，故禁止发表该照片。〔（日）每日新闻社整理：《不许可写真 2：20 世纪的记忆》，每日新闻社，1999 年，第 3 页〕

2-1-2　2-1-3　热气球的材质是绢布加橡胶，折叠后体积约 1.5 立方米，由罐车装运的氢气充气，每台罐车装载 30 瓶高压气罐和氢气制造装置。升空后的气球由牵引车控制。审查官指示该组照片禁止发表。〔（日）每日新闻社整理：《1 亿人的昭和史 10·不许可写真史》，每日新闻社，1982 年，第 108 页〕

2-1-4

2-1-5

2-1-4 沿着长江逆流而上的日本海军通过舰船悬吊绳索将扫雷作业器材投放至水中。该照片下方标有"底片被海军省没收"字样。〔（日）每日新闻社整理：《不许可写真2：20世纪的记忆》，每日新闻社，1999年，第70页〕

2-1-5 日本海军潜水艇用电波探测仪1号机，它成为日本海军的"秘密武器"，其照片被禁止发表。〔（日）每日新闻社整理：《1亿人的昭和史10·不许可写真史》，每日新闻社，1982年，第240页〕

2-1-6

2-1-7

2-1-8

2-1-6 日本海军的"秘密武器"——海军电波探测仪。该电波探测仪能够探测无线电波，预防空袭。审查官禁止该照片发表。〔（日）每日新闻社整理：《1亿人的昭和史10·不许可写真史》，每日新闻社，1982年，第240页〕

2-1-7 未完成的水中高速潜水艇"伊-208"号，它优秀的性能曾经为美军所忌惮。〔（日）每日新闻社编：《日本的战历》，每日新闻社，1967年，第245页〕

2-1-8 整个14年的战争期间，飞机（包括海军航空机）的精密照片始终被禁止公开发表。照片显示的是在弹射器上准备起飞的九五式水上侦察机。因照片清晰显示该飞机的构造情况，故被禁止发表。〔（日）每日新闻社整理：《1亿人的昭和史10·不许可写真史》，每日新闻社，1982年，第10页〕

2-1-9

2-1-9 华北战场中的火焰喷射器。日军将火焰喷射器应用于战场,可以有效地克制中国军队用草席制作的土坦克。〔(日)赤木益一郎:《从满洲事变到太平洋战争——20年中的不许可战场写真集》,每日新闻社,1965年,第151页〕

第二节　对涉及常规武器照片的处理

日军侵华过程中投入了大量的军用武器，其中常规武器所占比重非常高。战场照片中的常规武器，主要包含飞行器类、舰船类、坦克类、枪炮类等。

飞行器类武器在七七事变后逐渐成为日军侵略中国的"利器"。1937年七七事变后，中国军队的殊死抵抗，使得中日双方军队作战由地面战逐渐转为空战、炮战。日军对于航空兵的使用有了质的飞跃。南京空袭中，日军首次实现了从以往的被动使用战斗机执行警戒、支援等任务，向主动攻击来获取制空权、轰炸要塞的转换。[1]由于飞机在战场上的作用日益重要，日军针对涉及飞机的照片的审查更是规则多、要求严，故日本秘藏照片中保留了大量的飞机图像。

七七事变爆发后，日本官方就颁布了一系列照片审查条例，禁止公开发表与飞机相关的照片。尤其是关于飞机性能的照片，被日军视作保守机密的关键。日军九七式重型轰炸机，是陆军首次装备的流线型高速重型轰炸机，在远途轰炸中起到至关重要作用。因此，涉及九七式重型轰炸机的照片一律被禁止发表。

日军在轰炸南京的过程中，逐渐认识到海航、陆航飞机对夺取制空权的重要性。因此，涉及飞机空袭目的地、空中警戒、空中侦察等机密信息的照片，也一律被禁止发表。此外，飞机照片中如涉及重要人物，也会被禁止发表。

---

[1]（日）每日新闻社整理：《不许可写真1：20世纪的记忆》，每日新闻社，1998年，第76页。

2-2-1

2-2-1 1938年夏，日军进犯武汉之前，日本海军联合防空部队进入南京地区。图为进行基地防卫的日本海军高炮部队。日本海军省认为，此照片可以从炮弹外形上推断出炮弹的有效杀伤力，同时又因为海军士兵均佩戴防毒面具，因此禁止其发表。〔（日）每日新闻社整理：《一亿人的昭和史》，每日新闻社，1982年，第10页〕

2-2-2 1939年10月31日，日军占领下的南京城。该照片反映了日军占领下的南京机场情况，被禁止发表。〔（日）每日新闻社整理：《不许可写真2：20世纪的记忆》，每日新闻社，1999年，第97页〕

2-2-2

2-2-3

2-2-4

2-2-3 1937年9月19日,日军航空大队指挥官用日本军旗做指挥,引导飞机起飞。这天,日军飞机对南京进行了两次空袭,主要是为了报复国民政府因纪念九一八事变六周年而集结了国内几乎所有可起飞的24架飞机突袭淞沪战场日军阵地的行动。〔(日)每日新闻社整理:《1亿人的昭和史10·不许可写真史》,每日新闻社,1982年,第14页〕

2-2-4 1937年9月19日清晨,日军飞行员起飞空袭南京前接受轰炸任务。此次空袭目标为南京大校场机场、南京兵工厂等目标。〔(日)每日新闻社整理:《1亿人的昭和史10·不许可写真史》,每日新闻社,1982年,第15页〕

2-2-5

2-2-6

2-2-5 日军进攻上海期间,其舰载机编队海军第2联合航空队进驻沪江大学的高尔夫球场。这个球场被改造为机场,停有舰载战斗机30架、舰载轰炸机24架、舰载攻击机12架。根据海军省命令,此飞机场的照片一律禁止公开。〔(日)每日新闻社整理:《不许可写真2:20世纪的记忆》,每日新闻社,1999年,第14页〕

2-2-6 1938年8月,日本陆军九八式轻型轰炸机出现在中国战场上。其飞机机枪升级为连装型,可携带重量300千克至400千克炸弹。〔(日)每日新闻社整理:《不许可写真1:20世纪的记忆》,每日新闻社,1998年,第175页〕

2-2-7

2-2-8

2-2-7 1939年6月6日,为空袭做准备的日军地勤人员正在搬运炸弹。左侧站立的2人为飞行员。该照片被禁止发表。〔(日)每日新闻社整理:《1亿人的昭和史10·不许可写真史》,每日新闻社,1982年,第178页〕

2-2-8 1939年11月,从海南岛赶赴南宁进行支援的日本海军九六式陆上攻击机航拍照片。该照片被禁止发表。〔(日)每日新闻社整理:《不许可写真2:20世纪的记忆》,每日新闻社,1999年,第110页〕

2-2-9

2-2-10

2-2-9　1939年拍摄的日军九七式重型轰炸机。照片清晰显示出九七式重型轰炸机的引擎、螺旋桨和无线天线，审查官命令在照片上将这些部位全部抹去，因为军用机的装备和性能均为机密。〔（日）每日新闻社整理：《不许可写真2：20世纪的记忆》，每日新闻社，1999年，第38页〕

2-2-10　日本军机撞击中国飞机坠河后的残骸。日本海军省《报纸登载事项许可与否判定要领》规定，禁止发表关于飞机事故的新闻照片。〔（日）每日新闻社整理：《不许可写真1：20世纪的记忆》，每日新闻社，1998年，第26页〕

2-2-11

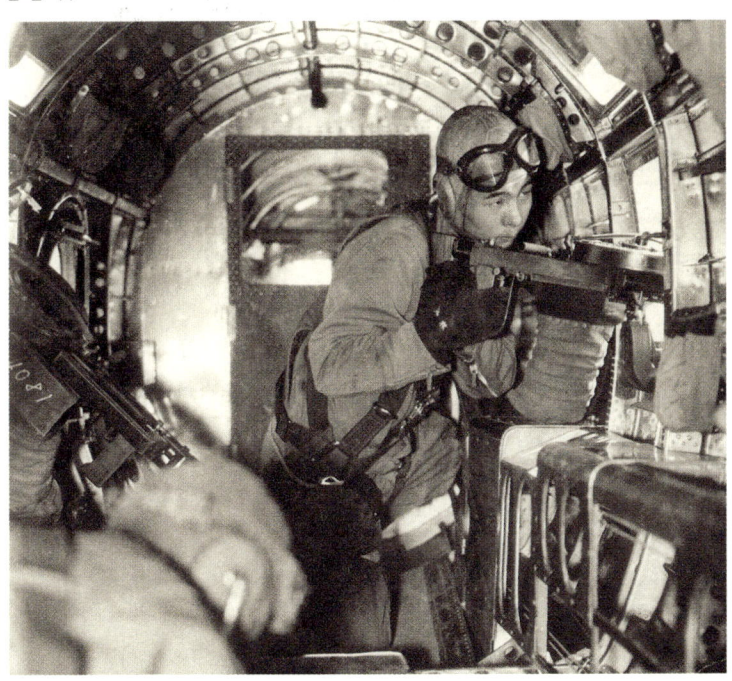

2-2-12

2-2-11 1940年12月5日，华中战场日军海军基地，刚返航的日本海军九四式2号水上侦察机。九四式2号水上侦察机被誉为双翼双座水上侦察机中的杰作。该机种多用于执行对运输船的后援、警戒任务，可装载60公斤炸弹2枚。〔（日）每日新闻社整理：《1亿人的昭和史10·不许可写真史》，每日新闻社，1982年，第180页〕

2-2-12 日军飞机机舱中，机枪手正在瞄准目标射击。此照片于1942年10月15日由侵华日军舰队报道部提供。因照片清晰地反映了军机内部构造及装备设施，故被禁止发表。〔（日）每日新闻社整理：《1亿人的昭和史10·不许可写真史》，每日新闻社，1982年，第176页〕

2-2-13

2-2-14

2-2-13 1937年8月21日，日军在舰船上预设作战阵地。日军海军陆战队军事侵略上海的图片被禁止发表。〔（日）每日新闻社整理：《不许可写真1：20世纪的记忆》，每日新闻社，1998年，第22页〕

2-2-14 1942年5月，日本海军飞行基地为九七式飞机安装螺旋桨。从图中可以看到发动机的部分构造，因此该照片被禁止发表。〔（日）每日新闻社整理：《1亿人的昭和史10·不许可写真史》，每日新闻社，1982年，第179页〕

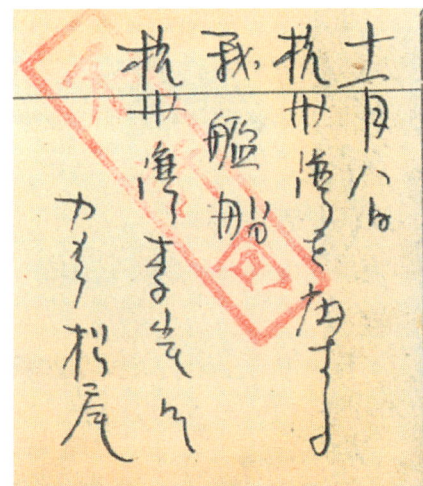
2-2-15

2-2-16

2-2-17

2-2-15　1937年11月8日，日军海军航空兵及日军舰队在杭州湾登陆。图为即将登陆的日军舰队以及水上飞机。涉及日军水上飞机等特殊武器的相关照片，被禁止发表。〔（日）每日新闻社整理：《不许可写真1：20世纪的记忆》，每日新闻社，1998年，第127页〕

2-2-16　日本海军技术人员正在指挥水上飞机进行水面降落。海军水上飞机属于秘密武器，因此日本海军省审查官在照片上盖有"不许可"印戳。〔（日）每日新闻社整理：《不许可写真2：20世纪的记忆》，每日新闻社，1999年，第162页〕

2-2-17　日本海军飞行基地的机务人员正在给一架对地攻击机装载鱼雷。战争期间，日本海军鱼雷属于机密武器，其照片被禁止发表。〔（日）每日新闻社整理：《1亿人的昭和史10·不许可写真史》，每日新闻社，1982年，第178页〕

日军远离本土、越洋作战，海军发挥着至关重要的作用。七七事变后，日本海军不断向南推进，还特别编设了上海派遣军。其中第三舰队以及海军航空兵在南京空袭中犯下了滔天罪行，航空兵对南京城进行"无差别"轰炸，给沦陷前南京的百姓带来了无尽的苦难。随后，战火不断向华中、华南地区蔓延，日本海军士兵的身影几乎随处可见。

日本发动太平洋战争后，日本海军不断与英美在太平洋海域进行海上角逐。日军舰船不仅种类多、数量大，而且分工细、性能佳。战时的舰船照片大多反映其运送兵力、弹药，进行登陆作战的情况。日本海军部曾发布通告，严格限制涉及海军部队登陆的报道。

此外，如果照片涉及军舰配合陆军作战的情况，也会被禁止发表。日军第3舰队旗舰"出云"号利用舰炮炮击上海中国军队防御阵地，"出云"号战舰遂成为当时中国军队空袭的重点目标。1937年8月14日，中国空军计划直接空袭，炸毁"出云"号战舰。审查官禁止发表有关"出云"号战舰的照片。舰船照片涉及情报搜集、海面警戒等内容时也会被禁止发表。有关海军舰船的照片即使被删除番号、舰体文字、舰名，仍会被禁止发表。

2-2-18

2-2-19

2-2-18 登陆吴淞炮台的日本上海派遣军将汽车等军用物资从舰船卸下。海军省通告,严格限制有关海军舰船部队登陆的报道,因此该照片被禁止发表。〔(日)每日新闻社整理:《不许可写真1:20世纪的记忆》,每日新闻社,1998年,第56页〕

2-2-19 日军士兵正在登陆。审查官指示,该照片被禁止发表。若要公开发表,须抹除登陆用船和所属部队名称。〔(日)每日新闻社整理:《不许可写真1:20世纪的记忆》,每日新闻社,1998年,第136页〕

2-2-20

2-2-21

2-2-20 日军在上海战场上运送士兵的"长崎"号轮船。因照片可能暴露日军的战略意图，审查官禁止其发表。〔（日）每日新闻社整理：《不许可写真1：20世纪的记忆》，每日新闻社，1998年，第25页〕

2-2-21 日本军舰内海军士兵正在发射炮弹。因暴露舰内构造，该照片被禁止发表。〔（日）每日新闻社整理：《不许可写真1：20世纪的记忆》，每日新闻社，1998年，第41页〕

第二章　保守战时武器机密

2-2-22

2-2-23

2-2-22　上海战场上，日本"○○"舰的警备舰。该舰负责海上警戒任务。虽然舰名被隐去，但是舰上观望镜等设备清晰可见，因此该照片被禁止发表。〔（日）每日新闻社整理：《不许可写真1：20世纪的记忆》，每日新闻社，1998年，第21页〕

2-2-23　日本"○○"警备舰。审查官在舰首炮台处标注了红"×"，认为舰首部分不得对外公开。该照片被禁止发表。〔（日）每日新闻社整理：《不许可写真1：20世纪的记忆》，每日新闻社，1998年，第25页〕

83

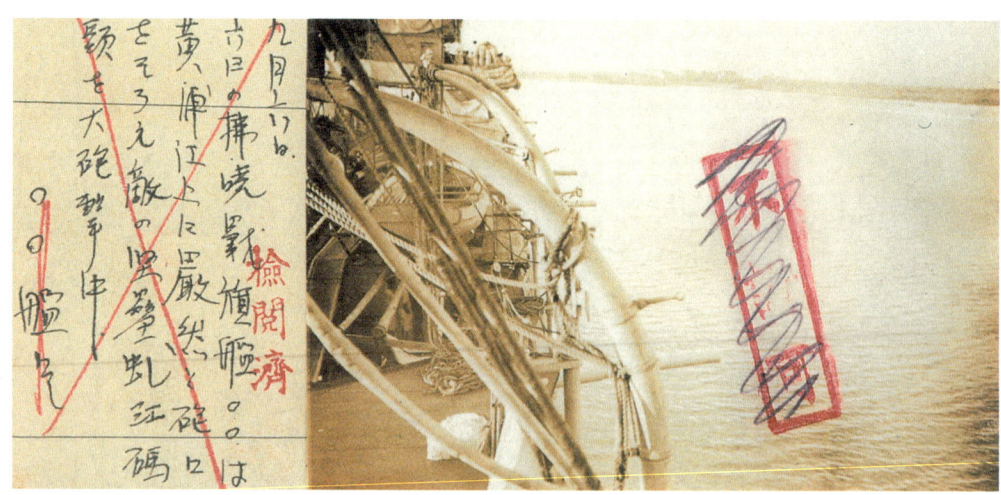
2-2-24

2-2-25

2-2-24　1937年9月6日，上海黄浦江上军舰侧舷正在击发炮弹。审查官一开始为该照片盖上了"不许可"印戳，后又解除"不许可"禁令，允许其发表，并将"九月六日，六日拂晓……〇〇舰"一段文字删去。〔（日）每日新闻社整理：《不许可写真1：20世纪的记忆》，每日新闻社，1998年，第38页〕

2-2-25　1937年9月6日，上海黄浦江上，日本军舰侧舷上的舰炮正在击发炮弹。审查官一开始为该照片盖上了"不许可"印戳，后来又解除了"不许可"禁令。〔（日）每日新闻社整理：《不许可写真1：20世纪的记忆》，每日新闻社，1998年，第38页〕

2-2-26

2-2-27

2-2-26 2-2-27 日军名古屋第6联队在罗店镇进行登陆。审查官认为此照片会泄露登陆用大型运输艇的使用方法，故禁止其发表。〔（日）每日新闻社整理：《不许可写真1：20世纪的记忆》，每日新闻社，1998年，第37页〕

2-2-28

2-2-29

2-2-28 图为日军特勤部队登陆的画面。该照片被禁止发表。〔（日）每日新闻社整理：《不许可写真1：20世纪的记忆》，每日新闻社，1998年，第133页〕

2-2-29 1937年9月6日，日军敢死队乘坐铁船准备登陆作战。该照片被禁止发表。〔（日）每日新闻社整理：《不许可写真1：20世纪的记忆》，每日新闻社，1998年，第46页〕

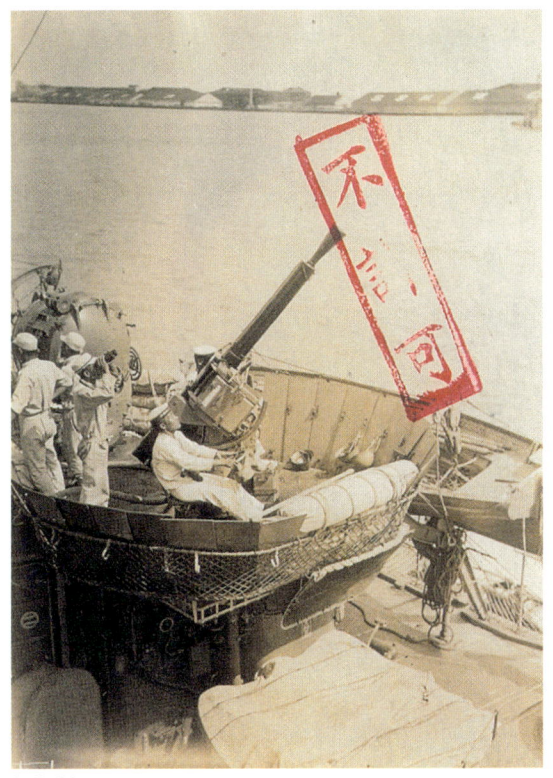
2-2-30

2-2-31

2-2-32

2-2-30　日本"○○"舰上正在操作带有瞄准设备的高射机枪。审查官禁止该照片发表。〔（日）每日新闻社整理：《不许可写真1：20世纪的记忆》，每日新闻社，1998年，第22页〕

2-2-31　日本"长崎丸"号正在运送拥挤不堪的日本难民。审查官禁止该照片发表。〔（日）每日新闻社整理：《不许可写真1：20世纪的记忆》，每日新闻社，1998年，第22页〕

2-2-32　图为日军第23号登陆舰在川沙镇附近海湾停泊的照片。照片原文字说明旁有指示，要求删除船只番号和地名及部队名称。〔（日）每日新闻社整理：《不许可写真1：20世纪的记忆》，每日新闻社，1998年，第26页〕

2-2-33

2-2-33 日军第 21 军为了攻占广东,于 1938 年 10 月 12 日乘坐登陆艇在香港东部大亚湾登陆。该照片被禁止发表。〔(日)每日新闻社整理:《不许可写真 1:20 世纪的记忆》,每日新闻社,1998 年,第 191 页〕

2-2-34 谷川部队登陆前检查登陆使用的登陆艇。因照片暴露了登陆艇引擎装置,被禁止发表。〔(日)每日新闻社整理:《不许可写真 2:20 世纪的记忆》,每日新闻社,1999 年,第 49 页〕

2-2-34

2-2-35

2-2-36

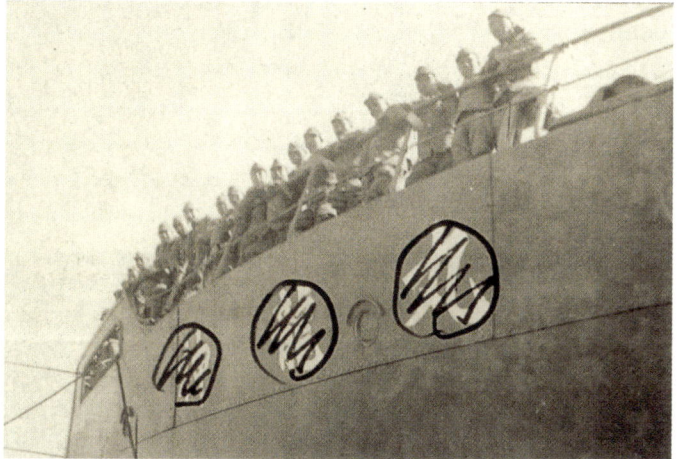

2-2-37

2-2-38

2-2-35　1938年3月17日，日军陆军饭冢部队即步兵第101联队离开大型运兵船，在长江沿岸实施登陆。图为饭冢部队乘坐登陆舟向南通进犯。日本军方规定，为保护陆军部队乘坐的船只在遮掩船名的条件下照片才允许发表。〔（日）每日新闻社整理：《不许可写真2：20世纪的记忆》，每日新闻社，1999年，第53页〕

2-2-36　图为1938年3月10日，停泊在上海吴淞码头的日本"神龙丸"号上的日军士兵。此照片因显示了日本运兵船的名称而被禁止发表。〔（日）每日新闻社整理：《不许可写真2：20世纪的记忆》，每日新闻社，1999年，第49页〕

2-2-37　即将在崇明岛登陆的谷川部队在"神龙丸"号上。审查官要求将"神龙丸"号名称改为"〇〇舰"。〔（日）每日新闻社整理：《不许可写真2：20世纪的记忆》，每日新闻社，1999年，第50页〕

2-2-38　1938年3月，饭冢部队即第101师团步兵第101联队在长江沿岸登陆。照片暴露了日军部队的行踪，审查官要求对其做虚化处理，并且禁止发表。〔（日）每日新闻社整理：《不许可写真2：20世纪的记忆》，每日新闻社，1999年，第51页〕

2-2-39

2-2-40

2-2-39　1938年5月10日，正在运送渡河用铁船及其发动机的小金泽部队。有关铁船的照片被禁止发表。〔（日）每日新闻社整理：《不许可写真 2：20世纪的记忆》，每日新闻社，1999年，第36页〕

2-2-40　1938年5月，黄河战役中，日本华北派遣军第1军第14师团正在利用夜晚渡河。有关登陆艇的照片被禁止发表。〔（日）每日新闻社整理：《不许可写真 2：20世纪的记忆》，每日新闻社，1999年，第61页〕

2-2-41

2-2-41　1938年6月29日，日军向九江方面进犯。此照片因展示了日军的水上扫雷作业器材而不允许发表。〔（日）每日新闻社整理：《不许可写真2：20世纪的记忆》，每日新闻社，1999年，第67页〕

2-2-42　1938年7月4日，日军海军陆战队在进犯九江的过程中，遭到了中国军队设置的铁丝网的阻拦。日方指示，删掉登陆艇后，照片方可使用。〔（日）每日新闻社整理：《不许可写真2：20世纪的记忆》，每日新闻社，1999年，第74页〕

2-2-43　1938年7月20日，登陆九江的日军海军陆战队。此照片由于清晰地展现了日军登陆用的舟艇仓内情况，被日方禁止发表。〔（日）每日新闻社整理：《不许可写真2：20世纪的记忆》，每日新闻社，1999年，第73页〕

2-2-42

2-2-43

2-2-44

2-2-45

2-2-44 1938年7月25日，登船进犯九江的日军高桥部队。此照片暴露日军水上军事装备，被禁止发表。〔（日）每日新闻社整理：《不许可写真2：20世纪的记忆》，每日新闻社，1999年，第76页〕

2-2-45 1938年10月，汉口战役中乘船冲入黄石港的日本海军"○○"部队长。审查官要求从画面上删去船上的螺旋桨等设施。〔（日）每日新闻社整理：《不许可写真2：20世纪的记忆》，每日新闻社，1999年，第91页〕

2-2-46 1938年12月上旬完成溯江作战，乘坐海军特务船返回上海的日本特别陆战队。船上装载了两三种小型汽艇，这些汽艇为军事机密，禁止公开。〔（日）每日新闻社整理：《1亿人的昭和史10·不许可写真史》，每日新闻社，1982年，第81页〕

2-2-47 波田支队于1938年7月25日由长江登陆九江。此照片被连盖两个"不许可"印戳，被禁止发表。〔（日）每日新闻社整理：《1亿人的昭和史10·不许可写真史》，每日新闻社，1982年，第12页〕

2-2-46

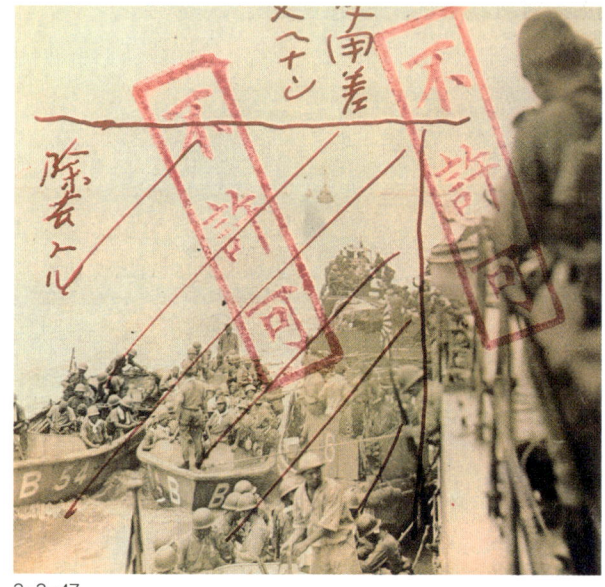

2-2-47

第二章　保守战时武器机密

2-2-48

2-2-49

2-2-50

2-2-48　1937年11月27日，乘船进入无锡的第16师团部队士兵们正用组装驳船将粮食、弹药从苏州运往无锡。审查官认为该照片会暴露其物资运送手段，禁止其发表。〔（日）每日新闻社整理：《不许可写真1：20世纪的记忆》，每日新闻社，1998年，第141页〕

2-2-49　1938年6月，徐州会战结束后，日军大本营命令华中派遣军占领安庆。该照片有舰炮和水上飞机的影像，所以被禁止发表。〔（日）每日新闻社整理：《不许可写真2：20世纪的记忆》，每日新闻社，1999年，第65页〕

2-2-50　1938年10月19日，日本海军敢死爆破队前往黄石港破坏通往该港的水路运输线，目的在于断绝中国军队补给线。因照片摄有螺旋桨，被日方禁止发表。〔（日）每日新闻社整理：《一亿人的昭和史》，每日新闻社，1982年，第81页〕

2-2-51　1939年11月15日，日军登陆北海。因照片中有1938年研制的登陆艇内部构造的画面，故被禁止发表。〔（日）每日新闻社整理：《1亿人的昭和史10·不许可写真史》，每日新闻社，1982年，第151页〕

2-2-52　1941年12月8日上午3时，日军开始进攻香港，日军登陆香港岛所用登陆艇经九龙半岛陆路运输南下。登陆艇的照片被禁止公开。〔（日）每日新闻社整理：《1亿人的昭和史10·不许可写真史》，每日新闻社，1982年，第188～189页〕

2-2-51

2-2-52

2-2-53

2-2-54

2-2-55

2-2-53　该照片是由左右两部分合成的。审查官指示，合成后的照片中，侧舷的带状物（舷外电路）禁止公开。〔（日）每日新闻社整理：《1亿人的昭和史10·不许可写真史》，每日新闻社，1982年，第227页〕

2-2-54　该照片是由左右两部分合成的，照片背景是上海街道。但审查官可能没有注意到，其实当时"出云"号并不在上海而在佐世保。〔（日）每日新闻社整理：《1亿人的昭和史10·不许可写真史》，每日新闻社，1982年，第227页〕

2-2-55　从上海沿长江逆流而上向汉口移动的日军第101师团饭塚联队。该联队所乘坐的新型运输船载有十几艘登陆艇，而当时的新型登陆艇属于保密设备。〔（日）每日新闻社整理：《1亿人的昭和史10·不许可写真史》，每日新闻社，1982年，第80页〕

2-2-56

2-2-56 1939年9月，日军正向长沙的洞庭湖鹿角镇进犯。照片近距离暴露了日本海军舰艇内部构造，被禁止发表。〔（日）每日新闻社整理：《不许可写真2：20世纪的记忆》，每日新闻社，1999年，第95页〕

2-2-57 第一次长沙会战中，在登陆艇上准备向洞庭湖岳阳地区进犯的日军。照片涉及日军行动地点和登陆用舟艇设备，被禁止发表。〔（日）每日新闻社整理：《不许可写真2：20世纪的记忆》，每日新闻社，1999年，第95页〕

2-2-57

第二章　保守战时武器机密

2-2-58

2-2-59

2-2-58　中型鱼雷艇"鹊"号。同型号鱼雷艇在溯江作战中被广泛使用。该艇配装的扫雷艇，平时置于船舱内部，作战时则高置舰艇甲板之上。这张近距离拍摄该艇甲板上情况的照片被禁止公开。〔（日）每日新闻社整理：《1亿人的昭和史10·不许可写真史》，每日新闻社，1982年，第79页〕

2-2-59　日本陆军炮兵部队从运输船上搬运大炮零件，图为正在搬运老式重炮炮盾。〔（日）每日新闻社整理：《1亿人的昭和史10·不许可写真史》，每日新闻社，1982年，第102页〕

97

2-2-60

2-2-61

2-2-60 日军坦克部队结束战斗后在卢沟桥附近村子休整。审查官在画面近处的坦克炮身和顶部打"×",表示必须将其抹除方可发表。〔(日)每日新闻社整理:《不许可写真1:20世纪的记忆》,每日新闻社,1998年,第159页〕

2-2-61 图为1937年7月25日,日军停在廊坊火车站铁轨上的装甲火车。该照片被禁止发表。〔(日)每日新闻社整理:《不许可写真1:20世纪的记忆》,每日新闻社,1998年,第163页〕

第二章　保守战时武器机密

2-2-62

2-2-63

2-2-64

2-2-62　1937年7月25日，廊坊火车站，中日两军发生交火。图为行进中的日军与铁轨上的装甲火车。该照片被禁止发表。〔（日）每日新闻社整理：《不许可写真1：20世纪的记忆》，每日新闻社，1998年，第163页〕

2-2-63　1937年7月25日，廊坊火车站的日军阵地及铁轨上的装甲火车。该照片被禁止发表。〔（日）每日新闻社整理：《不许可写真1：20世纪的记忆》，每日新闻社，1998年，第163页〕

2-2-64　1937年，从卢沟桥向长辛店行进的日军特种军车。该照片被禁止发表。〔（日）每日新闻社整理：《不许可写真1：20世纪的记忆》，每日新闻社，1998年，第170页〕

2-2-65

2-2-66

2-2-65　1937年7月12日，日本关东军两个旅团和驻朝鲜日军一个师团被紧急派往华北。图为抵达北平丰台地区的关东军装甲火车。〔（日）每日新闻社整理：《1亿人的昭和史10·不许可写真史》，每日新闻社，1982年，第39页〕

2-2-66　1937年，日军在玉米地边待命，另一边是伪装后的坦克。该照片被禁止发表。〔（日）每日新闻社整理：《不许可写真1：20世纪的记忆》，每日新闻社，1998年，第175页〕

第二章 保守战时武器机密

2-2-67

2-2-68

2-2-67 1937年8月，日军坦克在上海轮船招商局一带行进。坦克右后方为被战火焚毁的商铺。〔（日）每日新闻社整理：《不许可写真1：20世纪的记忆》，每日新闻社，1998年，第18页〕

2-2-68 1937年8月，日军炮火猛烈轰炸中国军队阵地。图为日军炮击浦东方向。审查官要求删除文字报道上的地名。〔（日）每日新闻社整理：《不许可写真1：20世纪的记忆》，每日新闻社，1998年，第19页〕

101

2-2-69

2-2-70

2-2-69　2-2-70　图为 1937 年 9 月 6 日，前往上海宝山的日本上海派遣军第 3 师团的坦克队。审查官认为画面暴露了坦克炮身结构及坦克数量，禁止发表该组照片。〔（日）每日新闻社整理：《不许可写真 1：20 世纪的记忆》，每日新闻社，1998 年，第 43 页〕

2-2-71　1937 年 9 月 6 日，日本上海派遣军第 3 师团坦克队向黄浦江岸的宝山城发起进攻。日军审查官批示，坦克车等重型武器及其部队照片禁止发表。〔（日）每日新闻社整理：《不许可写真 1：20 世纪的记忆》，每日新闻社，1998 年，第 43 页〕

2-2-71

2-2-72

2-2-73

2-2-74

2-2-72　1937 年 9 月 11 日，日军在宝山对坦克车进行修理。审查官要求删除坦克的编号。〔（日）每日新闻社整理：《不许可写真 1：20 世纪的记忆》，每日新闻社，1998 年，第 51 页〕

2-2-73　1937 年 9 月 11 日，日军在宝山对坦克进行维修。审查官认为照片清楚暴露了坦克炮塔构造，士兵在坦克车下躲避烈日睡觉的画面有损"皇军"军容。〔（日）每日新闻社整理：《不许可写真 1：20 世纪的记忆》，每日新闻社，1998 年，第 51 页〕

2-2-74　1937 年 9 月 11 日，日军在宝山对坦克进行战后修理。炮身的大小会暴露炮弹的飞行距离，所以审查官要求删除炮身，同时要求删除坦克的编号。〔（日）每日新闻社整理：《不许可写真 1：20 世纪的记忆》，每日新闻社，1998 年，第 51 页〕

2-2-75

2-2-75 1937年9月11日,日军向华北增派兵力,成立华北派遣军。这支军队的第2军第10师团于9月11日占领了马厂。图为占领马厂后的日军小型坦克。该照片被禁止发表。〔(日)每日新闻社整理:《不许可写真2:20世纪的记忆》,每日新闻社,1999年,第2页〕

2-2-76

2-2-76 2-2-77 1937年9月15日,日军炮兵队和坦克队开往江湾镇。审查官要求删除坦克炮身及坦克编号,坦克数量也不能暴露。〔(日)每日新闻社整理:《不许可写真1:20世纪的记忆》,每日新闻社,1998年,第64、65页〕

2-2-78 向江湾镇进军的坦克队休憩时,旁边走过运输军事物资的马车队。审查官指示,要将坦克上的炮筒、机枪删去或虚化,方可发表。〔(日)每日新闻社整理:《不许可写真1:20世纪的记忆》,每日新闻社,1998年,第60页〕

2-2-77

2-2-78

2-2-79

2-2-80

2-2-79 2-2-80 前者为向江湾镇进军的日军坦克队正在休憩，审查官指示，要将炮筒、机枪删去或虚化，方可发表；后者系近距离拍摄坦克队行进情况，被禁止发表。〔（日）每日新闻社整理：《不许可写真1：20世纪的记忆》，每日新闻社，1998年，第60页〕

第二章　保守战时武器机密

2-2-81

2-2-82

2-2-81　2-2-82　1937年9月18日，上海战场上的日军坦克。审查官指示，将红色圈内的坦克炮筒、机枪及坦克车体文字删除或虚化。〔（日）每日新闻社整理：《不许可写真1：20世纪的记忆》，每日新闻社，1998年，第68页〕

107

2-2-83

2-2-83 1937年9月,停靠在上海北四川路的日本陆军坦克。从照片上可以看到坦克内部机枪、子弹和下方的瞭望窗。当时所有涉及坦克内部构造的照片都被禁止发表。〔(日)每日新闻社整理:《不许可写真1:20世纪的记忆》,每日新闻社,1998年,第95页〕

2-2-84

2-2-84 1937年10月5日,日军行进在上海刘家行战线的坦克与神吉热气球队相遇。审查官禁止该照片发表。〔(日)每日新闻社整理:《不许可写真1:20世纪的记忆》,每日新闻社,1998年,第101页〕

2-2-85 1937年10月30日,前往苏州掩护日军进攻的日军坦克队。日军坦克等重型武器及其部队照片被禁止发表。〔(日)每日新闻社整理:《不许可写真1:20世纪的记忆》,每日新闻社,1998年,第119页〕

2-2-85

2-2-86

2-2-87

2-2-86 1937年11月9日，日军坦克队渡过苏州河，在泥泞的道路上向龙华镇开进。审查官要求删除或虚化炮筒以及车体上的文字。〔（日）每日新闻社整理：《不许可写真1：20世纪的记忆》，每日新闻社，1998年，第125页〕

2-2-87 从泥泞的罗店镇战场返回的坦克队。日军正在清理坦克履带上的泥土。审查官指示，须删除或虚化炮筒及车体文字。〔（日）每日新闻社整理：《不许可写真1：20世纪的记忆》，每日新闻社，1998年，第216～217页〕

2-2-88

2-2-89

2-2-90

2-2-88　上海北四川路上的装甲车。因暴露了装甲车中的机枪和成排机枪子弹，该照片被禁止发表。〔（日）每日新闻社整理：《不许可写真1：20世纪的记忆》，每日新闻社，1998年，第96页〕

2-2-89　日军装甲车通过上海北四川路，汽车内的士兵正在进行射击。因该照片不仅暴露了拍摄地点，还显示出日军正处于进攻态势，审查官禁止其发表。〔（日）每日新闻社整理：《不许可写真1：20世纪的记忆》，每日新闻社，1998年，第96页〕

2-2-90　上海北四川路上的装甲车内景。因照片暴露了装甲车内部结构及瞭望手、炮手位置，被禁止发表。〔（日）每日新闻社整理：《不许可写真1：20世纪的记忆》，每日新闻社，1998年，第96页〕

2-2-91

2-2-92

2-2-93

2-2-91　1938年1月，日军进入青岛。图为行驶在青岛市区的日军坦克队。时值冬季，可以清晰看到坦克行进在雪地上。审查官认为该照片会暴露日军占领青岛的信息，禁止其发表。〔（日）每日新闻社整理：《不许可写真2：20世纪的记忆》，每日新闻社，1999年，第27页〕

2-2-92　1938年2月，上海派遣军第13师团沿津浦线北上。图为沼田旅团进入临淮关。审查官指示，将部队名改为"〇〇"，抹去坦克炮筒。〔（日）每日新闻社整理：《不许可写真2：20世纪的记忆》，每日新闻社，1999年，第44页〕

2-2-93　1938年5月19日，日本军队占领徐州，华北派遣军追赶向西南方向败走的中国军队。6月12日，黄河被中国军队炸堤决口，由此导致华北派遣军第14师团、第16师团的孤立。图为奔赴前线的轻型火车。审查官指示，删去火车停靠地的有关信息后方可发表。〔（日）每日新闻社整理：《不许可写真2：20世纪的记忆》，每日新闻社，1999年，第66页〕

2-2-94

2-2-95

2-2-94 2-2-95 1938年5月，津浦线上日军田村坦克队推倒大树后向前行进。审查官要求相关报道须删去坦克炮筒、车体文字以及坦克队名称。〔（日）每日新闻社整理：《不许可写真2：20世纪的记忆》，每日新闻社，1999年，第33页〕

第二章　保守战时武器机密

2-2-96

2-2-97

2-2-96　1938年5月，津浦战线上日军田村坦克队正在村庄内农家院墙边抢修坦克。审查官认为该照片暴露了坦克内部构造，禁止其发表。〔（日）每日新闻社整理：《不许可写真2：20世纪的记忆》，每日新闻社，1999年，第33页〕

2-2-97　1938年5月，津浦战线上的田村坦克队进入胡山附近的中国军队阵地后高呼万岁。审查官指示，须将田村坦克队名称涂黑，方可发表。〔（日）每日新闻社整理：《不许可写真2：20世纪的记忆》，每日新闻社，1999年，第34页〕

113

2-2-98

2-2-99

2-2-98 日军调集大量坦克向徐州进攻。日军在侵华战场近距离拍摄的重型武器照片,被禁止发表。〔(日)新人物往来社编辑:《未公开写真:日中战争》,新人物往来社,1989年,第174页〕

2-2-99 1939年3月26日,日军第106师团步兵第145联队在赣江左岸的曾家搭建临时浮桥,向南昌进犯。因照片近距离地呈现了日军94式轻型坦克而被禁止发表。〔(日)每日新闻社整理:《一亿人的昭和史:日中战争》,每日新闻社,1979年,第130页〕

2-2-100

2-2-101

2-2-100　1937 年 7 月 19 日，炮击宛平县城的牟田口部队。照片中因有近距离拍摄的联队火炮，所以被禁止发表。〔（日）每日新闻社整理：《不许可写真 1：20 世纪的记忆》，每日新闻社，1998 年，第 172、173 页〕

2-2-101　侵华战争中，日军武器装备远远优于中国军队。图为 1937 年 7 月 19 日，炮击宛平县城后开始休整的中国驻屯军第 1 联队。近距离拍摄的联队火炮的影像被禁止公开。〔（日）每日新闻社整理：《1 亿人的昭和史 10·不许可写真史，每日新闻社，1982 年，第 46 页〕

2-2-102

2-2-103

2-2-102　1937年，日本发动八一三事变前，日军预设在北部小学屋顶上用于空中警戒的高射机枪。审查官指示，删去特定地点。〔（日）每日新闻社整理：《不许可写真1：20世纪的记忆》，每日新闻社，1998年，第4页〕

2-2-103　1937年8月13日傍晚，日本海军特别陆战队位于上海八字桥前线的炮兵阵地。〔（日）每日新闻社整理：《不许可写真1：20世纪的记忆》，每日新闻社，1998年，第5页〕

第二章 保守战时武器机密

2-2-104

2-2-105

2-2-104　1937年8月13日，日军位于上海六三花园的高射炮阵地。审查官在照片下标注，须将士兵脚下的炮架图像做模糊化处理。〔（日）每日新闻社整理：《不许可写真1：20世纪的记忆》，每日新闻社，1998年，第3页〕

2-2-105　1937年8月13日，日军高射炮阵地。审查官认为照片圈出部位涉及武器秘密，禁止发表该照片。〔（日）每日新闻社整理：《不许可写真1：20世纪的记忆》，每日新闻社，1998年，第19页〕

117

2-2-106

2-2-107

2-2-106　1937年8月25日，日军炮轰吴淞中国守军阵地。日军审查官批示，暴露日军重型武器照片禁止发表。〔（日）每日新闻社整理：《不许可写真1：20世纪的记忆》，每日新闻社，1998年，第27页〕

2-2-107　1937年8月28日，日军第11师团第44联队占领上海罗店镇。图为日军炮兵正在炮击中国阵地，右侧为炮兵观察手。该照片被禁止发表。〔（日）每日新闻社整理：《不许可写真1：20世纪的记忆》，每日新闻社，1998年，第32页〕

2-2-108

2-2-109

2-2-108　1937年8月，日军占领了上海罗店镇。图为日军和知部队（第11师团步兵第44联队）在战壕内。该照片被禁止发表。〔（日）每日新闻社整理：《不许可写真1：20世纪的记忆》，每日新闻社，1998年，第35页〕

2-2-109　1937年8月，日军在上海某地的炮兵阵地。该照片暴露了炮兵的配置和炮膛，被禁止发表。〔（日）每日新闻社整理：《不许可写真1：20世纪的记忆》，每日新闻社，1998年，第20页〕

2-2-110

2-2-111

2-2-110　1937年8月，日军正在调试高射炮。审查官要求对武器进行模糊化处理。〔（日）每日新闻社整理：《不许可写真1：20世纪的记忆》，每日新闻社，1998年，第3页〕

2-2-111　1937年8月，为了配合坦克部队迅速占据上海轮船招商局，新公园内的日军炮兵阵地正在对中国守军进行火力压制。审查官指示，该照片禁止发表。〔（日）每日新闻社整理：《不许可写真1：20世纪的记忆》，每日新闻社，1998年，第15页〕

2-2-112

2-2-113

2-2-114

2-2-112 1937年8月，日军海军陆战队大川内部队正在进行防空射击。审查官将高射炮的瞄准器涂上红色，表示须删除。尽管审查官给出了修改指示，最后还是给该照片盖上了"不许可"印戳。〔（日）每日新闻社整理：《不许可写真1：20世纪的记忆》，每日新闻社，1998年，第12页〕

2-2-113 1937年9月18日，日军炮队正在炮击中国军队阵地。审查官在照片旁标注了"注意秘密武器"的字样。〔（日）每日新闻社整理：《不许可写真1：20世纪的记忆》，每日新闻社，1998年，第67页〕

2-2-114 1937年9月18日，日军炮队正在炮击中国军队阵地，日军利用遮挡物对大炮进行隐蔽。审查官在照片旁标注了"注意秘密武器"的字样。〔（日）每日新闻社整理：《不许可写真1：20世纪的记忆》，每日新闻社，1998年，第64页〕

2-2-115 1937年9月，日军重炮队远藤部队正在发射炮弹。由于暴露了炮身挡板背后的主体构造情况，该照片被禁止发表。〔（日）每日新闻社整理：《不许可写真2：20世纪的记忆》，每日新闻社，1999年，第7页〕

2-2-116 2-2-117 2-2-118 1937年9月，日军渡过永定河攻占固安。图为炮击固安的远藤重炮队。这三张照片最初被禁止发表，后来又获得解禁。照片原说明文字中的"重炮阵地"被要求修改为"重炮队"。〔（日）每日新闻社整理：《不许可写真2：20世纪的记忆》，每日新闻社，1999年，第6页〕

2-2-115

2-2-116

2-2-117

2-2-118

第二章 保守战时武器机密

2-2-119

2-2-120

2-2-119 1937年10月5日，日军炮兵队准备炮击上海大场镇中国军队阵地。图为日军士兵正在往重炮炮膛内装弹。该照片被禁止发表。〔（日）每日新闻社整理：《不许可写真1：20世纪的记忆》，每日新闻社，1998年，第100页〕

2-2-120 1937年，上海战场小笠原部队的重炮，该重炮需要大马力牵引车方可移动。战时日军重炮属于机密武器，所以该照片被禁止发表。〔（日）每日新闻社整理：《不许可写真1：20世纪的记忆》，每日新闻社，1998年，第98页〕

123

2-2-121

2-2-122

2-2-121　1937年，日军海军陆战队第3大队乘坐军用摩托车前往指定作战地点，摩托车左侧架有机关枪。审查官认为该照片可能会暴露摩托车武器配备的秘密，故为其盖上了"不许可"印戳。〔（日）每日新闻社整理：《不许可写真1：20世纪的记忆》，每日新闻社，1998年，第12页〕

2-2-122　1938年8月29日，汉口战役中，日军向武汉三镇进攻，其海军舰炮猛烈轰击南北两岸的中方阵地。因照片暴露了日军的装弹作业，所以被禁止发表。〔（日）每日新闻社整理：《不许可写真2：20世纪的记忆》，每日新闻社，1999年，第82页〕

第二章 保守战时武器机密

2-2-123

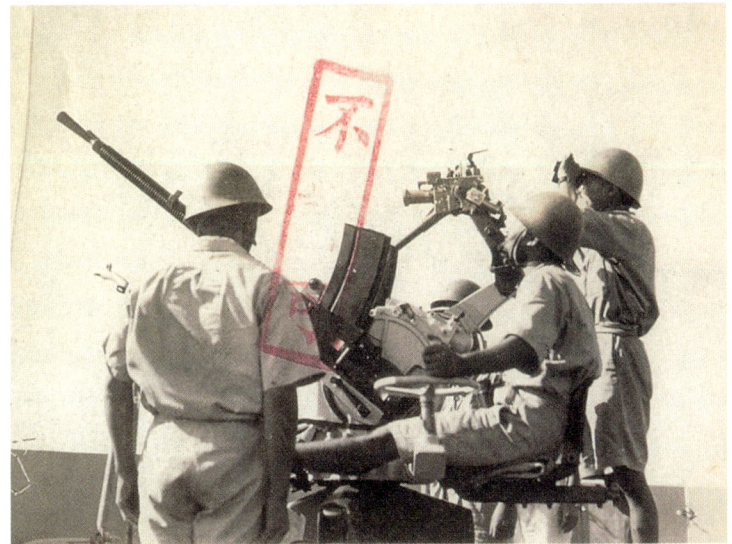

2-2-124

2-2-123 1938年8月，日军发动汉口战役。图为向武汉进军的日本海军炮兵正在用新式重炮射击中国守军。审查官认为炮座构造清晰可见，禁止发表该照片。〔（日）每日新闻社整理：《不许可写真2：20世纪的记忆》，每日新闻社，1999年，第81页〕

2-2-124 1938年8月29日，汉口战役中的日军向武汉三镇进攻。图为向武汉进攻的日本海军部队正在进行空中警戒。此照片因清晰展现了日军新式高射机器及对空监测仪器而被禁止发表。〔（日）每日新闻社整理：《不许可写真2：20世纪的记忆》，每日新闻社，1999年，第82页〕

2-2-125

2-2-126

2-2-125　为了抵御日军进犯汉口，中国军队在马当、田家镇修筑了要塞。图为1938年9月末活动在田家镇北方山岳地带的日军原田山炮队。因照片暴露了日军炮弹与分解的炮身结构，被日方禁止发表。〔（日）每日新闻社整理：《一亿人的昭和史》，每日新闻社，1982年，第100页〕

2-2-126　1938年10月8日，日军海军土师部队乘坐登陆舰艇向湖北黄冈蕲春进犯。图为日军离开登陆舰正在进行登陆。因照片近距离地展现了日军登陆舰船，所以被日方列为不许可发表照片。〔（日）每日新闻社整理：《不许可写真2：20世纪的记忆》，每日新闻社，1999年，第87页〕

第二章　保守战时武器机密

2-2-127

2-2-128

2-2-127　1938年9月，日军发动汉口战役。因为这些用于攻击中方阵地的日本海军的炮弹清晰可见，所以该照片被禁止发表。〔（日）每日新闻社整理：《不许可写真2：20世纪的记忆》，每日新闻社，1999年，第84页〕

2-2-128　1938年，日军进攻镇江，图为运输船船舱中堆放的炮弹。该照片被禁止发表。〔（日）每日新闻社整理：《1亿人的昭和史10·不许可写真史》，每日新闻社，1982年，第102页〕

127

2-2-129　1938年，日军"〇〇"高射炮队正在实施对空监视。由于涉嫌泄露军事设施机密，该照片被禁止发表。〔（日）每日新闻社整理：《不许可写真2：20世纪的记忆》，每日新闻社，1999年，第72页〕

2-2-130　1938年，日军"〇〇"高射炮队正在烈日下作战。因为现场士兵赤裸上身，并暴露炮身构造，该照片被禁止发表。〔（日）每日新闻社整理：《不许可写真2：20世纪的记忆》，每日新闻社，1999年，第72页〕

2-2-129

2-2-130

2-2-131

2-2-132

2-2-131 2-2-132 1942年5月，日军在太平洋中靠近中国军事基地的舰艇上。艇上有14厘米连装炮。为了减小水中阻力，日军为其加装了流线型防水罩。此炮为日本海军独有，故被禁止对外公开。〔（日）每日新闻社整理：《1亿人的昭和史10·不许可写真史》，每日新闻社，1982年，第143页附页。〕

第三章

保守战时物资机密

军事物资是战场作战的重要物质基础。日军远离国土作战，军事物资的补给充足与否，一定程度上决定了战场上的胜负。因此，日军对于战时军事物资的供给极为重视，同时对军事物资类照片的审查也是限制繁多、程度苛刻。总览日本秘藏的侵华战争照片，军事物资类照片的内容主要分为给水、运输、武器辅助三大类。

第一节　对涉及给水类物资照片的处理

　　由于担心传染病的发生，战时军队对饮用水都比较敏感。日军把涉及过滤、给水、打井装置的战时照片全部列为禁止发表的范围。为了保证饮水安全，日军专门设置了防疫给水部，承担战时军队的饮水供给工作。1936年后，日军防疫给水部的职责超出了简单的饮水保障范畴，逐渐转向细菌武器的研究与生产。假借保障饮水供给和饮水安全名义，日军设在哈尔滨的"七三一部队"、长春的"一〇〇部队"、北京的"一八五五部队"、华南地区的"八六〇四部队"、南京的"一六四四部队"等臭名昭著的细菌部队，给中国人民带来了无尽的苦难。

3-1-1

3-1-2

3-1-1 3-1-2 1937年8月，上海市区内水井旁等待取水的日军士兵。审查官禁止发表此类士兵取水的照片。〔（日）每日新闻社整理：《不许可写真1：20世纪的记忆》，每日新闻社，1998年，第28页〕

第三章 保守战时物资机密

3-1-3

3-1-4

3-1-3 1937年9月20日，桃田部队士兵四人采取两两肩扛形式，进行近程取水运输工作。审查官要求照片及其说明文字发表时，将部队名称、所处地点全部删除。〔（日）每日新闻社整理：《不许可写真1：20世纪的记忆》，每日新闻社，1998年，第77页〕

3-1-4 日军防疫队正在为木村铁路护卫队士兵注射疫苗，以预防霍乱感染。〔（日）每日新闻社整理：《不许可写真2：20世纪的记忆》，每日新闻社，1999年，第14页〕

135

3-1-5

3-1-6

3-1-5　1937年12月6日，日军沼田部队士兵身穿中国老百姓服装在黄河边破冰取水。〔(日)每日新闻社整理：《不许可写真2：20世纪的记忆》，每日新闻社，1999年，第24页〕

3-1-6　3-1-7　日军大本营为打击集结在徐州附近的中国军队，发动了徐州战役。日本华北派遣军第1军于1938年5月19日对第14师团发出了横渡黄河的命令。图为小金泽部队士兵正在黄河附近进行机器给水过滤作业。〔(日)每日新闻社整理：《不许可写真2：20世纪的记忆》，每日新闻社，1999年，第35页〕

3-1-7

3-1-8

3-1-9

3-1-8 1938年5月26日，黄河岸边，防疫给水班提取混有泥沙的黄河水，利用快速过滤器对其过滤。这种快速过滤器被日军广泛使用于在华各个战场，属于军事机密，其照片被禁止公开。〔（日）每日新闻社整理：《1亿人的昭和史10·不许可写真史》，每日新闻社，1982年，第57页〕

3-1-9 1938年5月下旬，日军在黄河边进行给水和过滤作业。战场上过滤、给水、钻井装置的相关照片全部被禁止发表。〔（日）每日新闻社整理：《不许可写真2：20世纪的记忆》，每日新闻社，1999年，第64页〕

3-1-10

3-1-11

3-1-10 1938年8月，日本海军陆战队正在使用钻井车挖掘军用水井。钻井车利用汽车的引擎动力抽取地下水，然后对地下水进行过滤。钻井车为军事机密，其照片被禁止公开。〔（日）每日新闻社整理：《1亿人的昭和史10·不许可写真史》，每日新闻社，1982年，第56、58页〕

3-1-11 1942年5月，日军士兵在浙北战线上让战马饮水。〔（日）每日新闻社整理：《不许可写真2：20世纪的记忆》，每日新闻社，1999年，第104页〕

第三章　保守战时物资机密

3-1-12

3-1-13

3-1-12　3-1-13　1940年5月5日，华中汉水战线日军钻井取水工地上，正在接受后方清洁饮用水补给的日军前线部队。〔（日）每日新闻社整理：《1亿人的昭和史10·不许可写真史》，每日新闻社，1982年，第58～59页〕

139

第二节　对涉及武器辅助类物资照片的处理

　　武器辅助类物资直接作用于战场，一定程度上影响战局。因此，日军特别重视武器辅助类物资照片的审查工作。例如，日本将三八二式长焦相机投入战场，产生了"非凡效果"，可以从远处清楚地观察中国军队阵地，甚至可以拍摄中国将校巡察战场的情景。除此之外，陆军省还对无线电台等物资的照片严加审查。为了更加充分地保守武器辅助类物资的机密，陆军省《报纸登载事项许可与否判定要领》规定，禁止报道架桥（自行战车等重型车辆渡水用的特种架桥除外）以及无线电台通讯兵、铁道工兵等部队的活动。渡桥、测距仪、信号塔等军用物资则是日军的重点审查对象。

第三章 保守战时物资机密

3-2-1

3-2-2

3-2-1 1937年8月，日军进攻上海轮船招商局。图为日本海军陆战队炮兵阵地上，两名士兵之间的木箱上放着新式弹药盒。审查官涂抹这些弹药盒，表示它们不能公开发表。〔（日）每日新闻社整理：《不许可写真1：20世纪的记忆》，每日新闻社，1998年，第14页〕

3-2-2 1937年9月，上海战场上的日军士兵正在操作声音探测器。声音探测器用于提前探知空袭，属秘密军事设备，审查官为该照片盖上"不许可"印戳。〔（日）每日新闻社整理：《不许可写真1：20世纪的记忆》，每日新闻社，1998年，第50页〕

141

3-2-3

3-2-4

3-2-3 3-2-4 1937年9月10日，日军在上海宝山设置声音探测器。这两幅照均被禁止公开发表。〔（日）每日新闻社整理：《不许可写真1：20世纪的记忆》，每日新闻社，1998年，第50、52页〕

第三章　保守战时物资机密

3-2-5

3-2-6

3-2-5　3-2-6　1937年9月下旬，在上海江湾赛马场屋顶利用炮队镜等进行观测的炮兵观测队。审查官要求发表时须删除部队名称、职能。〔(日)每日新闻社整理：《不许可写真1：20世纪的记忆》，每日新闻社，1998年，第63页〕

143

3-2-7

3-2-8

3-2-7 1938年4月下旬,日军利用炮队镜和望远镜在杭州北部进行侦查。〔(日)每日新闻社整理:《不许可写真2:20世纪的记忆》,每日新闻社,1999年,第58页〕

3-2-8 1938年7月,炎炎烈日下,日军士兵裸身操作观测仪器观察敌情。〔(日)每日新闻社整理:《不许可写真2:20世纪的记忆》,每日新闻社,1999年,第71页〕

第三章 保守战时物资机密

3-2-9

3-2-10

3-2-9 1939年8月诺门罕战役中，日军位于海拉尔的日军第2飞行集团前线基地上，用铁桶堆积而成的观察哨。〔（日）每日新闻社整理：《1亿人的昭和史10·不许可写真史》，每日新闻社，1982年，第117页〕

3-2-10 1943年4月26日，日军宣传队播放引发中国军人乡愁的唱片。日军对此类行为严格保密。〔（日）每日新闻社整理：《1亿人的昭和史10·不许可写真史》，每日新闻社，1982年，第104页〕

145

3-2-11

3-2-11　1943年4月26日，日军宣传队使用扩音喇叭对中国军队进行宣传和心理战。〔（日）每日新闻社整理：《1亿人的昭和史10·不许可写真史》，每日新闻社，1982年，第104页〕

3-2-12　日军用米亚尼式望远照相机拍摄到的中国军队活动情况。米亚尼式望远照相机是每日新闻社委托京都大学宫泽堂教授和西村制作所研制而成的，它采用反射天体望远镜构造，被广泛应用于远至中国云南的各个战场的新闻报道拍摄中，是当时日本最先进的望远长焦照相机。〔（日）每日新闻社整理：《1亿人的昭和史10·不许可写真史》，每日新闻社，1982年，第60页〕

3-2-12

3-2-13　利用长焦相机在中国战场前线拍摄中国军队阵地的摄影组。〔（日）每日新闻社整理：《1亿人的昭和史10·不许可写真史》，每日新闻社，1982年，第60页〕

3-2-14　日军十分重视战时通信，一方面是为了保障通信顺畅，另一方面也是为了确保军事信息的安全。图为日军通信兵正在搭建电台，检测电台设备工作情况。〔（日）每日新闻社整理：《1亿人的昭和史10·不许可写真史》，每日新闻社，1982年，第40页〕

3-2-13

3-2-14

第三节　对涉及运输类物资照片的处理

日军运输弹药的载具非常广泛，包括军马、汽车，还有临时征召的牛、渔船等。军马是战场运输的重要工具。马匹被广泛用作山炮队、野战炮队、机关枪队、辎重队等的动力配置，可谓是整个中日战争的"活兵器"。日军千里迢迢将这些马匹运输到中国战场，一旦战马战死或者病死，便会被丢弃到路边。汽车是日军运输类物资中的重要部分，主要用于牵引火炮、装甲车，少部分担负运送伤病员的职能。

3-3-1

3-3-2

3-3-3

3-3-1 侵华战场上，日军大炮和粮食的运输完全依靠马匹，马匹成为战时的重要运输动力。图为日军士兵在大场镇移送负伤军马。〔（日）每日新闻社整理：《1亿人的昭和史10·不许可写真史》，每日新闻社，1982年，第35页〕

3-3-2 侵华战争期间，日军除了利用汽车、马匹运输武器弹药、军事物资，还临时征用中国民间牲畜运输物资。〔日中友好协会总部提供，（日）村濑守保拍摄：《在中国战场从军——村濑守保摄影集》，伪满皇宫博物院藏〕

3-3-3 1937年8月，除了依靠马匹运输，日军临时征用中国民间牲畜运输弹药。〔（日）每日新闻社整理：《不许可写真1：20世纪的记忆》，每日新闻社，1998年，第29页〕

3-3-4

3-3-5

3-3-4　1937年8月，炎炎烈日下，日军士兵大多脱去上衣，使用军锹挖掘战壕。审查官要求从说明文字中删除部队名称。〔（日）每日新闻社整理：《不许可写真1：20世纪的记忆》，每日新闻社，1998年，第28页〕

3-3-5　1937年8月，针对中国便衣队，日军专门派遣伪装帆船于河面巡逻。图为俘获中国便衣队后返航的帆船。该照片被禁止发表。〔（日）每日新闻社整理：《不许可写真1：20世纪的记忆》，每日新闻社，1998年，第28页〕

3-3-6

3-3-7

3-3-8

3-3-6 1937年8月，在上海吴淞登陆的军马。日军将训练有素的军马成行排放，做短暂休息。〔（日）每日新闻社整理：《不许可写真1：20世纪的记忆》，每日新闻社，1998年，第9页〕

3-3-7 3-3-8 1937年9月6日，日军借助长梯越过破旧的老城墙。〔（日）每日新闻社整理：《不许可写真1：20世纪的记忆》，每日新闻社，1998年，第44页〕

3-3-9 1937年9月6日，日军借助长梯越过破旧的老城墙。右侧长梯近处士兵不仅肩上背着长枪，腰间还别着军锹，军锹手柄处缠有绳子，便于士兵束于腰间。〔（日）每日新闻社整理：《不许可写真1：20世纪的记忆》，每日新闻社，1998年，第45页〕

3-3-10 1937年9月13日，日军第11师团步兵第10旅团正向嘉定进军。汽车内乘坐着日军士兵或者装有军事物资。为了防止中国便衣队和飞机空中侦察，日军将树枝和草罩在汽车车头和车身，起到伪装作用。〔（日）每日新闻社整理：《不许可写真1：20世纪的记忆》，每日新闻社，1998年，第55页〕

3-3-11 图为1937年9月登陆吴淞的日本上海派遣军。日本海军省限制有关舰船部队登陆和运送汽车等军用物资的报道。〔（日）每日新闻社整理：《不许可写真1：20世纪的记忆》，每日新闻社，1998年，第56页〕

3-3-9

3-3-10

3-3-11

第三章 保守战时物资机密

3-3-12

3-3-13

3-3-12 1937年9月15日，上海吴淞区，日军工兵队正在雨中重新架设被损坏的桥梁。〔（日）每日新闻社整理：《不许可写真1：20世纪的记忆》，每日新闻社，1998年，第66页〕

3-3-13 1937年9月15日，上海吴淞区，日军工兵队在雨中利用船只架设的浮桥。〔（日）每日新闻社整理：《不许可写真1：20世纪的记忆》，每日新闻社，1998年，第66页〕

153

3-3-14

3-3-15

3-3-14　1937年9月15日，上海吴淞区，日军工兵队士兵通过浮桥，检验浮桥架设情况。〔（日）每日新闻社整理：《不许可写真1：20世纪的记忆》，每日新闻社，1998年，第66页〕

3-3-15　1937年9月19日，日军向山西怀仁进军。图为经过伪装的炮兵"〇〇"部队。〔（日）每日新闻社整理：《不许可写真2：20世纪的记忆》，每日新闻社，1999年，第13页〕

第三章　保守战时物资机密

3-3-16

3-3-17

3-3-16　1937年9月20日，羽田部队士兵牵着一只母羊、三只小羊走在行军途中。〔（日）每日新闻社整理：《不许可写真1：20世纪的记忆》，每日新闻社，1998年，第77页〕

3-3-17　1937年，上海战场上，日军占领了金家宅，永津部队（第11师团步兵第22联队）侦察兵骑马在田野上疾行。〔（日）每日新闻社整理：《不许可写真1：20世纪的记忆》，每日新闻社，1998年，第34页〕

155

3-3-18　1937年9月淞沪会战期间，日军占领罗店镇后，和知部队士兵骑马快速通过该镇居民区。〔（日）每日新闻社整理：《不许可写真1：20世纪的记忆》，每日新闻社，1998年，第35页〕

3-3-19　1937年9月，日军上海战场第3师团步兵第6联队士兵正在进行卸货作业。照片暴露了军马、弹药、草料和运输工具等物资，因此被禁止发表。〔（日）每日新闻社整理：《不许可写真1：20世纪的记忆》，每日新闻社，1998年，第36页〕

3-3-18

3-3-19

第三章 保守战时物资机密

3-3-20

3-3-21

3-3-22

3-3-20　1937年8月23日，日军在进犯上海的过程中，遭到了中国军队的强烈抵抗，虽死伤严重，但没有攻破中国军队防线，于是不得不派遣增援部队投入上海战场。图为日军增援部队登陆上海吴淞。日军审查官禁止近距离清晰地显示日军投送兵力设施的照片发表。〔（日）每日新闻社整理：《一亿人的昭和史》，每日新闻社，1982年，第66页〕

3-3-21　1937年9月，有关上海战场日军第3师团步兵第6联队的照片暴露出军马、弹药、草料和运输工具等物资，因此被禁止发表。〔（日）每日新闻社整理：《不许可写真1：20世纪的记忆》，每日新闻社，1998年，第37页〕

3-3-22　1937年9月，上海战场日军第3师团步兵第6联队正在进行卸货作业。审查官认为这幅悬索吊军马的照片会泄露登陆用大型运输艇的使用方法，所以该照片被禁止发表。〔（日）每日新闻社整理：《不许可写真1：20世纪的记忆》，每日新闻社，1998年，第37页〕

3-3-23

3-3-24

3-3-23 1937年8月23日,日本增援上海战场的陆军第11师团部队在中国军队的抗击下,未能从黄浦江港口登陆,只能从黄浦江下游的川沙镇湾和吴淞湾附近强行登陆。日军卸载马匹设施手段的照片被禁止发表。〔(日)每日新闻社整理:《不许可写真1:20世纪的记忆》,每日新闻社,1998年,第10页〕

3-3-24 1937年8月23日,日军福井部队在吴淞码头登陆。日军上下船设备的照片被禁止发表。〔(日)每日新闻社整理:《不许可写真1:20世纪的记忆》,每日新闻社,1998年,第82页〕

第三章 保守战时物资机密

3-3-25

3-3-26

3-3-25　1937年9月，上海战场上的日军正在进餐。〔（日）每日新闻社整理：《不许可写真1：20世纪的记忆》，每日新闻社，1998年，第47页〕

3-3-26　1937年9月，日军在吴淞炮台一带集结。图为马匹和士兵在休整。马车上一般载有炮身零部件和军用物资，有的军马并未从马车上解套，持续的行军使得马匹疲惫不堪。〔（日）每日新闻社整理：《不许可写真1：20世纪的记忆》，每日新闻社，1998年，第53页〕

159

3-3-27 1937年9月,日军在吴淞炮台一带集结。图为军马通过绳索连接在一起牵引炮车。笨重的野炮必须借助畜力或者汽车才能拉动,然而汽车数量有限,日军火炮的牵引多是依靠以军马为主的畜力完成的。〔(日)每日新闻社整理:《不许可写真1:20世纪的记忆》,每日新闻社,1998年,第53页〕

3-3-28 3-3-29 1937年9月,日军在吴淞炮台一带集结,企图向中国内陆进军。图为军马通过绳索连接在一起牵引炮车。为了防止炮身暴露,士兵在运输途中用树叶、干草等隐蔽火炮相应部位。〔(日)每日新闻社整理:《不许可写真1:20世纪的记忆》,每日新闻社,1998年,第54页〕

3-3-27

3-3-28

3-3-29

第三章 保守战时物资机密

3-3-30

3-3-31

3-3-30 1937年9月15日，一个月的连续降雨，使日军在上海一带遭遇雨淋和寒冷的困境。图为日军士兵身着雨衣在行军途中休息。〔（日）每日新闻社整理：《不许可写真1：20世纪的记忆》，每日新闻社，1998年，第61页〕

3-3-31 1937年9月15日，在遭受持续一个月的降雨后，日军士兵就地取材生火取暖。〔（日）每日新闻社整理：《不许可写真1：20世纪的记忆》，每日新闻社，1998年，第61页〕

161

3-3-32

3-3-33

3-3-32　3-3-33　1937 年 11 月，在雨中的后方战线上身着雨衣行走的日军部队。日军类似的雨中行军照片均被禁止发表。〔（日）每日新闻社整理：《不许可写真 1：20 世纪的记忆》，每日新闻社，1998 年，第 122 页〕

3-3-34　3-3-35（下页上图）1937 年 9 月，日军第 11 师团登陆后前往罗店镇。第 11 师团属于山地作战的轻步兵部队，装备的是山炮和轻步兵炮，这些武器需用马匹牵引或驮载。〔（日）每日新闻社整理：《不许可写真 1：20 世纪的记忆》，每日新闻社，1998 年，第 30 页〕

3-3-34

3-3-35

3-3-36

3-3-36 1937年9月，日军第11师团登陆贵腰湾后前往罗店镇。日军用小船将草料等物资运至近岸，然后由人力进行搬运。日军士兵头戴的军帽两侧有两片布，主要是为了防止晒伤和蚊虫叮咬；也有学者认为军帽两侧的这两片布是日本从法国引进后的改造，两片布被视为天皇赐予每个士兵的"护身符"，一片代表"八纮一宇"，一片代表"四海一体"。这幅照片被禁止发表。〔（日）每日新闻社整理：《不许可写真1：20世纪的记忆》，每日新闻社，1998年，第30页〕

3-3-37　1937年9月,日军通过小船将部队从大运兵船转运至滩头登陆。因为暴露了部队登陆运输工具,该照片被禁止发表。〔(日)每日新闻社整理:《不许可写真1:20世纪的记忆》,每日新闻社,1998年,第31页〕

3-3-38　1937年7月底,日军及随军记者在北平南苑借助驴、自行车等工具进行快速分散移动。太平洋战争开始后,日军自行车部队一度活跃在中国南方地区和东南亚地区。〔(日)每日新闻社整理:《不许可写真1:20世纪的记忆》,每日新闻社,1998年,第174页〕

3-3-39　1937年7月底,板车上的大阪朝日新闻社记者冈部孙四郎的尸体。审查官为该照片盖上"不许可"印戳,禁止其发表。〔(日)每日新闻社整理:《不许可写真1:20世纪的记忆》,每日新闻社,1998年,第173页〕

3-3-37

3-3-38

3-3-39

第三章 保守战时物资机密

3-3-40

3-3-41

3-3-42

3-3-40 3-3-41 3-3-42
1938年2月，日军沼田部队进入临淮关后做短暂休整。照片中，部队马匹所驮物资及路边坦克炮筒等一览无余，审查官指示，禁止发表该照片。〔（日）每日新闻社整理：《不许可写真2：20世纪的记忆》，每日新闻社，1999年，第44页〕

165

3-3-43

3-3-43　3-3-44　1938年3月20日，日军军官乘坐铁皮船在南京某花园内的河流中进行充满"情趣"的游玩。由于是近距离由上而下拍摄日军铁皮船，此类照片被禁止发表。〔（日）每日新闻社整理：《不许可写真2：20世纪的记忆》，每日新闻社，1999年，第56页〕

3-3-44

3-3-45

3-3-46

3-3-45　1938年4月，日军马渊部队正在渡过山间的河流。〔（日）每日新闻社整理：《不许可写真2：20世纪的记忆》，每日新闻社，1999年，第57页〕

3-3-46　1938年5月10日傍晚，在夕阳下的麦田中行进的安田骑兵队（骑兵第18联队）。〔（日）每日新闻社整理：《不许可写真2：20世纪的记忆》，每日新闻社，1999年，第37页〕

3-3-47 3-3-48 1938年5月下旬至6月初，日军占领徐州后沿陇海铁路西进，但被花园口决堤后的黄河水围困。图为日军酒井部队（第16师团步兵第29旅团）正用铁皮船运送火炮渡过黄泛区。〔（日）每日新闻社整理：《不许可写真2：20世纪的记忆》，每日新闻社，1999年，第66页〕

3-3-49 1938年6月，日军中野部队在前往安庆途中休息。〔（日）每日新闻社整理：《不许可写真2：20世纪的记忆》，每日新闻社，1999年，第65页〕

3-3-47

3-3-48

3-3-49

3-3-50

3-3-51

3-3-52

3-3-50　3-3-51　1938年7月，向九江进军的波田部队。图为波田部队宇贺"○"炮正在穿过沙岗地带。〔（日）每日新闻社整理：《不许可写真2：20世纪的记忆》，每日新闻社，1999年，第77页〕

3-3-52　1938年8月，日军远山部队正在通过简易桥梁。〔（日）每日新闻社整理：《不许可写真2：20世纪的记忆》，每日新闻社，1999年，第80页〕

3-3-53

3-3-53 1940年,日军利用马匹驮运物资经过广东汕头的溪流。〔(日)每日新闻社整理:《不许可写真2:20世纪的记忆》,每日新闻社,1999年,第111页〕

3-3-54 1942年6月,日军给水班正在河边进行取水前的设备安装工作。旁边的马匹驮有装水设备,设备箱上方插有"水"字旗。〔(日)每日新闻社整理:《不许可写真2:20世纪的记忆》,每日新闻社,1999年,第105页〕

3-3-54

第三章　保守战时物资机密

3-3-55

3-3-55　图为日军九四式军用卡车。九四式军用卡车由日本五十铃公司生产,它的行迹曾遍布中国战场。〔日中友好协会总部提供,(日)村濑守保拍摄:《在中国战场从军——村濑守保摄影集》,伪满皇宫博物院藏〕

3-3-56　图为日军九四式军用卡车。九四式军用卡车在产量与性能方面无法与同时期美、英、苏等国的主力卡车相比,且这种卡车并不能充分满足日军战场需要,也无法真正实现军队的机械化。〔日中友好协会总部提供,(日)村濑守保拍摄:《在中国战场从军——村濑守保摄影集》,伪满皇宫博物院藏〕

3-3-56

171

3-3-57

3-3-57 日军九四式军用卡车组成的车队行进在公路上。这类汽车还可被改装为医用急救车。〔日中友好协会总部提供,（日）村瀬守保拍摄：《在中国战场从军——村瀬守保摄影集》，伪满皇宫博物院藏〕

3-3-58

3-3-59

3-3-58 3-3-59 日军正从铁路火车和货轮上装卸军用汽车。〔日中友好协会总部提供，（日）村濑守保拍摄：《在中国战场从军——村濑守保摄影集》，伪满皇宫博物院藏〕

3-3-60

3-3-60 哈尔滨市地标——中央大街。中央大街两边设有众多商铺，1931年之前，众多俄国人、犹太人都在此经商工作；1931年九一八事变后，日军占领哈尔滨并接管街道。〔日中友好协会总部提供，（日）村濑守保拍摄：《在中国战场从军——村濑守保摄影集》，伪满皇宫博物院藏。〕

3-3-61 图为载有士兵和枪支的日军汽车。日军一般会在车厢设置固定的横栏，用于稳定士兵的身体以便射击。〔日中友好协会总部提供，（日）村濑守保拍摄：《在中国战场从军——村濑守保摄影集》，伪满皇宫博物院藏〕

3-3-61

3-3-62

3-3-63

3-3-62　日军汽车队利用船只搭建的简易浮桥过河。附近有士兵专门负责警戒。〔日中友好协会总部提供，（日）村濑守保拍摄：《在中国战场从军——村濑守保摄影集》，伪满皇宫博物院藏〕

3-3-63　日军征调中国百姓，利用船只搭建简易浮桥，供汽车快速通过河流。〔日中友好协会总部提供，（日）村濑守保拍摄：《在中国战场从军——村濑守保摄影集》，伪满皇宫博物院藏〕

3-3-64

3-3-64 日军汽车队正在运输弹药、给水设备等军用物资。〔日中友好协会总部提供，（日）村濑守保拍摄：《在中国战场从军——村濑守保摄影集》，伪满皇宫博物院藏〕

3-3-65

3-3-65 日军汽车的存放基地。汽车关系到部队的机动性，因此日军将汽车用帆布遮盖并安排士兵进行警戒。〔日中友好协会总部提供，（日）村濑守保拍摄：《在中国战场从军——村濑守保摄影集》，伪满皇宫博物院藏〕

3-3-66 日军利用汽车将试图通过河流却陷入淤泥内的另一辆汽车拉到陆地上。〔日中友好协会总部提供，（日）村濑守保拍摄：《在中国战场从军——村濑守保摄影集》，伪满皇宫博物院藏〕

3-3-66

3-3-67

3-3-68

3-3-67 因道路坍塌而导致的翻车事故。〔日中友好协会总部提供，（日）村濑守保拍摄：《在中国战场从军——村濑守保摄影集》，伪满皇宫博物院藏〕

3-3-68 日军利用履带式运兵车搭配挂车运输笨重物资。一般运兵车采用柴油发动机作为动力，有时也可被改装为战时抢救车。〔日中友好协会总部提供，（日）村濑守保拍摄：《在中国战场从军——村濑守保摄影集》，伪满皇宫博物院藏〕

3-3-69

3-3-69 日军汽车队停靠在民房前。〔日中友好协会总部提供，（日）村濑守保拍摄：《在中国战场从军——村濑守保摄影集》，伪满皇宫博物院藏〕

第三章　保守战时物资机密

3-3-70

3-3-71

3-3-70　3-3-71　3-3-72　3-3-73　日军使用的"陆王"三轮摩托车。该摩托车为美国哈利摩托车的仿制品。1937年，侵略我国东北的日本关东军将其命名为"九七式军用侧三轮摩托车"。日本侵华战争期间，日军装备的侧三轮摩托车基本上是这种车型。1945年日本战败投降后，"陆王"摩托车便慢慢在中国销声匿迹。〔日中友好协会总部提供，（日）村濑守保拍摄：《在中国战场从军——村濑守保摄影集》，伪满皇宫博物院藏〕

179

3-3-74 资源短缺的日军十分重视军事物资的收集与储存。图为用铁桶贮存的柴油。〔日中友好协会总部提供，（日）村濑守保拍摄：《在中国战场从军——村濑守保摄影集》，伪满皇宫博物院藏〕

3-3-72

3-3-73

3-3-74

后 记

本卷围绕日本秘藏的侵华战争照片的拍摄与审查，剖析了日本对涉及各级军官、武器装备、军用物资等照片的审查情况。日本军国主义者为了达到占领中国的目的，不断制订详细的审查条例，实行严密的审查等级，划定广泛的审查范围，从而形成了一套完备的审查机制。该审查机制将军官、武器、军事物资等全部纳入战争机器的运转轨道之中。秘藏照片审查中"检阅济""保留""不许可"三个级别是以"保守战时军事机密，全力打赢征服中国"为宗旨而形成的。

尽管这些战场照片的拍摄、审查已成往事，但是我们通过对有关照片的解读和剖析，勾勒出战时日本军队为了达到征服中国的目的而进行的隐藏战争罪恶的行径。当然，我们还原日本秘藏侵华战争照片并非为了铭记仇恨，而是为了还原日军企图掩盖甚至抹杀的真实历史。鉴往知来，只有正确认识历史，才能更好地开创未来。战争是一面镜子，能够让人更好地认识和平的珍贵。日本军国主义发动的侵华战争给中国人民造成了巨大灾难，也给日本人民带来了巨大伤害。中日两国要从两国人民的根本利益出发，珍惜来之不易的和平，共同为人类和平做出贡献。

本卷成书过程中，得到伪满皇宫博物院各位同人、山东画报出版社有关新老领导的真诚帮助与指导，在此深表感谢！囿于笔者学识所限，书中难免存在纰漏或不足，还望学界专家及广大读者批评指正！

赵继敏　赵士见

2022 年 6 月

国家社科基金重大项目
"日本对华精神侵略民间史料收集、整理与研究（17ZDA206）"

王志强　赵继敏　主编

日本秘藏侵华战争照片实录
第 3 卷

武力侵华与战场暴行

陈春萍　编著

山东画报出版社

济南

图书在版编目（CIP）数据

日本秘藏侵华战争照片实录. 第3卷，武力侵华与战场暴行/王志强，赵继敏主编；陈春萍编著 .—济南：山东画报出版社，2023.6

ISBN 978-7-5474-4186-2

Ⅰ.①日… Ⅱ.①王…②赵…③陈… Ⅲ.①侵华战争－史料－日本 Ⅳ.①K265.06

中国国家版本馆CIP数据核字(2023)第068010号

RIBEN MICANG QINHUA ZHANZHENG ZHAOPIAN SHILU　DI 3 JUAN　WULI QINHUA YU ZHANCHANG BAOXING
日本秘藏侵华战争照片实录　第3卷　武力侵华与战场暴行
王志强　赵继敏 主编
陈春萍　编著

策　　划	傅光中
责任编辑	郑丽慧　李　慧
装帧设计	王　芳
主管单位	山东出版传媒股份有限公司
出版发行	山东画报出版社
	社　　址　济南市市中区舜耕路517号　邮编 250003
	电　　话　总编室（0531）82098472
	市场部（0531）82098479
	网　　址　http://www.hbcbs.com.cn
	电子信箱　hbcb@sdpress.com.cn
印　　刷	山东临沂新华印刷物流集团有限责任公司
规　　格	185毫米×260毫米　16开
	16.25印张　338幅图　80千字
版　　次	2023年6月第1版
印　　次	2023年6月第1次印刷
书　　号	ISBN 978-7-5474-4186-2
定　　价	980.00元（全四册）

如有印装质量问题，请与出版社总编室联系更换。

总　序

回顾历史，近代以来中日之间发生过两次大的战争：1895年，清政府在甲午战争中的失败，击碎了中国人几千年来沉醉于其中的"天朝上国"迷梦，让"救亡图存"成为近代中国相当长时间内的历史主题；而1945年，全民族抗战的最终胜利，则开启了中华民族走向国家独立和民族复兴的伟大征程。

两次战争之间，又存在千丝万缕的联系。比如，引发七七事变的日本军队，即当时驻在宛平城外进行"军事演习"的河边旅团第1联队第3大队第8中队，隶属于日本"华北驻屯军"。追溯起来，日本获得在中国华北驻屯军队的特权，源于清政府被"八国联军"胁迫签署的《辛丑条约》，而日本之所以在1900年就能跻身世界"列强"，伙同各国联军参与到瓜分中国的行列中，正是甲午战争的结果。

让我们回拨历史的时针，大致梳理日本从甲午战争开始逐步武装侵略中国的历史脉络。1894年，因朝鲜国内爆发东学党起义，清政府以宗主国身份介入处理朝鲜半岛问题，日本则以协助平乱为名，乘机出兵占领了汉城；8月，日军突然袭击在牙山附近的中国运兵船和驻军，挑起战争。1895年4月17日，战败的清政府与日本签订了《马关条约》，清政府结束中朝宗藩关系，承认朝鲜"独立"身份。同年10月，日本公使三浦梧楼指使日本浪人及乱军闯入朝鲜王宫，杀死受俄国支持密谋发动政变的闵妃，扶植建立起以大院君为首的朝鲜傀儡政权。通过甲午战争，日本拥有了自己在海外的第一个傀儡政权——朝鲜，第一块殖民地——台湾。甲午战争

的这一结果，导致大清王朝"天朝上国"的形象轰然倒塌，同时也极大地助长了日本的民族自信，使其国家定位随之发生了根本性转变。日本通过这场战争验证了明治维新以来推行"脱亚入欧"战略的成功，一跃而跻身于世界列强行列。另一方面，俄国介入而引发的"干涉还辽"事件，导致日俄两国在东北亚地区的根本利益产生剧烈冲突。

其后，日俄战争爆发，日本再次通过战争，迫使俄国先后与其签订《日俄协定》和《日俄密约》，将中国东北划分为"北满"与"南满"，确认各自在中国东北的势力范围。由此，从"经营南满"到"满蒙生命线"，进而是对整个中国的觊觎，日本的侵略野心一步步膨胀。如果说甲午战争是日本自明治维新后以战争手段武装侵占中国、朝鲜等周边大陆国家的"大陆经略政策"的开端，那么，以九一八事变为起点的抗日战争的爆发，则是日本近代走上军国主义道路的必然结果。

当然，无论是从甲午战争到抗日战争，还是从九一八事变东北沦陷到七七事变全面抗战爆发；无论是近代中国国内自身矛盾的冲突演变，还是日本国内军国主义力量的发展壮大，都经历了一个复杂的历史过程。以日本方面的历史为例，在 1931 年的九一八事变前后，日本国内陆军青年军官先后策划了两次未遂政变，史称"三月事件"和"十月事件"。1932 年 2 月至 3 月，日本国内右翼连续策划发动多次暗杀，史称"血盟团事件"。同年 5 月 15 日，日本海军少壮派军人发动法西斯政变，内阁总理大臣犬养毅被刺身亡，日本政党内阁时代结束，从此确立起完全由军部主导的法西斯军事政治体制。

日本近代军国主义的勃兴，肇始于明治维新奠定的政治、经济、思想基础。实际上，自 19 世纪末中日两国共同迈入近代化历史进程，中国洋务运动的挫折与甲午战争的失败，日本明治维新的成功与甲午战争的胜利，已经预示着中日两国的现代化"历史列车"各自驶上了两条不同的轨道。近代中日两国之间关系的演变，尤其是日本不断实施对华侵略扩张这一基本战略，虽然受到特定历史环境、特殊历史因素下一系列偶然事件的推动和影响，但从根本上说，则是近代世界历史与东北亚区域历史变迁的产物。如何叙述从 1931 年到 1945 年的日本侵华战争暨十四年抗战的历史？关于这个问题，

可以由多个视角切入。而其中一个很重要的视角，就是日本人，尤其是当年身处战争中的日本人，他们自己是如何记录这场战争的？他们对于这场侵华战争又记录了些什么？

本书内容的最大特点正在于此：所选照片，全部都是1931年到1945年日本侵华战争期间日本人用自己的镜头对这场战争的记录。而且，其中很大一部分照片，在当时就被日本军部审查人员盖上了"不许可"印戳，禁止公开发表。

今天，我们整理、公开、研究、解读这些照片，价值在于：

一、这些照片通过日本人自己的镜头，以最直观的形式，全面记录了日本发动侵华战争、武装攻占中国领土、疯狂掠夺中国资源、对沦陷区实施军事殖民统治的历史细节。据2014年7月7日《人民日报》法人微博公开的数据：日本侵华期间，大半中国被日军践踏。930余座城市被占；4200万难民无家可归，中国军民伤亡人数超3500万。被掠往日本的4万多名中国劳工中，有近7000人死在日本；日军从中国掠走钢铁3350万吨、煤炭5.86亿吨……这些冰冷的数字背后，需要通过直观的历史细节来补充、呈现。本书收录的绝大部分照片，都是日本侵华战争期间日军随军记者拍摄的，他们当时拍摄这些照片，是为了记录战况和宣传战争；这些照片在拍摄之后，也主要是给当时在战争后方的本土日本人看的。因此，对于日军在侵华战场上的军事行动、战略部署、物资转运，对于日军士兵的日常训练、生活场景，对于日军占领区和日军控制下的傀儡政权的统治情况，日军记者的拍摄与报道往往毫不避讳。其中不少照片之所以在侵华战争期间因未通过军部的审查而被禁止发表，恰恰是由于这些照片记录了日军在侵华战争期间的"不利形象"或他们当时不愿对外公开的"秘密"。换句话说，这些照片的拍摄初衷虽然不是为了揭露日军的侵略行为，但客观上却为我们留下了日军侵略的罪证。

二、这些照片反映了日本在侵华战争中操纵舆论、实施新闻审查控制的战时体制。本书收录的不少照片上，至今依然保留着"检阅济"（检阅完毕）或"不许可"（禁止发表）的印戳。

这些历史印戳从何而来？一方面，是侵华战争期间日本军部对舆论控制的体现。日本侵华战争期间，为控制舆论，服务侵略战争，成立了"国民精神总动员中央联盟""内阁情报部"等高层权力机

构，统筹管理战时信息，颁布了《不稳文书临时管理法》《言论、出版、结社等临时管理法》等一系列法规，并在军部控制下向侵华战场派驻大量新闻机构搜集战场情报。在涉及日本侵华战争的文字新闻和图片新闻的编辑出版具体流程中，日本军部还设立了情报局、审查委员会等专门机构负责检查和"指导"。美化日军形象、宣传侵华"战果"、鼓吹对外军事殖民的内容，在日本军部的战时新闻审查中畅通无阻；反之，不利于日军形象宣传、影响日军战争部署的信息，则被严格禁止。另一方面，这也是侵华战争期间，日本新闻机构参与并主动配合战争宣传的体现。如九一八事变后，日本国内媒体配合军部的侵略步伐，东京朝日新闻社、大阪朝日新闻社等先后发表了"日本重大之满蒙权益被践踏时，日本彻底防卫为严肃无比之事实"以及"满蒙的独立，若是成功将成为远东和平的新保障"等美化日军侵略行为的相关言论。七七事变后，朝日新闻社等日本各大媒体纷纷诬称中国士兵"非法射击"，煽动舆论"讨伐暴戾的中国"，号召民众"赤诚报国"，并组织捐款、慰问侵华日军。因此，仔细研究解读这些照片背后的信息"密码"，分析哪些内容是日本军部想要主动宣传的，哪些内容是被日本军部严令禁止的，哪些内容为何日本军部要刻意突出宣传，哪些内容为何又被日本军部讳莫如深，有助于我们更深刻地剖析日本侵华战争的历史真相。

三、这些照片不仅为我们保留了侵华战场的许多珍贵历史瞬间，还记录了侵华战争期间日本国内普通百姓在"战争总动员"下的日常生活场景，可以让我们更加全面地审视日本侵华战争给日本民众带来的灾难。日本侵华战争，不仅是"军事战""经济战"，还是"宣传战""思想战"；不仅是一场侵华战场前线上的日军士兵参与的战争，还是一场日本全民参与的战争。在军部控制国家机器的情况下，美化侵略、鼓吹战争的狂潮席卷当时日本社会，军国主义影响和渗透着当时日本民众生活的方方面面。从本书收录的照片中，我们可以看到，当时日本各大报纸、新闻媒体，铺天盖地都是在鼓吹日军侵华"战果"、宣传侵华前线日军士兵的"光辉事迹"；文学、电影无不以塑造侵华战场上的日军"英雄"形象为中心，一切质疑军国主义思想、质疑"皇国史观"的文学创作、学术研究活动都被严厉禁止；大、中、小各级学校，正常的教学内容一律被取消，军国主义教育和军事训练成为日常教育内容，甚至在侵华战争后期兵

源紧张的情况下，大批"学徒军""童子军"被送上前线战场；为最大限度地集中战争资源，数次发动全国性的所谓"金属献纳"运动，普通日本民众的金银饰品、金属制作的生活用品被要求收归军用，因而出现大量陶制、竹制"代用品"；正常生活消费需求被严格限制，粮食、糖油、火柴等基本生活用品限时限量供应，收音机、电风扇、皮制品等普通商品停售；由于大量日本男子被征召派往侵华战场，日本本土妇女被组织起来纳入"总体战"体制，妇女作为主要劳动力进入兵工厂制造枪炮、飞机等战争武器；侵华战争后期，日本军部大肆宣扬"一亿人玉碎"和"肉弹战"，引导日本青年加入军队"献身天皇"，执行自杀式战斗任务。总体而言，这种生活状态是狂热的，同时也是压抑的。在侵华战争期间，这种被严密裹挟于军国主义之下无处逃遁的生活，何尝不是战争对普通人制造的灾难呢？

四、这些照片披露了日本在侵华战争期间的大量机密信息和敏感历史内容。本书所收录的日本秘藏侵华战争照片中，一部分是经过当时日本军部审查程序之后未获通过，而被盖上了"不许可"禁令印戳的照片；一部分是上报军部之前，由随军记者及所属报社"自我审查"认为不宜公开，直接秘而不发，最后留在了记者手上或报社资料库存中的照片；另外还有一部分是侵华战争期间日军普通士兵私人拍摄的照片。这些在当时未能公开的照片，涉及的内容有侵华日军的军事部署、武器装备、军事指挥人员身份等一般军事秘密，也涉及前线伤亡情况、战场残酷血腥场面等可能引发厌战、反战情绪的信息。除此之外，本书所收录的照片还涉及日本侵华战争的诸多重大历史问题，如战俘关押处理、慰安妇、对华移民侵略、南京大屠杀、掠夺中国劳工等。尤为重要的是，这些日本人在侵华战争期间用自己的镜头拍摄的照片，为日本右翼至今拒不承认或一直狡辩回避的南京大屠杀、慰安妇等历史事实，提供了无可辩驳的相关历史细节的佐证。

这些照片虽然是日本人用自己的镜头对战争所作的记录，但也从侧面反映了中国人民在抗日战争中不屈抗争和顽强抵抗的精神。自以九一八事变为起点的抗日战争爆发以来，侵华日军的铁蹄从中国东北一步步向华北、华东、华中、华南扩张，尽管敌我力量悬殊，日军所到之处，依然遭遇我抗日军民的坚决抵抗。本书所选照片，记录了淞沪会战、徐州会战、武汉会战、长沙会战、桂南战役等一

系列正面战场上中国军人誓死抗击日军、守卫国土的历史瞬间,在侵华日军随军记者的镜头下,不少为国捐躯的中国士兵横尸战场,一些甚至已经白骨森森,只能由他们身上的军服,向世人宣告他们作为中国军人的身份和浴血奋战的历史。还有一部分照片反映的是在侵华日军占领区内的敌后抗日斗争,如东北、华北、华南等各地抗日游击武装被日军搜捕、"扫荡"的情景。除此之外,日军随军记者还用自己的镜头,记录了日本侵华战争期间遍布中国各地的大量以"声讨日军侵华暴行,呼吁民众团结抗战"为主题的壁画、标语和布告。无论侵华日军如何疯狂暴虐,正是这种始终不灭的抗战精神,让我们的民族坚守到了最终胜利的时刻。由于本书收录的日本秘藏侵华战争照片内容丰富、题材各异,我们在编写过程中根据照片所反映的不同历史内容,将其分为四卷,分别是《鼓动与粉饰战争》《保守与隐匿战时机密》《武力侵华与战场暴行》《抢占破坏与经济掠夺》。

《鼓动与粉饰战争》主要讲述了日本侵华战争期间,以军部为首的日本军国主义势力通过舆论宣抚、信息管控、社会动员等各种手段,对内鼓吹战争、对外粉饰侵略的历史行径。对侵略战争的鼓动与粉饰,是日军侵华炮火背后,另一场没有硝烟的战争。这场战争的战斗人员有日本军部负责情报信息管理和舆论审查的人员,活跃在侵华战场上的日本随军记者与后方新闻人员,为配合日军武装侵略而专门设置的负责"教化安抚"征服中国人"民心"的"宣抚班""宣抚队",以及在"总体战""战争总动员"体制下,宗教、文化、教育、社会生活全面陷入狂热军国主义之中的日本人。在这场没有硝烟的战争中,实施鼓动与粉饰的武器,可能是一篇美化战争侵略行为的新闻报道,也可能是一张为侵略战争宣传服务的新闻照片;可能是一部鼓吹"为天皇献身"的电影,也可能是一幅宣扬"一亿人玉碎"的标语。本卷选取的照片主要内容包括:日本随军新闻人员在侵华战场上的活动留影;活跃在沦陷区的日军"宣抚班""宣抚队";日本在"共存共荣"幌子下对殖民地与傀儡政权的统治;军部控制文化、宗教(神社)、教育等各个领域,操纵宣传机器,维护并美化侵华日军形象,对国民灌输"战争崇拜"和"忠君"意识;军部对战时报道涉及战争伤亡、俘虏关押、慰安所、慰安妇等一系列敏感信息的管制与引导。总之,日本侵华战争期间,在被战争机器绑架的舆论宣传中，军国主义的幽灵无处不在。其中，不少当年粉饰和美化侵华战争的思想观点与逻辑，直至今天，依然被妄图为军国主义招魂的日本右翼分子继承和利用。这一点，尤其值得我们注意。

《保守与隐匿战时机密》主要介绍了日本侵华战争期间，在战时保密机制下，日军对涉及军事信息的报道内容的处理。明治维新以后，日本军队和军事装备的现代化建设进展迅速，尤其是经过甲午战争、日俄战争等一系列实战之后，日本军事工业发展水平和军队战斗力在亚洲范围内已经首屈一指。而这种军事优势，客观上也刺激了穷兵黩武的日本军国主义势力对外扩张的野心。本卷所选照片内容，包括侵华战争期间日军战舰、坦克、飞机、山炮、高射炮等重型武器装备，防空侦探设备、运输车队、起重装置、军马等配套军事物资，高射炮布阵、海陆军协同作战、步炮兵协同作战等军事协作部署形式，陆军阵地修筑、海军舰艇训练等战场阵地信息，肩章、军旗、舰艇号码等军队建制标识，以及部分侵华日军战斗人员与指挥官的姓名、级别、头衔等个人信息。除此之外，还有不少是当时日本皇室人员担任军事长官或视察侵华战场时的留影。通过本卷所选照片内容，我们可以看到，对于这些涉及军事机密的战时信息，日本军部在新闻审查过程中的处理十分谨慎，除了少数信息因为配合战争宣传的需要可以公之于众，绝大部分内容在当时被严令禁止公开。即使部分允许发表的照片，也需要根据军部审查人员的"修改指示"，采取模糊照片内容、掩去人物具体姓名、删除战斗人员信息标识、隐去照片拍摄地等手段进行处理。

《武力侵华与战场暴行》主要记录了日本侵华战争期间，日军在武装攻占中国领土过程中的军事暴行。1931年9月18日晚间，日本关东军策划、发动九一八事变，其后日本在中国东北各地屯驻的军队多路齐发，迅速攻占沈阳、长春、齐齐哈尔、锦州、哈尔滨等各大城市，在仅仅4个多月时间里，辽、吉、黑三省全部沦陷。七七事变后，日本侵华战争全面升级。正面战场上，随着日军侵华战线的逐步延伸，中日两国军队先后进行了华北会战、淞沪会战、南京保卫战、徐州会战、长沙会战、浙赣会战、鄂西会战、常德会战等多次会战。敌后战场上，日军对各抗日根据地也多次实施了"扫荡"作战。本卷所收录的照片，内容涵盖了日军在侵

占中国东北、华北、华东、华中、华南等各个地区时经历的主要战役。这些珍贵的有关战争场面的照片，不仅记录了日本发动侵华战争的历史，同时也见证了十四年抗战期间，在日军武器装备占优、敌我力量悬殊的情况下，中国军民不畏牺牲，誓死捍卫国土完整和民族尊严的历史。

《抢占破坏与经济掠夺》主要揭露了日本侵华战争期间，日军对中国沦陷区的殖民控制，以及对中国经济的破坏和掠夺。自日俄战争以来，日本利用"满铁"等殖民机构在中国东北经营多年，将大量资源从中国东北源源不断地输入日本本土。对此，日本军国主义势力并不满足，又通过九一八事变，直接武装占领中国东北，并扶植成立了伪满洲国，全面控制中国东北的政治、经济、文化大权。七七事变后，日军进入华北，并将侵华战争一路向南推进。日军侵华战争所及之处，原有社会经济体系瘫痪，中国百姓流离失所、民不聊生。为防范、镇压中国人民的反抗，日军在沦陷区更是经常大肆搜捕、屠杀民众，损毁财物。日军在占领区，主要通过以下几种形式实施经济掠夺：一是通过"以战养战"的方式，直接抢掠中国煤、铁、粮食、棉花等战略物资，武力征用中国劳工；二是控制中国交通、金融、财税、海关、邮政等金融、物资、信息流通渠道，垄断和掌控沦陷区经济命脉；三是通过组织"开拓团""勤劳奉仕队""勤劳报国队"等移民侵略的形式，妄图达到长期占据中国领土的目的；四是利用殖民政权，为侵华战争提供劳动力、兵员和物资，如伪满洲国在七七事变后就颁布了《国家总动员法》《国防保安法》《国防资源秘密保护法》等一系列法律，配合支持日本侵华战争。以上这些历史事实，在本卷所收录的照片内容中都有不同程度体现。

需要说明的是，在本书编著过程中，作者团队力图从不同的角度全景式展现日本侵华战争。然而，囿于院藏日本侵华战争照片种类及数量，使其对抗战中有些方面反映得还不够充分，如敌后战场上日军对各抗日根据地的"扫荡"作战等。因此，本套丛书从日本战时画报中选取相关照片，在一定程度上反映侵华日军在东北、华北、华南各抗日根据地对抗日武装力量的搜捕与"扫荡"，以及日军试图抹去或消除抗日根据地内的壁画、标语、布告等的行径，从而凸显出敌后抗日根据地对全国抗战胜利发挥的重要作用和做出的不可磨灭的贡献。此外，本套书各卷反映的内容和题材各异，侧重

点也不同，所以各册之间可能出现照片的重复，但是各册作者根据专题分工，从各自角度对其进行了不同的解读。

《日本秘藏侵华战争照片实录》一书的编写，由伪满皇宫博物院专业人员完成。照片内容主要依托于伪满皇宫博物院的院藏资源。多年来，伪满皇宫博物院征集了日本侵华战争期间出版的大量书籍、画报、照片等历史文物，以及二战后日本方面整理出版的有关侵华历史的文字、图片资料。这些是研究日本侵华史、伪满洲国史的重要学术资源。《日本秘藏侵华战争照片实录》一书被列入"十三五"国家重点图书出版规划和2019年度国家出版基金项目，无疑是对我们编写、出版此书的价值和意义的高度肯定。然而，受研究水平和资料所限，作者在编写中会有疏漏和不完善之处，敬请广大读者谅解与指正。

反对战争，守卫和平，是人类永恒的理想。谨以此书献给那些为捍卫和平而牺牲的英灵，以及所有饱受战争灾难的无辜民众！

伪满皇宫博物院院长　王志强

序

  1931年到1945年，在日本发动对华侵略战争的十四年时间里，日本每日新闻社、朝日新闻社等一些知名报社都派随军记者跟随日军并拍摄了大量的战场纪实照片。像朝日新闻社随军记者拍摄的照片，刊发在每周一期的《支那战线写真》画报上。此外，日本的一些出版商在战时也相应出版了诸如《支那大事变写真史》《满洲事变写真帖》《新满洲国写真大观》等写真集。这些写真集的出版都有一个共同特点，那就是契合时事需要，并注重出版的时效性。更重要的是，这些瞬间记录日军侵略行为的照片密切配合日本对外战争宣传的需要，为日本军国主义摇旗呐喊，为侵略战争加油鼓劲。从这一新闻宗旨出发，日本关于照片发表的审查制度在卢沟桥事变前后是不同的。卢沟桥事变前，照片审查由日本内务省警保局图书科承担。卢沟桥事变后，日本完善了对随军记者拍摄照片内容的审查制度，日本陆军省、海军省和情报局共同承担对战时照片的审查任务；同时，为严格把控照片刊发内容，日本照片审查部门制定了《报纸登载事项许可与否的判定要领》，规定以下十四类照片不允许刊载发表：

1. 飞机场及关于飞行事故的照片。
2. 旅团长（少将）以上官员的照片。
3. 带有军旗的部队照片及关于军旗的照片。
4. 集中展示多名军官的照片。
5. 显示司令部、本部名称的照片。

6. 暴露装甲列车的名称及相关照片。

7. 暴露机械化兵团、机械化部队的名称及相关照片。

8. 关于给水车及其他给水器材的照片。

9. 部队行军、换防、通过或进入等可能暴露战略意图的照片。

10. 暴露水陆两用坦克的名称及相关信息的照片。

11. 关于其他特殊部队的照片。

12. 不利于军队的照片。

13. 逮捕或审讯中国军民、虐待战俘和平民的照片。

14. 充满血腥和暴力的照片,但关于中国军民的相关照片不在禁止之列。[1]

从以上严禁刊登的十四类照片不难看出,日本的战时照片审查制度是极其严苛、机械的。而其审查的宗旨只有一个,即凡对日本发动侵华战争不利的照片均在禁止发表之列。以每日新闻社随军记者拍摄的战时照片为例,每日新闻社必须在编好号的照片上,另外加洗4张用于审查,其中3张分别送至日本陆军省、海军省和情报局部门审查,另外1张在审查后退回,允许发表的照片被盖上"检阅济"印戳,禁止发表的照片被盖上"不许可"印戳[2]。这样,仅每日新闻社就积存下来大量未被发表的照片。到1945年日本投降以后,日本军方下令,必须将有关见证战争的资料全部烧毁[3]。每日新闻社没有屈从于军方的胁迫,而是偷偷将这批珍贵的照片和底片转移至一处地下室保存起来。虽然在此后的一次台风中,部分照片资料被淹受损,但仍保存下一部分照片和底片。1965年,每日新闻社第一次将这些封存的照片编辑出版,名为《从满洲事变到太平洋战争——20年中的不许可战场写真集》。此后,1967年、1977年、1979年、1998年、1999年,每日新闻社又先后出版了《日本的战历》《一亿人的昭和史10·不许可写真史》《一亿人的昭和史:日本的战史5·日中战争》《不许可写真1:20世纪的记忆》《不

---

[1] 张承钧主编:《强盗自白——来自日本随军记者的秘密照片》之《前言》,台海出版社,2000年,第2~3页。

[2] 张承钧主编:《强盗自白——来自日本随军记者的秘密照片》之《前言》,台海出版社,2000年,第3页。

[3] 张承钧主编:《强盗自白——来自日本随军记者的秘密照片》之《前言》,台海出版社,2000年,第4页。

许可写真2：20世纪的记忆》等照片集。这些照片集使得这些几经磨难的珍贵史料最终重见天日，也为历史留下了日军暴行的铁证。

本卷照片主要遴选自每日新闻社出版的照片集，有近300张。此外，为了更真实地反映历史，编者又从日本侵华期间日本朝日新闻社出版的《北支那战线写真》《支那战线写真》画报，以及一些日本出版商出版的《满洲事变写真帖》《新满洲国写真大观》《未公开写真：日中战争》《未公开写真：满洲事变》等写真集中遴选了近100张典型照片。这些在日本侵华期间被秘藏起来的照片，涵盖了日军在中国东北地区、华北地区、华东地区、华中地区以及华南地区的侵略行径，时间跨度则从1931年九一八事变开始到1945年日本投降，前后历时十四年。内容涉及日军在侵华战场上发动进攻的战况，日军违背国际公约使用毒气作战，日军侵略行进地点、兵力布置，日军暴行，以及日军高级军官头衔、军事装备、部队番号等。读者从中可以看到，每一张照片都真实再现了1931年到1945年，发生在侵华战场上日军的侵略行径及其制造的残忍暴行。这些秘藏照片是驳斥日本右翼势力否认侵华战争言论最有力的武器，也为东京审判的正义性提供了无可辩驳的佐证。而日本发动这场前所未有的侵略战争的残酷性和非人道性也在照片中一览无遗。为帮助读者更好地解读照片中的历史信息，编者对日本侵华十四年间主要战场情况进行了简要的梳理和概述：

从1931年九一八事变爆发到1932年3月9日日本操控的伪满洲国殖民政权成立，日军的侵华战场主要集中在东北。其间在上海发生了一·二八事变，事变目的在于转移国际视线，由此引发了第一次淞沪会战。1932年日本出版的《满洲事变写真帖》《新满洲国写真大观》等写真集真实记录了日本占领东北三省，以及日军残酷杀害东北抗日人士的全过程。

东北沦陷后，华北陷入重重危机之中。1933年，日军开始向华北一带侵犯，首先是通过占领山海关，进占热河，并将热河省纳入伪满洲国的版图，打开了通往华北的必经之路。热河失陷后，日军向长城沿线主要关隘古北口、喜峰口、居庸关一带大举进犯，长城一线中国守军的抗战进行得极其惨烈，广大爱国官兵用生命谱写了一曲"大刀向鬼子们的头上砍去"的抗战之歌。中国守军苦战两个月之久，人员、武器装备损失极大且得不到增援，在此情况下，长城各重要关口相继失守。卢沟桥事变后，日本开始全面侵华，中国的全面抗战也同时爆发。日军在华北集结 10 万大军，企图速战速决占领华北，三个月内迫使中国政府投降。在华北地区，日军的侵犯主要沿三条铁路线展开：一条是在占领平津两地后，沿津浦线向山东、河北一带进犯；一条是沿平汉铁路线进犯，侵占河北大部地区；一条是沿平绥铁路线进犯，逼取内蒙古、山西、陕西等地。

华北最惨烈的战斗发生在长城各隘口。1937 年 8 月 27 日，日军占领张家口的当日，侵入察哈尔省的万全城，杀害百姓 300 多人。这种杀害无辜平民的暴行一直贯穿于日军侵华战争整个过程，实是罄竹难书。1937 年 8 月 20 日，南京国民政府制订了作战计划并成立了五个战区，以抵抗日军的侵略。保定会战是在华北地区发生的较大规模的战役。1937 年 9 月 14 日，日军从北平出发，分三路向涿县、保定地区大举进攻。当时驻守保定的中国守军在日军地面与空中火力的猛烈进攻下，顽强抗击日军，在保定郊区甚至以白刃格斗暂时将日军击退。9 月 24 日，日军再次以 3 个师团的兵力向保定以北、以西地区迂回，地面用 140 辆坦克、约 260 门火炮开路，空中配以 60 架轻型或重型轰炸机轮番进行攻击。保定战役中，中国军队伤亡约 2 万人，日军伤亡近 6000 人。9 月 24 日，保定沦陷。之后，河北大部分地区陷于日军之手。

在华东战场，八一三事变直接引发了淞沪会战。1937 年 8 月 13 日，驻沪日本海军借 4 天前发生的虹桥机场事件，以中国政府拒绝撤除所有保安队、拆除防御工事为借口，向上海虹口八字桥中国守军阵地发动紧急袭击，中国军队予以还击，此为八一三事变，中日之间长达三个月的第二次淞沪会战就此拉开帷幕。此次淞沪会战中，日军投入 30 余万人，中国军队先后投入 50 个师约 70 万人。由于日军源源不断的增援，并且之前日军已经占领了津浦、平汉、平绥铁路等交通要道，加上日军拥有在当时较为先进的海陆空军事装备，中国军队尽管拼力抵抗，但是在日军掌握了上海的制空权后，形势已经不容乐观，11 月 12 日，日军占领上海，会战结束，日军伤亡 10 万余人，中国军队伤亡近 30 万人。

占领上海后，1937 年 12 月 1 日，日军大本营下达了"攻占敌国首都南京"的作战命令。日军投入比中国军队多一倍的兵力即 20 多万人、坦克 200 辆、数百架战斗机，分三路向南京扑来。面对来势汹汹的侵略者，南京国民政府决定迁都重庆，同时，任命唐生智为南京卫戍司令长官，南京城防守体系分为外围阵地和复廓阵地两部分。12月8日，三路日军攻至南京城外围阵地。12月12日，日军以重炮轰击中华门，中华门及其以西城垣数处倒塌，日军由缺口进入城内。13日，日军攻陷南京。日军进入南京城后，制造了人类历史上最为残忍的暴行之一：在六个星期内，屠杀手无寸铁的中国居民和放下武器的中国军人达30万人以上。

南京沦陷后，日军根据日军大本营的作战命令，集结军队发动徐州会战。与此同时，中国军队先后调集约60万大军，由第五战区司令长官李宗仁指挥，在徐州以北30公里进行布防。1938年3月23日，台儿庄战役打响。中国守军先是在台儿庄外与日军厮杀，然后又进入台儿庄城内与日军展开街巷肉搏战，逐渐将日军主力吸引到中国军队包围圈之内。中国军队集中兵力，于4月6日展开全线反攻，歼灭日军1万多人，台儿庄战役取得了重大胜利。5月中旬，日军发现徐州附近集中了中国军队大量兵力后，采取南北夹击的方式企图围歼中国军队，这时中国军队做了战略性撤退，日军企图围歼中国军队的计划彻底落空。5月19日，日军占领徐州，徐州会战结束。

在华中战场，徐州会战结束后，1938年6月，土肥原贤二率第14师团攻占开封，然后从开封、中牟由北路攻向郑州；中岛今朝吾所率中路日军由宁陵向尉氏西进。6月3日，日军攻占了杞县和通许，然后由杞县、通许、尉氏向平汉路上的新郑进攻。6月12日，日军到达平汉路上新郑以南约6公里的双洎河一带，炸毁了铁路桥；矶谷廉介所率的南路第10师团，从亳县出发，于6月3日攻占了柘城，6日占领了太康。这时，郑州及平汉路沿线形势紧张，中原战局危急。国民政府军事统帅部经多方面研究，决定炸开郑州以北的京口、花园口处黄河大堤。黄河大堤被炸开后，波涛汹涌的黄河迅速泛滥，使下游的"贾鲁河—涡河"一带乡村、城镇成为一片泽国。肆意奔流的黄河水，形成了广阔的大片地障，日军受阻，停止了进攻。同时，日军用大批舟艇援救其陷于黄河水中的部队，日军来不及撤走的车辆、火炮、战车等沉于水底。黄河泛滥之水改变了日军进攻武汉的作战方案，日军遂将兵力集中于安徽、江西一线。

1938年6月12日，由台湾进入大陆参加侵华战争的日军波田支队由芜湖溯江西犯，占领安庆，拉开了武汉会战的序幕。安庆失陷的当日，蒋介石下令编组中国第九战区，陈诚为司令官兼武汉卫戍司令。日军占领安庆后，向潜山、桐城战略要地进攻。6月19日，日军攻占了安徽潜山。6月23日，日军波田支队、第106师团、第3舰队等部向马当、湖口方向进攻。当日17时，日军800余人在新沟登陆，袭击香山；另一部袭击黄山、香口。6月24日，中国军队第16军在马当外围之黄山、香山阵地与日军展开激战。此时，马当要塞的中国守军只有一个营和外围500余人的兵力。6月26日拂晓，日军继续向娘娘庙、牛山矶进攻，并使用毒气作战，中国守军苦战至9时，全部阵亡，日军占领马当。马当失守，长江门户大开。29日，日军占领了彭泽县城。7月，日军攻陷湖口、九江，取得了溯江而上进攻武汉的据点。之后，日军在合肥、九江集结兵力。当日军作战部队大部到达预定的集结地后，8月22日，日军大本营向华中派遣军、中国方面舰队下达了陆军和海军协同进攻武汉的命令。日军先后调集9个师团、3个旅团、120余艘舰艇、500架飞机，投入25万兵力参与武汉会战。中国军队调集100万人予以抗击，人数虽众，但是仅有飞机100架、舰艇40余艘。中国第五战区和第九战区参加会战，共筑起650个防御工事，在安徽、江西、河北、河南四省数千里的战线上与日军交锋数百次，中国军队还取得了万家岭战斗中歼灭日军万余人的胜利。但是，随着武汉外围城市和据点相继失守，武汉三镇三面受敌。1938年10月24日，蒋介石下令中国军队撤出武汉。10月27日，日军占领武汉。武汉会战持续四个半月，日军伤亡4万余人。日军虽然占领了武汉，但是中国军队的抗战有力地削弱了日军的有生力量。此后，中日双方进入战略相持阶段，华中地区成为中国持续抗战的主战场之一。

从1939年到1942年，日军一共发动了三次进攻长沙的战役。第一次进攻长沙是从1939年9月14日至10月14日。1939年9月14日，冈村宁次指挥10万日军分别从赣北、鄂南、湘北分途进犯长沙。在过去的华北、华东战役中，日军凭借其强大而先进的陆海空武器装备，协同作战，屡屡得手，但是，华中地区地形复杂，崇山峻岭的地势令日军重型武器难以施展。此次长沙战役中日军多次使用毒气作战，中国士兵中毒者达70%。经过中日之间反复争夺，10月14日，中日双方恢复至会战之前态势，第一次长沙会战结束。1941年8月26日，日军大本营再次下达攻占长沙的命令。日军此次吸取第一次进攻长沙的教训，集结约12万兵力于湘北，于正面进行纵深突破。中国军队也在总结第一次长沙会战的经验和教训基础上，制订了反击日军的作战计划，决定"诱敌于汨罗江以南、捞刀河两岸地区，反击而歼灭之"。遗憾的是，由于中国作战情报被日军破译，日军迅速改变了行动计划。9月25日至27日，中国军队在捞刀河两岸与日军展开激战，双方均损失严重。28日，中日两军在长沙城内展开了巷战。10月9日，第二次长沙会战结束，日军认为达到了作战目的，撤回至新墙河以北据点。1942年1月，在日军发动的第三次长沙会战中，中国军队顽强抗击，战斗一度处于胶着状态，最终中国军队以巨大的代价取得战役胜利。

在华南地区，当武汉会战正酣之际，1938年9月，日军为切断中国军队东南沿海港口的外围物资运输供给线和配合武汉会战，决定占领广东，并对沿海地域实行封锁作战。10月9日，日军第21集团军从澎湖列岛的马公出海，由第5舰队护航，向大亚湾进犯。10月12日，日军在大亚湾登陆。日军登陆后，长驱直入，分头北犯，在一周的时间里，淡水、惠州、平海、稔山、吉隆、惠阳、博罗先后被日军占领。中国军队虽然进行了一定的抵抗，终因疏于防守，让日军轻取广东沿海多地进而占领广州，达到了策应武汉会战的目的。但是，日军妄图彻底切断中国外援运输线的计划并没有完全实现。虽然广州一线被切断，中国军队仍能从华南沿海西江地区、深圳、汕头以及桂粤、滇粤、滇缅公路输入大批作战物资。为彻底阻断中国对外水上和陆上交通，切断中国政府一切外援补给，1938年底，日军大本营决定攻占海南岛、汕头，占领深圳、桂南，从而彻底封锁中国东南沿海各个港口。1939年2月10日，日军在海南岛北部澄迈湾强行登陆，只与当地保安队进行了交锋，就轻而易举地占领了海口和琼山，接着又占领了安定、清澜两个港口。2月14日，日军在三亚湾登陆，随即占领了三亚、榆林。16日，海南岛沦陷。日军侵占海南岛期间，中国共产党领导的琼崖抗日游击队独立纵队曾给日军以猛烈的打击，有力地牵制了日军的兵力。6月21日，日军第104师团在海军和空军的协同作战下占领了汕头。27日，日军进占潮州。29日，占领澄海。8月14日，日军在宝安登陆，当日，深圳沦陷。至此，日军基本封锁了中国东南沿海的出海口。

在广西，日军的战略计划是占领南宁，切断中国的一切对外交通线路，并通过占领南宁，完成对桂南地区的占领，进而完全切断滇越、桂越、滇缅公路。1939年10月14日，日军大本营下达了攻占南宁的命令。11月15日，日军第21集团军突然在钦州湾企沙、龙门登陆，由于护守该地的中国军队力量十分薄弱，16日，日军攻占防城。17日，钦州陷落。24日，南宁陷落。12月1日，日军推进至高峰隘，12月4日，昆仑关失守，日军控制了南宁通向内地的两条交通要道。为夺回南宁这个西南国际交通要道，中国军队集结20万兵力、100架飞机以及部分炮兵和坦克，展开了夺回南宁的战斗。12月31日，中国军队在伤亡1万余人的情况下，夺回了昆仑关。此后，中日两军展开了为时一个半月的抢占昆仑关的激战。1940年1月26日，日军先发制人，发动宾阳战役，中国军队进行了惨烈的抵抗。2月3日，昆仑关再陷敌手。13日，日军出于战术上的考虑，退回南宁。1940年9月，日军攻入越南，中国西南桂越、滇越公路交通被彻底切断。1940年11月30日，在中国军队长达一个半月的攻击下，南宁被收复，日军被逐出了桂南，滇缅公路的交通得以恢复。

太平洋战争爆发后，在中国战场，日军先后发动了浙赣会战、枣宜会战、鄂西会战、常德会战、老河口芷江战役等较大规模的进攻战役，并对晋西北等抗日根据地持续进行进攻。常德会战中，日军频繁使用生化武器，中国军队牺牲之惨烈，是中日战争相持阶段较为少见的。日军虽然此时仍然嚣张，但已是强弩之末，在同盟国和中国全民族抗战的共同打击下，正走向衰亡。

以上是编者根据日军不许可发表的照片内容，简要概述的日军在侵华战场中的战争行为。编者在梳理这些日军不许可发表的照片时，发现这样一个特点，即日军每向一地侵略，首先是竭尽全力占领铁路沿线、关隘要道、机场以及码头、港口等战略要地，目的在于取得战争中的有利地势和制路权、制空权。这也是日军在侵华战场上最大的作战特点，而这一特点在日军不许可发表的照片中都能清晰地体现出来。

这些日军不许可发表的照片也从侧面体现出中国正面战场和敌后战场相互策应共同抗击日本侵略者的史实。其中，由中国共产党领导的八路军第115师于1937年9月取得的平型关大捷，打破了日军不可战胜的神话；从1940年8月至1941年1月，历时四个多月的百团大战，更是凸显了中国共产党在抗战中的中流砥柱作用；中国正面战场台儿庄大捷则极大地鼓舞了全国人民抗战必胜的斗志。同时，这些日军不许可发表的照片，还真实反映出中国人民通过消灭日军有生力量、牵制日军投放太平洋战场兵力在世界反法西斯战争东方主战场上所发挥的重大作用。

关于本卷照片编选，需要向读者说明的是：第一，本卷篇章分类基本按照现在七大行政地理分区编排。各战场照片在地理区划基础上进行战场区域分类，在同一战场区域以时间先后为序编排照片。另外，在表现日军强渡黄河的侵略行动时，为更加清晰起见，本卷将日军在山东一带渡河进犯与在河南一带渡河进犯合并于华中章节中表述，在此加以特别说明。

第二，由于1937年前和1937年后日本照片审查机制的不同，1933年日军入侵华北长城一线主要关口和1932年第一次淞沪会战的有关战场暴行类照片，未盖有"不许可"印戳，但是，同样性质的照片，1937年之后，则被盖上了"不许可"印戳。

第三，在每日新闻社出版的5本日军侵华写真集（《从满洲事变到太平洋战争——20年中的不许可战场写真集》《日本的战历》《一亿人的昭和史》《不许可写真1：20世纪的记忆》《不许可写真2：20世纪的记忆》）中，反映华东战场战况、被盖上"不许可"印戳的照片占有相当大的比重，而其他地区相对而言占比较少，其原因现在还不得而知。同时，由于暂时未找到日军在西南地区、西北地区"不许可"照片的资料，因此暂时未对相关内容进行编辑。

最后，希望读者从这些照片中，可以更加全面认识日军发动的侵略战争给人类带来的巨大灾难，进而激发爱国热情，珍惜并致力于维护世界的和平、稳定与发展，让战争悲剧在我们热爱的地球上不再重演！

陈春萍

2022年1月

目 录

第一章　侵略东北地区 …………………………………………… 1

　　第一节　九一八事变 ………………………………………… 4
　　第二节　侵占辽宁 …………………………………………… 7
　　第三节　侵占吉林 …………………………………………… 20
　　第四节　侵占黑龙江 ………………………………………… 26

第二章　侵略华北地区 …………………………………………… 37

　　第一节　逼取热河，直犯长城一线重要关口 ……………… 40
　　第二节　卢沟桥事变 ………………………………………… 45
　　第三节　侵占北平 …………………………………………… 48
　　第四节　侵占天津，沿津浦线进犯 ………………………… 62
　　第五节　沿平汉线进犯，侵占河北 ………………………… 73
　　第六节　沿平绥线进犯，逼取内蒙古、山西 ……………… 82

第三章　侵略华东地区 …………………………………………… 95

　　第一节　第一次淞沪会战 …………………………………… 98
　　第二节　第二次淞沪会战 …………………………………… 105
　　第三节　侵占南京 …………………………………………… 128

第四节	登陆杭州湾，进犯浙江	142
第五节	徐州会战	148
第六节	进犯安徽	154
第七节	侵犯江西	160

第四章　侵略华中地区　169

第一节	强渡黄河	172
第二节	会攻武汉	180
第三节	三攻长沙	186

第五章　侵略华南地区　193

第一节	侵占广东	196
第二节	侵犯广西	207
第三节	强占海南岛	214
第四节	进犯香港	219

参考文献　227

后记　233

第一章

侵略东北地区

经过中日甲午战争和日俄战争，日本帝国主义的侵略野心迅速膨胀。1929年世界性经济危机席卷各国，为转移国内各种矛盾，日本军国主义者不断寻找借口，制造侵华事端，加快实现"欲征服中国则必先征服东北，而欲征服世界就必须征服中国"[1]的大陆政策。1931年9月18日，日本关东军蓄谋制造了震惊中外的九一八事变，与此同时，兵分三路进犯沈阳城，并大举向东北其他各地进犯。由于蒋介石国民党政府执行"攘外必先安内"的不抵抗政策，致使日本关东军在不到半年的时间里侵占了辽吉黑三省大片领土。

为美化侵略，给其侵略披上"正当"外衣，同时煽动日本民众战争狂热情绪，九一八事变不久，日本关东军司令部制订了"满洲事变相关宣传计划"，推动军部"应努力拍摄能够成为报纸材料及杂志材料的有利的照片，并根据需要随时配发"[2]。南满洲铁道株式会社立即配合，于10月出版了《满洲事变写真帖》。日本各大媒体在军国主义者的鼓吹和推动下也纷纷行动起来。一些媒体发文替日军编造其侵略东北"师出有名"的谎言。如《东京朝日新闻》就关东军发动的九一八事变辩解道，中国兵炸毁沈阳柳条湖南满铁路，所以日本守备队被迫应战，占领北大营云云；"作为日本国民，支持军部、统一国论乃理所当然"[3]。同时，日本众多随军记者，跟随日军的脚步，将拍摄的战场写真刊登在新闻报刊上，炫耀日军武力，鼓动侵略战争。不明真相的日本国民在军方和媒体的鼓噪下，陷入了支援侵略战争的狂潮中。许多日本妇女不仅捐款献物、迎送慰

---

[1]（日）井上清：《日本历史："国史"批判》，生活·读书·新知三联书店，1957年，第267页。

[2]（日）藤原彰、功刀俊洋编：《资料日本现代史8·满洲事变与国民动员》，大月书店，1983年，第212页。转引自杨云芳《〈朝日新闻〉关于武汉会战报道的研究》，硕士学位论文，武汉理工大学，2018年，第12页。

[3]孙继强：《从战时日本报界的发展看新闻专业主义与政治的冲突》，载《日本学刊》2008年第2期，第132页。

问军人，还有的年轻女性积极与出征军人结婚等。[1]

1932年，日本国防智识普及会、日本雄辩会讲谈社创办人野间清治先后整理出版了《满洲事变写真帖》《新满洲国写真大观》照片集，宣扬日军侵略东北"战绩"、炫耀日军武力。如日军出动坦克、铁甲车等重型武器肆无忌惮地向东北各地进犯；日军使用当时较为新式的大型听音监测器测定飞机轰炸方位和飞行高度；日军每侵占一地后，舞动手中日本国旗和枪支向日本天皇遥拜；日军每侵入一城，日本军官骑着高头大马，以武力胁迫中国民众夹道欢迎；等等。1937年7月，日本加强新闻审查制度，规定给人以虐待感的恐怖的照片禁止发表，同时又特意强调"但如果是关于支那兵的惨虐行为的记事则无碍（发表）"[2]。此后，日本军部又进一步规定有关重型武器及其内部构造、有关飞机场和新型军事装备等事关军事机密的照片不允许发表，并进一步强调虐俘类包括战场惨状等容易让人联想暴力的照片禁止发表。但是由于1937年前和1937年后，日本新闻照片审查机构的不同以及新闻管理机制的差别，此时日军侵略东北时期有关不许公开发表的照片都未见盖有"不许可"印戳。如洮昂铁路线附近洮南大户屯战场上被日军射杀的中国人，日军用红笔标注了"绝密"字样，如果是同类内容照片，在1937年以后则都被盖上"不许可"印戳，而允许刊发的照片，则被盖上"检阅济"印戳。

---

[1] 安平：《近代日本报界的政治动员（1868—1945）》，广西师范大学出版社，2022年，第109页。

[2] （日）伊藤隆等编：《石射猪太郎日记》，中央公论社，1993年，第63页。转引自吴有凤《〈支那事变画报〉研究》，硕士学位论文，南京师范大学，2017年，第16~17页。

第一节 九一八事变

　　1931年9月18日夜10时，日本独立守备队柳条湖分遣队中尉河本末守带领7名士兵，按预定计划炸毁了沈阳北郊柳条湖附近南满铁路的一段路轨，然后嫁祸于中国军队，谎称"北大营中国兵炸毁铁路"，制造了"柳条湖事件"。当日夜11时，在特务机关守候的关东军高级参谋板垣征四郎得到"被中国兵炸毁南满铁路"的报告后，立即以关东军代理司令官的名义连发四道命令，令独立守备队第2大队扫荡北大营之敌，令步兵第29联队进攻奉天城，令独立守备队第5大队从北面进攻北大营，要求第2师团以主力增援之。日本独立守备队开始向北大营射击，发动了震惊中外的九一八事变。日军袭击了北大营火药库，守护火药库的东北军从睡梦中惊醒，来不及着装便被射杀。驻守在北大营的东北军第7旅官兵7000多人[1]，在蒋介石"不抵抗主义"的命令下，未进行有组织的抵抗，被迫进行自卫还击后，撤退到东大营。19日晨5时许，北大营失守。

　　日本帝国主义发动的九一八事变，向世界表明东方战争策源地正式形成。

---

〔1〕伪满皇宫博物院编：《勿忘"九・一八"——日本侵略中国东北史实》，吉林美术出版社，2006年，第29页。

第一章 侵略东北地区

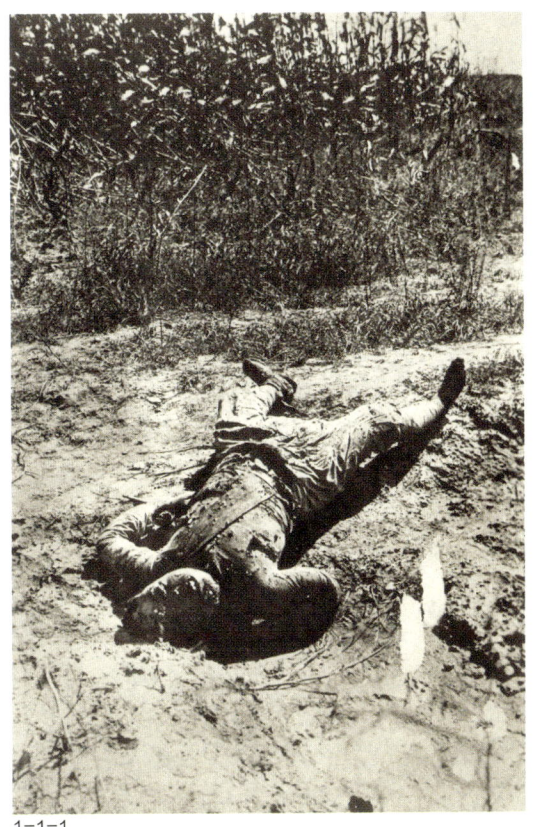
1-1-1

1-1-1 1931年9月18日夜，日本独立守备队柳条湖分遣队中尉河本末守炸毁沈阳北郊柳条湖附近的一段南满铁路，反诬中国军队所为。图为1931年9月26日日军公开发表的南满铁路爆破点附近的中国东北军士兵尸体。〔（日）每日新闻社整理：《一亿人的昭和史》，每日新闻社，1982年，第25页〕

1-1-2 日本关东军以"中国兵炸毁南满铁路"为借口，炮轰驻有中国东北军的沈阳北大营。图为日本关东军手持日本国旗，向东北军驻地北大营发起偷袭。〔（日）国防智识普及会编：《满洲事变写真帖》，东京省文社，1932年，原书无页码〕

1-1-2

1-1-3

1-1-4

1-1-3 遭日军炮火袭击后的中国东北军驻地北大营。〔（日）国防智识普及会编：《满洲事变写真帖》，东京省文社，1932年，原书无页码〕

1-1-4 日军在中国东北军驻地北大营插上日本国旗。〔（日）国防智识普及会编：《满洲事变写真帖》，东京省文社，1932年，原书无页码〕

第二节 侵占辽宁

日本关东军在偷袭中国东北军驻地北大营的同时，向沈阳城发起进攻。1931年9月19日凌晨，日军步兵第29联队的第1、第2大队分三路进犯沈阳城。日军以装甲车开道，步兵分别从小西门、大西门等处入城，几乎未遭到中国军警的任何抵抗，于19日上午6时占据了沈阳内城西侧城墙、东侧城墙的南北线，同时占领了东北边防军司令长官公署、辽宁省政府行署等重要军政机关和通信设施以及金融机构。一夜之间，东北政治、经济、文化中心沈阳城陷于日本侵略者之手。19日上午9时，日本关东军在沈阳城内到处张贴事先印刷好的《日本军司令官布告》。次日，在沈阳组建军政、市政两公所。不久，将沈阳市改为奉天市，日本驻奉天特务机关长土肥原贤二任奉天市市长。

沈阳陷落后，东北边防军司令长官公署和辽宁省政府行署迁至锦州。为消灭张学良的东北军，1931年10月8日，关东军司令官本庄繁命令对锦州实施空中轰炸。同时，日本从国内和朝鲜两地征调大批日军开赴东北。12月21日，4万日军沿营沟、北宁、大通三条铁路线向锦州进犯。12月28日，关东军发起了对锦州的总攻击。日军以步兵为先头部队向营沟线进犯，同时，日军步、骑、炮联合部队在飞机、坦克、铁甲车的配合下，向锦州一线发起猛攻。东北军守军在抗日义勇军的配合下以铁甲车与日军展开激战。在没有后续兵力增援以及敌我双方实力悬殊的情况下，锦州守军弹尽粮绝，12月29日，东北边防军参谋长荣臻命令守军陆续向关内撤退。1932年1月3日，日军侵入锦州，锦州沦陷。至此，辽宁省全部被日军侵占。

1-2-1

1-2-1 1931年9月19日凌晨,在装甲车的掩护下,日军由沈阳小西门进入沈阳城内。图为日军在沈阳小西门外警戒。〔(日)国防智识普及会编:《满洲事变写真帖》,东京省文社,1932年,原书无页码〕

1-2-2 向沈阳城进犯的日军抵达沈阳内城西北角城墙下。〔(日)野间清治:《新满洲国写真大观》,日本雄辩会讲谈社,1932年,第26页〕

1-2-2

1-2-3

1-2-4

1-2-3 从朝鲜平壤起飞的日军飞行队占领沈阳机场。〔（日）国防智识普及会编：《满洲事变写真帖》，东京省文社，1932年，原书无页码〕

1-2-4 日军将在沈阳境内抓捕的中国军警及其他中国平民绑缚在一起。〔（日）国防智识普及会编：《满洲事变写真帖》，东京省文社，1932年，原书无页码〕

1-2-5

1-2-5 日军将被俘的中国东北军官兵及抗日人士押送至沈阳兵工厂收容所。〔(日)国防智识普及会编:《满洲事变写真帖》,东京省文社,1932年,原书无页码〕

1-2-6

1-2-7

1-2-6 被日军押送到俘虏收容所的中国东北军。〔(日)国防智识普及会编:《满洲事变写真帖》,东京省文社,1932年,原书无页码〕

1-2-7 1931年冬,日军入侵辽宁铁岭、开原一带。〔(日)野间清治:《新满洲国写真大观》,日本雄辩会讲谈社,1932年,第56页〕

1-2-8 为彻底摧毁张学良的东北军政权,日军从1931年10月起,开始对锦州实施武装占领计划。图为向锦州方向进犯的日军装甲车。〔(日)野间清治:《新满洲国写真大观》,日本雄辩会讲谈社,1932年,第55页〕

1-2-9 日军主力沿北宁线铁路向锦州进犯。〔(日)野间清治:《新满洲国写真大观》,日本雄辩会讲谈社,1932年,第58页〕

1-2-8

1-2-9

第一章 侵略东北地区

1-2-10

1-2-11

1-2-10 从沈阳机场起飞准备轰炸锦州的日军飞机。〔（日）野间清治：《新满洲国写真大观》，日本雄辩会讲谈社，1932年，第55页〕

1-2-11 日军乘船渡过辽河，向锦州一带进攻。〔（日）野间清治：《新满洲国写真大观》，日本雄辩会讲谈社，1932年，第59页〕

1-2-12

1-2-13

1-2-12 在锦州三台子阵地上，进攻东北军的日军正在使用炮队镜测量攻击方位和距离。〔（日）国防智识普及会编：《满洲事变写真帖》，东京省文社，1932年，原书无页码〕

1-2-13 锦州三台子阵地上的日军守备队司令官森连中将（左前）。〔（日）国防智识普及会编：《满洲事变写真帖》，东京省文社，1932年，原书无页码〕

1-2-14

1-2-15

1-2-14 与中国东北军作战的日军地面部队正在使用大型听音监测器测定飞机所在方位和飞行高度。〔（日）国防智识普及会编：《满洲事变写真帖》，东京省文社，1932年，原书无页码〕

1-2-15 向辽河进犯的日军骑兵。〔（日）野间清治：《新满洲国写真大观》，日本雄辩会讲谈社，1932年，第57页〕

1-2-16

1-2-16 在辽宁锦州北镇沟帮子一带行进的日军骑兵。〔(日)野间清治：《新满洲国写真大观》，日本雄辩会讲谈社，1932年，第61页〕

1-2-17 放弃了沈阳的张学良被蒋介石任命为中华民国陆海空军副总司令，张学良将主力部队撤至锦州，在"大虎山—沟帮子"一线构建防线。日军第20师团在空军协同下攻克锦州。图为日军将15厘米榴弹炮装入装甲车，向沟帮子东北军阵地发起进攻。〔(日)每日新闻社整理：《一亿人的昭和史》，每日新闻社，1982年，第27页〕

1-2-17

1-2-18

1-2-18 日军侵占锦州后举行入城式。〔（日）野间清治：《新满洲国写真大观》，日本雄辩会讲谈社，1932年，第63页〕

1-2-19

1-2-19　占领锦州的日军在城墙上挥舞日本国旗。〔（日）野间清治：《新满洲国写真大观》，日本雄辩会讲谈社，1932年，第62页〕

第一章 侵略东北地区

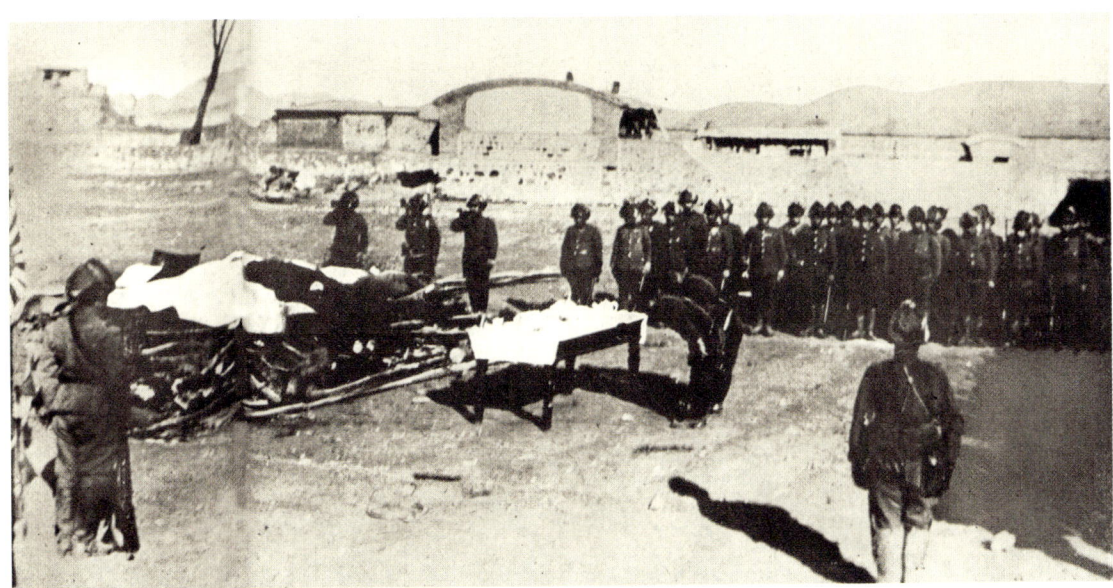
1-2-20

1-2-21

1-2-20　日军为在侵犯锦西战斗中战死的日军古贺联队长举行火葬。〔(日)野间清治：《新满洲国写真大观》，日本雄辩会讲谈社，1932年，第68页〕

1-2-21　1932年，日本关东军在辽宁新民屯抓捕中国抗日人士。〔(日)赤木益一郎：《从满洲事变到太平洋战争——20年中的不许可战场写真集》，每日新闻社，1965年，第22页〕

第三节 侵占吉林

长春是南满铁路、中东铁路和吉长铁路的会合点，是通往吉林、哈尔滨和洮南的重要门户。当时，留驻长春的东北军总兵力有六七千人。9月18日夜，驻守长春的一千多名日兵也都发枪待命。同时，驻守公主岭的日军骑兵急行军来到长春，配合日军步兵第38联队分别向南岭中国东北军驻地、二道沟步兵营发动袭击。驻守南岭的东北军炮兵开炮还击，双方激战数小时，伤亡100余人。但因收到东北边防军驻吉林副司令长官公署参谋长熙洽的"不加抵抗"电令，中国守军只能冒死突围，且战且退，伤亡惨重。日军死伤145人。[1]同时，日军骑兵第2联队也赶来增援。9月19日下午2时30分，南岭兵营陷落。下午5时以后，日军攻入长春城内。9月20日，海城的日军野炮兵、旅顺的日军步兵主力也赶至长春，为进犯吉林和黑龙江做军事上的准备。

日军侵占长春后，把进攻的矛头指向吉林省省城吉林市。9月20日，日军多门二郎中将率领部向吉林进犯。当时，熙洽代理吉林省军政大权。由于熙洽的不抵抗和投降策略，多门率日军兵不血刃地占领了吉林市。9月23日，蛟河、敦化以及延吉、珲春、汪清、和龙等吉林东境各县也都被日军占领。9月24日，日军又向辽宁和吉林西北境进攻，先占通辽，继而占领新民。这样，不到一周的时间，辽、吉两省大部分地区被日军侵占。

---

[1]《中国抗日战争史》编写组编：《中国抗日战争史》，人民出版社，2011年，第58页。

1-3-1

1-3-2

1-3-1　1931年9月19日，日军在攻占沈阳的同时，向吉林省的重要门户长春进犯。〔伪满皇宫博物院藏历史照片〕

1-3-2　日军侵占长春近郊九台县。图为被日军侵占的下九台车站。〔（日）国防智识普及会编：《满洲事变写真帖》，东京省文社，1932年，原书无页码〕

1-3-3

1-3-4

1-3-3 1931年9月20日,日军在长春火车站集结,准备进犯吉林。〔(日)国防智识普及会编:《满洲事变写真帖》,东京省文社,1932年,原书无页码〕

1-3-4 1931年9月20日,位于辽宁、吉林两省交界处铁岭昌图的红顶山中国东北军兵营被日军飞机轰炸后冒起浓烟。〔(日)国防智识普及会编:《满洲事变写真帖》,东京省文社,1932年,原书无页码〕

1-3-5

1-3-6

1-3-5 1931年9月21日，日军乘货车向吉林方向进犯。〔（日）国防智识普及会编：《满洲事变写真帖》，东京省文社，1932年，原书无页码〕

1-3-6 1931年9月21日，东北边防军驻吉林副司令长官公署参谋长熙洽向关东军投降。日军没费一枪一弹即占领了吉林市。图为吉林市的日军军营。〔（日）国防智识普及会编：《满洲事变写真帖》，东京省文社，1932年，原书无页码〕

1-3-7

1-3-8

1-3-7 1931年9月22日,日军在吉林省四平市以西90公里的郑家屯逮捕抗日人士。〔(日)赤木益一郎:《从满洲事变到太平洋战争——20年中的不许可战场写真集》,每日新闻社,1965年,第24页〕

1-3-8 日军将被俘的抗日人士捆绑起来,押往日军军营。〔(日)赤木益一郎:《从满洲事变到太平洋战争——20年中的不许可战场写真集》,每日新闻社,1965年,第24页〕

第一章　侵略东北地区

1-3-9

1-3-10

1-3-9　为了侵占与日本满铁利益休戚相关的洮昂铁路，日军步兵第16联队从四平向洮南（大兴以南220公里）方向进攻。图为在洮南附近大户屯被日军射杀的中国军人。此图被日军用红笔标注"绝密"字样，禁止公开发表。〔（日）赤木益一郎：《从满洲事变到太平洋战争——20年中的不许可战场写真集》，每日新闻社，1965年，第26页〕

1-3-10　在吉林田野上被日军射杀的中国东北平民。〔（日）国防智识普及会编：《满洲事变写真帖》，东京省文社，1932年，原书无页码〕

25

第四节　侵占黑龙江

　　日本关东军侵占辽、吉两省的主要城镇后，继而把侵略的矛头指向黑龙江省城齐齐哈尔。1931年10月中旬，投降日军的张海鹏奉关东军之命，以三个团的兵力，沿洮昂铁路向黑龙江省进犯，在嫩江桥南端被黑龙江中国守军击溃。10月27日，日军沿洮昂铁路向嫩江桥进犯，在嫩江大兴、三间房、昂昂溪一带，遭到了马占山率领的中国东北军的英勇抵抗，但中国军队终因敌众我寡而失败。1931年11月19日，日军侵入齐齐哈尔，黑龙江省沦陷。1932年1月3日，锦州沦陷后，日军将侵略的矛头直指东三省特别行政区署所在地——哈尔滨。1932年1月27日，当国内外公众关注上海一·二八事变时，日军趁机向哈尔滨进犯。日军增调一个师团和一个混成旅团，分别从长春、齐齐哈尔向哈尔滨进发，派出四个飞行队掩护日军进攻。日军的进犯遭到了吉林自卫军的顽强抗击。吉林自卫军与日军在哈尔滨铁路两侧展开激战，日军利用坦克、大炮、飞机轮番轰炸、扫射。吉林自卫军虽拼死杀敌，还击落日军飞机1架[1]，但终没能抵御日本侵略者坦克、大炮、飞机等的轮番进攻，不得已于2月5日下午全线撤至哈尔滨以东地区，哈尔滨遂于当日下午被日军侵占。日军侵占哈尔滨后，沿中东铁路向东进犯，于3、4月间相继侵占了海林、宁安、方正等要地。从九一八事变到哈尔滨沦陷，由于国民政府的不抵抗政策，日军仅用四个多月时间，就侵占了中国东北三省大部分领土。

---

[1] 王秉忠、孙继英主编：《东北沦陷十四年大事编年》，辽宁人民出版社，1990年，第36页。

1-4-1

1-4-2

1-4-1　1931 年 10 月 15 日至 18 日，以修复被马占山军炸毁的嫩江铁路桥为名，日军嫩江支队（步兵第 16 联队主力）侵入南昂昂溪。11 月 4 日，日军开始进攻大兴的马占山东北军。马占山东北军在大兴一带与日军展开了殊死战斗。图为在战场上牺牲的马占山东北军战士。〔（日）赤木益一郎：《从满洲事变到太平洋战争——20 年中的不许可战场写真集》，每日新闻社，1965 年，第 26 页〕

1-4-2　马占山军队在嫩江大兴附近构筑战壕，以抵抗日军多门部队的侵犯。图为向大兴进犯的日军多门师团。〔（日）野间清治：《新满洲国写真大观》，日本雄辩会讲谈社，1932 年，第 42 页〕

1-4-3

1-4-4

1-4-3　日军骑兵队向昂昂溪一带进犯。〔(日)野间清治:《新满洲国写真大观》，日本雄辩会讲谈社，1932年，第46页〕

1-4-4　向黑龙江省嫩江进犯的日军。〔(日)野间清治:《新满洲国写真大观》，日本雄辩会讲谈社，1932年，第40页〕

1-4-5

1-4-6

1-4-5 日军重炮部队配合日军步兵,向中国东北军阵地实施猛烈炮击。〔(日)国防智识普及会编:《满洲事变写真帖》,东京省文社,1932年,原书无页码〕

1-4-6 日军占领嫩江流域附近的大兴阵地后,将日本国旗插在大兴高地上。〔(日)野间清治:《新满洲国写真大观》,日本雄辩会讲谈社,1932年,第44页〕

1-4-7

1-4-8

1-4-7 日军占领大兴阵地后挥舞手中国旗和枪支。〔（日）野间清治：《新满洲国写真大观》，日本雄辩会讲谈社，1932年，第44页〕

1-4-8 日军正在掩埋进犯嫩江作战中战死的日本士兵。〔（日）野间清治：《新满洲国写真大观》，日本雄辩会讲谈社，1932年，第43页〕

1-4-9

1-4-10

1-4-9　日军用望远镜观测到的战壕内的马占山军队。〔(日)野间清治:《新满洲国写真大观》,日本雄辩会讲谈社,1932年,第44页〕

1-4-10　日军进犯齐齐哈尔时,遇到马占山率领的东北军的英勇抗击。图为被马占山东北军击伤的日军。〔(日)野间清治:《新满洲国写真大观》,日本雄辩会讲谈社,1932年,第41页〕

1-4-11

1-4-12

1-4-11 日军在昂昂溪、三间房一带的战壕。〔（日）野间清治：《新满洲国写真大观》，日本雄辩会讲谈社，1932年，第48页〕

1-4-12 向三间房附近进犯的日军。〔（日）野间清治：《新满洲国写真大观》，日本雄辩会讲谈社，1932年，第49页〕

第一章 侵略东北地区

1-4-13

1-4-14

1-4-13 侵占昂昂溪的日军战车队。〔（日）野间清治：《新满洲国写真大观》，日本雄辩会讲谈社，1932年，第48页〕

1-4-14 向齐齐哈尔进犯的日军。〔（日）野间清治：《新满洲国写真大观》，日本雄辩会讲谈社，1932年，第46页〕

1-4-15

1-4-16

1-4-15　在战壕内伺机向齐齐哈尔发动进攻的日军。〔(日)野间清治：《新满洲国写真大观》，日本雄辩会讲谈社，1932年，第47页〕

1-4-16　日军在向哈尔滨进犯途中，遭到了吉林自卫军的强烈抵抗。图为日军通过望远镜观测到的正在布防的吉林自卫军丁超部。〔(日)野间清治：《新满洲国写真大观》，日本雄辩会讲谈社，1932年，第71页〕

1-4-17

1-4-17 日军在农家屋顶上观察吉林自卫军的动向。〔(日) 野间清治：《新满洲国写真大观》，日本雄辩会讲谈社，1932年，第70页〕

1-4-18 日军多门师团战车队在向哈尔滨方向进犯。〔(日) 野间清治：《新满洲国写真大观》，日本雄辩会讲谈社，1932年，第71页〕

1-4-18

1-4-19

1-4-20

1-4-19 与吉林自卫军交战的日军多门师团战车队。〔（日）野间清治：《新满洲国写真大观》，日本雄辩会讲谈社，1932年，第71页〕

1-4-20 1932年2月5日，日军突破吉林自卫军的抵抗，侵占东三省特别行政区署所在地哈尔滨。图为入城后的日军阅兵式。〔（日）野间清治：《新满洲国写真大观》，日本雄辩会讲谈社，1932年，第72页〕

第二章

侵略华北地区

继侵占东北后，日军先后侵占山海关、热河以及长城一线冷口、界岭口、喜峰口、罗文裕、古北口等重要关口，将局部侵华战争扩大至华北地区。1937年7月7日，日军挑起卢沟桥事变，标志着日本由局部侵华升级为全面侵华。中华民族由此开启了全面抗战阶段。从此，在国共两党领导的正面和敌后两个战场夹击下，侵华日军陷入了不能自拔的战争泥潭。

卢沟桥事变后，日本宣布进入战时体制，并进行国民精神总动员，要求国民"无论事态如何发展，战争如何长期，都要靠坚忍持久克服困难，实现所期之目的"[1]，日本新闻界也进入战时管控体制。7月28日，日本陆军省新闻报道班制定了《新闻揭载事项许否判定要领》，主要禁止有关"虐待感的恐怖的东西""惨虐的照片"发表[2]。9月9日，日本陆军省、海军省相继在《新闻揭载禁止事项许否判定要领》基础上，进一步出台了《报纸登载事项许可与否的判定要领》，再次强调"可能给人以虐待感的照片"等"全都不许刊登"[3]，同时规定了诸如"不利于军队的照片""部队行军、换防、通过或进入等可能暴露战略意图的照片"等14项不许刊载的照片内容。因此，日军在侵占天津火车站时，将中国士兵捆绑在站台立柱上，用厚布蒙上双眼，进行射杀；在侵占大同后，将搜捕到的中国军人用绳索捆绑在一起枪杀等此类虐杀战俘和平民的照片，都被盖上了"不许可"的印戳。

沿铁路线进犯是日军侵华的一个主要特点。1937年8月，日军编组华北方面军，以华北方面军8个师团和关东

---

[1] 国民精神总动员中央联盟编：《昭和12年度国民精神总动员中央联盟事业概要》，1937年，第299页。转引自史桂芳《日本国内战争狂热的表现及成因分析——从一个新的角度反思历史》，载《安徽史学》2016年第1期，第120页。

[2]（日）伊藤隆等编：《石射猪太郎日记》，中央公论社，1993年，第63页。转引自吴有凤《〈支那事变画报〉研究》，硕士学位论文，南京师范大学，2017年，第16页。

[3] 陈安吉主编：《侵华日军南京大屠杀史国际学术研讨会论文集》，安徽大学出版社，1998年，第142页。

军4个旅团，沿平汉、津浦、平绥三条主要铁路线向华北腹地发动进攻，[1]企图以速战速决迫使中国政府投降。日军在火车站或铁路线周边构筑阵地、布置兵力，以及与中国军队在铁路线对战等有可能泄露日军军事部署机密或影响日军士气的照片，根据《报纸登载事项许可与否的判定要领》，均被判定禁止发表。例如，日军侵占廊坊车站并构筑阵地的照片，日军审查官在照片上批示道："廊坊站的日军阵地及铁轨上的装甲车，所有均禁止发表。"[2]日军出动坦克等重型武器行进在铁路线，日军用长长的高粱秸秆覆盖隐藏于庄稼地中的装甲车等战场照片，均被盖上了"不许可"印戳，禁止发表。而1933年日军进犯山海关、热河、长城一线的照片，因彼时日本的新闻审查制度，所刊发或未刊发的照片均未盖有审查的印戳，但由于日军进犯区域属于华北地区，因此放在本章表述。

1938年后，由于华北敌后战场逐渐成为抗日的主战场，日军对敌后战场进行残酷的"扫荡作业"。本章选取了4张日军对晋西北等抗日根据地进行"扫荡"的照片，以彰显中国共产党在抗战中的中流砥柱作用。

卢沟桥事变后，活跃在侵华战场上的日本随军记者数量庞大，拍摄的战场照片种类繁多、角度各异，而那些被判定为不许可发表的照片客观上反映或证实了日军的各种战场暴行。

---

[1] 王辅：《日军侵华战争（1931—1945）》，辽宁人民出版社，1990年，第547页。

[2] （日）每日新闻社整理：《不许可写真1：20世纪的记忆》，每日新闻社，1998年，第163页。

第一节　逼取热河，直犯长城一线重要关口

　　九一八事变是日本发动侵华战争的第一步。九一八事变后，日本密谋向关内侵略。1933年元旦，日军向山海关一带进犯，驻山海关东北军何柱国部奋力抵抗，打响了长城抗战的第一枪。虽然何柱国部奋力抵抗，但终因寡不敌众，山海关失陷。山海关失陷后，日军入城大肆搜捕，凡穿中山装者杀，穿军服者杀，写反日标语者杀，就连便服内穿灰色裤者也杀，山海关到处残垣断壁，尸横遍野。山海关失陷，日本关东军取得了进攻热河的有利条件。1933年2月21日，日伪军10多万人以锦州为基地，分南、北、中三路向热河进犯：一路由绥中进犯凌源，一路由锦州进犯朝阳，一路由通辽进犯开鲁。3月4日，日军占领承德。11日，热河全省沦陷，并被纳入伪满洲国版图。接着，日军以热河为据点向长城一线各重要关口发起进攻，日军在进犯古北口一带时大行杀戮，古北口四处可见被射杀的中国民众。在喜峰口战役中，国民革命军第29军与日军展开了激烈的肉搏战。第29军使用中国传统的冷兵器大刀与日军厮杀，广大爱国官兵用生命谱写了一曲"大刀向鬼子们的头上砍去"的悲壮之歌。日军前后调集大量部队增援，喜峰口正面中日军队形成对峙状态。经过31天的恶战，中国军队由于伤亡较大，最后在日军猛烈的火力进攻下被迫撤退。

第二章　侵略华北地区

2-1-1

2-1-2

2-1-1　1933年3月11日，热河沦陷。图为向山海关进犯的日军。〔（日）野间清治：《新满洲国写真大观》，日本雄辩会讲谈社，1932年，第64页〕

2-1-2　侵占山海关的日军面向日本本土方向欢呼。〔（日）野间清治：《新满洲国写真大观》，日本雄辩会讲谈社，1932年，第65页〕

41

2-1-3

2-1-3 在山海关城墙上集结的日军。〔（日）野间清治：《新满洲国写真大观》，日本雄辩会讲谈社，1932年，第66页〕

2-1-4 被日军杀害的中国军民。〔（日）每日新闻社整理：《一亿人的昭和史》，每日新闻社，1982年，第29页〕

2-1-4

2-1-5

2-1-6

2-1-5 1933年3月9日，在长山峪战役中战死的日本士兵及其遗物，其头盔被子弹击穿。类似日军战死的图片，1937年后多被日军审查官列入"不许可"发表照片。〔（日）每日新闻社整理：《一亿人的昭和史》，每日新闻社，1982年，第28页〕

2-1-6 在日军进攻长城各隘口的战斗中，中国军队官兵誓死抵抗，宁为战死鬼，不做亡国奴。图为牺牲倒地的中国军人的尸体。〔（日）每日新闻社编：《日本的战历》，每日新闻社，1967年，第35页〕

2-1-7

2-1-8

2-1-7 日军向热河大举进攻的同时即下达命令,要求不失时机地占领长城各主要隘口。图为日军进攻古北口时的九二式重装甲车。其左下方是被日军杀害的中国军人。为掩盖日军杀戮暴行,1937年后,此类照片均被审查官列入"不许可"发表范围。〔(日)每日新闻社整理:《一亿人的昭和史》,每日新闻社,1982年,第29页〕

2-1-8 在长城一线进犯的日军,将日本国旗插在山顶上。〔(日)平贺甚四郎:《支那大事变写真史》,日本东京成光堂,1937年,原书无页码〕

第二节 卢沟桥事变

卢沟桥位于北平西南郊的永定河上，建于金大定二十九年（1189），具有极为重要的战略地位，是保卫北平的桥头堡，历来都有重兵驻守。卢沟桥东 7 公里处的丰台，距离北平前门仅 22 公里，是民国时期平汉、平绥、北宁三条铁路交会之地；卢沟桥西南 6 公里的长辛店，是平汉路北段的要地；丰台、长辛店均隶属于宛平县。卢沟桥的军事战略地位由此可见一斑。

如果日军占领了卢沟桥，其势力可以延伸到宛平城、长辛店，和已被日军占据的丰台，形成对平津的包围之势，北平便成为日军囊中之物，日军进可侵犯华北平原，退能占领大片中国国土。为此，卢沟桥之得失关系十分重大。日军对卢沟桥的占领蓄谋已久。从 1937 年 5 月起，日军便在卢沟桥附近频繁进行军事演习。面对日军的挑衅，国民革命军第 29 军加强了防备，并多次进行了防御演习。1937 年 7 月 7 日 19 时 30 分，日军在卢沟桥以北 1 公里处的龙王庙一带进行军事演习；23 时，日军称其一名士兵"失踪"，要求进入宛平城搜查，遭到第 29 军严词拒绝。随后日军向中国守军开枪射击并炮轰宛平城，卢沟桥事变爆发。第 29 军奋起抗战，中国人民的全面抗战由此开始。

2-2-1

2-2-1　侵占卢沟铁路桥的日军桥头哨。〔（日）平贺甚四郎：《支那大事变写真史》，日本东京成光堂，1937年，原书无页码〕

2-2-2

2-2-2　日本一部在卢沟铁路桥下待命。〔（日）平贺甚四郎：《支那大事变写真史》，日本东京成光堂，1937年，原书无页码〕

2-2-3

2-2-4

2-2-3 卢沟桥事变后向华北进犯的日军。〔(日)每日新闻社整理：《不许可写真1：20世纪的记忆》，每日新闻社，1998年，第220页〕

2-2-4 用草伪装后埋伏在草丛中伺机进攻的日军。〔(日)平贺甚四郎：《支那大事变写真史》，日本东京成光堂，1937年，原书无页码〕

第三节　侵占北平

卢沟桥事变后，日军通向平津的门户已被打开，平津处于危机之中。这时，日军一方面与中国国民政府谈判，一方面在其国内进行兵力动员，迅速向华北集结兵力，准备以武力一举灭亡中国。1937年7月16日，日军已完成对平津的战略包围，增派到华北的兵力已达10万人。廊坊是平津线上的重镇。7月25日，战火首先在廊坊点燃。26日拂晓，日军轰炸廊坊中国军队驻地，遭到中国军队第226团的奋力抵抗，但中国军队在日军飞机、大炮的联合轰炸下，于失利情况下被迫撤向通县地区。同一天，日军华北驻屯军驻屯旅团第2联队之第2大队从天津乘火车出发，于14时占领丰台火车站。此后，中国军队曾一度收复丰台火车站。7月26日，日军主力向南苑附近进犯，中国军队第29军向日军发起反击。28日，日军第20师团从东南、正南、西南三个方向，由炮兵、坦克部队掩护向南苑连续发起进攻，于13时攻进了南苑。中国军队第29军在抗击日军进攻中伤亡惨重，副军长佟麟阁和第132师师长赵登禹在指挥作战中壮烈牺牲。接着，日军集中力量向西苑和八宝山发起了进攻。当时，通州的冀东保安队在中国军队第29军向敌人发起反击时按计划起义，并逮捕了"冀东防共自治政府"主席殷汝耕（后在纷乱中因看管不严逃跑），处决了不少汉奸，打死日军及日本特务223名。但是终因敌我军事力量悬殊，第29军不得不撤出北平。30日，北平落入日军之手。在平津地区的作战中，日军被击毙127人，被击伤384人。[1]

---

[1] 王辅：《日军侵华战争（1931—1945）》，辽宁人民出版社，1990年，第511页。

第二章 侵略华北地区

2-3-1

2-3-2

2-3-1　1937年7月7日，卢沟桥事变爆发，日本开始全面侵华。图为进犯北平的日军古川部队。〔（日）平贺甚四郎：《支那大事变写真史》，日本东京成光堂，1937年，原书无页码〕

2-3-2　利用重机枪进犯北平的日军。〔（日）平贺甚四郎：《支那大事变写真史》，日本东京成光堂，1937年，原书无页码〕

2-3-3 卢沟桥事变后，驻华日军通信兵迅速出发进驻丰台。图为在丰台架设无线电设备的日军通信班。日军极重视通信、情报的保密，该照片因有通信装置而被日方禁止发表。〔（日）每日新闻社整理：《不许可写真1：20世纪的记忆》，每日新闻社，1998年，第158页〕

2-3-4 在树林中进行通信联络的日军通信兵。〔（日）朝日新闻社整理：《支那战线写真特辑》，第29卷第7号，朝日新闻社，1937年，第21页〕

2-3-3

2-3-4

2-3-5

2-3-6

2-3-5　准备进犯北平、在庄稼地中行进的日军野战炮兵。〔（日）每日新闻社整理：《不许可写真1：20世纪的记忆》，每日新闻社，1998年，第174页〕

2-3-6　日军坦克被伪装后，停放在庄稼地头待命。日军审查官批示，"伪装后的军用汽车"照片禁止发表。〔（日）每日新闻社整理：《不许可写真1：20世纪的记忆》，每日新闻社，1998年，175页〕

2-3-7

2-3-7 侵入丰台火车站的日军装甲火车。日军审查官批示,该照片暴露了日军的装甲火车,从装甲火车照片上可以捕捉到它装备的火炮或机枪信息,所以盖上了"不许可"印戳,禁止发表。〔(日)每日新闻社整理:《不许可写真1:20世纪的记忆》,每日新闻社,1998年,第162页〕

2-3-8 日军筒井部队通过卢沟桥地区向长辛店进犯。照片涉及日军进犯地点以及坦克、军车等军用设备,被日方禁止发表。〔(日)每日新闻社整理:《不许可写真1:20世纪的记忆》,每日新闻社,1998年,第171页〕

2-3-8

2-3-9

2-3-10

2-3-9 为阻止日军进犯，中国守军炸毁了长辛店—良乡铁路线。图为匍匐在铁路线一侧伺机进攻的日军。〔（日）平贺甚四郎：《支那大事变写真史》，日本东京成光堂，1937年，原书无页码〕

2-3-10 1937年7月19日，占领丰台马家堡后的日军牟田口部队正在休整。日军审查官认为，照片暴露了日军具体作战地点和部队名称，禁止发表。〔（日）每日新闻社整理：《不许可写真1：20世纪的记忆》，每日新闻社，1998年，第172页〕

2-3-11

2-3-12

2-3-11 1937年7月25日，日军第20师团的一个步兵中队、一个机枪小队和一个通信兵班借口维修电话线路，由天津乘火车抵达廊坊，并占领廊坊火车站。中国驻军第29军第38师与日军反复交涉无果，双方发生武装冲突。第二天，日军攻击中国守军，随后占领廊坊，此即"廊坊事件"。图为强行停靠在廊坊火车站的日军装甲火车以及日军在站台构筑的阵地。日军审查官批示，该照片暴露了廊坊站的日军阵地及铁轨上的装甲车，故禁止发表。〔（日）每日新闻社整理：《不许可写真1：20世纪的记忆》，每日新闻社，1998年，第163页〕

2-3-12 日军在廊坊车站向中国军队发动进攻。因它是近距离的展现廊坊站日军阵地的照片，被禁止发表。〔（日）每日新闻社整理：《不许可写真1：20世纪的记忆》，每日新闻社，1998年，第164页〕

2-3-13

2-3-14

2-3-13　1937年7月，日军紧急调集驻朝日军和驻东北关东军入关参加对华战争，到8月中旬，已有四个半师的驻朝日军和关东军于平津地区集结。图为日本在华侨民迎接侵入北平的日军河边部队。〔（日）每日新闻社整理：《一亿人的昭和史》，每日新闻社，1982年，第47页〕

2-3-14　日军川岸部队细川野战炮联队正向永定河流域的南苑发动炮击。日军审查官批示，不得暴露日军部队名及所在具体位置的地名。〔（日）每日新闻社整理：《不许可写真1：20世纪的记忆》，每日新闻社，1998年，第173页〕

2-3-15

2-3-16

2-3-15 日军向坚守南苑的中国守军发起进攻。〔(日)每日新闻社整理:《不许可写真1:20世纪的记忆》,每日新闻社,1998年,第173页〕

2-3-16 1937年7月28日,南苑附近某高地上准备向南苑进攻的日军。〔(日)朝日新闻社整理:《支那战线写真特辑》,第29卷第7号,朝日新闻社,1937年,第6页〕

2-3-17

2-3-18

2-3-17　1937年7月28日，向南苑进攻的日军部队在某高地观察中国守军情况。〔（日）朝日新闻社整理：《支那战线写真特辑》，第29卷第7号，朝日新闻社，1937年，第7页〕

2-3-18　1937年7月，向南苑进攻的日军部队正使用火炮轰击中国军队阵地。〔（日）朝日新闻社整理：《支那战线写真特辑》，第29卷第7号，朝日新闻社，1937年，第20页〕

2-3-19

2-3-19 正在集结准备向南苑发起进攻的日军。日军审查官批示,军用卡车尾部构造、官兵肩章均不得公开。〔(日)每日新闻社整理:《不许可写真1:20世纪的记忆》,每日新闻社,1998年,第174页〕

第二章 侵略华北地区

2-3-20

2-3-21

2-3-20 日军坦克兵在行进中观测中方阵地。日军审查官批示,"行进的坦克车"照片禁止发表。〔(日)每日新闻社整理:《不许可写真1:20世纪的记忆》,每日新闻社,1998年,第180页〕

2-3-21 日军在装甲火车内向中方阵地进行射击。日军审查官不许可此类暴露军事行为的照片发表。〔(日)每日新闻社整理:《不许可写真1:20世纪的记忆》,每日新闻社,1998年,第179页〕

2-3-22

2-3-22 1937年7月29日，通州的冀东保安队约3000人发动起义，日本特务机关被捣毁。日军审查官批示，被保安队烧毁的日军汽车照片禁止发表。日军审查官唯恐保安队起义行为影响日军士气。〔（日）每日新闻社整理：《不许可写真1：20世纪的记忆》，每日新闻社，1998年，第178页〕

2-3-23

2-3-23 1937年7月30日，日军正在通州一处民宅的墙顶上瞄准射击。〔（日）平贺甚四郎：《支那大事变写真史》，日本东京成光堂，1937年，原书无页码〕

2-3-24　1937年8月13日，日军渡过北平以南9公里的永定河，并以进攻中国军队第29军为名进攻位于永定河南岸的良乡城。图为被中国军队击伤的日军。日军审查官禁止发表受伤日军的照片。〔（日）每日新闻社整理：《一亿人的昭和史》，每日新闻社，1982年，第55页〕

2-3-25　进犯北平的日军在向良乡镇西侧的山地布置兵力。〔（日）平贺甚四郎：《支那大事变写真史》，日本东京成光堂，1937年，原书无页码〕

2-3-24

2-3-25

第四节　侵占天津，沿津浦线进犯

天津不仅是我国北方重要的城市之一，也是通往北平的门户。1937年7月28日，当日军主力在北平外围发起进攻时，中国军队第29军第38师根据日军在天津、大沽等地兵力薄弱情况，按照作战计划，发动了对日军侵占的天津总站、天津东站、东机器局、飞机场、日本租界、日军天津驻屯军司令部的进攻[1]。此时，日军在天津的三个步兵大队、兵站部队、航空兵团及其他守备队，利用街道、墙院、房屋为基地与我军展开激战。同时，日军组织增援部队，前往天津东站增援，当他们拟通过法租界的万国桥时，遭到了法国军警的拦阻。于是，日军一面从空中轰炸天津东站的中国军队第29军第38师部队，一面渡河增派援兵。在中国军队第29军第38师的抗击下，日军遭受了不小的损失。为达到占领天津的目的，日军急速调动关东军和本土日军组成的步兵、炮兵、装甲车队以及骑兵、工兵等实施增援。7月30日，第38师撤离天津，天津沦陷。日军占领天津后，以天津为据点，沿津浦线南下，相继侵占津浦线上河北、山东北部大部分地区。中国军队对日军进行了激烈的抵抗，仅9月初，中国军队失而复收津浦线唐官屯即有四次之多[2]。

---

[1] 王辅：《日军侵华战争（1931—1945）》，辽宁人民出版社，1990年，第509页。

[2] 李秀勤主编：《中国八年抗日战争日程纪要》，河南人民出版社，2009年，第26页。

2-4-1

2-4-1 卢沟桥事变后，日军在1937年7月中旬紧急调派驻朝日军和关东军增援侵占天津的日军。图为1937年7月8日，日军侵入天津后布置无线电通信设备。日军审查官批示，此无线电通信设备照片禁止发表。〔（日）每日新闻社整理：《不许可写真1：20世纪的记忆》，每日新闻社，1998年，第157页〕

2-4-2 1937年7月8日，日军炮车通过天津万国桥附近地区。涉及日军活动地点照片，被禁止发表。〔（日）每日新闻社整理：《不许可写真1：20世纪的记忆》，每日新闻社，1998年，第154页〕

2-4-3 日军在天津万国桥旭街用机关枪、坦克设置街垒阵地。有关日军阵地详情如坦克、梯子及周边建筑的照片被禁止发表。〔（日）每日新闻社整理：《不许可写真1：20世纪的记忆》，每日新闻社，1998年，第167页〕

2-4-2

2-4-3

2-4-4

2-4-5

2-4-4 日军在天津六里台向中国军队发动攻击。图为日军军用装甲车。日军审查官在照片上的装甲车上打上了"×"号，禁止发表。〔（日）每日新闻社整理：《不许可写真1：20世纪的记忆》，每日新闻社，1998年，第170页〕

2-4-5 1937年7月26日，日本陆军统帅部向驻华日军下达诉诸武力的指示，并于次日命令第5、第6、第10师团共计三个师团向中国进军。7月28日，驻华日军向北平、天津地区发动了总攻。图为部署在天津日本租界的日军阵地。日军审查官批示，删除照片上的军用渡桥信息后照片方可发表。〔（日）每日新闻社整理：《不许可写真1：20世纪的记忆》，每日新闻社，1998年，第165页〕

2-4-6

2-4-7

2-4-6 1937年7月29日，中国军队和日军在天津展开了激烈的战斗。日军审查官批示，此照片删除装甲车图像后方可发表。〔（日）每日新闻社整理：《一亿人的昭和史》，每日新闻社，1982年，第46页〕

2-4-7 1937年7月29日，日军在天津日租界三井洋行前，强行架设的军用渡桥。日军审查官批示，军用渡桥照片禁止发表。〔（日）每日新闻社整理：《不许可写真1：20世纪的记忆》，每日新闻社，1998年，第165页〕

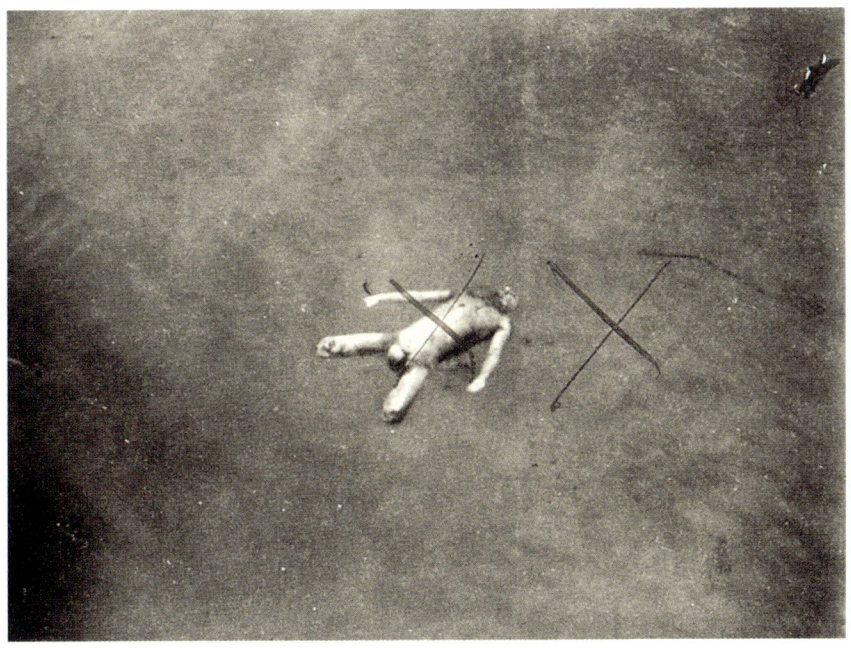

2-4-8

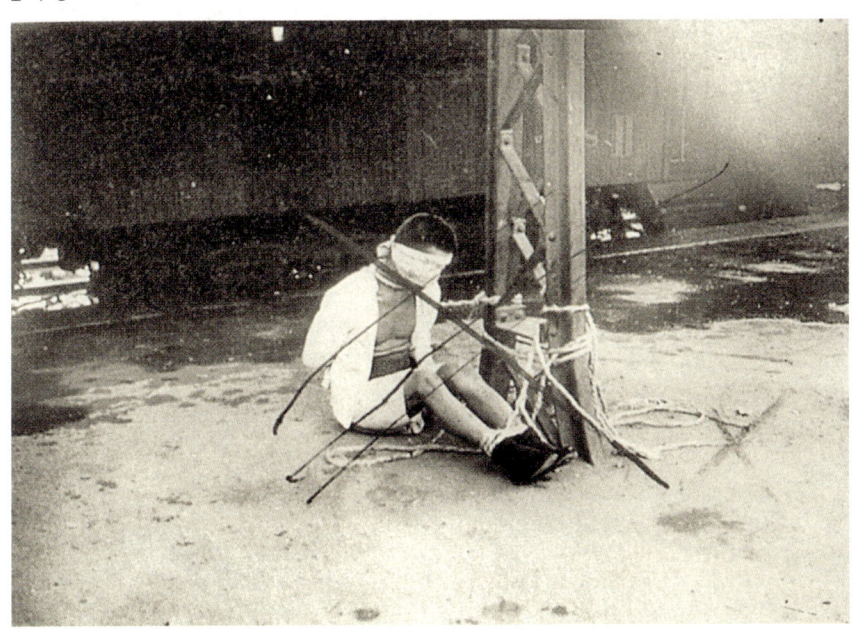

2-4-9

2-4-8 惨遭日军杀害的中国人尸体漂浮在天津白河之上。战场暴行照片被禁止发表。〔(日)每日新闻社整理：《不许可写真1：20世纪的记忆》，每日新闻社，1998年，第167页〕

2-4-9 日军占领天津后，将在天津站附近逮捕的中国士兵蒙面捆绑在站台立柱上。日军审查官在被捆绑的中国人像上打上了"×"，禁止发表。此类日军虐俘照片，均被日方禁止发表。〔(日)每日新闻社整理：《不许可写真1：20世纪的记忆》，每日新闻社，1998年，第169页〕

2-4-10

2-4-11

2-4-10 日军在武器装备上远优于中国军队,在整个战争中始终占绝对优势。图为1937年7月31日,日军在天津总站附近用重炮轰击中国军队。这类照片完全暴露了日军侵略行径,被日方禁止发表。〔(日)每日新闻社整理:《不许可写真1:20世纪的记忆》,每日新闻社,1998年,第177页〕

2-4-11 1937年9月5日,在津浦线唐官屯西,日军为炸毁中国军队的装甲火车,在铁轨上埋装炸药。日军审查官批示,"轰炸支那装甲列车、装药"的照片禁止发表。〔(日)每日新闻社整理:《不许可写真2:20世纪的记忆》,每日新闻社,1999年,第1页〕

2-4-12

2-4-13

2-4-12 日军占领天津后,继续向华北增兵。1937年9月7日,日军炮兵向津浦线马厂方向进犯。暴露日军军事动向、所在地点的照片,被禁止发表。

2-4-13 向马厂进犯的日军。

〔(日)每日新闻社整理:《不许可写真2:20世纪的记忆》,每日新闻社,1999年,第1页〕

〔(日)每日新闻社整理:《不许可写真2:20世纪的记忆》,每日新闻社,1999年,第5页〕

2-4-14

2-4-15

2-4-14　向马厂进犯的日军赤柴部队正在过河。日军搭建的军用渡桥、军事动向的照片，均被审查官禁止发表。〔（日）每日新闻社整理：《不许可写真2：20世纪的记忆》，每日新闻社，1999年，第4页〕

2-4-15　1937年9月11日，日军坦克开进津浦线战略要地——马厂。日军审查官禁止发表泄露日军重型武器的照片。〔（日）每日新闻社整理：《不许可写真2：20世纪的记忆》，每日新闻社，1999年，第2页〕

第二章 侵略华北地区

2-4-16

2-4-17

2-4-16　1937年9月16日，日军在高官屯运河偷渡，继续沿津浦线进犯。〔（日）朝日新闻社整理：《支那战线写真特辑》，第29卷第15号，朝日新闻社，1937年，第14页〕

2-4-17　日军炮兵在高官屯将武器辎重运过河后，向沧州进犯。1937年9月24日，日军占领沧州。〔（日）朝日新闻社整理：《支那战线写真特辑》，第29卷第15号，朝日新闻社，1937年，第14页〕

2-4-18

2-4-19

2-4-18　1937年10月23日，日军中平部队占领德州飞机场。图中摄有日军中平部队（日军飞行第7大队）八八式轻型轰炸机及等待装机的炸弹，被日方禁止发表。〔（日）每日新闻社整理：《不许可写真2：20世纪的记忆》，每日新闻社，1999年，第16页〕

2-4-19　1938年1月10日，日本海军第4舰队在青岛海岸登陆并占领了青岛。日军审查官批示，"登陆用艇"照片禁止发表。〔（日）每日新闻社整理：《不许可写真2：20世纪的记忆》，每日新闻社，1999年，第26页〕

第五节　沿平汉线进犯，侵占河北

日军侵占平津后，断然决定向华北发动全面进攻，以达到迫使中国政府向日本投降的目的。1937年9月4日，日军华北方面军制定了《华北会战指导方略》，将会战重点放在河北省中部的平汉铁路沿线，将平汉铁路北段作为主要的突击方向，第1集团军担任该线作战主力。日军大本营具体的作战要领是：一、（华北）方面军以消灭保定、沧州附近之敌为目的，尽速进入易州（今易县）、定兴、白沟河镇（今白沟镇）、霸县及青县马厂附近一线，准备尔后的攻击；二、第1军应结合第14师团之到达，消灭面前敌之先遣兵团，然后进入易州、定兴、白沟河镇、霸县一线，准备攻击保定附近之敌；三、第2军（当时仅为第10师团）进入马厂附近后，应准备攻击沧县附近之敌。[1] 在此期间，日军第5师团及独立混成第11旅团正沿平绥线进犯，东条英机所率关东军也正向张家口进犯。

9月14日，日军第1集团军从北平出发，分三路向涿县、保定地区大举进攻。为保障日军主力在平汉线的顺利作战，日军同时命令第2集团军的第6师团先于第1集团军向津浦线北段实施进攻。日军第2集团军于9月11日占领了津浦线北段马厂和青县，并以一部分兵力占领了青县以南的兴济镇。由此，日军完成了第1集团军向保定进攻前，其左右两翼保障部队如同钳子伸向保定平原两侧的作战计划。侵入河北的日军大肆杀戮当地居民，在不足500户的沧州青县流河镇，有186人被杀，有6户被杀绝；

---

[1]日本防卫厅战史室编纂，天津市政协编译委员会译校：《日本军国主义侵华资料长编（上）——〈大本营陆军部〉摘译》，四川人民出版社，1987年，第356页。

在固安县，日军杀害1500多人，有200多人受伤。[1]面对日军的进犯，中国守军进行了顽强的抵抗，战争进行得异常惨烈，中国国民党军队伤亡约2万人，日军伤亡5448人[2]。9月24日，日军第6师团攻陷保定，并将保定作为统治河北省的战略要地。

---

[1] 牛翰杰编著：《日本侵华史大事记（1358—1945）》，香港天马图书有限公司，2000年，第201页。

[2] 王辅：《日军侵华战争（1931—1945）》，辽宁人民出版社，1990年，第554页。

第二章 侵略华北地区

2-5-1

2-5-2

2-5-1 卢沟桥事变后，为协调侵略行动，日军在平汉铁路保定地区某处架设无线电台。图为日军通信兵。日军审查官批示，"无线电队活动"照片禁止发表。〔（日）每日新闻社整理：《不许可写真1：20世纪的记忆》，每日新闻社，1998年，第176页〕

2-5-2 日军炮兵正将火炮装载到火车上，准备发动新的进攻。〔（日）每日新闻社整理：《不许可写真1：20世纪的记忆》，每日新闻社，1998年，第176页〕

2-5-3　1937年9月14日,日军远藤重炮部队占领河北廊坊市固安、永定河、榆垡镇。日军审查官批示,重炮队远藤部队炮击照片禁止发表。〔(日)每日新闻社整理:《不许可写真2:20世纪的记忆》,每日新闻社,1999年,第6页〕

2-5-4　日军远藤三郎率重炮部队攻打固安。〔(日)每日新闻社整理:《不许可写真2:20世纪的记忆》,每日新闻社,1999年,第7页〕

2-5-3

2-5-4

2-5-5

2-5-6

2-5-5　日军远藤部队用重炮对固安发动袭击。日军审查官批示,"重炮队"照片禁止发表。〔(日)每日新闻社整理:《不许可写真2:20世纪的记忆》,每日新闻社,1999年,第6页〕

2-5-6　卢沟桥事变爆发后的第四天,日军向关东军及第20师团下达了出兵中国华北的命令。日军第20师团在1937年9月14日沿平汉线进犯过程中,负责从正面向琉璃河、涿县进攻。日军进犯地点、具体部队信息被禁止发表。〔(日)每日新闻社整理:《不许可写真1:20世纪的记忆》,每日新闻社,1998年,第156页〕

2-5-7

2-5-7 1937年9月20日，日军中将香月清司率第1集团军先头部队沿平汉线南下，于河北易县劫掠中国军队补给车辆，并驱使中国百姓运送其劫获的车厢。〔（日）每日新闻社整理：《一亿人的昭和史》，每日新闻社，1982年，第52页〕

2-5-8 1937年9月，日军沿着乡间道路，向保定大举进犯。〔（日）朝日新闻社整理：《支那战线写真特辑》，第29卷第16号，朝日新闻社，1937年，第5页〕

2-5-8

2-5-9

2-5-10

2-5-9 1937年9月20日，日军沿平汉线行进，通过定兴县城附近铁路桥向保定方向进犯。〔（日）朝日新闻社整理：《支那战线写真特辑》，第29卷第16号，朝日新闻社，1937年，第7页〕

2-5-10 1937年9月23日，沿平汉线向保定进犯的日军正在渡过保定北面的漕河。〔（日）朝日新闻社整理：《支那战线写真特辑》，第29卷第16号，朝日新闻社，1937年，第7页〕

2-5-11

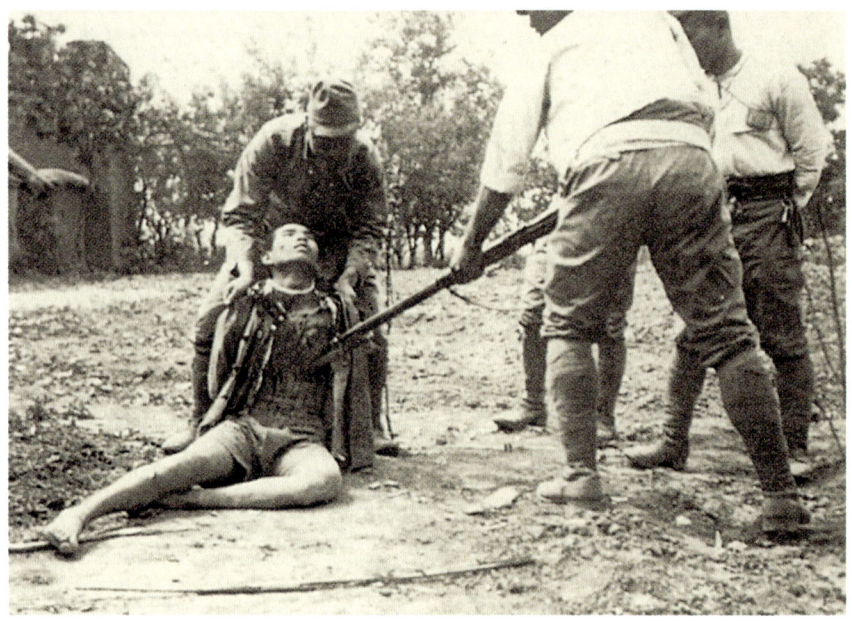

2-5-12

2-5-11 1937年9月24日，日本侵略军侵入保定城。〔（日）朝日新闻社整理：《支那战线写真特辑》，第29卷第16号，朝日新闻社，1937年，第5页〕

2-5-12 1938年5月，华北战场上，日军正在用刺刀刺杀中国战俘。〔（日）每日新闻社整理：《不许可写真2：20世纪的记忆》，每日新闻社，1999年，第34页〕

2-5-13

2-5-13 日军刺杀中国战俘的照片禁止发表。〔(日)每日新闻社整理:《不许可写真 2:20 世纪的记忆》,每日新闻社,1999 年,第 35 页〕

第六节　沿平绥线进犯，逼取内蒙古、山西

　　日军占领平津以后，事实上形成了一条由塘沽经天津、永定河沿岸、房山、门头沟、昌平、延庆北、独石口至张北一线的日军进占线[1]。1937年8月初，日军华北派遣军陆续到达平津地区。日军在保定作战的同时，为解除中国军队对保定作战的侧后威胁，确保伪满洲国的安全并切断苏中运输线，日军决定实施察哈尔作战计划。8月11日，中日两军在昌平北部南口镇展开激战。南口战役历时半个月，中国军队虽英勇抵抗，但因孤立无援，南口被日军占领。在南口战役进行之时，8月14日，日本关东军设立了察哈尔派遣兵团司令部，东条英机任司令官。8月20日，关东军察哈尔派遣兵团向张家口发起攻击，中国军队刘汝明部败退。27日，张家口失陷。日军占领张家口后，切断了平绥铁路，加快了逼取内蒙古、山西的作战进程。1937年9月，八路军在平型关一带取得全国抗战以来的第一个大捷，极大地振奋了全国人民的抗日斗志。

---

[1] 王振华主编，政协北京市昌平区委员会文史资料委员会、昌平区区志办公室编：《昌平文史资料第五辑：南口战役》，中国文史出版社，2007年，第435页。

第二章 侵略华北地区

2-6-1

2-6-2

2-6-1 北平失陷后，日军向南口推进。1937年8月11日，南口战役正式打响，中日两军在南口展开激烈交战。图为日军装甲车向南口进犯。日军审查官批示，"南口战役坦克队在前进"的照片禁止发表。〔（日）每日新闻社整理：《不许可写真1：20世纪的记忆》，每日新闻社，1998年，第181页〕

2-6-2 南口战役中的日军重炮阵地。日军审查官不许可有关重型武器照片发表。〔（日）每日新闻社整理：《不许可写真1：20世纪的记忆》，每日新闻社，1998年，第182页〕

83

2-6-3

2-6-4

2-6-3　日军向南口镇发动炮袭，并用望远镜观察中国守军动向。〔（日）平贺甚四郎：《支那大事变写真史》，日本东京成光堂，1937年，原书无页码〕

2-6-4　在南口战役中牺牲的中国军人。反映日军战场暴行的照片被日方禁止发表。〔（日）每日新闻社整理：《不许可写真1：20世纪的记忆》，每日新闻社，1998年，第183页〕

第二章 侵略华北地区

2-6-5

2-6-6

2-6-5 日军侵占南口。〔（日）平贺甚四郎：《支那大事变写真史》，日本东京成光堂，1937年，原书无页码〕

2-6-6 卢沟桥事变后，日军独立混成第11旅团在攻占南口镇后，于8月23日占领了居庸关。图为侵占居庸关后继续进犯的日军铃木部队坦克。照片暴露了日军坦克涉密信息，被日方禁止发表。〔（日）每日新闻社整理：《不许可写真1：20世纪的记忆》，每日新闻社，1998年，第185页〕

85

2-6-7

2-6-7 侵占居庸关的日军。
〔（日）平贺甚四郎：《支那大事变写真史》，日本东京成光堂，1937年，原书无页码〕

2-6-8

2-6-9

2-6-8　1937年，日本关东军察哈尔（内蒙古地区）派遣兵团于8月27日侵占了张家口，并进一步西犯，分别于9月11日、13日占领了聚乐堡和大同。图为正在进行"扫荡"的日军汤浅部队。日军"扫荡"行径照片，被禁止发表。〔（日）每日新闻社整理：《不许可写真2：20世纪的记忆》，每日新闻社，1999年，第8页〕

2-6-9　日军侵占大同后，在大同城内四处搜捕中国军人。此照片暴露了日军的虐俘行为，被日方禁止发表。〔（日）每日新闻社整理：《不许可写真2：20世纪的记忆》，每日新闻社，1999年，第9页〕

2-6-10

2-6-10 即将被日军处决的中国士兵。此类虐待战俘照片,被日方禁止发表。〔(日)每日新闻社整理:《一亿人的昭和史》,每日新闻社,1982年,第44页〕

2-6-11 被日军杀害的中国战俘。在日军侵华期间,中国军人被日军斩首的现象,各地均有发生。战后,这是日军军官被确定为战犯的证据之一。〔(日)每日新闻社整理:《一亿人的昭和史》,每日新闻社,1982年,第45页〕

2-6-11

2-6-12

2-6-13

2-6-12　1937年9月24日，日军占领平地泉后，将中国战俘用绳子反绑双手押送转移。日军虐待中国俘虏的照片被日方禁止发表。〔（日）每日新闻社整理：《不许可写真2：20世纪的记忆》，每日新闻社，1999年，第12页〕

2-6-13　1937年9月，日军在山西忻口镇高地构筑藏兵洞。为防止暴露作战方式，日军此类照片均被禁止发表。〔（日）朝日新闻社整理：《支那战线写真特辑》，第29卷第19号，朝日新闻社，1937年，第16页〕

2-6-14

2-6-14 1937年9月25日，在平型关一带的日军被八路军击败。图为正在涉河撤退的日军。〔（日）朝日新闻社整理：《支那战线写真特辑》，第29卷第19号，朝日新闻社，1937年，第16页〕

2-6-15 1937年10月1日，日军华北方面军命令第5师团从察哈尔赶赴山西太原，进一步深入华北内地。图为板垣征四郎正与僚属在山西原平王家庄研究侵占太原作战方案。〔（日）每日新闻社整理：《不许可写真2：20世纪的记忆》，每日新闻社，1999年，第15页〕

2-6-15

2-6-16

2-6-17

2-6-16 日军突破雁门关向山西境内进犯。〔（日）朝日新闻社整理：《支那战线写真特辑》，第29卷第19号，朝日新闻社，1937年，第16页〕

2-6-17 1937年11月9日，日军华北方面军侵占了太原。板垣征四郎率军经北大门入城。此照被日军审查官列为不许可发表照片。〔（日）每日新闻社整理：《不许可写真2：20世纪的记忆》，每日新闻社，1999年，第21页〕

2-6-18 日军侵占武汉、广州后，开始集中兵力"扫荡"其占领区内中共领导的抗日武装。八路军与日军展开了反"扫荡"的斗争。1939年3月，日军第1军向八路军晋西北抗日根据地发起进攻，遭到了八路军的有力还击，随后八路军陆续收复晋西北等地。图为侵入岚县对八路军进行"扫荡"的日军第109师团第107联队。〔（日）每日新闻社整理：《一亿人的昭和史：日中战争》，每日新闻社，1979年，第157页〕

2-6-19 在太原西部神池、孟县附近"扫荡"的日军遭到了八路军第358旅的伏击。图为被八路军伏击后处于转移途中的日军。〔（日）每日新闻社整理：《一亿人的昭和史：日中战争》，每日新闻社，1979年，第158页〕

2-6-18

2-6-19

2-6-20

2-6-21

2-6-20　1939 年侵入山西山区进行"扫荡"的日军。〔（日）每日新闻社整理：《一亿人的昭和史：日中战争》，每日新闻社，1979 年，第 161 页〕

2-6-21　1939 年 4 月，日军华北方面军发动针对八路军的"五台山作战"。图为进入五台山一带的日军第 109 师团。〔（日）每日新闻社整理：《一亿人的昭和史：日中战争》，每日新闻社，1979 年，第 162 页〕

第三章

侵略华东地区

1932年一·二八事变是日军为配合九一八事变，在上海发动的第一次军事挑衅行为。1937年8月13日，日本海军陆战队挑衅引发八一三事变后，日军大本营编组上海派遣军，并命令"上海派遣军司令官应与海军协力扫灭上海附近之敌，占领上海及其北方地区要线"[1]，引发了第二次淞沪会战。为占领优势阵地，日军在上海街巷、公园、路桥、屋顶随意地构筑阵地，像百老汇路桥、北四川路等地布满了日军的装甲车、野战炮车，堆满了阵地沙袋。昔日繁华的闹市区，在日军的进攻下，子弹横飞，惨不忍睹。日军甚至在上海马路中央偷偷铺上日本旗作为信号，为日军飞机指明轰炸目标。为攻陷上海，日军4次增派援兵。1937年8月23日，日军第2次增派的援军在中国守军抗击下，未能从黄浦江港口登陆，只能从川沙镇湾和吴淞湾附近强行登陆。日军通过高空作业，使用绳索将士兵和战马从大型军舰上卸下再转换到小型船只上，这种可能暴露战略意图的照片，战时都被盖上了"不许可"发表的印戳。

在第二次淞沪会战中日双方激烈交战之时，1937年9月9日，日军出台了《报纸登载事项许可与否的判定要领》，规定一切涉及登陆舰艇、重型武器、日军行军、作战部署、飞机场等"不利于军队"的照片一律禁止发表。

日军侵占上海后，向南京发难，并在侵占南京后，犯下了罄竹难书的大屠杀暴行。但是，日本新闻报刊却对南京大屠杀只字未提，当时各报刊登的都是"扫荡残敌""皇军万岁"之类的报道[2]。尽管日军极力掩盖南京大屠杀事实，但其滔天罪行终究逃脱不掉正义法庭的审判。

1938年，日军进犯徐州，中国军民在徐州地区与日军展开了一场大规模的生死较量。中国军队在徐州外围台儿

---

[1]日本防卫厅战史室编纂，天津市政协编译委员会译校：《日本军国主义侵华资料长编（上）——〈大本营陆军部〉摘译》，四川人民出版社，1987年，第344页。

[2]孙继强：《从南京沦陷前后日媒报道看日本的战时传播》，载《南开日本研究》2013年第2期，第283页。

庄地区取得台儿庄大捷，歼灭日军1万余人，缴获大批武器装备。[1]但是，在日军刊发的新闻照片中，只见日军趾高气昂地向徐州逼近画面，却不见日军失利、撤退场景。显然，日军唯恐中国军队胜利影响日军士气，而将对其不利的照片进行了秘藏。因为对于普通民众来讲，报刊和广播是那个时代新闻信息的主要来源。

地处华东地区的安庆、马当、湖口等地是溯江西进武汉的重要通道。为防止日军进攻武汉，中国守军此前在长江中心构筑了上、中、下三层拦坝式阻塞线工程，连同两岸险峰、碉堡和炮台以及江面暗礁、沉船、布雷等，共同组成了一个较为坚固的防御阵地。但是由于中国守军警备多有松弛，加上日军强大的海空炮火协同进攻，安庆、马当、湖口、九江等重镇相继失守。日军在马当一带阻塞线工程附近引爆水雷的相关照片，均被日军盖上两个"不许可"印戳，严禁泄露。为占据长江沿线重要据点，日军在进攻江西瑞昌、安徽潜山等地时，违反"严禁使用生化武器"的国际公约，施放毒气，致使中国守军力战不支，日军趁机得逞。诸如这些战场上涉及战争罪责的照片均被禁止发表。

需要交代的是：同是日军在上海引发事变的战场照片，一·二八事变时的照片未被盖有"不许可"印戳，而八一三事变时，则被加盖了"不许可"印戳。如一·二八事变时，在上海老靶子路、北四川路、宝昌路等市区被射杀和抓捕的中国军民的照片，未被盖有"不许可"印戳；八一三事变时，在八字桥、月浦镇、川沙镇被日军抓捕射杀的中国军民照片，则被盖上了"不许可"印戳，审查官在盖印的照片旁还批示道："对我军不利的照片、虐待俘虏的照片不得刊载。"相同性质的照片，盖印戳和未盖印戳主要成因是1937年前和1937年后日本照片审查机制的不同。

---

[1]《中国抗日战争史》编写组编：《中国抗日战争史》，人民出版社，2011年，第227页。

第一节　第一次淞沪会战

　　日本对上海的侵略是从一·二八事变开始的。九一八事变后，日军为转移国际社会对其侵占中国东北的视线，又在上海制造了一·二八事变。1932年1月28日，在日本特务机关指使下，5名日本和尚向三友实业社总厂正在进行操练的工人发起挑衅，引发冲突和互殴，事后日本方面声称1名受伤和尚死于日本医院，此即"日僧事件"。日军以此为借口，于1月28日深夜发动了对上海的进攻，就此爆发了一·二八事变（日本称第一次上海事变），引发了中日战争史上的第一次淞沪会战。开战后，战事主要集中在闸北、江湾、吴淞一线，中国军队第19路军在无后援的情况下，坚持抗击日军一个多月，多次击退日军的进攻，其中最著名的是庙行镇战役，在蒋光鼐的指挥下，中国军队歼灭日军800人。到3月1日，第19路军总兵力只有4万人，而日军上海派遣军兵力已达10万人，并使用飞机、大炮向淞沪一带狂轰滥炸，中国守军退守第二道防线。3月3日，在国际社会的调停下，淞沪战事结束。淞沪抗战中，中国军队牺牲4270余人，负伤9830余人；无辜民众被日军狂轰滥炸致死或是残暴杀害者6080余人，伤2000余人，失踪10400人。[1] 5月5日，中日双方代表在上海英国领事馆签订了《淞沪停战协定》，协定规定，日本军队可以长期驻留吴淞、闸北、江湾、引翔港等地，而中国军队却不能在上海周围驻扎设防。

---

[1]军事科学院军事历史研究部：《中国抗日战争史（上卷）》，解放军出版社，1991年，第202页。

3-1-1

3-1-2

3-1-1 1932年1月28日,由日本特务机关策划的"日僧事件"发生后,日军以保护日侨为由,要求中国军队撤出闸北。是夜,日本海军陆战队向闸北中国驻军发起进攻,挑起一·二八事变。图为日方武装人员对中国民众实施逮捕行动。〔(日)每日新闻社整理:《一亿人的昭和史》,每日新闻社,1982年,第2页〕

3-1-2 一·二八事变爆发后,在黄浦江上日本舰队炮火的协助下,日本海军特别陆战队神川中队侵入上海中山路。〔(日)每日新闻社整理:《一亿人的昭和史》,每日新闻社,1982年,第4页〕

3-1-3

3-1-4

3-1-3 一·二八事变中,中日双方最激烈的战斗发生在大场镇。图为1932年1月29日被日本海军陆战队开枪射杀的中国平民。〔(日)每日新闻社编:《日本的战历》,每日新闻社,1967年,第80页〕

3-1-4 一·二八事变后,被日本海军陆战队抓捕的中国人正被押往日本海军陆战队上海本部。〔(日)赤木益一郎:《从满洲事变到太平洋战争——20年中的不许可战场写真集》,每日新闻社,1965年,第23页〕

第三章 侵略华东地区

3-1-5

3-1-6

3-1-5 1932年1月29日，日军在上海市内肆意抓捕所谓的抗日便衣队。图为日军正将抓捕的上海市民押往日本海军特务部（上海市吴淞路和靶子路交会处）。根据上海市政府的统计，一·二八事变后，上海市民死亡6080人，失踪10400人。〔（日）每日新闻社整理：《一亿人的昭和史》，每日新闻社，1982年，第32页〕

3-1-6 一·二八事变后，日军在上海抓捕一切所谓可疑的抗日便衣队，上海市民接二连三地被捕。图为日本海军陆战队在上海北四川路搜捕到的所谓的中国军队便衣队人员。〔（日）每日新闻社编：《日本的战历》，每日新闻社，1967年，第85页〕

101

3-1-7

3-1-8

3-1-7 一·二八事变后,上海北停车场至闸北以北地区一直陷于火海之中。图为日本海军陆战队神川中队士兵正踏着中国军人的遗体进犯至宝昌路。〔(日)每日新闻社整理:《一亿人的昭和史》,每日新闻社,1982年,第32页〕

3-1-8 日军的进犯遭到了中国军队第19路军的强烈抵抗。1932年2月20日至22日,日军第9师团在第一次进攻江湾镇的作战中,死亡212人、受伤611人、失踪4人。江湾镇攻击战中,日军投入两个联队兵力并动用了重炮和空军,但并未成功,随后又投入预备队(1个大队),于2月21日下午不得不停止进攻。图为日军正在搬运江湾攻击战中的伤员。〔(日)每日新闻社整理:《一亿人的昭和史》,每日新闻社,1982年,第33页〕

第三章 侵略华东地区

3-1-9

3-1-10

3-1-9 日本海军二等巡洋舰"夕张"号正在炮击吴淞炮台。〔（日）每日新闻社整理：《一亿人的昭和史》，每日新闻社，1982年，第34页〕

3-1-10 一·二八事变中被日军射杀的中国士兵。此类战场暴行照片在1937年后，大概率地被列为"不许可"发表范围。〔（日）赤木益一郎：《从满洲事变到太平洋战争——20年中的不许可战场写真集》，每日新闻社，1965年，第104页〕

3-1-11

3-1-11 在大场镇战斗中,中国军队第19路军顽强抵抗,日军伤亡惨重。图为日军正在运送战死士兵尸体前往埋葬地点。1937年后,这类日军战死的照片多被审查官列为"不许可"发表图片。〔(日)赤木益一郎:《从满洲事变到太平洋战争——20年中的不许可战场写真集》,每日新闻社,1965年,第148页〕

第二节 第二次淞沪会战

卢沟桥事变后,在上海的日本海军和一部分受鼓动的日本侨民多次挑衅、制造事端,以图寻找向上海增兵的借口。1937年8月9日晚6点半,日本海军陆战队中尉大山勇夫和水兵斋藤要藏驾车强行闯入虹桥军用机场,与机场哨兵发生冲突,当场被击毙,此为虹桥机场事件。驻沪日本海军立刻以此为借口,要挟中国政府撤除所有保安队,拆除此前构筑的防御工事,同时,准备进攻上海。中国政府拒绝了日军的无理要求。8月12日,日本大本营决定组建日本上海派遣军。8月13日上午9点30分,日军军舰以排炮向上海北站和北四川路中国守军发动猛烈轰击,中国守军奋起还击,八一三事变(日本方面称第二次上海事变)就此展开;同日下午,日本海军陆战队一个小分队向上海江湾八字桥中国守军第88师阵地发起攻击,中日之间开始了历时三个月的第二次淞沪会战。

第二次淞沪会战开始阶段,中国军队一度攻入虹口日军基地。随着日本上海派遣军的不断登陆,中国军队的主要作战任务由围攻上海日本海军陆战队转为抗击在上海登陆的上海派遣军。中国军队先后在罗店、嘉定、浏河、新镇、曹王庙、宝山、张华浜、蕴藻浜等滩头阵地抗击日军登陆。随着日军源源不断地增兵,尤其是日本航空兵的大量增援,上海的制空权落入日军之手,中国阵地相继失守。日本对中国的主要作战方向由华北转向上海,日军登陆杭州湾后,从北、东、南三个方向迂回包抄上海,上海地区的中国军队被迫全线撤退。11月12日,日军占领上海。

第二次淞沪会战中,日本投入兵力30余万人、飞机600余架及各种作战舰艇170余艘,伤亡10万余人,损失飞机300架、舰艇10余艘;中国军队投入兵力70余万人、飞机 300 架，伤亡近 30 万人，有 9 名将军战死疆场。[1]第二次淞沪会战为中国沿海沿江地区工业和文化资源转移至内地赢得了宝贵的时间。

---

[1] 张承钧主编：《强盗自白——来自日本随军记者的秘密照片》，台海出版社，2000 年，第 209～210 页。

第三章　侵略华东地区

3-2-1

3-2-2

3-2-1　1937年8月13日，日军蓄意挑起八一三事变之际，日本政府决定派遣陆军进攻上海。图为在上海北四川路上利用装甲车和大炮进行警戒的日本海军陆战队。此图片暴露了日军武力侵略行径，被禁止发表。〔（日）每日新闻社整理：《不许可写真1：20世纪的记忆》，每日新闻社，1998年，第1页〕

3-2-2　1937年8月13日下午4点，中国军队在上海闸北八字桥附近修筑防御工事时，遭到日本海军陆战队的射击，中国军队予以还击，中日淞沪会战爆发。图为日军占领八字桥后构筑的工事。此图中日军坦克上标有日本国旗，此类日军武力侵略照片被禁止发表。〔（日）每日新闻社整理：《不许可写真1：20世纪的记忆》，每日新闻社，1998年，第5页〕

107

3-2-3

3-2-4

3-2-3 八字桥附近牺牲的中国军人尸体。日方要求照片删除该军人尸体后方允许发表。〔（日）每日新闻社整理：《不许可写真1：20世纪的记忆》，每日新闻社，1998年，第11页〕

3-2-4 八一三事变中，日军停放在百老汇路桥处的坦克车。日军重型武器近距离照片被禁止发表。〔（日）每日新闻社整理：《不许可写真1：20世纪的记忆》，每日新闻社，1998年，第16页〕

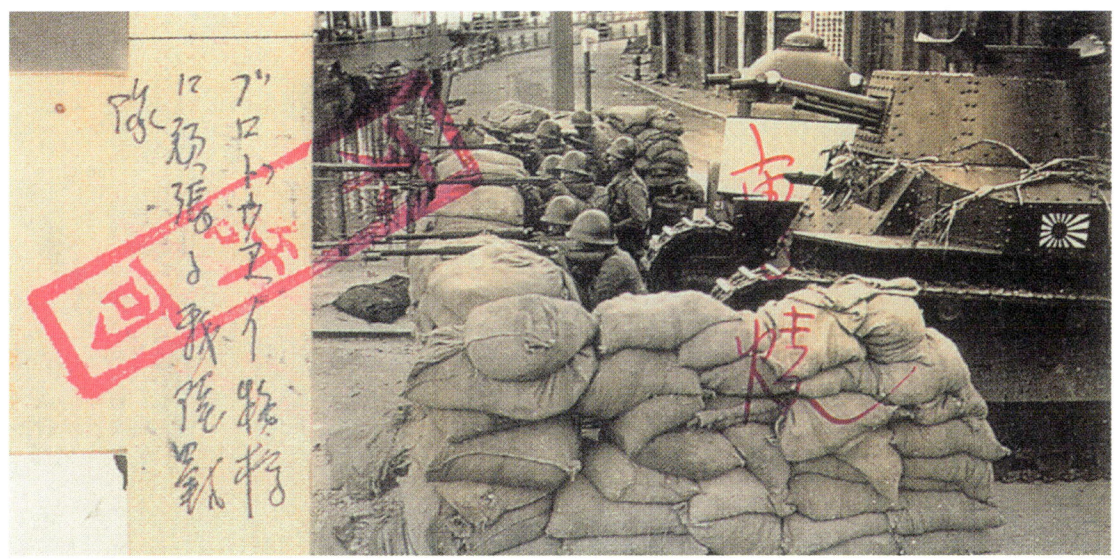

3-2-5

3-2-6

3-2-5 1937年8月,日本海军陆战队在百老汇路桥阵地向中国军队进行射击。日军审查官批示,在百老汇路桥招商局等公共场所部署兵力的照片禁止发表。〔(日)每日新闻社整理:《不许可写真1:20世纪的记忆》,每日新闻社,1998年,第16页〕

3-2-6 八一三事变爆发后,巷战中站在房顶上修筑工事及向中国军队射击的日军。〔(日)每日新闻社编:《日本的战历》,每日新闻社,1967年,第22页〕

3-2-7

3-2-8

3-2-7 八一三事变爆发后，日本海军在上海的特别陆战队的一个小分队被中国军队包围，日军将大炮抬到屋顶后向逼近的中国军队进行射击。〔（日）每日新闻社编：《日本的战历》，每日新闻社，1967年，第25页〕

3-2-8 1937年8月13日，日军在上海六三花园内设置高射炮阵地。日军审查官批示，禁止刊载使用特殊武器的报道图片。〔（日）每日新闻社整理：《不许可写真1：20世纪的记忆》，每日新闻社，1998年，第3页〕

第三章 侵略华东地区

3-2-9

3-2-10

3-2-9 日军摩托车从六三花园出发向中国军队阵地进犯。日军审查官禁止这幅有关日军出动机动车的照片发表。〔（日）每日新闻社整理：《不许可写真1：20世纪的记忆》，每日新闻社，1998年，第12页〕

3-2-10 1937年8月13日，日军在金家宅一带与中国军队展开对峙。反映日军战壕内部情况的照片被禁止发表。〔（日）每日新闻社整理：《不许可写真1：20世纪的记忆》，每日新闻社，1998年，第35页〕

111

3-2-11

3-2-12

3-2-11　日军在上海马路中央偷偷铺上日本国旗作为信号，为日军飞机轰炸指明方向。日军审查官批示，发射信号给日军飞机的照片禁止发表。日军利用街道进行作战布署和发出信号的照片均被日军严加保密。〔（日）每日新闻社整理：《不许可写真1：20世纪的记忆》，每日新闻社，1998年，第7页〕

3-2-12　日军向中国守军坚守的四行仓库投放燃烧弹。〔（日）每日新闻社整理：《不许可写真1：20世纪的记忆》，每日新闻社，1998年，第6页〕

第三章 侵略华东地区

3-2-13

3-2-14

3-2-13　1937年8月15日牺牲在上海街头的中国军人。日军审查官指示，充满血腥和暴力的照片禁止发表。此类战场照片被列为"不许可"发表范围。〔（日）每日新闻社整理：《不许可写真1：20世纪的记忆》，每日新闻社，1998年，第8页〕

3-2-14　1937年8月，日军在上海某公园内设置高射机枪阵地。日军利用公共空间作为作战阵地的照片被禁止发表。〔（日）每日新闻社整理：《不许可写真1：20世纪的记忆》，每日新闻社，1998年，第11页〕

3-2-15

3-2-16

3-2-15　日军在上海某公园内设置野战炮位。日军审查官禁止此类照片发表。〔(日)每日新闻社整理:《不许可写真1: 20世纪的记忆》,每日新闻社,1998年,第15页〕

3-2-16　在上海某公园日军炮兵阵地上,日军向中国军队发起炮击。此类战场照片被日军审查官禁止发表。〔(日)每日新闻社整理:《不许可写真1: 20世纪的记忆》,每日新闻社,1998年,第5页〕

3-2-17

3-2-18

3-2-17 随时准备起飞，进犯华东地区的日本军机。因此照可以暴露飞机机型及机场情况而被禁止公开。〔（日）每日新闻社整理：《不许可写真 1：20世纪的记忆》，每日新闻社，1998年，第49页〕

3-2-18 八一三事变后，增援上海日本海军陆战队的日本陆军从川沙、吴淞登陆。〔（日）新人物往来社编辑：《未公开写真：日中战争》，新人物往来社，1989年，第91页〕

3-2-19

3-2-20

3-2-19　1937年8月底，向招商局进犯的日军山炮队。日军审查官批示，有可能暴露日军作战意图的新闻照片禁止发表。〔（日）每日新闻社整理：《不许可写真1：20世纪的记忆》，每日新闻社，1998年，第18页〕

3-2-20　1937年8月底，在上海招商局附近与中国军队进行对战的日军。日军审查官指示，招商局的激烈战斗照片禁止发表。〔（日）每日新闻社整理：《不许可写真1：20世纪的记忆》，每日新闻社，1998年，第17页〕

第三章 侵略华东地区

3-2-21

3-2-22

3-2-21 1937年8月底，日军在上海招商局附近建立的作战阵地。该照片不仅清晰显示日军坦克，同时也显示日军在上海市公共街区构筑的作战阵地，此类显示日军军事侵略行为照片被禁止发表。〔（日）每日新闻社整理：《不许可写真1：20世纪的记忆》，每日新闻社，1998年，第16页〕

3-2-22 1937年8月20日，向中国战机发起射击的日本海军陆战队。〔（日）每日新闻社整理：《一亿人的昭和史》，每日新闻社，1982年，第67页〕

3-2-23

3-2-24

3-2-23 八一三事变中，在吴淞炮台以北、黄浦江河口月浦镇附近，日军将抓捕的中国军人残忍杀害。此类反映日军暴行的照片被日方禁止发表。〔（日）每日新闻社整理：《一亿人的昭和史》，每日新闻社，1982年，第6页〕

3-2-24 1937年8月23日，日军上海特别陆战队4500人与6个师的中国部队陷入对峙状态。图为日本海军特别陆战队竹下部队将被俘虏的中国军人捆绑在一起甚至予以枪杀（注意照片右下角有一倒地且被反绑双手的中国军人）的情景。日军禁止此照片发表，理由是"对我军不利的照片、虐待俘虏的照片不得刊载"。〔（日）每日新闻社整理：《一亿人的昭和史》，每日新闻社，1982年，第8页〕

第三章　侵略华东地区

3-2-25

3-2-26

3-2-25　淞沪会战中，牺牲在上海郊区战壕里的中国军人。〔（日）每日新闻社整理：《不许可写真1：20世纪的记忆》，每日新闻社，1998年，第69页〕

3-2-26　日军机关枪协同坦克攻击守卫宝山城的中国军队。〔（日）每日新闻社整理：《不许可写真1：20世纪的记忆》，每日新闻社，1998年，第44页〕

3-2-27

3-2-28

3-2-27 日军乘坐铁船向吴淞进犯。日军战略动态照片被禁止发表。〔(日)每日新闻社整理：《不许可写真1：20世纪的记忆》，每日新闻社，1998年，第33页〕

3-2-28 1937年8月27日，隐蔽在农作物中的日军向罗店镇方向进犯。〔(日)每日新闻社整理：《不许可写真1：20世纪的记忆》，每日新闻社，1998年，第29页〕

3-2-29

3-2-30

3-2-29 1937年8月28日，日军侵入街道一片狼藉的罗店镇。此类日军侵略暴力照片被禁止发表。〔（日）每日新闻社整理：《不许可写真1：20世纪的记忆》，每日新闻社，1998年，第35页〕

3-2-30 1937年9月1日，为进攻吴淞，日军特勤兵正从登陆船上卸下军用物资。此照片被禁止发表。〔（日）每日新闻社整理：《不许可写真1：20世纪的记忆》，每日新闻社，1998年，第33页〕

3-2-31

3-2-32

3-2-31 1937年9月10日，日军炮兵在吴淞一带向中国守军阵地进犯。日军行军可能暴露战略意图照片被禁止发表。〔（日）每日新闻社整理：《不许可写真1：20世纪的记忆》，每日新闻社，1998年，第53页〕

3-2-32 1937年9月6日拂晓，日军战旗舰在黄浦江上炮击中方虬江码头。〔（日）每日新闻社整理：《不许可写真1：20世纪的记忆》，每日新闻社，1998年，第38页〕

第三章 侵略华东地区

3-2-33

3-2-33 1937年9月6日拂晓，日军出动停泊于黄浦江战舰上的轰炸机向中国阵地轰炸。〔（日）每日新闻社整理：《不许可写真1：20世纪的记忆》，每日新闻社，1998年，第39页〕

3-2-34

3-2-35

3-2-34 1937年9月6日，日军增援部队在距中国虬江码头下游百米处分别乘4艘铁船登陆中国军队阵地。日军侵略动向照片，被禁止发表。〔（日）每日新闻社整理：《不许可写真1：20世纪的记忆》，每日新闻社，1998年，第46页〕

3-2-35 1937年9月11日，日本上海派遣军由黄浦江岸、吴淞炮台向上海内陆地区进犯。日军在侵华战场上侵略动态照片，被禁止发表。〔（日）每日新闻社整理：《不许可写真1：20世纪的记忆》，每日新闻社，1998年，第54页〕

3-2-36

3-2-37

3-2-36 1937年10月6日，化装成农夫的中国军人被日军逮捕。日军审查官批示，逮捕或审讯中国军民照片禁止发表。日军审查官可能认为此类照片有损日军的形象。〔（日）每日新闻社整理：《不许可写真1：20世纪的记忆》，每日新闻社，1998年，第112页〕

3-2-37 1937年10月15日，日军向中方阵地疯狂投掷装满汽油的火箭筒。此类日军战场照片被禁止发表。〔（日）每日新闻社整理：《不许可写真1：20世纪的记忆》，每日新闻社，1998年，第115页〕

3-2-38

3-2-39

3-2-38 1937年10月15日，淞沪会战中，在上海北四川路上战死的日本海军陆战队员。此类不利于日本军队的照片被禁止发表。〔（日）赤木益一郎：《从满洲事变到太平洋战争——20年中的不许可战场写真集》，每日新闻社，1965年，第103页〕

3-2-39 1937年10月19日，日军增援部队在上海杨行镇集结。〔（日）每日新闻社整理：《不许可写真1：20世纪的记忆》，每日新闻社，1998年，第116页〕

第三章 侵略华东地区

3-2-40

3-2-41

3-2-40　1937年11月12日，在大场镇西部高地上向南翔一带中国军队攻击的日军。〔（日）新人物往来社编辑：《未公开写真：日中战争》，新人物往来社，1989年，第17页〕

3-2-41　日军违背"严禁使用生化武器"国际公约，在侵华战场上使用毒气作战。图为在上海市巷战中，头戴防毒面具的日本海军陆战队士兵。日军使用毒气作战照片，被禁止发表。〔（日）新人物往来社编辑：《未公开写真：日中战争》，新人物往来社，1989年，第17页〕

127

第三节 侵占南京

　　1927年,中华民国国民政府选择南京作为政府所在地,称南京为"首都"。日军占领上海后,1937年12月1日,日军大本营下达了"攻占敌国首都南京"的作战命令。随后,日军组成华中方面军,松井石根任华中方面军司令官兼上海方面军司令官。日军投入比中国军队多一倍的兵力、坦克200辆和数百架战斗机,分三路向南京进发。南京国民政府决定迁都重庆。当时南京的中国守军只有10万人,外加两个炮兵营、10辆坦克,中日之间军事实力相差悬殊。12月4日,日军攻陷秣陵、句容。5日,日军到达南京外围。7日,日军在地面炮火和空中航空兵火力的支援下,猛力攻击南京外围防线,中国守军第511师一半官兵阵亡。8日,日军进攻南京城郭阵地,中国守军在阵地全被摧毁的情况下,坚持与日军激战。9日拂晓,日军攻至光华门外大校场,被中国军队第87师击退。12月10日,日军谷寿夫第6师团、第114师团同时向雨花台、通济门、光华门、紫金山发动进攻,中国军队英勇抵抗。12日,日军猛攻雨花台,中国军队第88师伤亡惨重,被迫退至中华门。日军用重炮轰击中华门,中华门及其以西城垣数处倒塌,日军由缺口进入城内,中国军队被迫撤退。13日,日军攻进城内,南京陷落。

　　南京陷落后,人类历史上前所未有的浩劫在南京城上演了,疯狂的日军在南京城内进行了为期六个星期的烧杀淫掠。其间,发生强奸妇女事件约20000起,南京市三分之一的房屋被烧毁,几乎所有的商店被抢劫一空。仅12月18日,日军就在草鞋峡屠杀57400余人,是南京大屠杀中被害人数最多、最为惨烈的一次集体屠杀。[1]

---

[1] "南京大屠杀"史料编辑委员会:《侵华日军南京大屠杀史稿》,江苏古籍出版社,1987年,第34页。

第三章 侵略华东地区

3-3-1

3-3-2

3-3-1 日本海军航空队轰炸南京前，在接受海军航空队军官训示。据1937年日本照片审查部门规定：日本海军航空队等特殊部队照片不允许发表。〔（日）平贺甚四郎：《支那大事变写真史》，日本东京成光堂，1937年，原书无页码〕

3-3-2 1937年9月19日，第一次空袭南京后归队汇报的日本海军航空队。此照片被要求删除建筑背景后方允许发表。〔（日）每日新闻社整理：《不许可写真1：20世纪的记忆》，每日新闻社，1998年，第73页〕

129

3-3-3　日军对南京的空袭从1937年8月开始,到12月13日结束,持续了4个月时间。图为第一次空袭南京后进行情况汇报的日军飞行员。涉及日军特殊部队照片被禁止发表。〔(日)每日新闻社整理:《不许可写真1:20世纪的记忆》,每日新闻社,1998年,第76页〕

3-3-4　1937年9月20日,日军再次空袭南京。图为准备飞往南京的日本海军飞机。此照片涉及日本军用机场,被日方禁止发表。〔(日)每日新闻社整理:《不许可写真1:20世纪的记忆》,每日新闻社,1998年,第75页〕

3-3-3

3-3-4

第三章 侵略华东地区

3-3-5

3-3-6

3-3-5 装满炸弹前往南京实施空袭的日军轰炸机正等待起飞。此照片暴露日军机场和战机结构，被日方禁止发表。〔（日）每日新闻社整理：《不许可写真1：20世纪的记忆》，每日新闻社，1998年，第78页〕

3-3-6 日本海军航空兵在其占领的机场起飞，前往南京上空实施轰炸。图为日本海军航空兵军官向日军飞行员挥帽示意。〔（日）平贺甚四郎：《支那大事变写真史》，日本东京成光堂，1937年，原书无页码〕

3-3-7

3-3-8

3-3-7 1937年9月24日,日本海军航空队持续空袭南京。日军审查官批示,飞机场日军及特殊部队行动照片不允许发表。〔(日)每日新闻社整理:《不许可写真1:20世纪的记忆》,每日新闻社,1998年,第81页〕

3-3-8 前往南京实施空袭的日军轰炸机起飞。〔(日)每日新闻社整理:《不许可写真1:20世纪的记忆》,每日新闻社,1998年,第79页〕

3-3-9

3-3-10

3-3-9 日军轰炸南京后，南京街头尸体横陈，一片狼藉。日军审查官批示，反映战场血腥场面的照片禁止发表。〔（日）每日新闻社整理：《不许可写真1：20世纪的记忆》，每日新闻社，1998年，第213页〕

3-3-10 1937年11月13日，日军佐藤部队进犯至常熟徐六泾水域。为防止泄露日军行动踪迹，此照片被禁止发表。〔（日）每日新闻社整理：《不许可写真1：20世纪的记忆》，每日新闻社，1998年，第134页〕

3-3-11

3-3-12

3-3-11 3-3-12 1937年11月15日，日军佐藤部队在常熟徐六泾水域登陆。暴露日军军事行动照片均被禁止发表。〔（日）每日新闻社整理：《不许可写真1：20世纪的记忆》，每日新闻社，1998年，第132页〕

3-3-13

3-3-14

3-3-13　1937年11月18日，日军片桐部队乘坐机动艇在常熟一带活动。反映日军军事动态照片被禁止发表。〔（日）每日新闻社整理：《不许可写真1：20世纪的记忆》，每日新闻社，1998年，第133页〕

3-3-14　1937年12月10日，日军占领镇江焦山后，在焦山北岸都天庙炮台进行大炮拆卸装运作业。日军重型武器装备及部队动态照片被禁止发表。〔（日）每日新闻社整理：《不许可写真2：20世纪的记忆》，每日新闻社，1999年，第59页〕

3-3-15

3-3-16

3-3-15　日军在镇江焦山北岸都天庙炮台进行拆运作业。日方审查该照片时要求"去掉'大炮拆卸后运往船舱'字样，改为'已装载完毕的炮弹'"。日军审查官认为"大炮拆卸后运往船舱"字样会暴露日军作战意图。〔（日）每日新闻社整理：《不许可写真2：20世纪的记忆》，每日新闻社，1999年，第59页〕

3-3-16　1937年11月27日，日军胁坂部队用自制简易舰船将武器、弹药从苏州运往无锡。日军运送武器弹药的照片被禁止发表。〔（日）每日新闻社整理：《不许可写真1：20世纪的记忆》，每日新闻社，1998年，第142页〕

第三章 侵略华东地区

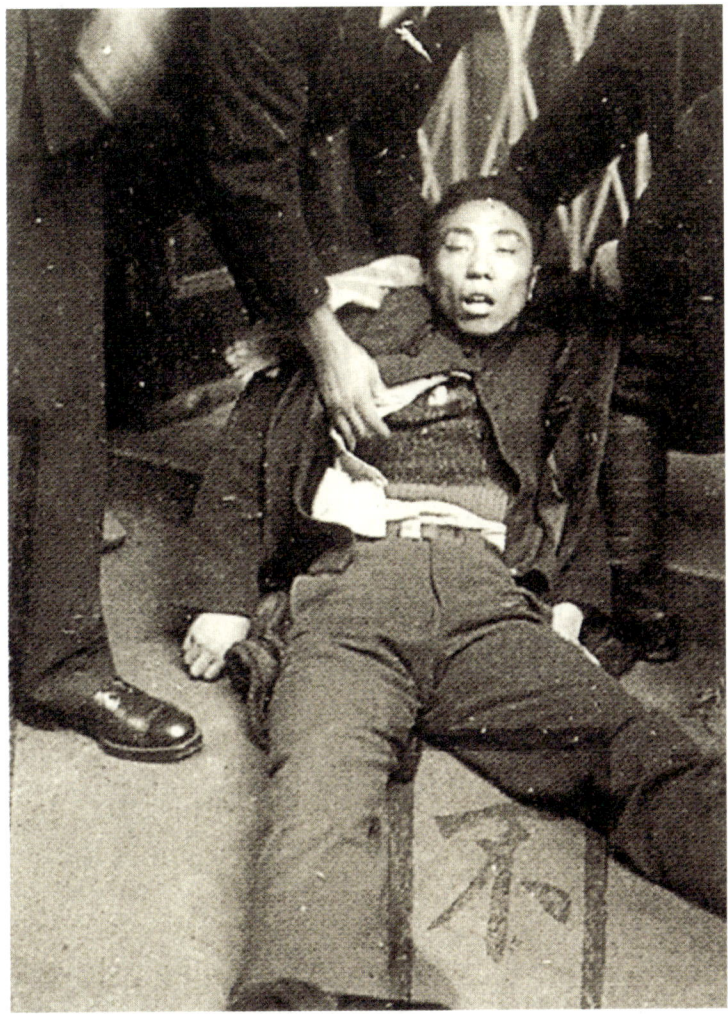

3-3-17

3-3-17 1937 年 12 月 3 日，在上海公共租界南京路上，向日军投掷手榴弹的中国青年孙景浩在炸死日军 3 人后被日军杀害。摄有日军屠杀中国抗日志士的照片均被日方禁止发表。〔（日）每日新闻社整理：《不许可写真 1：20 世纪的记忆》，每日新闻社，1998 年，第 143 页〕

3-3-18 进犯南京的日军第 6 师团师团长谷寿夫（左）和第 114 师团师团长末松茂治在南京郊外会合。〔（日）每日新闻社整理：《不许可写真 1：20 世纪的记忆》，每日新闻社，1998 年，第 153 页〕

3-3-18

3-3-19

3-3-20

3-3-19 1937年12月中旬，日军乘坐军用汽车穿行于南京街头，马路一侧可见被屠杀的平民尸体。涉及日军南京大屠杀的照片，一律被禁止发表。〔（日）每日新闻社整理：《一亿人的昭和史》，每日新闻社，1982年，第82页〕

3-3-20 日军侵占南京后大肆抓捕南京市内未来得及撤退的中国军人。图为日军正在押送和集中被俘中国军人。日军在占领南京的六个星期内制造了南京大屠杀惨案。日军南京大屠杀照片，一律被禁止发表。〔（日）每日新闻社整理：《一亿人的昭和史》，每日新闻社，1982年，第82页〕

3-3-21

3-3-22

3-3-21 南京陷落后，日军在南京街头搜捕屠杀未来得及撤退的中国军人和未及时转移的中国平民。〔（日）每日新闻社整理：《一亿人的昭和史》，每日新闻社，1982年，第85页〕

3-3-22 1937年12月13日，日军与中国守军在南京中华门前激战后的场景。战场血腥图片，被禁止发表。〔（日）每日新闻社整理：《不许可写真1：20世纪的记忆》，每日新闻社，1998年，第146页〕

3-3-23

3-3-24

3-3-23 1937年12月17日，日军占领常熟机场。涉及日军占领机场布局的照片，被禁止发表。〔（日）每日新闻社整理：《不许可写真1：20世纪的记忆》，每日新闻社，1998年，第148页〕

3-3-24 日军在南京屠杀中国战俘、平民。〔（日）新人物往来社编辑：《未公开写真：日中战争》，新人物往来社，1989年，第118页〕

3-3-25

3-3-26

3-3-25 日军在南京屠杀中国战俘、平民。〔(日)新人物往来社编辑:《未公开写真:日中战争》,新人物往来社,1989年,第118页〕

3-3-26 日军将成千上万的中国军民捆绑在一起,进行集体屠杀。〔(日)新人物往来社编辑:《未公开写真:日中战争》,新人物往来社,1989年,第118页〕

第四节　登陆杭州湾，进犯浙江

　　淞沪会战时，日军为全面包抄上海，从杭州湾登陆，从南面迂回逼取上海。1937年10月20日，日军大本营令日军第10军协同海军在杭州湾北岸登陆，并尽快向上海市西南方地区前进，与上海派遣军共同围攻上海周围的中国军队。[1] 11月4日夜，日军第10军在第4舰队的护卫下，约有100只船编成的大船队向杭州湾行进。11月5日，日军第10军的第6、第18、第114师团及第9旅团，趁着雨天在杭州湾北岸金山卫一带登陆。然后根据日军事前制订的作战计划，日军第6师团和第9旅团向淞江一带进犯，与位于苏州河以南的日军部队协同作战，并乘机向青浦、昆山一带推进。上海沦陷后，11月19日，日军占领浙江嘉兴、湖州、长兴等地，并以沪、杭为中心的长江下游的三角洲为作战基地，准备向南京进攻。

　　日军占领上海后，继续向坚守浙江境内的中国守军发起进攻。12月24日，中国军队撤离杭州，退守至浙江沿海的舟山、宁波、台州、温州等地。1939年6月、7月，日军攻占舟山群岛，开始实施封锁浙江沿海的作战计划。1940年4月，日军占领了宁波、石浦、台州、温州一带以及诸暨。1940年10月13日，日军在进犯浙西、富春江两岸的中国守军时，中国军队第79师英勇抗击，以伤亡500多人的代价，击毙日军大队长以下军官6人，击伤日军数百名，活捉日军4人。

　　1942年5月到8月末，日军为摧毁中国战区浙江机场，阻挠美军实施轰炸日本本土计划，发起了浙赣战役。日军虽然曾经占领了衢州机场，但也付出了伤亡1.7万人的惨重代价。

---

　　[1]日本防卫厅战史室编纂，天津市政协编译委员会译校：《日本军国主义侵华资料长编（上）——〈大本营陆军部〉摘译》，四川人民出版社，1987年，第378页。

3-4-1

3-4-2

3-4-1 日军实行迂回侵占上海计划。1937 年 11 月 4 日，日军趁雨天向杭州湾进犯。同类的雨中行军照片均被日方禁止发表。〔（日）每日新闻社整理：《不许可写真 1：20 世纪的记忆》，每日新闻社，1998 年，第 122 页〕

3-4-2 1937 年 11 月 8 日，日军第 10 军约 11 万人乘 155 艘运输船登陆杭州湾北岸金山卫地区。日军军事动态照片，被禁止发表。〔（日）每日新闻社整理：《不许可写真 1：20 世纪的记忆》，每日新闻社，1998 年，第 126 页〕

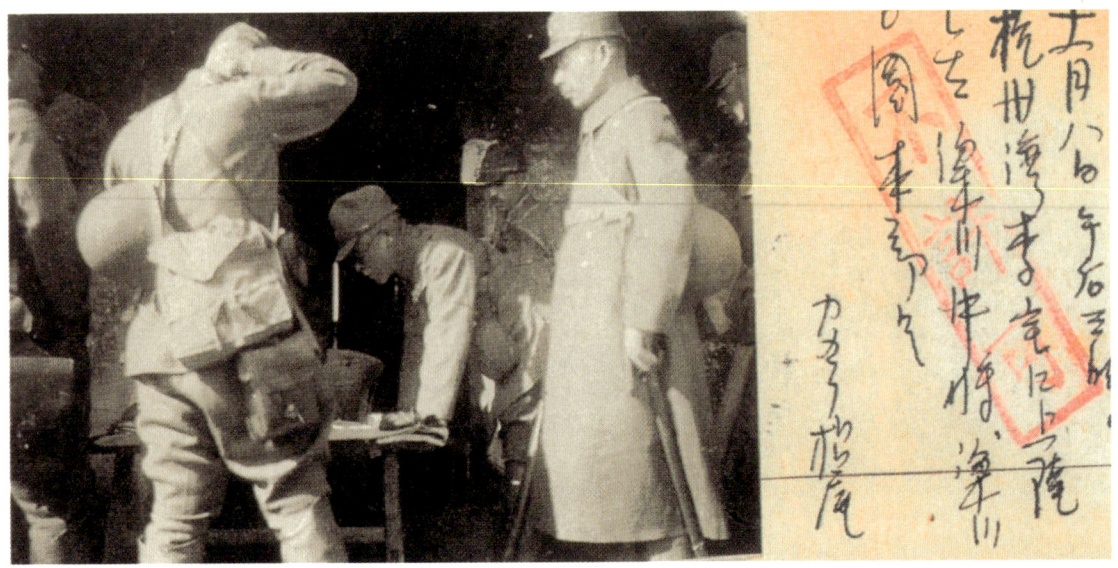

3-4-3

3-4-3 1937年11月5日,日军在杭州金山卫附近登陆并筹划向黄浦江对岸中国军队发动突袭。〔(日)新人物往来社编辑:《未公开写真:日中战争》,新人物往来社,1989年,第102页〕

3-4-4

3-4-4　1937年11月13日，日军在吴淞上游扬子江（长江）岸的白茆口—徐六泾口一带强行登陆，与在杭州湾登陆的日军形成两翼夹击上海。〔（日）新人物往来社编辑：《未公开写真：日中战争》，新人物往来社，1989年，第17页〕

3-4-5　1938年4月下旬，向杭州北郊发起进攻的日军在观测前方情况。〔（日）每日新闻社整理：《不许可写真2：20世纪的记忆》，每日新闻社，1999年，第58页〕

3-4-5

3-4-6

3-4-6 1940年10月13日，日军正在浙江省西部富春江渡江。此类军事行动照片被禁止发表。〔（日）每日新闻社整理：《不许可写真2：20世纪的记忆》，每日新闻社，1999年，第100页〕

3-4-7 1940年10月13日，在富春江岸集结的日军。照片摄有水上军用设备登陆艇，同时有可能暴露日军动向，被禁止发表。〔（日）每日新闻社整理：《不许可写真2：20世纪的记忆》，每日新闻社，1999年，第100页〕

3-4-7

第三章 侵略华东地区

3-4-8

3-4-9

3-4-8 1942年5月21日，在浙江东北战线，在日军看守下，被一条绳索绑在一起的中国战俘们分食少量食物。日军虐俘照片，被禁止发表。〔（日）每日新闻社整理：《不许可写真2：20世纪的记忆》，每日新闻社，1999年，第104页〕

3-4-9 1942年5月23日，在浙江东部、浙江北部战线，正向中国军队阵地发起进攻的日军。〔（日）每日新闻社整理：《不许可写真2：20世纪的记忆》，每日新闻社，1999年，第104页〕

147

第五节　徐州会战

徐州是津浦铁路和陇海铁路的交会点，位居交通要冲，战略地位极其重要。1938年1月30日，日军大本营下达作战要领：必须占领徐州，打通津浦线，进而切断陇海铁路，威胁平汉铁路，夺取安庆，进攻武汉。日军具体的作战部署是：华北方面军南下，华中方面军北上，南北夹击徐州。1938年2月，日军华北方面军会同已经占据津浦线的日军第2军第10师团进入兖州、济宁、邹县。2月5日，华北方面军根据日军大本营的计划，命令第2军"占据黄河南，即现占领线以北及运粮河（大运河）以东之山东省与黄河以北过去作战地区内之各要地"[1]。与此同时，中国军队先后调集约60万大军，由第五战区司令长官李宗仁指挥，组织徐州会战[2]。3月中旬，从北南下的日军逼近徐州，中国军队在位于徐州以北30公里的台儿庄进行重点布防。1938年3月23日，台儿庄战斗打响，中国守军浴血拼杀，誓与台儿庄共存亡。日军不断增援，中日两军先是在台儿庄城外厮杀，然后又进入台儿庄城内，继而双方展开激烈的街巷肉搏战，日军主力逐渐被吸引到中国军队包围圈之内。中国军队集中兵力，于4月6日展开全线反攻，歼灭日军1万多人，台儿庄战役取得了重大胜利，坚定了全国人民抗战的决心和意志。之后，日军发现徐州附近集中了中国军队大量兵力，于是在5月中旬采取南北夹击战术企图包围徐州，歼灭中国军队主力。为保存有生力量，中国军队做出战略性撤退，日军企图围歼中国军队主力的计划落空。5月19日，日军侵占徐州。

---

[1] 日本防卫厅战史室编纂，天津市政协编译委员会译校：《日本军国主义侵华资料长编（上）——〈大本营陆军部〉摘译》，四川人民出版社，1987年，第426页。

[2] 安德才、卫忠海主编：《中国革命史》，四川大学出版社，1995年，第164页。

第三章 侵略华东地区

3-5-1

3-5-1 沿津浦线南下的日军第2军第10师团濑谷部队于1938年3月17日占领临城后,进入位于徐州东北30公里的台儿庄。〔(日)每日新闻社整理:《一亿人的昭和史》,每日新闻社,1982年,第41页〕

3-5-2 台儿庄战役中,日军福荣部队正在攻击中国军队,后被中国军队歼灭。〔(日)新人物往来社编辑:《未公开写真:日中战争》,新人物往来社,1989年,第172~173页〕

3-5-2

3-5-3

3-5-4

3-5-3 1938年4月,日军进犯徐州,中日双方在徐州外围展开血战。图为日军在作战中使用燃烧弹。日军在战场上使用特别武器照片,被禁止发表。〔(日)每日新闻社整理:《一亿人的昭和史》,每日新闻社,1982年,第90页〕

3-5-4 台儿庄战役后,日军调集大批军队企图围歼徐州地区的中国军队。图为隐藏在庄稼地中的日军,正向徐州进犯。〔(日)新人物往来社编辑:《未公开写真:日中战争》,新人物往来社,1989年,第167页〕

第三章 侵略华东地区

3-5-5

3-5-5 1938年5月，日军在台儿庄战败后，得知中国军队集结于台儿庄，于是决定实行南北夹击台儿庄的战略。图为5月4日，日军紧急修筑被中国军队破坏的王庄镇（今马陵山镇）路桥，之后，日军富田部队过桥，向台儿庄进发。暴露日军战略意图照片，被禁止发表。〔（日）朝日新闻社整理：《支那战线写真特辑》，第30卷第22号，朝日新闻社，1938年，第8页〕

3-5-6

3-5-7

3-5-6 1938年5月4日，日军富田部队沿津浦线北上，对徐州实施战略包围。图为日军富田部队用大炮猛烈轰击徐州城门。〔（日）朝日新闻社整理：《支那战线写真特辑》，第30卷第22号，朝日新闻社，1938年，第9页〕

3-5-7 1938年5月5日，日军通过泥泞不堪的村边地带向徐州进犯。〔（日）朝日新闻社整理：《支那战线写真特辑》，第30卷第22号，朝日新闻社，1938年，第9页〕

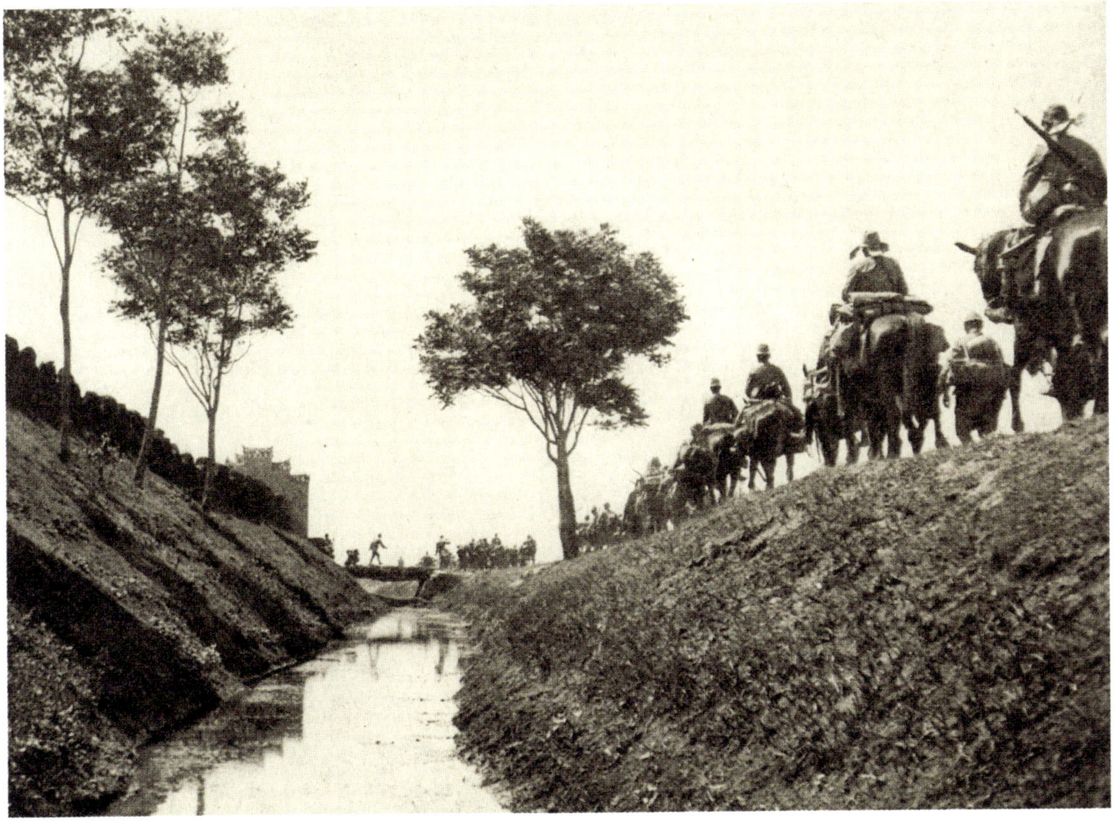

3-5-8

3-5-9

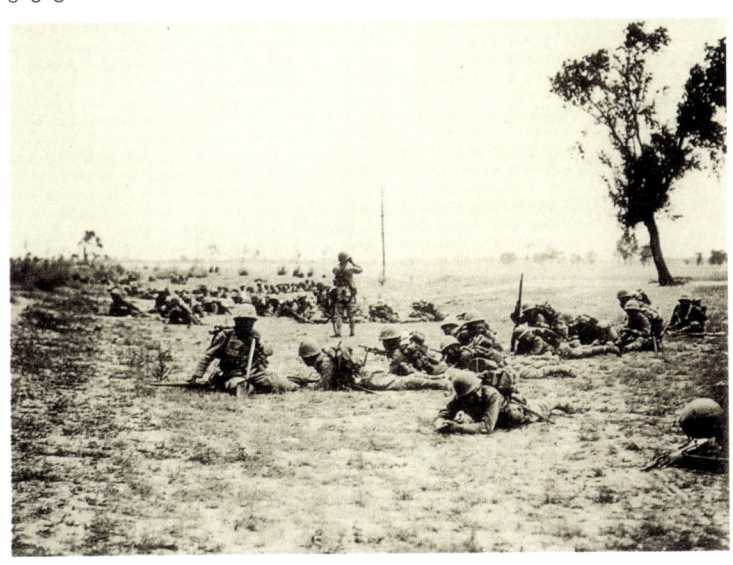

3-5-8 1938 年 5 月 9 日，日军从南北两面向徐州发起攻击。图为日军芹川部队渡过淮河，向淮河北面的徐州方向进犯。〔（日）朝日新闻社整理：《支那战线写真特辑》，第 30 卷第 22 号，朝日新闻社，1938 年，第 8 页〕

3-5-9 1938 年 5 月 23 日，日军占领陇海线后，日军那须部队在陇海线空旷地带匍匐待命。〔（日）每日新闻社整理：《不许可写真 2：20 世纪的记忆》，每日新闻社，1999 年，第 64 页〕

第六节　进犯安徽

安徽，东连江苏、浙江，西接湖北、河南，南邻江西，北靠山东，是日军侵占徐州和武汉的必经之地。1938年4月下旬，日军坂井支队从芜湖附近出发，攻占了安徽和县、巢县等地。5月14日，日军占领合肥及周边地区，试图对徐州形成南北夹击之势。

1938年6月9日，中国军队炸毁花园口黄河大堤，希望借此阻挡日军渡河南下。黄河泛滥，亦使淮河泛滥，日军改变沿淮河进攻的作战计划，转而以主力沿长江两岸进攻武汉。位于长江左岸的安徽省安庆成为日军向武汉进攻的前沿阵地。日军在航空兵、炮兵的火力支援下，于6月12日晚侵占安庆机场，13日晨侵占安庆。中国守军退守潜山及怀宁石牌。6月15日，日军坂井支队兵分两路从怀宁向潜山发起进攻。中国守军极力阻击日军，但是攻城日军在陆海空火力的增援下，于17日10时侵占了潜山县城。6月19日夜，下石牌失陷。6月22日，日军波田支队的先头部队从安庆出发，向湖口进犯。

1938年7月25日，日军兵分两路向太湖县城进犯。中国军队第21集团军第31军第138师莫德宏部在太湖的小池、刘山铺、东山头以及县城等地顽强阻击日军。战斗异常激烈，双方激战至26日正午，太湖县城失守，城内百余名中国守军全部牺牲。7月26日，日军第6师团牛岛支队从怀宁石牌经太湖徐家桥向宿松进攻，中国军队与日军展开了殊死战斗，伤亡惨重。8月2日，日军侵占宿松县城。

3-6-1　1938年5月1日，日军华中方面军将战斗司令部迁往安徽蚌埠，以便负责指挥徐州会战。图为对蚌埠进行视察的日本天皇的弟弟秩父宫亲王（左）。因涉及天皇弟弟，该照片被日方禁止发表。〔（日）每日新闻社整理：《不许可写真2：20世纪的记忆》，每日新闻社，1999年，第60页〕

3-6-2　日军仓林部队从南京北上，经蚌埠向西迂回，图谋进犯徐州。〔（日）每日新闻社整理：《一亿人的昭和史》，每日新闻社，1982年，第90页〕

3-6-3

3-6-4

3-6-3 1938年5月31日，日军占领宁陵、杞县后，于6月4日占领尉氏县，并于12日将京汉铁路破坏，以阻止郑州方向南下抗日的中国军队。图为侵入尉氏县的日军。〔（日）朝日新闻社整理：《支那战线写真特辑》，第31卷第1号，朝日新闻社，1938年，第13页〕

3-6-4 1938年6月11日，日军海军陆战队组成作战舰艇编队向安庆进犯。〔（日）每日新闻社整理：《一亿人的昭和史》，每日新闻社，1982年，第89页〕

第三章 侵略华东地区

3-6-5

3-6-6

3-6-5 1938年6月12日，日军海军陆战队在长江安庆段太子矶登陆。〔（日）朝日新闻社整理：《支那战线写真特辑》，第31卷第1号，朝日新闻社，1938年，第6页〕

3-6-6 1938年6月12日，在安庆太子矶登陆的日军海军陆战队冈本部队。〔（日）朝日新闻社整理：《支那战线写真特辑》，第31卷第1号，朝日新闻社，1938年，第7页〕

157

3-6-7

3-6-8

3-6-7 1938年6月12日,日军海军陆战队在太子矶登陆后对安庆市发动突袭。图为日军正向安庆市内的中国守军发起进攻。〔(日)朝日新闻社整理:《支那战线写真特辑》,第31卷第1号,朝日新闻社,1938年,第7页〕

3-6-8 1938年6月24日,向安徽东至县香口村进犯的日军高桥部队炮兵正在用炮队镜观测炮击目标的情况。〔(日)朝日新闻社整理:《支那战线写真特辑》,第31卷第3号,朝日新闻社,1938年,第8页〕

3-6-9

3-6-10

3-6-9 日军高桥部队在安徽东至县香口村附近强行登陆。〔(日)朝日新闻社整理:《支那战线写真特辑》,第31卷第3号,朝日新闻社,1938年,第9页〕

3-6-10 1938年6月24日,日军高桥部队从香口村一带向江西彭泽县马当要塞进犯。〔(日)朝日新闻社整理:《支那战线写真特辑》,第31卷第3号,朝日新闻社,1938年,第6页〕

第七节 侵犯江西

日军对江西的侵犯分为抗战初期和抗战中、后期两个阶段。抗战初期，日军对江西的侵略实际上是武汉会战的组成部分。1938年6月23日，日军波田支队及第106师团在强大的海空炮火掩护下，向扼守长江的彭泽马当要塞进逼。守护马当要塞的中国守军拼死抵抗，但由于日军使用毒气，中国守军阵亡殆尽，日军趁机侵占马当。29日，日军侵占了彭泽县城。日军侵占彭泽、马当后，拉开了九江战役的序幕。7月2日，日军军舰进犯湖口，中国空军击沉其两艘军舰。7月5日，日军再次集结重兵向湖口进犯。湖口是鄱阳湖通向长江的咽喉，若湖口丢失，则长江门户大开。驻守在湖口的中国军队殊死抵抗，与日军激战3天，在敌我力量悬殊的情况下湖口失陷。7月23日零时，日军波田支队由湖口乘船，在海军第11战队的掩护下，进入鄱阳湖中鞋山附近，企图从姑塘登陆，遭到中国守军拼死抵抗。中国军队击沉日军舰艇10余艘，但在日军海军舰炮的火力压制下，中国守军伤亡重大，据守滩头的张文美营全部牺牲，7月4日日军波田支队占领湖口县城。当日，100余架次日机向九江城区轮番轰炸。[1]7月26日，日军攻陷九江，取得了溯江而上进犯武汉的据点。此后，中国军队与日军在九江外围展开了反复的争夺战。

南昌既是浙赣铁路的重要据点，同时又对此时已占领武汉的日军构成了战略威胁。1939年3月下旬，日军集中200余门火炮，向修水河南岸的中国军队驻地发起猛烈炮

---

[1]张宪文主编，马振犊、陆军等编著：《日本侵华图志第10卷·侵占华中地区（1938—1945）》，山东画报出版社，2015年，第17页。

击,并向南昌发起了进攻。3月27日,日军发动突袭,占领了南昌。日军侵占南昌后,中日之间为争夺南昌及其外围据点进行了多次交锋。抗战后期,日军为打击中国第九战区部队,巩固其占领据点,于1941年3月15日发动了上高战役,于3月下旬侵占上高。3月31日,中国军队在上高外围实施反包围战,夺回了日军侵占的高安地区。4月1日,日军开始从上高突围,中国军队一路追击,收复了部分失地。

3-7-1

3-7-1 1938年6月，日军在向九江进犯的行程中，在长江马当要塞附近江面进行扫雷，排除水下障碍。日军水上扫雷作业照片，被禁止发表。〔（日）每日新闻社整理：《不许可写真2：20世纪的记忆》，每日新闻社，1999年，第68页〕

3-7-2 1938年6月28日，日军为进犯九江，在马当一带江面进行扫雷作业。远处为日军引爆水雷掀起的水柱。日军扫雷作业照片被作为最高机密禁止发表。〔（日）每日新闻社整理：《不许可写真2：20世纪的记忆》，每日新闻社，1999年，第67页〕

3-7-2

3-7-3

3-7-3 1938年6月26日,日军向中国军队投放毒气,中国守军拼死抵抗,激战9个小时后,马当要塞落入日军手中。日军使用无人道的生化武器作战,此类照片被禁止发表。〔(日)朝日新闻社整理:《支那战线写真特辑》,第31卷第3号,朝日新闻社,1938年,第7页〕

3-7-4

3-7-5

3-7-4 在九江机场附近对中国军队进行"扫荡"作战的日本海军陆战队。日军战场军事动态照片被禁止发表。〔(日)每日新闻社整理:《不许可写真2:20世纪的记忆》,每日新闻社,1999年,第75页〕

3-7-5 1938年7月,日军特别陆战队在九江附近江岸登陆。日方指示,照片中画斜线的部分需删除后方能发表。〔(日)每日新闻社整理:《不许可写真2:20世纪的记忆》,每日新闻社,1999年,第75页〕

3-7-6

3-7-7

3-7-6 1938年7月23日，在庐山一带布署的日军波田支队。日军审查官认为，此照片暴露了日军部队番号和作战意图而不允许发表。〔（日）每日新闻社整理：《不许可写真2：20世纪的记忆》，每日新闻社，1999年，第77页〕

3-7-7 1938年7月24日，日军在江西鄱阳湖伊家湖偷渡登陆。日军审查官指示，删除登陆艇后，照片才可以发表。〔（日）每日新闻社整理：《不许可写真2：20世纪的记忆》，每日新闻社，1999年，第189页〕

3-7-8

3-7-8 1938年7月26日,侵入九江南部铁路的日军海军陆战队。〔(日)每日新闻社整理:《不许可写真2：20世纪的记忆》,每日新闻社,1999年,第75页〕

3-7-9

3-7-10

3-7-9 1938年3月，为进攻南昌，正在进行投掷毒气弹演习的日军第106师团。此照片因违反"严禁使用生化武器"的国际公约，被日军禁止发表。〔（日）每日新闻社整理：《一亿人的昭和史：日中战争》，每日新闻社，1979年，第112页〕

3-7-10 1939年3月23日，日军第106师团第147联队手持"往南昌"的道路标识，向南昌进犯。为隐蔽侵犯南昌意图，日军行动均在夜间进行。〔（日）每日新闻社整理：《一亿人的昭和史：日中战争》，每日新闻社，1979年，第129页〕

3-7-11

3-7-12

3-7-11　1939年5月8日，日本陆军川俣部队在向庐山进犯过程中，遭到了中国军队的猛烈抗击。图为日军趴在沙地上躲避机枪扫射。〔（日）每日新闻社编：《日本的战历》，每日新闻社，1967年，第26～27页〕

3-7-12　1941年4月，在江西战场上，日军用火焰喷射器向中国守军阵地发动进攻。照片因拍有火焰喷射器而被日方禁止发表。〔（日）每日新闻社整理：《不许可写真2：20世纪的记忆》，每日新闻社，1999年，第102页〕

第四章

侵略华中地区

1937年11月20日，国民政府宣布迁都重庆，但实际上国民政府机关大部和军事统帅部都在武汉。1938年1月，日军大本营制订了占领徐州、打通津浦线，在黄河南面郑州取得据点占领武汉，以及攻占广州等战略计划[1]。

　　根据作战计划，1938年2月，日军在山东一带强渡黄河。为防止中国军队发现，日军身着中国百姓服装，到黄河岸边秘密侦察，研究地形、渡河时间、渡河工具，这些活动所涉及的照片，均被日军严加保密。1938年5月，为夺得陇海铁路控制权，占领战略要地徐州，日军趁月黑夜半之时，在河南濮城紧急调运船只，强行渡河。照片中凡显示日军部队番号、渡河工具等日军认为"不利部队"的照片，也均被盖上了"不许可"印戳，禁止发表。

　　1938年6月，日军沿平汉铁路南下，实施两面夹击武汉作战计划。国民政府军事统帅部命令炸开了郑州附近花园口黄河大堤，阻挡了日军渡河部署。日军不得不改从大别山北部区域迂回进逼武汉北面，与其溯江西进部队形成分进合击武汉之势。日军调集25万部队、500架飞机、120余艘舰艇，陆海空协同作战[2]，用大炮轰炸长江阻塞道工程、高射炮队侦测中国军队飞机以及曲射炮队向山上的中国守军进击等暴露日军机械化兵团作战等照片，均被盖上了"不许可"印戳。

　　翻开战时的日本新闻画报，满眼都是炫耀日军"战功"、颂扬日军"英勇无敌"的画面，而日军暴行，尤其是日军使用毒气作战的画面则不见踪影。如果说在1937年淞沪会战的上海战场上，日军小规模使用毒气弹，只是试探性使用生化武器的话，那么在华中战场上，日军使用毒气频次之高、规模之大、杀伤人数之多，则令人发指，武汉会战、侵犯长沙、常德会战、宜昌会战等战役，均有日军用毒记

---

[1] 日本防卫厅战史室编纂，天津市政协编译委员会译校：《日本军国主义侵华资料长编（上）——〈大本营陆军部〉摘译》，四川人民出版社，1987年，第412页。

[2] 李秀勤主编：《中国八年抗日战争日程纪要》，河南人民出版社，2009年，第89页。

录。1938年4月11日，日军密令"力求与烟幕配合使用，严格隐匿使用毒气的事实，消除使用毒气的痕迹"[1]；武汉会战期间，日军"使用化学武器达375次"[2]，日军参谋部在指示的记录中也写道，"允许使用特种烟"[3]；常德会战中，日军几乎每天都施放毒气，致使中国士兵中毒者达1300余人[4]。关于用毒保密问题，日军签发绝密文件，其中第5项规定"关于使用毒气事项，须尽量避免印刷。不得已时的笔记和印刷品，应谨慎保管，不得遗失"[5]。

武汉会战之后，身陷战争泥潭而不能自拔的日军，不仅频繁使用生化武器，而且华中复杂多变的地形，也使日军被高山峻岭所困，其现代化机械武器难以施展，日军战败失利现象也时常发生，其所涉及的照片均被禁止发表。例如1939年6月17日，被中国军队击中后坠毁在华中深山中的日本海军96式舰载机照片，被审查官一律禁止公开。[6]

---

[1]纪学仁编著：《侵华日军毒气战事例集——日军用毒1800例》，社会科学文献出版社，2008年，第13页。

[2]纪学仁编著：《侵华日军毒气战事例集——日军用毒1800例》，社会科学文献出版社，2008年，第11页。

[3]（日）新人物往来社编辑：《未公开写真：日中战争》，新人物往来社，1989年，第118～119页。

[4]中国第二历史档案馆编：《中华民国史档案资料汇编》（第五辑第二编）军事（五），江苏古籍出版社，1998年，第964页。

[5]闵大洪：《日本侵略者在侵华战争中使用毒气的一些情况》，载《历史教学》1985年第6期，第60页。

[6]（日）每日新闻社整理：《一亿人的昭和史》，每日新闻社，1982年，第96页。

第一节　强渡黄河

　　黄河呈"几"字形，自西向东分别流经9个省、市、自治区，流经华北和华东的省份主要是山西、河南和山东。1937年底，日军占领山西、山东北部等地后，制定了渡过黄河作战的目标。1937年底，日军屡次身着便衣到黄河北岸侦察和研究渡河方案。时任第五战区副司令长官兼第3集团军总司令的韩复榘负责指挥山东军事，承担黄河防务。面对武器先进、军事设备精良的日军，韩复榘为了给自己的嫡系部队保留实力，几乎是不战而退，主动放弃了黄河天险，几日之内便弃守了原本预计可守数周的黄河防线（后国民政府组成高等军事法庭会审，将韩复榘处决）。由于韩复榘的畏战退缩，1937年12月23日，日军强渡黄河，随后侵占济南[1]。从1938年1月1日起，日军第2军通过临时架设的军用桥梁渡过黄河，图谋进犯徐州。

　　1938年5月19日，日军占领徐州，并沿着陇海线向西、向南进犯，目标直指武汉。6月4日，土肥原贤二率第14师团侵占兰封，并于6月6日占领开封，郑州危在旦夕。为阻止日军继续向西南方向进犯，6月9日，蒋介石下令将距郑州17公里的花园口黄河大堤炸开。花园口决堤，使日军机械化部队南犯行动受阻，日军第14师团、第16师团陷入孤立无援的境地，放弃了沿平汉线进攻武汉的计划。同时，日军派遣大批飞机、舟艇援救其陷于黄河水中的部队，日军来不及撤走的车辆、火炮、战车等均被黄河水淹没。

---

[1] 李秀勤主编：《中国八年抗日战争日程纪要》，河南人民出版社，2009年，第57页。

第四章　侵略华中地区

4-1-1

4-1-2

4-1-1　1937年12月身着中国平民服装前往黄河北岸侦察的日军沼田部队。日军密谋渡河照片，被日方禁止发表。〔（日）每日新闻社整理：《不许可写真2：20世纪的记忆》，每日新闻社，1999年，第23页〕

4-1-2　身着中国平民服装，在黄河北岸对中国军队阵地进行秘密观测的日军。日军秘密军事行动照片，被禁止发表。〔（日）每日新闻社整理：《不许可写真2：20世纪的记忆》，每日新闻社，1999年，第25页〕

173

4-1-3

4-1-4

4-1-3 1937年12月，为攻占中国北部重要城市济南，日军第10师团行军到黄河北岸时，篠塚炮兵联队负责侦察对岸中国守军的火力据点，侦察兵换上了中国平民的服装。左起第二个是队长井野川利春。暴露日军秘密行动的照片，被禁止发表。〔（日）每日新闻社整理：《不许可写真2：20世纪的记忆》，每日新闻社，1999年，第23页〕

4-1-4 1938年3月，日军在其占领下的平汉线新郑车站附近布设防守阵地。〔（日）每日新闻社整理：《不许可写真2：20世纪的记忆》，每日新闻社，1999年，第188页〕

第四章 侵略华中地区

4-1-5

4-1-6

4-1-5 1938年3月，日军第1军进犯至河南的黄河沿线，并决定渡过黄河向徐州进犯。图为1938年5月11日，日军利用月黑之夜，乘坐铁船从河南濮阳市的濮城秘密渡河。〔(日)每日新闻社整理：《一亿人的昭和史》，每日新闻社，1982年，第41页〕

4-1-6 1938年5月11日晚，日军向黄河北岸紧急运送渡河船只。〔(日)每日新闻社整理：《一亿人的昭和史》，每日新闻社，1982年，第41页〕

4-1-7

4-1-8

4-1-7 1938年5月12日,在河南战场等待渡河命令的土肥原部队。日军夜间秘密军事行动照片,均被禁止发表。〔(日)每日新闻社整理:《不许可写真2:20世纪的记忆》,每日新闻社,1999年,第63页〕

4-1-8 1938年5月12日,正在强行渡过黄河的土肥原部队(日军第14师团)。反映日军晚间秘密行动的照片被禁止发表。〔(日)每日新闻社整理:《不许可写真2:20世纪的记忆》,每日新闻社,1999年,第63页〕

第四章　侵略华中地区

4-1-9

4-1-10

4-1-9　1938年5月12日，等待强渡黄河命令的日军横山部队。日军审查官批示，照片中"军旗在前，等待渡河命令"字样须删除，"横山部队"字样须改为○○部队。日军唯恐其战略意图被暴露。〔（日）每日新闻社整理：《不许可写真2：20世纪的记忆》，每日新闻社，1999年，第62页〕

4-1-10　1938年5月，在商丘浍河口附近战场上，中国军队用稻草扎了众多稻草人（中国军队运用的迷惑战术之一），以此迷惑敌人，消耗日军的弹药。〔（日）每日新闻社整理：《一亿人的昭和史》，每日新闻社，1982年，第73页〕

177

4-1-11

4-1-12

4-1-11 1938年9月6日,在向武汉进犯中,日军华中方面军第6师团占领了河南省固始县东南部的富金山。富金山战役是武汉会战的重要组成部分,在这次战役中,中国军队以伤亡15000余人的代价阻击日军整整十昼夜,击毙日军4000余人,击伤日军约10000人。〔(日)每日新闻社整理:《不许可写真2:20世纪的记忆》,每日新闻社,1999年,第85页〕

4-1-12 因华中地区地形复杂多变,日军为攻占富金山付出了惨重的代价。图为日军为在富金山战役中战死的日本士兵举行火葬。日军审查官认为日军战场死亡照片对军队不利,禁止发表。〔(日)每日新闻社整理:《不许可写真2:20世纪的记忆》,每日新闻社,1999年,第85页〕

第四章 侵略华中地区

4-1-13

4-1-13 1938年10月19日，在武汉会战中，日军原田部队战机越过河南伏牛山向西进犯。此照片因暴露日军行动方位而被日方禁止发表。〔（日）每日新闻社整理：《不许可写真2：20世纪的记忆》，每日新闻社，1999年，第90页〕

179

第二节　会攻武汉

1938年5月，日军占领徐州后，计划以主力由徐州沿陇海路向西南，再沿平汉路南下攻打武汉。另以华中方面军一部由合肥赴信阳，一部溯江而上作为辅攻，准备在武汉地区围歼中国军队。[1] 6月初，沿平汉铁路南下的日军被决堤的黄河水挡住去路，日军不得不改变路线，沿大别山北部区域，南趋信阳，迂回武汉之北。另一线路继续溯江西进，以图攻占武汉之东南。6月12日，日军占领安庆，拉开了武汉会战的序幕。7月，日军相继攻陷马当要塞、湖口、九江后，以其为据点，进占湖北阳新、大冶、黄石、鄂城等地，逼近武昌。7月下旬，日军陆海空协同作战，进占黄梅、广济，威胁武汉侧背。10月，武汉北面和东北面又被日军占领，中国军队决定撤离武汉。10月27日，武汉三镇先后沦陷。

武汉会战作战地域广泛，波及江西、安徽、河南、湖北等省份，此后，华中战场成为中国军民和日军作战的主战场。在武汉会战中，因华中地形复杂多变，加上日军水土不服，众多日军死于疾病。为达到占领武汉的目的，日军投放毒气弹，使未受过防毒训练的中国军队损失惨重。但是，中国军队在抵御日军进犯武汉的作战中，始终浴血奋战，使得日军每前行一步都受到沉重的打击，其间，中国第九战区第1兵团司令薛岳率部利用有利地形，在万家岭血战日军，歼灭日军逾万人，取得了万家岭大捷。武汉会战历时四个半月，彻底粉碎了日本迫使中国投降的战略目标，由此，抗日战争进入战略相持阶段。

---

〔1〕冯杰：《重庆烽火记忆——中国战时首都为什么是重庆》，载《国家人文历史》2015年第13期，第50页。

第四章 侵略华中地区

4-2-1　1938年夏，向湖北一带进犯的日军遭到中国军队的强烈抗击。〔（日）每日新闻社编：《日本的战历》，每日新闻社，1967年，第22页〕

4-2-2　1938年8月1日，在武汉会战中，日军华中方面军第6师团侵占了地处鄂皖赣三省交界处的黄梅县。图为第6师团长稻叶四郎率部侵入湖北黄冈市黄梅县城。涉及日军军官及部队侵入具体地点的照片，被日方禁止发表。〔（日）每日新闻社整理：《不许可写真2：20世纪的记忆》，每日新闻社，1999年，第79页〕

4-2-1

4-2-2

4-2-3

4-2-4

4-2-3 1938年8月25日,在长江上对武汉西岸中国阵地进行猛烈轰击的日本海军舰艇。因照片暴露了日舰的行踪而被日方禁止发表。〔(日)每日新闻社整理:《不许可写真2:20世纪的记忆》,每日新闻社,1999年,第83页〕

4-2-4 日军海军士师部队趁着月色偷偷实施蕲春登陆计划。〔(日)每日新闻社整理:《不许可写真2:20世纪的记忆》,每日新闻社,1999年,第87页〕

第四章 侵略华中地区

4-2-5

4-2-5 1938年9月2日，在进犯武汉的战场上，日军在东孤岭山脚下使用曲射炮向山上的中国军队发起攻击。第二年，日军津田曲射炮队改编为迫击炮队。此照系涉及日军机械化兵团照片，被禁止发表。〔（日）每日新闻社整理：《一亿人的昭和史》，每日新闻社，1982年，第90页〕

4-2-6

4-2-7

4-2-6 1938年10月21日，日军侵入黄石港。图为日军江上舰队在长江江面上升起浓烈的烟雾，以掩护向武汉进犯的陆军。〔（日）每日新闻社整理：《不许可写真2：20世纪的记忆》，每日新闻社，1999年，第91页〕

4-2-7 1938年12月10日，武汉会战结束后，参加武汉会战的上海日本海军特别陆战队返回华东地区。因照片暴露了日军战略意图而被禁止发表。〔（日）每日新闻社整理：《不许可写真2：20世纪的记忆》，每日新闻社，1999年，第92页〕

第四章 侵略华中地区

4-2-8　1939年3月，在湖北战场被日军高野部队俘虏的中国随军女护士。〔（日）每日新闻社编：《日本的战历》，每日新闻社，1967年，第121页〕

4-2-9　每日新闻社记者承认，日军虐杀俘虏事件频发是事实。图为日军及随军记者与在湖北战场上被俘的中国随军女护士的合影。〔（日）每日新闻社整理：《一亿人的昭和史》，每日新闻社，1982年，第87页〕

第三节 三攻长沙

1939年，日军在侵占临湘、岳阳10个月后，为解除武汉外围中国军队对其第11军的包围之势，日军以湘北为主战场，以赣北为辅战场，发起"湘赣战役"。中国因日军以进攻长沙为主目标，称其为"第一次长沙会战"。9月，日军在冈村宁次的指挥下，分三路向长沙发起了进攻，中国军队拼死御敌。其间，湖南民众还组成了各种自卫队阻击日军。日军在"山形奇险"的地势面前，重炮坦克等重型武器难以施展威力，攻击力大为减弱。10月1日，在中国部队顽强而不懈的抗击下，日军被迫撤退。14日，中日双方恢复战前的态势。

1941年9月7日，日军在航空兵的协同下，集结约12万兵力，从东、西、北三面第二次南侵长沙。18日，日军主力在飞机、大炮的掩护下，分别从新墙、潼溪街等地强渡新墙河，突破南岸中国守军阵地。日军在进犯长沙过程中，中国战区作战电报被日军截获，日军迅速改变作战计划，决定在捞刀河以北歼灭中国第九战区部队。25日至27日，中国军队与日军在捞刀河两岸展开激战。27日，中国军队撤退，日军强渡捞刀河，直扑长沙。28日，中国军队与侵入长沙的日军展开巷战。到1941年10月1日，日军被迫撤返岳阳。9日，中日双方再次恢复战前态势，第二次长沙会战结束。

1941年12月，日军为实施侵占香港的作战计划，消灭中国南下的有生抗日力量，第三次发动侵犯长沙战役。中国第九战区总结前两次长沙会战的经验和教训，采取诱敌深入的作战方略，以长沙为目标，从南、北、东三个方向不断缩小对日军的包围圈。从1941年12月24日日军发动进攻到翌年1月15日，中国军队共伤亡日军5.6万余人，中国军队伤亡2.9万余人[1]，第三次长沙会战以中国军队的胜利宣告结束。

除三次长沙会战外，日军还在湖南境内发动了常德会战、豫湘桂会战和芷江会战。其中，发生在1945年4月到6月的芷江会战以中国军队胜利而结束。

---

[1] 李秀勤主编：《中国八年抗日战争日程纪要》，河南人民出版社，2009年，第195页。

4-3-1

4-3-1 1938年4月，日军在华中战场上捕获一名中国女民兵。女民兵名叫成本华，面对日军的审问，成本华无所畏惧，最后献出了自己年轻的生命，年仅24岁。〔（日）每日新闻社编：《日本的战历》，每日新闻社，1967年，第119页〕

4-3-2 1939年3月，在华中战场上，被日军若松部队俘虏的中国军人被迫反戴军帽替日军扛运枪械。〔（日）赤木益一郎：《从满洲事变到太平洋战争——20年中的不许可战场写真集》，每日新闻社，1965年，第111页〕

4-3-2

第四章　侵略华中地区

4-3-3

4-3-4

4-3-3　1939年6月17日,被中国军队击中后,坠毁于华中深山里的海军九六式舰载机。当时日军陆军少将田路朝一搭载了此飞机。这幅照片被日方禁止发表。〔(日)每日新闻社整理:《一亿人的昭和史》,每日新闻社,1982年,第96页〕

4-3-4　1939年9月12日,在第一次长沙会战中,日本海军陆战队在洞庭湖东岸登陆,并向岳阳方面进犯。该照片涉及日军侵略地点和登陆用舟艇,被禁止发表。〔(日)每日新闻社整理:《不许可写真2:20世纪的记忆》,每日新闻社,1999年,第94页〕

4-3-5

4-3-5 在洞庭湖九马嘴登陆的日军。日军审查官批示,将照片中登陆艇抹去后方可发表。〔(日)每日新闻社整理:《不许可写真2:20世纪的记忆》,每日新闻社,1999年,第95页〕

4-3-6 1939年9月,第一次长沙会战中,在洞庭湖岳阳鹿角镇水域,日军在水中等待登陆命令。照片涉及日军军事行动详细地点,被禁止发表。〔(日)每日新闻社整理:《不许可写真2:20世纪的记忆》,每日新闻社,1999年,第95页〕

4-3-6

第四章 侵略华中地区

4-3-7

4-3-7 第一次长沙会战中，日本陆军在其海军舰艇的配合下，在洞庭湖水面中国海军布设的雷区空隙中，向中方阵地进犯。因照片涉及日军海军舰艇及其侵略动向，被禁止发表。〔（日）每日新闻社整理：《不许可写真2：20世纪的记忆》，每日新闻社，1999年，第95页〕

4-3-8 1939年9月，在湘赣一带进攻的日军正在攻击一处中国民房。日军战场暴行照片被禁止发表。〔（日）每日新闻社整理：《一亿人的昭和史：日中战争》，每日新闻社，1979年，第182页〕

4-3-8

4-3-9

4-3-9 1940年1月25日,日军严密监控在华中石门附近战斗中被俘的中国军人。日军监押战俘的照片,被禁止发表。〔(日)每日新闻社整理:《一亿人的昭和史》,每日新闻社,1982年,第86页〕

第五章

侵略华南地区

日军侵占华北、华东的大部区域及华中的部分区域后，国际援华物资主要通过香港、广东到达中国内陆。早在1938年1月，日军海军陆战队就曾在珠海三灶岛秘密登陆，筹划侵略广东沿海区域。1938年7月，日军大本营确定了在进行武汉作战的同时，进行广州作战。1939年10月9日，日军第21军第5、第18、第104师团在澎湖列岛的马公集结出海，向大亚湾进犯。10月11日，日军靠近大亚湾时，释放大量烟幕，造成中国守军视觉模糊，使岸上的中国守军看不清运输船只[1]。布置在大亚湾的中国守军兵力也比较分散，而且驻守广西、广东的中国守军主力被抽调到湖北参加武汉保卫战，因此，这时无论是广东还是广西的中国守军兵力都比较薄弱。12日凌晨，日军几乎未遇到任何抵抗即登陆侵占了大亚湾，接着占领了广州。

广州失陷后，日军妄图彻底切断中国外援运输线的战略企图并没有完全实现。中国仍能从华南沿海西江地区、深圳、汕头以及桂粤公路、滇粤公路、滇缅公路输入大批作战物资。1938年底，日军大本营做出战略决定，为彻底阻断中国政府一切外援补给，决定攻占海南岛、汕头，占领深圳、桂南，从而彻底封锁中国沿海各个港口。1939年2月10日，日军在海南岛北部澄迈湾强行登陆。6月到8月，日军在海空军的协同下，先后占领了潮州、汕头、深圳。至此，日军基本封锁了东南沿海出海口地域。

1939年11月，日军秘密向广西进犯。为严防泄露军事行动，日军第5师团部分联队在从日本广岛出发到达三亚湾集结时，除船上操作人员外，其他士兵严禁登上甲板[2]。1939年11月15日，日军在中国守军十分单薄的情况下，强行登陆钦州湾。24日，南宁失陷。12月18日，

---

[1]王辅：《日军侵华战争（1931—1945）》，辽宁人民出版社，1990年，第955页。

[2]王辅：《日军侵华战争（1931—1945）》，辽宁人民出版社，1990年，第1230页。

中国军队 15 万多人发起了反攻[1]。其间，中国军队攻克日军侵占的南宁东北部要隘昆仑关。此后，在历时近一年的桂南会战中，中国军队收复南宁。滇缅公路的交通线得以保存。

1941 年 12 月 8 日，日军偷袭珍珠港的同时，向香港进攻。中国军队向驻广州的日军第 23 军发起进攻，以策应香港的英军。日军发现中国军队拟由长沙南下时先发制人，发动了第三次侵略长沙的军事行动。

日军侵占广东沿海区域、海南岛、广西、香港等地时，不利于日军作战的照片皆被禁止发表。如日军秘密登陆三灶岛、在大亚湾集结运输船、秘密登陆钦州湾，显示日军登陆部队番号及近距离显示登陆舰艇、通信设备等照片，都被日军盖上了"不许可"印戳。

1941 年中日战争进入长期持久化阶段，中国军队包括中国共产党领导的敌后抗日武装在华南广大区域，与日军展开了长期的与反"封锁"和反"扫荡"斗争。而此时，日本对新闻报界管制更加法西斯化，到 1943 年，日本陆军报道部针对战俘事情还在不断提醒："对俘虏进行体罚或裸体劳动等虐待俘虏的行为"和"用俘虏做苦役的事件"一律禁止报道[2]。日军关于虐俘的"不许可"发表照片，始终充斥于其发动侵华战争的 14 年时间里。日军在增城、广州、海南岛、钦州等广大的华南地区抓捕平民和俘虏中国军人，将抗战军民用绳索捆绑在一起牵拉拖拽，甚至以非人方式虐待年逾古稀的老太太等照片，均被日军禁止发表。

---

〔1〕左双文：《华南抗战史》，广东高等教育出版社，2015 年，第 161 页。

〔2〕日本陆军省编：《资料日本史》第 13 卷，大月书店，1985 年，第 163 页。转引自史桂芳《日本国内战争狂热的表现及成因分析——从一个新的角度反思历史》，载《安徽史学》2016 年第 1 期，第 122 页。

第一节　侵占广东

在武汉会战激烈进行之时，1938年9月7日，日本御前会议决定：由陆海军联合进攻广州，目的一是切断中国从港澳运进的一切进口物资；二是策应华中方面军进攻武汉；三是占领富庶的华南沿海地区，达到以战养战的目的。为此，日军成立了第21军司令部，配有3个师团、海军第5舰队、第4飞行团以及由第21军直辖的野重炮旅团、轻装甲车队、迫击炮队等，指挥官为古庄干郎[1]。当时守卫广东的中国军队仅有8个师[2]，并且兵力分散。

经过半个月的海上军事侦察，1938年10月9日，集结在澎湖列岛的日军第21军从马公秘密出海，由第5舰队护航，向大亚湾进犯。1938年10月12日凌晨，日军分三路在大亚湾登陆。之后，日军占领了澳头、淡水等大片区域，并以此为阵地，为长驱直入广州做好了准备。1938年10月14日，日军从澳头、淡水出发，向惠州一带进犯。中国惠州守军进行了激烈的抵抗，但是因为兵力相差悬殊，15日，惠州沦陷。之后，中国军队迅即在博罗至增城一带阻击日军，但是简陋的防御工事和薄弱的兵力最终未能抵御陆海空协同下的日军的进攻。19日，日军占领了增城。增城失守，使广州失去了最后一道屏障。21日，日军由装甲车开道，冲进广州，广州失陷。广州失陷后，日军切断了国民政府由广州输往内地的主要国际补给线。随后，侦知中国仍能从深圳、汕头、香港、九龙、澳门、广州湾的

---

[1] 日本防卫厅战史室编纂，天津市政协编译委员会译校：《日本军国主义侵华资料长编（上）——〈大本营陆军部〉摘译》，四川人民出版社，1987年，第456页。

[2]《中国抗日战争史》编写组编：《中国抗日战争史》，人民出版社，2011年，第248页。

南海沿岸等地继续进行"物质补给"后，日军大本营下令于 1938 年冬和 1939 年春彻底阻断中国政府在华南沿海的进口通道。[1] 1939 年 6 月，日军第 21 军向潮汕地区发动进攻。6 月 21 日，在日军海军第 5 舰队以及空中轰炸机、侦察机的协同下，近万名日军在汕头登陆，于 22 日占领汕头，于 27 日占领汕头以北 40 公里的潮州。8 月 14 日，日军在宝安登陆，当天，深圳沦陷。至此，广东沿海一带中国水路基本被日军封锁。此后，这一地区的中国抗日军民与日军展开了长期的反"封锁"、反"扫荡"的游击战争。

---

[1] 王辅：《日军侵华战争（1931—1945）》，辽宁人民出版社，1990 年，第 1115 页。

5-1-1

5-1-2

5-1-1　为切断中国南方物资补给线，日军大本营决定占领广东。图为1938年10月，为进犯广东，日军在大亚湾集结的运输船。照片暴露了日军海上军备及其侵略动态，被禁止发表。〔（日）每日新闻社整理：《不许可写真1：20世纪的记忆》，每日新闻社，1998年，第192页〕

5-1-2　日军为占领广州，组建了第21军，包括3个师团、1个飞行联队，同时海军第5舰队配合海上作战。早在1938年1月，日本海军陆战队就曾在广东珠海三灶岛秘密登陆。日军偷袭华南沿海港口的照片被禁止发表。〔（日）每日新闻社整理：《不许可写真1：20世纪的记忆》，每日新闻社，1998年，第187页〕

5-1-3

5-1-4

5-1-3 日军偷袭三灶岛。日军偷袭登陆的图片，被禁止发表。〔（日）每日新闻社整理：《不许可写真1：20世纪的记忆》，每日新闻社，1998年，第188页〕

5-1-4 1938年10月12日，日军第21军的3个师团在距广州东140公里的大亚湾强行登陆。由于中国军队兵力松散，且戒备松弛，日军在几乎没有遇到抵抗的情况下于10月21日侵占了广州。日军审查官指示，删除登陆艇上的部队番号后照片方可发表。〔（日）每日新闻社整理：《一亿人的昭和史》，每日新闻社，1982年，第145页〕

5-1-5

5-1-6

5-1-5　日军侵入大亚湾时，遭到了由未经训练的农民组成的抗日防卫力量的抵抗。图为被日军怀疑为军人加以逮捕并捆绑的中国农民。〔（日）每日新闻社整理：《一亿人的昭和史》，每日新闻社，1982年，第144页〕

5-1-6　1938年10月19日，在广州以东20公里外的增城东门桥，被日军俘虏的中国士兵都被反绑起双手。其中年龄最小的只有15岁，他们的装备有德式、英式枪支，有的还没有武器。凡是涉及日军虐待战俘的照片，均被日方禁止发表。〔（日）每日新闻社整理：《一亿人的昭和史》，每日新闻社，1982年，第153页〕

第五章　侵略华南地区

5-1-7

5-1-8

5-1-7　在广东增城被俘的年仅15岁的中国少年兵秀万才。秀万才身上没有枪，被日军俘虏时背着沉重的子弹袋及水壶、茶缸等。〔（日）每日新闻社编：《日本的战历》，每日新闻社，1967年，第103页〕

5-1-8　1938年10月，日本海军舰队在距离虎门40公里的珠江上释放大量的浓烈烟雾，迷惑中国守军视线。〔（日）每日新闻社整理：《一亿人的昭和史：日中战争》，每日新闻社，1979年，第31页〕

5-1-9

5-1-10

5-1-9　1938年10月23日，日军在珠江口抢滩登陆，攻占了虎门要塞两岸的炮台。〔（日）每日新闻社整理：《一亿人的昭和史：日中战争》，每日新闻社，1979年，第31页〕

5-1-10　1938年10月21日，日军占领广州后，以破坏城市治安为由，将广州市民双手反绑起来，并逼迫他们在地上坐成一排，就连年逾古稀的老太太也不放过。〔（日）赤木益一郎：《从满洲事变到太平洋战争——20年中的不许可战场写真集》，每日新闻社，1965年，第157页〕

第五章　侵略华南地区

5-1-11

5-1-12

5-1-11　日军侵占广州后，对往来行人进行盘查。〔（日）赤木益一郎：《从满洲事变到太平洋战争——20 年中的不许可战场写真集》，每日新闻社，1965 年，第 157 页〕

5-1-12　1939 年 6 月 27 日，日军侵占广东潮汕地区，意在切断经揭阳的中国抗日大后方的水上补给线。图为向潮汕进犯的日军第 21 军。〔（日）每日新闻社整理：《一亿人的昭和史：日中战争》，每日新闻社，1979 年，第 99 页〕

203

5-1-13 为切断东南沿海国际援华物资通道，从1941年3月开始，日军华南方面军为拦截从华南沿岸装船的援华物资，对华南地区主要港口、主要城市实施封锁作战。图为1941年3月24日，日军乘铁船对活动在海丰海域的中国抗日游击队进行残酷的"扫荡"。〔（日）每日新闻社整理：《不许可写真2：20世纪的记忆》，每日新闻社，1999年，第112页〕

5-1-14 1941年3月，日军对华南主要港口发动了封锁战役。图为3月24日，在汕尾市西部登陆的日军。照片暴露日军登陆艇番号及日军侵略动态，被禁止发表。〔（日）每日新闻社整理：《不许可写真2：20世纪的记忆》，每日新闻社，1999年，第113页〕

5-1-13

5-1-14

第五章 侵略华南地区

5-1-15

5-1-15 日军侵占华南沿岸各城市后，决定在惠州再次抢占被中国军队收复的自香港到内陆韶州的香韶通道。1941年5月10日，日军华南方面军与中国军队展开了惠州战役。图为5月11日在红海湾西北岸登陆的日军。〔（日）每日新闻社整理：《不许可写真2：20世纪的记忆》，每日新闻社，1999年，第114页〕

5-1-16

5-1-16 日军对惠州的进犯从陆海空三方展开。图为1941年5月12日，沿着东江逆流而上在惠州强行登陆的日军土居部队。日军秘密登陆照片，均被日方禁止发表。〔（日）每日新闻社整理：《不许可写真2：20世纪的记忆》，每日新闻社，1999年，第115页〕

5-1-17

5-1-17 1942年7月12日，日军山炮部队从东莞县大岭山山顶炮击山下的中国军队。日军审查官在照片右上方标注"画上裤子"。因画面上的日军形象不雅，该照片被禁止发表。〔（日）每日新闻社整理：《一亿人的昭和史》，每日新闻社，1982年，第161页〕

第二节 侵犯广西

广东沿海地区、海南岛被日军占领后,中国的外援物资主要通过南宁到越南一带的国际交通线输入。占领南宁,封锁中国与法属越南通道及物资进口运输线,以及开辟日军对滇越铁路、滇缅公路作战基地,是日军密谋侵占广西的目标。1939年10月16日,日军大本营向中国派遣军下达了攻占钦州湾、南宁、镇南关、龙州的命令。11月4日,日军陆军运输船队离开广州湾向北海进犯。13日,日军在第21军司令官安藤利吉的指挥下,集结第5师团、台湾混成旅团、海军第5舰队及第3联合航空队等约3万人,包括70多艘舰艇、100余架飞机,从海南三亚出发,向广西钦州进犯。15日,日军第5师团在海军第5舰队第3航空队的配合下在钦州湾强行登陆,另一部分日军在企沙等地强行登陆,桂南会战开始。当时中国守军兵力单薄,无力抵抗,退守防城,次日日军第5师团及台湾混成旅团全部登陆完毕。[1] 17日,占领钦州、小董镇的日军,沿着邕钦公路北犯,中国守军进行激烈的抵抗后,退守板城、上思。24日,日军侵占南宁。随后,日军一部南下进犯龙州、镇南关,另一部北上进犯高峰隘、昆仑关。中国调集20万兵力开始了收复南宁的战役。在昆仑关战役中,日军施放毒气,中国第5军伤亡16500余人[2]。在12月末的战役中,中国军队击毙日军旅团长中村正雄及其手下日军

---

[1] 李秀勤主编:《中国八年抗日战争日程纪要》,河南人民出版社,2009年,第133～134页。

[2] 武月星主编:《中国抗日战争史地图集》,中国地图出版社,2015年,第170页。

4000 余人，以伤亡 1 万余人的代价取得昆仑关大捷[1]。1940 年 1 月 28 日，日军增援部队集结于南宁地区，分三路北犯宾阳。2 月初，宾阳失陷。1940 年 2 月下旬，在中国军队的顽强抗击下，日军缩短战线，从昆仑关、宾阳、上林等地撤出，筑壕固守南宁市及其近郊，中日两军形成对峙。1940 年 11 月下旬，中国军队经过 9 个多月的反复争夺，终于收复南宁、龙州等地，桂南会战结束。

---

[1] 李秀勤主编：《中国八年抗日战争日程纪要》，河南人民出版社，2009 年，第 140 页。

第五章 侵略华南地区

5-2-1

5-2-2

5-2-1　1939年11月4日，日军陆军运输船队离开广州湾向北海进犯。〔（日）每日新闻社整理：《一亿人的昭和史》，每日新闻社，1982年，第151页〕

5-2-2　为切断中国的外援补给线，1939年10月14日，日军大本营发出攻克南宁的命令。图为11月5日，日军乘舰艇向钦州进犯。因可能暴露部队行踪，日军在钦州湾登陆的照片，被禁止发表。〔（日）每日新闻社整理：《不许可写真2：20世纪的记忆》，每日新闻社，1999年，第108页〕

209

5-2-3 乘舰艇向钦州进犯的日军。该照片涉及日军的秘密军事行动,被日方禁止发表。〔(日)每日新闻社整理:《不许可写真2:20世纪的记忆》,每日新闻社,1999年,第108页〕

5-2-4 1939年11月在钦州湾金鸡塘强行登陆的日军三木部队。照片被禁止发表。〔(日)每日新闻社整理:《不许可写真2:20世纪的记忆》,每日新闻社,1999年,第109页〕

5-2-3

5-2-4

5-2-5

5-2-5 1939年，向钦州湾进犯的日军。显示日军登陆艇番号及秘密军事行动的照片，被禁止发表。〔（日）每日新闻社整理：《不许可写真2：20世纪的记忆》，每日新闻社，1999年，第109页〕

5-2-6 1939年11月17日，日军在飞机掩护下从中国军队侧背侵入钦州城内。中日双方在钦州城内展开了激烈的巷战。〔（日）每日新闻社整理：《一亿人的昭和史：日中战争》，每日新闻社，1979年，第214页〕

5-2-6

5-2-7 日军侵占钦州后,在钦州城外抓捕和虐待战俘照片均被禁止发表。画面中心两位中国战俘被迫脱去了鞋子,可能是为了防止他们逃跑。〔(日)每日新闻社整理:《一亿人的昭和史:日中战争》,每日新闻社,1979年,第215页〕

5-2-8 1940年2月2日,正向广西金龟山中国军队阵地发起炮击的日军牛岛部队宅岛速射炮阵地。〔(日)每日新闻社整理:《不许可写真2:20世纪的记忆》,每日新闻社,1999年,第111页〕

5-2-7

5-2-8

5-2-9

5-2-10

5-2-9　1940年2月9日，日军占领广西宾阳县城后，大肆搜捕中国士兵，被俘中国官兵均被反绑双手。〔（日）每日新闻社整理：《不许可写真2：20世纪的记忆》，每日新闻社，1999年，第111页〕

5-2-10　日军侵占广西宾阳县城后，强迫中国战俘推拉装载重机枪的摩托车。〔（日）每日新闻社整理：《一亿人的昭和史》，每日新闻社，1982年，第156页〕

第三节 强占海南岛

海南岛是中国大陆连接东南亚各国的重要战略基地。日军侵略海南岛主要有两个目的：一是彻底切断中国政府在华南沿海地区的国际外援通道；二是掠夺海南岛丰富的物质资源，以海南岛为战略基地，实施日本南进侵略计划，占领东南亚各国。1939年1月13日，日本御前会议做出了攻占海南岛的决议；1月19日，日军大本营向日军第21军下达了进攻海南岛的作战命令。日军进犯海南岛的部队，陆军为台湾混成旅团，海军为近藤信竹中将指挥的第5舰队所属的第5水雷战队、第4根据地队、第3联合航空队和第1航空战队等。[1]按照其预定作战计划，台湾混成旅团1万余人与日本海军第5舰队于2月8日晚从珠海万山岛出航，9日夜间侵入琼州海峡。10日凌晨，日军台湾混成旅团在海口市以西的澄迈湾强行登陆。当日黎明，日军10余艘军舰驶进了秀英炮台西北海岸，驻防炮台的中国守军奋起开炮抗击，日军飞机连续轰炸，中国守军大半殉国。接着，日军出动30余架飞机连续轰炸海口等战略要地。[2]在飞机的轰炸和掩护下，日军兵分两路向海口和琼山突击进犯。中国守军虽然奋力抵抗，但在日军海陆空的联合进攻下，海口、琼山沦陷。接着，安定、清澜两个港口也落入日军之手。2月14日，日军海军第5舰队在三亚湾强行登陆，随即，三亚、榆林、崖县沦陷。2月16日，在日军的南北夹击下，海南岛沦陷。此后，日军开始了在海南岛长达6年的统治和掠夺。

---

[1]王辅：《日军侵华战争（1931—1945）》，辽宁人民出版社，1990年，第1116页。

[2]左双文：《华南抗战史》，广东高等教育出版社，2015年，第71页。

在日军侵占海南岛期间，岛上中国军民特别是中国共产党领导的琼崖抗日游击队独立纵队，即历史上著名的"琼崖纵队"，坚决抗击日本侵略者，牵制了日军的大量兵力。

5-3-1

5-3-1 1939年2月，日军开始实施其侵占海南岛的作战计划。2月10日，日军台湾混成旅团在日本海军第5舰队30余艘舰艇和50余架飞机协同下，在海口以西澄迈湾强行登陆。〔（日）每日新闻社整理：《一亿人的昭和史：日中战争》，每日新闻社，1979年，第54页〕

5-3-2 1939年2月4日，日军侵占了三亚、榆林、崖县。图为在三亚榆林丛林中进行通信活动的日军特别陆战队通信班。日军对通信情报极为保密，此照片被日军秘藏，禁止发表。〔（日）每日新闻社整理：《一亿人的昭和史：日中战争》，每日新闻社，1979年，第68页〕

5-3-2

第五章　侵略华南地区

5-3-3

5-3-4

5-3-3　1939年2月19日，日军先后侵占了安定、文昌、嘉吉、乐城、新洲、那大等重镇。图为在定安渡河的侵华日军。〔（日）每日新闻社整理：《一亿人的昭和史：日中战争》，每日新闻社，1979年，第62～63页〕

5-3-4　日军从1939年4月起开始了大规模的"扫荡"战。图为强行登陆新英的日本海军陆战队在用92式重机枪射击。此照片被禁止发表。〔（日）每日新闻社整理：《一亿人的昭和史：日中战争》，每日新闻社，1979年，第70页〕

217

5-3-5

5-3-6

5-3-5 1941年3月,日军对海南岛抗日游击队实行"扫荡"作战。图为日本海军陆战队士兵押送反绑双手身着便装的中国军人。〔(日)每日新闻社编:《日本的战历》,每日新闻社,1967年,第98页〕

5-3-6 1941年4月19日,海南岛海口市陷落后,日军将被其俘虏的中国军人用绳子捆绑在一起。日军虐待战俘的照片被禁止发表。〔(日)赤木益一郎:《从满洲事变到太平洋战争——20年中的不许可战场写真集》,每日新闻社,1965年,第108页〕

第四节　进犯香港

香港地区战略地位重要，作为日本南进扩张计划的一部分，香港不可避免地成为日本的侵略目标。1941年11月6日，日军大本营秘密下达"攻占香港作战要领"，要求"第23军以其一部与海军协同，主要从陆上正面迅速攻占九龙半岛及香港"[1]。1941年12月8日，就在日军向珍珠港扔下重磅炸弹的同一天，日军3万多人、1300多架飞机、2300余辆运输车和近500艘登陆艇展开了对香港的进攻。日军首先向香港金钟兵营投下第一颗炸弹，在炮火的支援下，日军向九龙的英军发难，他们越过深圳河，向新界发起攻击。19日早上，日军第23军第38师团第230联队攻入了港岛中枢、防线比较弱的黄泥涌峡，并且包围驻港英军西部旅司令部；其余两支联队也同时向黄泥涌峡东北的毕拿山及渣甸山推进。英日双方在黄泥涌峡展开了激战，结果英军西部旅司令部失守，西部旅总指挥罗逊准将阵亡，驻港英军的反攻以失败告终。12月20日凌晨，日本军队沿紫罗兰山南下浅水湾、深水湾及寿臣山，从港岛北面的聂高信山打开新的缺口。驻港英军与日军展开激战，日军的各路攻势在浅水湾酒店、寿臣山及红山半岛等地一度陷于停滞，但由于此时英军兵力已经折损严重，没有补充力量，在日军的猛烈攻击下，防线逐步瓦解。21日，日军占领了岛内山顶的水库，不久又占领了发电厂，切断了香港的水电供应。12月25日，英国派驻香港总督杨慕琦在抵抗无望的情况下向日军投降，香港由此沦陷，开始了长达3年零8个月的"日治"时期。日英军队在香港的战斗持续了18天，英联邦军队战死1555人、被俘9495人，日军战死693人、伤1413人[2]。

---

[1] 王辅：《日军侵华战争（1931—1945）》，辽宁人民出版社，1990年，第1598页。

[2] 李秀勤主编：《中国八年抗日战争日程纪要》，河南人民出版社，2009年，第191页。

5-4-1

5-4-2

5-4-1　1938年10月22日，在侵占广州的第二天，日军开始逼近香港。〔（日）每日新闻社整理：《一亿人的昭和史》，每日新闻社，1982年，第146～147页〕

5-4-2　在1938年日军对华南地区的"扫荡"作战中，中国军队撤到受英国殖民统治的香港地区。图为追击中国军队的日军被英军拦阻在深圳车站前的铁桥上。〔（日）每日新闻社整理：《一亿人的昭和史》，每日新闻社，1982年，第154～155页〕

第五章 侵略华南地区

5-4-3

5-4-4

5-4-3 1941年12月8日，就在日军向珍珠港扔下重磅炸弹的同一天，日军也开始对香港狂轰滥炸，发动了对香港的进攻。〔彭训厚、左立平等编著：《第二次世界大战纪实图集》，春风文艺出版社，1995年，第133页〕

5-4-4 1941年12月8日上午3时，日军向香港发动进攻。图为笼罩于硝烟战火中的香港九龙半岛。〔（日）每日新闻社整理：《不许可写真2：20世纪的记忆》，每日新闻社，1999年，第117页〕

221

5-4-5

5-4-5 1945年12月8日,日军飞机空袭香港九龙半岛名德机场。〔(日)每日新闻社整理:《一亿人的昭和史3·太平洋战争·死斗1347日》,每日新闻社,1976年,第44页〕

5-4-6

5-4-7

5-4-6 1941年12月13日，日军攻占香港。图为日军军官踏上香港九龙半岛地界的情景。〔彭训厚、左立平等编著：《第二次世界大战纪实图集》，春风文艺出版社，1995年，第133页〕

5-4-7 1941年12月13日上午10时，日军占领九龙半岛后，列队于宿营地前，手持枪支与军旗，准备继续攻占香港岛。为进攻香港岛，日军配备了重炮部队，登陆香港岛所用登陆艇经九龙半岛陆路运输南下。日军审查官根据《报纸登载事项许可与否的判定要领》，审定"带有军旗的部队照片及关于军旗的照片"禁止发表。〔（日）每日新闻社整理：《不许可写真2：20世纪的记忆》，每日新闻社，1999年，第117页〕

5-4-8

5-4-9

5-4-8　1941年12月18日夜，日本海军船只驶向香港。〔（日）每日新闻社整理：《不许可写真2：20世纪的记忆》，每日新闻社，1999年，第117页〕

5-4-9　1941年12月18日，日军押送英军俘虏进入九龙地区。日军审查官在英军俘虏腿部打上"×"号，指示"将绳索消去"。日军虐俘照片，被禁止发表。〔（日）每日新闻社整理：《不许可写真2：20世纪的记忆》，每日新闻社，1999年，第117页〕

第五章　侵略华南地区

5-4-10

5-4-11

5-4-10　1941年12月28日午后2时，日军占领香港的入城式，由此开始了对香港的殖民统治。〔彭训厚、左立平等编著：《第二次世界大战纪实图集》，春风文艺出版社，1995年，第133页〕

5-4-11　被日军俘虏的英军战俘，带着自己的行李，被押往香港赤柱集中营。〔彭训厚、左立平等编著：《第二次世界大战纪实图集》，春风文艺出版社，1995年，第134页〕

225

参考文献

1. 《中国抗日战争史》编写组编：《中国抗日战争史》，人民出版社，2011年。

2. 张宪文等：《中国抗日战争史》，化学工业出版社，2016年。

3. 步平、王建朗主编：《中国抗日战争史（8卷）》，社会科学文献出版社，2015年。

4. 日本防卫厅战史室编纂，天津市政协编译委员会译校：《日本军国主义侵华资料长编（上、中、下）——〈大本营陆军部〉摘译》，四川人民出版社，1987年。

5. 王晓华、戚厚杰主编：《抗日战争正面战场档案全纪录（上、中、下）》，团结出版社，2021年。

6. 胡汉辉：《日本记者镜头中的侵华战争》，厦门大学出版社，2017年。

7. 武月星主编：《中国抗日战争史地图集》，中国地图出版社，2015年。

8. 王辅：《日军侵华战争（1931—1945）》，辽宁人民出版社，1990年。

9. 左双文：《华南抗战史》，广东高等教育出版社，2015年。

10. 张宪文主编，赵继敏编著：《日本侵华图志第7卷·建立伪满洲国与对东北的殖民统治（1932—1945）》，山东画报出版社，2015年。

11. 张宪文主编，罗存康、曹艺等编著：《日本侵华图志第8卷·侵占华北地区（1932—1945）》，山东画报出版社，2015年。

12. 张宪文主编，王卫星编著：《日本侵华图志第9卷·侵占华东地区（1932—1945）》，山东画报出版社，2015年。

13. 张宪文主编，马振犊、陆军等编著：《日本侵华图志第10卷·侵占华中地区（1938—1945）》，山东画报出版社，2015年。

14. 张生、王明生：《中国敌后战场》，华夏出版社，2015年。

15. 李涛：《抗日战争敌后战场经典战例》，长征出版社，2015年。

16. 中国社会科学院近代史研究所编：《国家记忆：海外稀见抗战影像集 日本社会与侵华战争》，山西人民出版社，2015年。

17. 陈谦平、张连红、张生：《中国正面战场》，华夏出版社，2015年。

18. 《东北抗日联军史》编写组编：《东北抗日联军史（上、下册）》，中共党史出版社，2015年。

19. 中共中央党史研究室编：《中国共产党抗战图志（1931—1945）》，中共党史出版社，2005年。

20. 王天平：《日本三代天皇操纵侵华战争内幕》，辽宁人民出版社，2013年。

21. 李茂盛、杨建中：《华北抗战史（上、下册）》，山西人民出版社，2013年。

22. 臧运祜等主编：《日本侵华与中国抗战——有关史料及其研究》，社会科学文献出版社，2013年。

23. 军事科学院外国军事研究部编著：《日本侵略军在中国的暴行》，解放军出版社，2005年。

24. 张承钧主编：《强盗自白——来自日本随军记者的秘密照片》，台海出版社，2000年。

25. 黄华文：《抗日战争史》，湖北人民出版社，2007年。

26. 李秀勤主编：《中国八年抗日战争日程纪要》，河南人民出版社，2009年。

27. 马仲廉编著：《卢沟桥事变与华北抗战》，北京燕山出版社，1987年。

28. 万高潮、王健康、魏明康编：《血战华北：国民党高级将校抗日战争亲历记》，中国文史出版社，2005年。

29. 王振华主编，政协北京市昌平区委员会文史资料委员会、昌平区区志办公室编：《昌平文史资料第五辑：南口战役》，中国文史出版社，2007年。

30. 伪满皇宫博物院编：《勿忘"九·一八"——日本侵略中国东北史实》，吉林美术出版社，2006年。

31. 朱宗玉：《从甲午战争到天皇访华：近代以来的中日关系》，福建人民出版社，1996年。

32. 安德才、卫忠海主编：《中国革命史》，四川大学出版社，1995年。

33. 军事科学院军事历史研究部：《中国抗日战争史（上卷）》，解放军出版社，1991年。

34. 唐培吉主编：《中国历史大事年表·现代》，上海辞书出版社，1997年。

35. 河南省地方史志编纂委员会主编，陈传海、徐有礼等编：《河南史志资料丛编之四：日军祸豫资料选编》，河南人民出版社，1986年。

36. 彭训厚、左立平等编著：《第二次世界大战纪实图集》，春风文艺出版社，1995年。

37. 郑志国、孙晓红等编：《第二次世界大战画史》，世界知识出版社，1995年。

38. "南京大屠杀"史料编辑委员会：《侵华日军南京大屠杀史稿》，江苏古籍出版社，1987年。

39. 朱贵生、王振德等：《第二次世界大战史》，人民出版社，1995年。

40. （英）约翰·科斯特洛著，王伟等译：《太平洋战争（1941—1945）》，东方出版社，1996年。

41. 王东溟、郭明泉：《台儿庄战役史》，山东人民出版社，1995年。

42. 田伯烈著，杨之文译：《外国人目睹中的日军暴行》，天津人民出版社，1992年。

43. 王汝丰主编，成汉昌、王桧林等编著：《北平人民抗日斗争史稿》，北京大学出版社，1994年。

44. 新华通讯社摄影部编，郑震孙主编：《日本侵华图片史料图集》，新华出版社，1984 年。

45. 李文：《抗战画史：国魂》，团结出版社，2005 年。

46. 莫世祥、陈红：《日落香江——香港对日作战纪实》，广州出版社，1997 年。

47. 王向远：《日本对中国的文化侵略》，昆仑出版社，2005 年。

48. 纪学仁编著：《侵华日军毒气战事例集——日军用毒 1800 例》，社会科学文献出版社，2008 年。

49. 陈安吉主编：《侵华日军南京大屠杀史国际学术研讨会论文集》，安徽大学出版社，1998 年。

50. 荣维木：《中国共产党抗日持久战的战略与实践》，《求是》2015 年第 15 期。

51. 徐志民：《近代日本海军与侵华战争》，《军事历史研究》2018 年第 1 期。

52. 曾长秋：《论芷江战役和芷江洽降的历史地位》，《求索》1995 年第 4 期。

53. 冯杰：《重庆烽火记忆——中国战时首都为什么是重庆》，《国家人文历史》2015 年第 13 期。

54. 周永光：《桂南会战述评》，《广西地方志》2005 年第 6 期。

55. 应承曾：《固守黄河——记兰封战役》，《党史纵横》1995 年第 9 期。

56. 史桂芳：《日本国内战争狂热的表现及成因分析——从一个新的角度反思历史》，《安徽史学》2016 年第 1 期。

57. 孙继强：《从南京沦陷前后日媒报道看日本的战时传播》，《南开日本研究》2013 年第 2 期。

58. 孙继强：《从战时日本报界的发展看新闻专业主义与政治的冲突》，《日本学刊》2008 年第 2 期。

59. 吴有凤：《〈支那事变画报〉研究》，硕士学位论文，南京师范大学，2017 年。

60. 张劲松：《"九·一八"事变与日本军部的"国民动员"》，《日本研究》1991 年第 2 期。

61. 经盛鸿、方占红、武宇红：《战时日本报刊新闻图片掩饰南京大屠杀》，《档案与建设》2009 年第 12 期。

62. 秦亮：《国民政府防日毒气战问题研究（1931—1945）》，

硕士学位论文，湘潭大学，2017年。

63. 杨云芳：《〈朝日新闻〉关于武汉会战报道的研究》，硕士学位论文，武汉理工大学，2018年。

64. 杨小慧：《〈上海泰晤士报〉日本形象虚假宣传报道研究（1937—1942）》，硕士学位论文，上海大学，2019年。

65. 安平：《近代日本报界的政治动员（1868—1945）》，广西师范大学出版社，2022年。

66. 闵大洪：《日本侵略者在侵华战争中使用毒气的一些情况》，《历史教学》1985年第6期。

67. 侯杰：《日本侵华战争时期宣传策略探析——以〈支那事变画报〉为例》，《民国研究》2017年第2期。

68. 汤重南：《浅谈近代日本的国体——军事封建帝国主义》，《日本研究》1999年第4期。

69. 张海鹏：《〈抗日战争研究〉创刊推动了中国抗日战争史的学术研究——〈抗日战争研究〉创刊记》，《抗日战争研究》2016年第1期。

70. 王秉忠、孙继英主编：《东北沦陷十四年大事编年》，辽宁人民出版社，1990年。

71. 牛翰杰编著：《日本侵华史大事记（1358—1945）》，香港天马图书有限公司，2000年。

72. 中国第二历史档案馆编：《中华民国史档案资料汇编》（第五辑第二编）军事（五），江苏古籍出版社，1998年。

后　记

  本卷《武力侵华与战场暴行》是《日本秘藏侵华战争照片实录》系列图录之一，其中所选"不许可"照片绝大部分来自山东画报出版社和伪满皇宫博物院提供的图片，一小部分来自伪满皇宫博物院从日本征集来的画册，例如《新满洲国写真大观》、《满洲事变写真帖》、《支那大事变写真史》、《北支那战线写真》画报、《支那战线写真》画报等。自本卷编撰工作启动以来，得到了中国社科院学部委员张海鹏先生的悉心指导，以及山东画报出版社新老领导和伪满皇宫博物院王志强院长、赵继敏副院长的大力支持，他们在百忙之中审阅书稿并提出了中肯的编撰指导意见，在此深表感谢。同时还要感谢宋凌宇同志提供图片。

  在编辑过程中，由于搜集的图片有限，加之日军侵华历史内容庞杂，必有挂一漏万和不妥之处，敬请各位专家指正。同时，笔者也将以编撰此书为契机，继续向中日关系史研究努力。

陈春萍

2022 年 6 月

国家社科基金重大项目
"日本对华精神侵略民间史料收集、整理与研究（17ZDA206）"

国家出版基金项目
NATIONAL PUBLICATION FOUNDATION

王志强　赵继敏　主编

日本秘藏侵华战争照片实录

第4卷

抢占破坏与经济掠夺

李　莉　编著

山东画报出版社

济　南

图书在版编目（CIP）数据

日本秘藏侵华战争照片实录.第4卷，抢占破坏与经济掠夺/王志强，赵继敏主编；李莉编著.—济南：山东画报出版社，2023.6

ISBN 978-7-5474-4186-2

Ⅰ.①日… Ⅱ.①王… ②赵… ③李… Ⅲ.①侵华战争－史料－日本 Ⅳ.①K265.06

中国国家版本馆CIP数据核字(2023)第067972号

RIBEN MICANG QINHUA ZHANZHENG ZHAOPIAN SHILU　DI 4 JUAN　QIANGZHAN POHUAI YU JINGJI LUEDUO

日本秘藏侵华战争照片实录　第4卷　抢占破坏与经济掠夺
王志强　赵继敏 主编
李　莉　编著

策　　划	傅光中
责任编辑	尹奎友　孙程程
装帧设计	王　芳
主管单位	山东出版传媒股份有限公司
出版发行	山东画报出版社
社　　址	济南市市中区舜耕路517号　邮编 250003
电　　话	总编室（0531）82098472
	市场部（0531）82098479
网　　址	http://www.hbcbs.com.cn
电子信箱	hbcb@sdpress.com.cn
印　　刷	山东临沂新华印刷物流集团有限责任公司
规　　格	185毫米×260毫米　16开
	13.25印张　354幅图　52千字
版　　次	2023年6月第1版
印　　次	2023年6月第1次印刷
书　　号	ISBN 978-7-5474-4186-2
定　　价	980.00元（全四册）

如有印装质量问题，请与出版社总编室联系更换。

总 序

回顾历史，近代以来中日之间发生过两次大的战争：1895年，清政府在甲午战争中的失败，击碎了中国人几千年来沉醉于其中的"天朝上国"迷梦，让"救亡图存"成为近代中国相当长时间内的历史主题；而1945年，全民族抗战的最终胜利，则开启了中华民族走向国家独立和民族复兴的伟大征程。

两次战争之间，又存在千丝万缕的联系。比如，引发七七事变的日本军队，即当时驻在宛平城外进行"军事演习"的河边旅团第1联队第3大队第8中队，隶属于日本"华北驻屯军"。追溯起来，日本获得在中国华北驻屯军队的特权，源于清政府被"八国联军"胁迫签署的《辛丑条约》，而日本之所以在1900年就能跻身世界"列强"，伙同各国联军参与到瓜分中国的行列中，正是甲午战争的结果。

让我们回拨历史的时针，大致梳理日本从甲午战争开始逐步武装侵略中国的历史脉络。1894年，因朝鲜国内爆发东学党起义，清政府以宗主国身份介入处理朝鲜半岛问题，日本则以协助平乱为名，乘机出兵占领了汉城；8月，日军突然袭击在牙山附近的中国运兵船和驻军，挑起战争。1895年4月17日，战败的清政府与日本签订了《马关条约》，清政府结束中朝宗藩关系，承认朝鲜"独立"身份。同年10月，日本公使三浦梧楼指使日本浪人及乱军闯入朝鲜王宫，杀死受俄国支持密谋发动政变的闵妃，扶植建立起以大院君为首的朝鲜傀儡政权。通过甲午战争，日本拥有了自己在海外的第一个傀儡政权——朝鲜，第一块殖民地——台湾。甲午战争

的这一结果，导致大清王朝"天朝上国"的形象轰然倒塌，同时也极大地助长了日本的民族自信，使其国家定位随之发生了根本性转变。日本通过这场战争验证了明治维新以来推行"脱亚入欧"战略的成功，一跃而跻身于世界列强行列。另一方面，俄国介入而引发的"干涉还辽"事件，导致日俄两国在东北亚地区的根本利益产生剧烈冲突。

其后，日俄战争爆发，日本再次通过战争，迫使俄国先后与其签订《日俄协定》和《日俄密约》，将中国东北划分为"北满"与"南满"，确认各自在中国东北的势力范围。由此，从"经营南满"到"满蒙生命线"，进而是对整个中国的觊觎，日本的侵略野心一步步膨胀。如果说甲午战争是日本自明治维新后以战争手段武装侵占中国、朝鲜等周边大陆国家的"大陆经略政策"的开端，那么，以九一八事变为起点的抗日战争的爆发，则是日本近代走上军国主义道路的必然结果。

当然，无论是从甲午战争到抗日战争，还是从九一八事变东北沦陷到七七事变全面抗战爆发；无论是近代中国国内自身矛盾的冲突演变，还是日本国内军国主义力量的发展壮大，都经历了一个复杂的历史过程。以日本方面的历史为例，在1931年的九一八事变前后，日本国内陆军青年军官先后策划了两次未遂政变，史称"三月事件"和"十月事件"。1932年2月至3月，日本国内右翼连续策划发动多次暗杀，史称"血盟团事件"。同年5月15日，日本海军少壮派军人发动法西斯政变，内阁总理大臣犬养毅被刺身亡，日本政党内阁时代结束，从此确立起完全由军部主导的法西斯军事政治体制。

日本近代军国主义的勃兴，肇始于明治维新奠定的政治、经济、思想基础。实际上，自19世纪末中日两国共同迈入近代化历史进程，中国洋务运动的挫折与甲午战争的失败，日本明治维新的成功与甲午战争的胜利，已经预示着中日两国的现代化"历史列车"各自驶上了两条不同的轨道。近代中日两国之间关系的演变，尤其是日本不断实施对华侵略扩张这一基本战略，虽然受到特定历史环境、特殊历史因素下一系列偶然事件的推动和影响，但从根本上说，则是近代世界历史与东北亚区域历史变迁的产物。如何叙述从1931年到1945年的日本侵华战争暨十四年抗战的历史？关于这个问题，

可以由多个视角切入。而其中一个很重要的视角，就是日本人，尤其是当年身处战争中的日本人，他们自己是如何记录这场战争的？他们对于这场侵华战争又记录了些什么？

本书内容的最大特点正在于此：所选照片，全部都是1931年到1945年日本侵华战争期间日本人用自己的镜头对这场战争的记录。而且，其中很大一部分照片，在当时就被日本军部审查人员盖上了"不许可"印戳，禁止公开发表。

今天，我们整理、公开、研究、解读这些照片，价值在于：

一、这些照片通过日本人自己的镜头，以最直观的形式，全面记录了日本发动侵华战争、武装攻占中国领土、疯狂掠夺中国资源、对沦陷区实施军事殖民统治的历史细节。据2014年7月7日《人民日报》法人微博公开的数据：日本侵华期间，大半中国被日军践踏。930余座城市被占；4200万难民无家可归，中国军民伤亡人数超3500万。被掠往日本的4万多名中国劳工中，有近7000人死在日本；日军从中国掠走钢铁3350万吨、煤炭5.86亿吨……这些冰冷的数字背后，需要通过直观的历史细节来补充、呈现。本书收录的绝大部分照片，都是日本侵华战争期间日军随军记者拍摄的，他们当时拍摄这些照片，是为了记录战况和宣传战争；这些照片在拍摄之后，也主要是给当时在战争后方的本土日本人看的。因此，对于日军在侵华战场上的军事行动、战略部署、物资转运，对于日军士兵的日常训练、生活场景，对于日军占领区和日军控制下的傀儡政权的统治情况，日军记者的拍摄与报道往往毫不避讳。其中不少照片之所以在侵华战争期间因未通过军部的审查而被禁止发表，恰恰是由于这些照片记录了日军在侵华战争期间的"不利形象"或他们当时不愿对外公开的"秘密"。换句话说，这些照片的拍摄初衷虽然不是为了揭露日军的侵略行为，但客观上却为我们留下了日军侵略的罪证。

二、这些照片反映了日本在侵华战争中操纵舆论、实施新闻审查控制的战时体制。本书收录的不少照片上，至今依然保留着"检阅济"（检阅完毕）或"不许可"（禁止发表）的印戳。

这些历史印戳从何而来？一方面，是侵华战争期间日本军部对舆论控制的体现。日本侵华战争期间，为控制舆论，服务侵略战争，成立了"国民精神总动员中央联盟""内阁情报部"等高层权力机

构，统筹管理战时信息，颁布了《不稳文书临时管理法》《言论、出版、结社等临时管理法》等一系列法规，并在军部控制下向侵华战场派驻大量新闻机构搜集战场情报。在涉及日本侵华战争的文字新闻和图片新闻的编辑出版具体流程中，日本军部还设立了情报局、审查委员会等专门机构负责检查和"指导"。美化日军形象、宣传侵华"战果"、鼓吹对外军事殖民的内容，在日本军部的战时新闻审查中畅通无阻；反之，不利于日军形象宣传、影响日军战争部署的信息，则被严格禁止。另一方面，这也是侵华战争期间，日本新闻机构参与并主动配合战争宣传的体现。如九一八事变后，日本国内媒体配合军部的侵略步伐，东京朝日新闻社、大阪朝日新闻社等先后发表了"日本重大之满蒙权益被蹂躏时，日本彻底防卫为严肃无比之事实"以及"满蒙的独立，若是成功将成为远东和平的新保障"等美化日军侵略行为的相关言论。七七事变后，朝日新闻社等日本各大媒体纷纷诬称中国士兵"非法射击"，煽动舆论"讨伐暴戾的中国"，号召民众"赤诚报国"，并组织捐款、慰问侵华日军。因此，仔细研究解读这些照片背后的信息"密码"，分析哪些内容是日本军部想要主动宣传的，哪些内容是被日本军部严令禁止的，哪些内容为何日本军部要刻意突出宣传，哪些内容为何又被日本军部讳莫如深，有助于我们更深刻地剖析日本侵华战争的历史真相。

三、这些照片不仅为我们保留了侵华战场的许多珍贵历史瞬间，还记录了侵华战争期间日本国内普通百姓在"战争总动员"下的日常生活场景，可以让我们更加全面地审视日本侵华战争给日本民众带来的灾难。日本侵华战争，不仅是"军事战""经济战"，还是"宣传战""思想战"；不仅是一场侵华战场前线上的日军士兵参与的战争，还是一场日本全民参与的战争。在军部控制国家机器的情况下，美化侵略、鼓吹战争的狂潮席卷当时日本社会，军国主义影响和渗透着当时日本民众生活的方方面面。从本书收录的照片中，我们可以看到，当时日本各大报纸、新闻媒体，铺天盖地都是在鼓吹日军侵华"战果"、宣传侵华前线日军士兵的"光辉事迹"；文学、电影无不以塑造侵华战场上的日军"英雄"形象为中心，一切质疑军国主义思想、质疑"皇国史观"的文学创作、学术研究活动都被严厉禁止；大、中、小各级学校，正常的教学内容一律被取消，军国主义教育和军事训练成为日常教育内容，甚至在侵华战争后期兵

源紧张的情况下,大批"学徒军""童子军"被送上前线战场;为最大限度地集中战争资源,数次发动全国性的所谓"金属献纳"运动,普通日本民众的金银饰品、金属制作的生活用品被要求收归军用,因而出现大量陶制、竹制"代用品";正常生活消费需求被严格限制,粮食、糖油、火柴等基本生活用品限时限量供应,收音机、电风扇、皮制品等普通商品停售;由于大量日本男子被征召派往侵华战场,日本本土妇女被组织起来纳入"总体战"体制,妇女作为主要劳动力进入兵工厂制造枪炮、飞机等战争武器;侵华战争后期,日本军部大肆宣扬"一亿人玉碎"和"肉弹战",引导日本青年加入军队"献身天皇",执行自杀式战斗任务。总体而言,这种生活状态是狂热的,同时也是压抑的。在侵华战争期间,这种被严密裹挟于军国主义之下无处逃遁的生活,何尝不是战争对普通人制造的灾难呢?

四、这些照片披露了日本在侵华战争期间的大量机密信息和敏感历史内容。本书所收录的日本秘藏侵华战争照片中,一部分是经过当时日本军部审查程序之后未获通过,而被盖上了"不许可"禁令印戳的照片;一部分是上报军部之前,由随军记者及所属报社"自我审查"认为不宜公开,直接秘而不发,最后留在了记者手上或报社资料库存中的照片;另外还有一部分是侵华战争期间日军普通士兵私人拍摄的照片。这些在当时未能公开的照片,涉及的内容有侵华日军的军事部署、武器装备、军事指挥人员身份等一般军事秘密,也涉及前线伤亡情况、战场残酷血腥场面等可能引发厌战、反战情绪的信息。除此之外,本书所收录的照片还涉及日本侵华战争的诸多重大历史问题,如战俘关押处理、慰安妇、对华移民侵略、南京大屠杀、掠夺中国劳工等。尤为重要的是,这些日本人在侵华战争期间用自己的镜头拍摄的照片,为日本右翼至今拒不承认或一直狡辩回避的南京大屠杀、慰安妇等历史事实,提供了无可辩驳的相关历史细节的佐证。

这些照片虽然是日本人用自己的镜头对战争所作的记录,但也从侧面反映了中国人民在抗日战争中不屈抗争和顽强抵抗的精神。自以九一八事变为起点的抗日战争爆发以来,侵华日军的铁蹄从中国东北一步步向华北、华东、华中、华南扩张,尽管敌我力量悬殊,日军所到之处,依然遭遇我抗日军民的坚决抵抗。本书所选照片,记录了淞沪会战、徐州会战、武汉会战、长沙会战、桂南战役等一系列正面战场上中国军人誓死抗击日军、守卫国土的历史瞬间。在侵华日军随军记者的镜头下，不少为国捐躯的中国士兵横尸战场，一些甚至已经白骨森森，只能由他们身上的军服，向世人宣告他们作为中国军人的身份和浴血奋战的历史。还有一部分照片反映的是在侵华日军占领区内的敌后抗日斗争，如东北、华北、华南等各地抗日游击武装被日军搜捕、"扫荡"的情景。除此之外，日军随军记者还用自己的镜头，记录了日本侵华战争期间遍布中国各地的大量以"声讨日军侵华暴行，呼吁民众团结抗战"为主题的壁画、标语和布告。无论侵华日军如何疯狂暴虐，正是这种始终不灭的抗战精神，让我们的民族坚守到了最终胜利的时刻。由于本书收录的日本秘藏侵华战争照片内容丰富、题材各异，我们在编写过程中根据照片所反映的不同历史内容，将其分为四卷，分别是《鼓动与粉饰战争》《保守与隐匿战时机密》《武力侵华与战场暴行》《抢占破坏与经济掠夺》。

《鼓动与粉饰战争》主要讲述了日本侵华战争期间，以军部为首的日本军国主义势力通过舆论宣抚、信息管控、社会动员等各种手段，对内鼓吹战争、对外粉饰侵略的历史行径。对侵略战争的鼓动与粉饰，是日军侵华炮火背后，另一场没有硝烟的战争。这场战争的战斗人员有日本军部负责情报信息管理和舆论审查的人员，活跃在侵华战场上的日本随军记者与后方新闻人员，为配合日军武装侵略而专门设置的负责"教化安抚"征服中国人"民心"的"宣抚班""宣抚队"，以及在"总体战""战争总动员"体制下，宗教、文化、教育、社会生活全面陷入狂热军国主义之中的日本人。在这场没有硝烟的战争中，实施鼓动与粉饰的武器，可能是一篇美化战争侵略行为的新闻报道，也可能是一张为侵略战争宣传服务的新闻照片；可能是一部鼓吹"为天皇献身"的电影，也可能是一幅宣扬"一亿人玉碎"的标语。本卷选取的照片主要内容包括：日本随军新闻人员在侵华战场上的活动留影；活跃在沦陷区的日军"宣抚班""宣抚队"；日本在"共存共荣"幌子下对殖民地与傀儡政权的统治；军部控制文化、宗教（神社）、教育等各个领域，操纵宣传机器，维护并美化侵华日军形象，对国民灌输"战争崇拜"和"忠君"意识；军部对战时报道涉及战争伤亡、俘房关押、慰安所、慰安妇等一系列敏感信息的管制与引导。总之，日本侵华战争期间，在被战争机器绑架的舆论宣传中，军国主义的幽灵无处不在。其中，不少当年粉饰和美化侵华战争的思想观点与逻辑，直至今天，依然被妄图为军国主义招魂的日本右翼分子继承和利用。这一点，尤其值得我们注意。

《保守与隐匿战时机密》主要介绍了日本侵华战争期间，在战时保密机制下，日军对涉及军事信息的报道内容的处理。明治维新以后，日本军队和军事装备的现代化建设进展迅速，尤其是经过甲午战争、日俄战争等一系列实战之后，日本军事工业发展水平和军队战斗力在亚洲范围内已经首屈一指。而这种军事优势，客观上也刺激了穷兵黩武的日本军国主义势力对外扩张的野心。本卷所选照片内容，包括侵华战争期间日军战舰、坦克、飞机、山炮、高射炮等重型武器装备，防空侦探设备、运输车队、起重装置、军马等配套军事物资，高射炮布阵、海陆军协同作战、步炮兵协同作战等军事协作部署形式，陆军阵地修筑、海军舰艇训练等战场阵地信息，肩章、军旗、舰艇号码等军队建制标识，以及部分侵华日军战斗人员与指挥官的姓名、级别、头衔等个人信息。除此之外，还有不少是当时日本皇室人员担任军事长官或视察侵华战场时的留影。通过本卷所选照片内容，我们可以看到，对于这些涉及军事机密的战时信息，日本军部在新闻审查过程中的处理十分谨慎，除了少数信息因为配合战争宣传的需要可以公之于众，绝大部分内容在当时被严令禁止公开。即使部分允许发表的照片，也需要根据军部审查人员的"修改指示"，采取模糊照片内容、掩去人物具体姓名、删除战斗人员信息标识、隐去照片拍摄地等手段进行处理。

《武力侵华与战场暴行》主要记录了日本侵华战争期间，日军在武装攻占中国领土过程中的军事暴行。1931年9月18日晚间，日本关东军策划、发动九一八事变，其后日本在中国东北各地屯驻的军队多路齐发，迅速攻占沈阳、长春、齐齐哈尔、锦州、哈尔滨等各大城市，在仅仅4个多月时间里，辽、吉、黑三省全部沦陷。七七事变后，日本侵华战争全面升级。正面战场上，随着日军侵华战线的逐步延伸，中日两国军队先后进行了华北会战、淞沪会战、南京保卫战、徐州会战、长沙会战、浙赣会战、鄂西会战、常德会战等多次会战。敌后战场上，日军对各抗日根据地也多次实施了"扫荡"作战。本卷所收录的照片，内容涵盖了日军在侵

占中国东北、华北、华东、华中、华南等各个地区时经历的主要战役。这些珍贵的有关战争场面的照片，不仅记录了日本发动侵华战争的历史，同时也见证了十四年抗战期间，在日军武器装备占优、敌我力量悬殊的情况下，中国军民不畏牺牲，誓死捍卫国土完整和民族尊严的历史。

《抢占破坏与经济掠夺》主要揭露了日本侵华战争期间，日军对中国沦陷区的殖民控制，以及对中国经济的破坏和掠夺。自日俄战争以来，日本利用"满铁"等殖民机构在中国东北经营多年，将大量资源从中国东北源源不断地输入日本本土。对此，日本军国主义势力并不满足，又通过九一八事变，直接武装占领中国东北，并扶植成立了伪满洲国，全面控制中国东北的政治、经济、文化大权。七七事变后，日军进入华北，并将侵华战争一路向南推进。日军侵华战争所及之处，原有社会经济体系瘫痪，中国百姓流离失所、民不聊生。为防范、镇压中国人民的反抗，日军在沦陷区更是经常大肆搜捕、屠杀民众，损毁财物。日军在占领区，主要通过以下几种形式实施经济掠夺：一是通过"以战养战"的方式，直接抢掠中国煤、铁、粮食、棉花等战略物资，武力征用中国劳工；二是控制中国交通、金融、财税、海关、邮政等金融、物资、信息流通渠道，垄断和掌控沦陷区经济命脉；三是通过组织"开拓团""勤劳奉仕队""勤劳报国队"等移民侵略的形式，妄图达到长期占据中国领土的目的；四是利用殖民政权，为侵华战争提供劳动力、兵员和物资，如伪满洲国在七七事变后就颁布了《国家总动员法》《国防保安法》《国防资源秘密保护法》等一系列法律，配合支持日本侵华战争。以上这些历史事实，在本卷所收录的照片内容中都有不同程度体现。

需要说明的是，在本书编著过程中，作者团队力图从不同的角度全景式展现日本侵华战争。然而，囿于院藏日本侵华战争照片种类及数量，使其对抗战中有些方面反映得还不够充分，如敌后战场上日军对各抗日根据地的"扫荡"作战等。因此，本套丛书从日本战时画报中选取相关照片，在一定程度上反映侵华日军在东北、华北、华南各抗日根据地对抗日武装力量的搜捕与"扫荡"，以及日军试图抹去或消除抗日根据地内的壁画、标语、布告等的行径，从而凸显出敌后抗日根据地对全国抗战胜利发挥的重要作用和做出的不可磨灭的贡献。此外，本套书各卷反映的内容和题材各异，侧重

点也不同，所以各册之间可能出现照片的重复，但是各册作者根据专题分工，从各自角度对其进行了不同的解读。

《日本秘藏侵华战争照片实录》一书的编写，由伪满皇宫博物院专业人员完成。照片内容主要依托于伪满皇宫博物院的院藏资源。多年来，伪满皇宫博物院征集了日本侵华战争期间出版的大量书籍、画报、照片等历史文物，以及二战后日本方面整理出版的有关侵华历史的文字、图片资料。这些是研究日本侵华史、伪满洲国史的重要学术资源。《日本秘藏侵华战争照片实录》一书被列入"十三五"国家重点图书出版规划和2019年度国家出版基金项目，无疑是对我们编写、出版此书的价值和意义的高度肯定。然而，受研究水平和资料所限，作者在编写中会有疏漏和不完善之处，敬请广大读者谅解与指正。

反对战争，守卫和平，是人类永恒的理想。谨以此书献给那些为捍卫和平而牺牲的英灵，以及所有饱受战争灾难的无辜民众！

伪满皇宫博物院院长　王志强

序

　　本卷所选照片主要有以下六个来源：一是侵华战争时期日本陆军省、海军省、内务省情报局审查的照片，主要见于日本每日新闻社战后整理出版的《不许可写真》系列，照片上多有日本战地记者手书注释，审查未通过的照片被盖上"不许可"印戳，审查通过允许发表的照片被盖上"检阅济"的红色印戳，并用红字标明修订指示，从中可见日本隐匿了侵华战争中的许多关键信息，以控制意识形态的舆论和引导，这部分照片翔实地记录了日本侵华的具体时间、地点、事件等全过程，在国内十分罕见；二是日本于侵华战争期间或战后在日本公开出版的各类照片，如《满洲事变写真帖》《满洲事变/上海事变：新满洲国写真大观》《满洲慕情：全满洲写真集》等，这部分照片旨在向日本国内宣扬侵略中国是为了帮助中国开发、建设，宣传日本的功绩；三是日本侵华战争期间在伪满洲国公开出版的日文图书，如《素描大满洲》、《满洲国写真集》（第一回）、《南满洲写真大观》等，书内说明文字多采用日文和英文双语种，从中可见日本有意美化侵略战争及傀儡政权，向日本及国际社会树立日本的正义形象，有意识地进行粉饰宣传；四是亲历战争的日本士兵、随军记者个人拍摄或搜集整理的照片，如《村濑守保写真集》《柏原英一的摄影集》等，照片多为战后几十年由其本人或其家属公布于世；五是满蒙开拓和平纪念馆等馆藏资料，多为描述日本移民团移住满洲的过程与日常生活。此外，为较全面真实地反映日本侵华期间给中国经济所造成的重创及损失，本卷也收录了当代中国公开出版的微量新发现照片及伪满皇宫博物院院藏资料。

日本军部严格控制战时宣传导向，对于许可发表的内容和不许可发表的内容都有明文规定，所有照片须经重重审查之后方可公开刊载或出版。本卷照片中，涉及不许可发表的照片主要有三类：一是有损日军形象的内容，如日本违反国际战争法规对中国各占领区烧杀抢掠，日军在侵占过程中的失利、伤亡等，禁止发表的原因也有出于避免日本士兵或民众恐战、厌战情绪产生的考虑；二是暴露日本军事机密的内容，如照片中有日军武器种类或型号、战争中的运输手段或行军动向等；三是暴露日本高级军官的内容，禁止发表主要是出于保护高级将领，防止其被暗杀。涉及许可发表的照片主要有四类：一是对侵犯中国后实际情况作以伪饰的虚假宣传，如中国人民"欢迎"日军入城、中日军民"友好"；二是反映日军的侵略战绩，如在中国夺城掠地的画面；三是反映日本在中国"开发"的功绩，如在抚顺、鞍钢等地加速开采掠夺的场面；四是反映中国战场生活、日本移民日常生活的内容。

这些珍稀的史料，披露了大量信息和战争细节，对于国人深入研究这段历史具有非常重要的价值。这些照片，不论其内容是美化宣传，还是客观描述，都成为日本侵略中国的重要罪证。今天，我们将这些珍贵和罕见的照片搜集、整理并公之于世，就是要以图文并茂的形式还原历史真相。

日本军国主义者在第二次世界大战期间对中国的侵犯，给中国经济造成了无可挽回的巨大破坏。无论是直接的野蛮军事行动给中国城镇乡村造成的破坏，还是采用强制手段侵犯中国土地并实施移民战略，甚或是垄断中国经济命脉并疯狂掠夺中国的资源，都给中国经济造成了难以估量的巨大损失。

现代战争，必有狂轰滥炸，必会破坏相关建筑、街路及桥梁等设施。日本侵华战争期间，遭受日军空袭与轰炸的省区，从黑、吉、辽、内蒙古到粤、桂、港、澳，从青、甘、云、贵到苏、浙、闽、鲁，几乎遍及整个中国。

1931年在沈阳爆发的九一八事变，拉开了第二次世界大战东方主战场的序幕。日军对中国东北的侵犯多数是以和平交接的方式完成的，对辽、吉、黑、热四省并未造成巨大的破坏。

日本为把中国占领区变成其物资后援基地,以北攻苏联、南侵东南亚,从而称霸亚洲及世界,开始对中国的自然资源、农林物资及劳动力资源进行疯狂的掠夺。

日本对中国资源的掠夺主要集中于东北、华北地区。东北地广人稀,矿藏及农林资源丰富;华北煤炭、铁矿资源非常丰富,还盛产小麦、棉花等多种农业作物,并拥有大型盐场;与此同时,日本攫取了中国许多矿山的开采权及经营权,并建立了工矿企业,以便于控制、掠夺中国的资源。如中国东北的煤矿就由"满铁""满炭"两大系统垄断。

日本在侵华战争期间,对中国的矿产资源及农林物资进行了"杀鸡取卵"式的疯狂掠夺,给中国带来难以估量的损失,严重阻碍了中国经济发展进程。本书所选的秘藏照片如实反映了日本对中国的经济统制和掠夺。

除了对物质资源的掠夺,日本对中国人力资源的掠夺也不遗余力,并主要通过强迫其占领区人民服兵役和劳役两种方式实现。据统计,1940年至1941年间,150多万中国人被征作伪军,替日本侵华战争效力。而日本强迫中国人服劳役则更为普遍。1931—1945年日本侵华14年间,"在东北和华北为修筑众多的军事工程和办厂开矿,大量奴役中国劳工,其总数达到3700万人。在这些军事工程和厂矿中,中国劳工惨遭虐待,被迫害致死者近千万人。"[1]日本对中国劳动力的残酷掠夺对中国劳动力资源造成严重破坏。

日本的侵华战争给中国经济造成了巨大的破坏。"按1937年的比值计算,日本侵略者给中国造成的直接经济损失1000亿美元,间接经济损失5000亿美元。"[2]中国长城内外、大江南北的广大城乡,都深受日本侵略之害。日本为满足侵略扩张需要,动用各种手段压榨中国人民,把中国人民推进痛苦的深渊,这已是无法否认的铁的事实。但无论是在侵华战争期间,还是战后,仍有一部分日本右翼分子把对中国的侵略说成"自卫",把霸占说成"建

---

[1](美)吴天威:《日本在侵华战争期间迫害致死中国劳工近千万》,《抗日战争研究》2000年第1期,第121页。

[2]中共中央党校理论研究室编,刘海藩主编:《历史的丰碑:中华人民共和国国史全鉴》(三 政治卷),中共中央文献出版社,2005年,第1606页。

设"，把抢掠说成"开发"，极力美化侵略战争，否认侵略史实。这不能不激起饱受日本侵略战争之害的中国人民的强烈愤慨，更给世界发展与人类和平笼罩上一层阴影。

照片是无声的语言。尽管不同的人基于不同的立场、不同的视角对其有着不同的解读，照片却客观地记录和描述着历史。当年这些为了宣扬日本功绩的照片，经岁月沉淀成为日本侵华的铁证。如今战争的硝烟早已散尽，这段历史逐渐被淡忘，许多年轻人甚至根本不知晓这段曾发生过的令人痛心的历史。在全民族抗战爆发85周年之际，我们编撰此书，就是要澄清和还原这段沉重的历史。铭记和重温历史，不是为了记住或延续仇恨，而是要促进反思和反省，担负起以史为鉴、面向未来、捍卫和平的历史责任。

李　莉
2022年1月

目 录

第一章　城乡破坏 …………………………………… 1

　　第一节　北方城乡破坏 …………………………… 4
　　第二节　南方城乡破坏 …………………………… 11

第二章　占我家园 …………………………………… 35

　　第一节　强占奴役 ………………………………… 38
　　第二节　警戒镇压 ………………………………… 57
　　第三节　百姓流离 ………………………………… 71

第三章　移民入侵 …………………………………… 77

　　第一节　武装移民 ………………………………… 80
　　第二节　大规模移民 ……………………………… 91

第四章　经济统制 …………………………………… 107

　　第一节　控制交通 ………………………………… 110
　　第二节　垄断金融 ………………………………… 118
　　第三节　统一财税 ………………………………… 123

第四节　控制邮电通信 …………………………………………………… 126

第五章　掠夺资源 ………………………………………………………… 129

　　　第一节　攫取重工业资源 ………………………………………………… 132
　　　第二节　抢掠农林物资 …………………………………………………… 141

第六章　巧取豪夺 ………………………………………………………… 159

　　　第一节　滥用劳工 ………………………………………………………… 162
　　　第二节　鸦片专卖 ………………………………………………………… 170
　　　第三节　民不聊生 ………………………………………………………… 174

后记 ………………………………………………………………………… 187

第一章

城乡破坏

自1931年至1945年，伴随着日军的武装入侵，中国各沦陷区都不同程度地遭受到了日军的破坏。

中国东北是日本入侵中国的起点，也是遭遇破坏的第一站。在九一八事变中，因张学良鉴于对国际与国内局势的判断而奉行"不抵抗政策"，东北三省几乎是拱手让与日本。除沈阳北郊柳条湖南满铁路、北大营及东北其他抗日武装活跃地区遭遇日军打击破坏外，与国内其他地区相比，中国东北地区的破坏程度较轻。

随着1937年日军南下入侵华北、华东、华中、华南、西南等地，日军扬言"三个月灭亡中国"，对各占领区发起猛烈攻击。据统计，在第二次淞沪会战期间，日军对上海闸北区进行了近80天的轰炸，发起进攻126次，炮轰48次，飞机轰炸98次。[1]日军的狂轰滥炸使上海闸北区几成废墟。1937年11月，日军颁布《航空部队使用法》，规定要破坏中国要地的政治、经济、产业等中枢机关。并且至要的是直接空袭市民，给敌国民造成极大恐怖，挫败其意志。[2]随后，日军就违背国际公约，开始了对中国城乡的"无差别轰炸"。抗战14年间，除极少数边远地区外，我国900余个城市遭遇了日军的"无差别轰炸"。日军对非军事要地的轰炸，没有军事目的到处乱炸，完全是出于震慑中国平民百姓。

日军对中国城乡的轰炸与破坏，使中国的企业、工厂、医院、科研院校甚至民宅、街道、寺庙文物等建筑设施均遭受严重破坏。中国工业企业的90%以上集中在日军占领区，在第二次淞沪会战中，至1938年，仅上海被毁的工厂就达2270家。[3]据统计，日军在侵华14年间，中

---

[1]花扬：《闸北的由来及其兴起·灾难·重振》，见中国人民政治协商会议上海市闸北区委员会文史工作委员会编印《上海市闸北文史资料·第四辑》，1992年，第33页。

[2]转引自唐学锋：《中国空军抗战史》，四川大学出版社，2000年，第161页。

[3]洪丈里：《民元来我国之工业》，见朱斯煌主编《民国经济史》（银行周报三十周纪念刊），银行学会编印，1948年，第244页。

国公私财产直接损失 31,330,136,000 元，工矿商业及动力损失 4,053,647,000 元，交通损失 635,371,000 元，道路损失 215,062,000 元，公共机关（包括教育文化事业）损失 1,157,290,000 元，住户房屋家具及私产损失 21,033,261,000 元，公私财产其他（间接）损失 20,444,741,000 元。[1] 日军的入侵，破坏了中国的城乡结构，打断甚至改变了中国的现代化进程。

本章主要内容包括：日军入侵中国东北、华北、华东、华中、西南、华南、西北，对各地有关城乡建筑设施的破坏。这些照片中，反映了日军的侵略战绩有利于提振日军士气的照片是允许公开发表的，而对于违反国际《空战规则草案》，日军空袭医院、学术机构、民宅，以及暴露坦克或轰炸机型号、特征，泄露阵地信息，或者日军在战场上失利的照片是被禁止公开的，有些照片则被勒令删除"不许可"的敏感背景或信息后允许发表。

---

[1] 孟国祥：《中国遭受日军侵华战争 14 年总损失的最新评估》，《南京史志》1995 年第 1/2 期合刊，第 36～42 页。

第一节　北方城乡破坏

　　1931年，日军发动九一八事变，侵占了沈阳、长春，并迅速占领了中国东北。1937年7月，日军由中国东北入关，进攻中国北方黄河流域沿线城市，亦对该区域城乡进行无差别轰炸，以实现迅速占领的军事目的。为继续北上扩张，同时为了试探苏联军力，日军于1939年发动诺门罕战役，战火严重摧残了中国村落的民房及寺庙等建筑设施，致使许多百姓无家可归。日本侵华战争早期，因中国东北军执行不抵抗政策，日军进攻东北区域以军事阵地为主；随着全面侵华战争的爆发，北平（今北京）、天津、河北、山西等战区以及陕西、甘肃、青海等省市后方城乡都惨遭日军的轰炸和攻击。

第一章 城乡破坏

1-1-1

1-1-2

1-1-1 1-1-2 1931年9月18日夜，日军独立守备队故意炸毁沈阳北郊柳条湖附近的南满铁路，却反诬这是中国军队所为，以此为借口炮轰张学良东北军驻地——沈阳北大营，制造了震惊中外的九一八事变。图为沈阳北大营被日军炮火摧毁的惨状。〔（日）国防智识普及会编：《满洲事变写真帖》，东京省文社，1932年〕

1-1-3 1931年9月19日，日军驻长春长谷部第3旅团进攻长春，突袭南岭炮兵营，并向宽城子发起进攻。图为长春南岭激战后的惨状。〔（日）新人物往来社编辑：《未公开写真满洲事变》，新人物往来社，1988年，第64页〕

1-1-3

1-1-4

1-1-4 由于长春中国守军的激烈抵抗,日军进攻一度受阻,后因驻公主岭独立守卫第1大队以及骑兵第2联队的增援,日军才占领了长春。图为被日军摧毁的中国长春守军的炮兵营。〔(日)新人物往来社编辑:《未公开写真满洲事变》,新人物往来社,1988年,第64页〕

1-1-5

1-1-5 为树立日本的正义形象,给侵略战争披上合理的外衣,日本陆军省发行了宣扬"五族协和""共存共荣"的邮政明信片,大肆渲染日军与中国百姓和谐共处的景象,并不惜采用虚假的绘画等手段。〔日本满蒙开拓和平纪念馆藏〕

1-1-6 1937年7月7日夜,日军借口士兵失踪,要进入北平西南宛平城内搜查,被中国守军拒绝后,开始炮轰卢沟桥。图片远景为遭到攻击的卢沟桥旁宛平县城。〔(日)每日新闻社整理:《不许可写真1:20世纪的记忆》,每日新闻社,1998年,第159页〕

1-1-6

第一章 城乡破坏

1-1-7

1-1-8

1-1-9

1-1-7 1937年7月下旬，日军在进攻北平的同时，亦向天津发起进攻。图为7月29日因日军飞机狂轰滥炸而被破坏的天津市区。〔（日）新人物往来社编辑：《未公开写真日中战争》，新人物往来社，1989年，第87页〕

1-1-8 由于日军的空袭，天津市内像样的建筑几乎都被炸毁。在街上，日本人竟然挂出了"中日兄弟邦交应共存共荣"的标语。这与满目疮痍的街区形成鲜明对照，极具讽刺意味。〔日中友好协会总部提供，村濑守保拍摄〕

1-1-9 1937年10月1日，日军第5师团从察哈尔方向对山西省太原市发起总攻，11月8日占领太原。图为参与空中轰炸的日军航空兵。审查官明令照片须将背景建筑物去掉后方可公开发表。〔（日）每日新闻社整理：《不许可写真2：20世纪的记忆》，每日新闻社，1999年，第15页〕

7

1-1-10 被炮火硝烟笼罩着的太原王家庄。〔（日）每日新闻社整理：《不许可写真2：20世纪的记忆》，每日新闻社，1999年，第15页〕

1-1-11 1937年10月，日军轰炸石家庄火车站。〔（日）朝日新闻社编：《支那事变写真全辑（六）·荒鹫部队》，朝日新闻社，1940年，原书无页码〕

1-1-10

1-1-11

1-1-12

1-1-13

1-1-14

1-1-12　1939年5月至9月，日军与苏军分别代表"满洲国"与"蒙古国"在诺门罕地区交战。在诺门罕战场，为了对付便衣队，日军烧毁了路边的中国民房。飘扬的日本国旗背后是燃烧的中国百姓的房屋。〔（日）每日新闻社整理：《一亿人的昭和史10·不许可写真史》，每日新闻社，1982年，第120页〕

1-1-13　看着自家房屋被烧毁的中国少年儿童。〔（日）每日新闻社整理：《一亿人的昭和史10·不许可写真史》，每日新闻社，1982年，第121页〕

1-1-14　1939年4月2日，日军飞机轰炸西安。图为著名的易俗社剧院被炸仅余残垣断壁的情景。〔上海大美晚报馆：《大美画报》1939年第3卷第5期〕

1-1-15 1939年12月27日，日军飞机轰炸兰州市区。〔大阪每日新闻社、东京日日新闻社：《支那事变画报》第七十五辑，东京日日新闻社，1940年，第7页〕

1-1-16 1941年6月23日，日军轰炸西宁，530间房屋被焚毁。〔张宪文主编：《日本侵华图志·14·无差别轰炸》，山东画报出版社，2015年，第312页〕

1-1-17 1938年11月至1941年10月三年间，日机空袭延安17次，毁坏房屋15628间。图为侵华日军轰炸下的延安宝塔山附近地区。〔（美）洛易斯·惠勒·斯诺编，王恩光等译：《斯诺眼中的中国》，中国学术出版社，1982年，第171页〕

1-1-15

1-1-16

1-1-17

第二节　南方城乡破坏

　　为了在中国战场速战速决，日军对中国南方大举增兵。不论是战区的上海、江苏、浙江、福建、安徽、江西、广东、广西、湖南、湖北等地，还是后方的四川、重庆、云南、贵州、西康等5省区都遭到日军的轰炸，尤其是中国的发达城市，成为日军轰炸的重点。1937年爆发的八一三事变，日军调用100余架飞机对上海进行轮番轰炸，大量的工商企业及文化教育机构被破坏。南京、重庆、广州、武汉等作为中华民国的首都、战时首都或重要城市，成为日军轰炸的重中之重。日军不加区分地对中国军事区域和非军事区域的进攻与轰炸，使中国南方各地遭到巨大破坏，给中国民众带来灭顶之灾。

1-2-1

1-2-2

1-2-1　1937年8月13日，日军向上海大量增兵并大举进攻，八一三事变即淞沪会战爆发。图为上海招商局码头对面的南洋兄弟烟草公司大楼被日军炮弹击中的情景。〔（日）每日新闻社整理：《不许可写真1：20世纪的记忆》，每日新闻社，1998年，第16页〕

1-2-2　1937年8月23日，上海南京路建筑物被日本军队飞机轰炸后的惨状。〔（日）每日新闻社整理：《不许可写真1：20世纪的记忆》，每日新闻社，1998年，第10页〕

第一章 城乡破坏

1-2-3 在1937年8月的淞沪会战的激烈巷战中，因流弹四处横飞而致上海市内房屋倒塌毁坏。〔（日）每日新闻社编：《日本的战历》，每日新闻社，1967年，第22页〕

1-2-4 1937年8月，被日军烧毁的上海杨树浦地区沿街楼房。〔（日）每日新闻社整理：《不许可写真1：20世纪的记忆》，每日新闻社，1998年，第14页〕

1-2-5

1-2-6

1-2-5 1-2-6 1937年8月，日本海军陆战队出动坦克在上海招商局办公地一带与中国守军展开激烈战斗。因图中有日军坦克和受损平民住房近照，照片被禁止发表。〔（日）每日新闻社整理：《不许可写真1：20世纪的记忆》，每日新闻社，1998年，第17、18页〕

1-2-7

1-2-7 1937年8月23日,因日军猛烈攻击而毁坏的上海某铁路机关仓库,窗户玻璃上面布满弹孔。〔(日)每日新闻社整理:《不许可写真1:20世纪的记忆》,每日新闻社,1998年,第23页〕

1-2-8 1937年8月30日,因日军炮击而致上海浦东地区发生火灾。图片被指示删去地名。暴露日军所处地点、行程或去向的照片是禁止发表的。〔(日)每日新闻社整理:《不许可写真1:20世纪的记忆》,每日新闻社,1998年,第19页〕

1-2-8

1-2-9

1-2-10

1-2-9　因日军空袭致浦东日本产业三井煤炭机械工厂起火燃烧。此次空袭中，日本军事设施没有受到损失，但因其民用企业被误炸有损日军形象，海军省禁止公开相关图片。〔（日）每日新闻社整理：《一亿人的昭和史10·不许可写真史》，每日新闻社，1982年，第74页〕

1-2-10　日军的无差别空袭轰炸致使上海虹口天通庵附近的民宅受损。〔（日）每日新闻社整理：《一亿人的昭和史10·不许可写真史》，每日新闻社，1982年，第74页〕

第一章 城乡破坏

1-2-11

1-2-12

1-2-11 战乱中被日本飞机轰炸的上海街道。〔(日)每日新闻社整理：《不许可写真1：20世纪的记忆》，每日新闻社，1998年，第21页〕

1-2-12 1937年9月13日，日军占领上海市政府。市政府大楼楼体上被日军炮击的痕迹清晰可见。〔(日)每日新闻社整理：《不许可写真1：20世纪的记忆》，每日新闻社，1998年，第59页〕

17

1-2-13

1-2-13 1937年9月23日,被日军炮火摧毁的上海杨行镇。〔(日)每日新闻社整理:《不许可写真1:20世纪的记忆》,每日新闻社,1998年,第84页〕

1-2-14 在八一三事变中,中国方面配备国民政府中央军6个师。8月23日,日军2个师从吴淞、川沙镇登陆,中央军张治中3个师和陈诚的2个师加入战场。日军于9月10日增派3个师团,双方开始了为期30天的恶战。日军战死9115人,伤31257人。图为9月12日上海市政府东侧被战火破坏的桥梁(其上为中国军队搭建的临时阵地)。根据日本陆军省的命令,此照片因不利于对外宣传而被禁止公开发表。〔(日)每日新闻社整理:《一亿人的昭和史10·不许可写真史》,每日新闻社,1982年,第13页〕

1-2-14

第一章 城乡破坏

1-2-15

1-2-16

1-2-15 在八一三事变中被轰炸的上海华懋饭店。〔（日）每日新闻社整理：《一亿人的昭和史10·不许可写真史》，每日新闻社，1982年，第77页〕

1-2-16 1937年9月，日军对位于闸北的商务印书馆进行轰炸。〔（日）每日新闻社整理：《不许可写真1：20世纪的记忆》，每日新闻社，1998年，第92页〕

19

1-2-17

1-2-18

1-2-17　1937年9月，日军袭击罗店镇，全镇被毁，倒塌的房屋废墟里有两个手持步枪的日军走过。〔（日）每日新闻社整理：《不许可写真1：20世纪的记忆》，每日新闻社，1998年，第37页〕

1-2-18　1937年9月，日军袭击罗店镇，导致罗店镇的房屋损毁严重，断壁残垣中到处是烧焦而无法辨认的尸体。〔（日）每日新闻社编：《日本的战历》，每日新闻社，1967年，第30～31页〕

1-2-19

1-2-19 1937年9月,日本海军陆战队攻陷被炸毁的大场镇。〔日中友好协会总部提供,村濑守保拍摄〕

1-2-20 1937年10月,日军对上海闸北进行大肆轰炸,闸北上空浓烟滚滚。〔(日)每日新闻社整理:《不许可写真1:20世纪的记忆》,每日新闻社,1998年,第107页〕

1-2-20

1-2-21

1-2-22

1-2-21 1937年10月14日，日军富士井联队折断竹子，占领上海陆家桥。照片被允许发表，但是需要删除报道文字中能够据以查明日军所在方位的陆家桥地理信息。〔（日）每日新闻社整理：《不许可写真1：20世纪的记忆》，每日新闻社，1998年，第112页〕

1-2-22 1937年11月，因日军轰炸爆破而导致扬子江浒浦镇港内中国帆船发生火灾。此照片因可能暴露日军军事动向而被禁止发表。〔（日）每日新闻社整理：《不许可写真1：20世纪的记忆》，每日新闻社，1998年，第133页〕

第一章 城乡破坏

1-2-23

1-2-24

1-2-23　1937年9月19日，日本海军第三舰队司令官长谷川清下令对南京等地实行无差别轰炸，遭到国际社会的谴责。图为被摧毁的中央医院。护士室被修改为"中国军队根据地"。图片拍摄于1937年10月15日，因日军空袭民用医院违反国际战争法而被禁止发表。〔（日）每日新闻社整理：《不许可写真1：20世纪的记忆》，每日新闻社，1998年，第107页〕

1-2-24　被日军炮弹摧毁的南京洛克菲勒研究院。图片因涉及日军空袭与军事无关的学术机构，违反国际空战协定而被禁止发表。〔（日）每日新闻社整理：《不许可写真1：20世纪的记忆》，每日新闻社，1998年，第107页〕

23

1-2-25

1-2-26

1-2-25 受到日军空袭的南京私立广东医院。照片被禁止发表。〔(日)每日新闻社整理:《不许可写真1:20世纪的记忆》,每日新闻社,1998年,第108页〕

1-2-26 1937年12月,南京中山门城墙在日军猛烈炮轰下成为一片废墟。南京大屠杀的罪魁祸首、日军第16师团就是从这里涌入南京市内的。〔(日)每日新闻社整理:《不许可写真1:20世纪的记忆》,每日新闻社,1998年,第145页〕

1-2-27

1-2-27 1937年12月13日，参与南京大屠杀的日军第9师团步兵第36联队占领南京光华门。图为当时南京国民政府交通部附近街道上被遗弃的汽车和散落的杂物。〔（日）每日新闻社整理：《一亿人的昭和史10·不许可写真史》，每日新闻社，1982年，第245页〕

1-2-28 1937年12月19日，沦陷后的南京中山路。战斗结束后的这种街道景象，令日军突击队的坦克兵都目瞪口呆。〔（日）每日新闻社编：《日本的战历》，每日新闻社，1967年，第126页〕

1-2-28

1-2-29

1-2-30

1-2-29 1937年11月上海沦陷后,日军立即向苏州发起进攻。图为11月19日,日军第9师团突袭苏州。〔(日)新人物往来社编辑:《未公开写真日中战争》,新人物往来社,1989年,第108页〕

1-2-30 1937年12月2日,江阴沦陷。图为日军炮轰江阴西部。〔(日)新人物往来社编辑:《未公开写真日中战争》,新人物往来社,1989年,第108页〕

第一章 城乡破坏

1-2-31

1-2-32

1-2-31　1938年5月19日，日军华中派遣军第13师团攻陷徐州。图为津浦战线上在胡山附近推倒森林中的树木向前行军的田村坦克队。照片通过审查允许发表，但坦克的炮身和文字以及照片注释中的坦克队名都被命令消去。〔（日）每日新闻社整理：《不许可写真2：20世纪的记忆》，每日新闻社，1999年，第33页〕

1-2-32　被日军炮火摧毁的徐州街景（高田拍摄）。〔胡汉辉：《日本记者镜头中的侵华战争》，厦门大学出版社，2017年，第194页〕

27

1-2-33

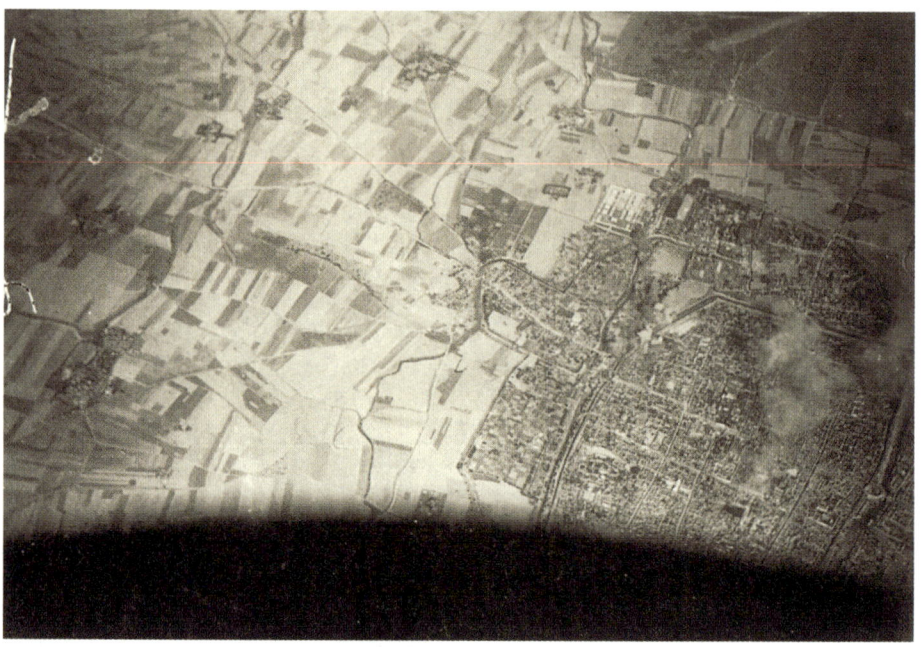
1-2-34

1-2-33　1938年2月至1943年8月，日军对国民政府陪都重庆进行了长达五年半的轰炸。仅1940年一年，日军就出动飞机4722次，空袭重庆80次，炸毁房屋6952栋。这张日军空袭重庆的照片是当时的总部特派员通过特殊渠道得到的，底片已被弄脏，因涉及轰炸中国百姓民宅是错误的，被禁止发表。〔（日）赤木益一郎：《从满洲事变到太平洋战争：20年中的不许可战场写真集》，每日新闻社，1965年，第145页〕

1-2-34　1938年10月18日，日军原田部队轰炸机轰炸信阳西北部的南阳城。〔（日）每日新闻社整理：《不许可写真2：20世纪的记忆》，每日新闻社，1999年，第88页〕

1-2-35

1-2-36

1-2-35 1938年10月19日，日军原田部队在汉口战役中进行轰炸。因拍下飞机内部情景而被禁止发表。〔（日）每日新闻社整理：《不许可写真2：20世纪的记忆》，每日新闻社，1999年，第88页〕

1-2-36 原田部队的"荒鹫"轰炸机的照片因泄露飞机名称或种类被禁止发表。〔（日）每日新闻社整理：《不许可写真2：20世纪的记忆》，每日新闻社，1999年，第89页〕

1-2-37

1-2-38

1-2-37 从1938年初至1940年6月，日军对宜昌城进行了三次疯狂的大轰炸，1940年6月12日，宜昌沦陷。图为战火中满目疮痍的宜昌城街巷。〔柏原英一拍摄〕

1-2-38 毁于日军炮火的宜昌县城城内建筑。〔柏原英一拍摄〕

第一章 城乡破坏

1-2-39

1-2-40

1-2-41

1-2-39 被日军纵火焚毁的宜昌村庄，以及放火后行进中的日军。〔柏原英一拍摄〕

1-2-40 被战火摧毁的中国民宅。〔柏原英一拍摄〕

1-2-41 日机轰炸湖南洞庭湖一带，一处民宅起火燃烧。〔柏原英一拍摄〕

1-2-42

1-2-42　自1938年8月，日本就掌握了制空权。1938年9月19日，日军大本营陆军部下达攻占广东的航空作战命令，"在广东附近设置航空基地，海陆协同，对南支方面腹地不断实施航空作战"。日军于1937年10月就开始对华南展开轰炸，海军飞机就已经多次进行渡洋轰炸。图为日本飞机轰炸下的广州。〔（日）每日新闻社编辑：《一亿人的昭和史·日本的战史（5）·日中战争（3）》，每日新闻社，1979年，第18页〕

1-2-43　经过一年多的轰炸，被日军的"追剿残敌"扫荡后面目全非的广州街区。〔（日）新人物往来社编辑：《未公开写真日中战争》，新人物往来社，1989年，第20页〕

1-2-43

第一章 城乡破坏

1-2-44

1-2-45

1-2-44 1938年10月19日，日本第18师团吉村藏五郎带领的吉村大队发动突袭，占领增城（位于广州东约50公里，原著标为广东东部50公里）。图为在日本海军9架飞机的低空轰炸下面目全非的增城和进入增城的吉村部队。〔（日）每日新闻社编辑：《一亿人的昭和史·日本的战史（5）·日中战争（3）》，每日新闻社，1979年，第15页〕

1-2-45 广州市沙河街巷战中的上田战车队。图片摄于1938年10月22日。〔（日）赤木益一郎：《从满洲事变到太平洋战争：20年中的不许可战场写真集》，每日新闻社，1965年，第27页〕

1-2-46 1941年12月18日夜，日军登陆香港岛后，维多利亚炮台附近被摧毁的小汽车。〔（日）每日新闻社整理：《一亿人的昭和史10·不许可写真史》，每日新闻社，1982年，第191页〕

1-2-47 1944年9月13日，在日军与中国远征军交战中被炮火摧毁的云南腾冲城。〔（日）新人物往来社编辑：未公开写真日中战争》，新人物往来社，1989年，第29页〕

1-2-48 1944年11月8日，在日军与中国远征军交战中被破坏的云南龙陵县某寺院五角亭。〔（日）新人物往来社编辑：《未公开写真日中战争》，新人物往来社，1989年，第30页〕

1-2-46

1-2-47

1-2-48

第二章

占我家园

1931年九一八事变爆发前，中国有28个省，5个院辖市[1]，西藏、蒙古2个地方以及威海卫、东省特别区2个行政区。九一八事变爆发后，日军先后侵占了除川、康[2]、陕、甘、宁、青、新疆、西藏以外的中国其他省区，约占全国总面积的三分之二。其中，辽、吉、黑、热、冀、察、鲁、苏8省全部区域被日军占领。

日军对中国各地的破坏式侵略及残暴屠杀行为，激起了国人的极大愤慨，遭到了国际社会的强烈谴责。为掩人耳目，日军大力鼓吹要建立"大东亚共荣圈"，大量刊发并极力渲染中国沦陷区百姓"欢迎"日军入城场面的照片，这是日军美化其侵略行径的真实写照。

为防止中国人民的抗日斗争，日军利用军、警、宪、特组织对沦陷区展开了地毯式搜查，各路段设关卡检查，依托人口登记与保甲制度对沦陷区进行全面警戒与管制。凡服从日军者，颁发给"良民证"。中国人只有携带"良民证"才获准出入城或在城内出行。为强化对中国占领区的殖民统治，限制抗日武装力量，日军以武力驱使中国百姓离开世居的家园，迁移到指定的"集团部落"，反映了日军对中国人民的奴役。

为躲避战火与日军的奴役，中国百姓被迫背井离乡，四处飘零。九一八事变后，在战乱中颠沛流离的东北百姓成为日军侵华期间的第一批难民，许多人因生活困苦而流亡关内。随着日军南下和战事的全面扩大，华北、华东的大量中国百姓又被迫浪迹天涯。缺衣少食、漂泊不定的战争难民遍及中国各地。

本章主要内容包括：日军侵犯东北、华北、华东、华中、华南各地，强迫当地百姓举旗欢迎日军、庆祝，对占领区警戒盘查，百姓生活无以为继、四处流浪的苦难生活。这些照片中，泄露运输手段，暴露部队和军官或坦克信息

---

[1] 1928年7月，民国政府将特别市改为院辖市，当时有北平、天津、上海、南京、青岛、汉口6个院辖市。1929年，汉口市改为隶属于湖北省政府。

[2] 民国西康省，位于川藏之间。

以及虐杀的场面，在新闻审查中往往被禁止发表。本章也包括日军有选择地公开的照片，这部分照片有两种类型：一是真实反映战场、日军和中国百姓生活，以满足日本国内及时了解战况的需要；二是虚假宣传，其目的是有意对国际社会和中国民众标榜和树立占领区中日"亲善友好"的形象，渲染日本侵华的正义性，以煽动日本青年参军入伍加入侵略战争。这些照片也是日军侵华战争中奴役欺凌中国百姓的真实写照。

第一节　强占奴役

　　早在1923年日本修订的《帝国国防方针》中即提出对华作战的四个目标：完全平定中国东北；占领华北战略要地；在上海登陆并"沿长江而进""在汉口附近作战"[1]；进占福建以南要地。由此，基本确定了对中国东北、华北、华东、华中及华南地区的侵略计划。1932年日军完全占领中国东北后，1937年南下侵占中国的大片土地。为美化侵略、粉饰太平，以期永久占领中国，日军所到之处，必强迫中国百姓举旗欢迎日军入城，并在宣传报道中极力歪曲事实，称其为百姓"自发行为"。中国百姓没有选择的自由，在日军的殖民统治下备受奴役，毫无人格尊严。

---

　　[1]（日）日本防卫厅战史室编纂，天津市政协编译委员会译校：《日本军国主义侵华资料长编：〈大本营陆军部〉摘译》（上），四川人民出版社，1987年，第226～227页。

第二章 占我家园

2-1-1

2-1-2

2-1-3

2-1-1　1931年9月19日，日军占领长春，并于1932年3月8日建立伪满洲国，改长春为"新京"，作为伪满政权"首都"。图为伪满新京市吉野町（今长春市长江路）到处充斥着日本商行和日本移民，殖民色彩浓厚。〔（日）河岛成光编：《素描大满洲》，细谷真美馆大连出版所，1941年，第40页〕

2-1-2　七七事变爆发后，日军占领北平。图为1937年9月26日，日军强迫北平市民举旗集会，"欢迎"日军入城。〔（日）每日新闻社整理：《不许可写真2：20世纪的记忆》，每日新闻社，1999年，第10页〕

2-1-3　1937年7月30日，日军占领天津。图为日军炮车通过天津万国桥。图片因泄露日军炮兵运输手段被禁止发表。〔（日）每日新闻社整理：《不许可写真1：20世纪的记忆》，每日新闻社，1998年，第154页〕

2-1-4

2-1-5

2-1-4 1937年7月11日，日军向部分关东军及第20师团下达了出兵华北的命令。图为在天津市区行进的〇〇部队，因有暴露日军作战意图的嫌疑被禁止发表。〔（日）每日新闻社整理：《不许可写真1：20世纪的记忆》，每日新闻社，1998年，第156页〕

2-1-5 日军部队在天津市区行进。图片拍摄于1937年7月12日，曾被禁止发表，后又解除禁令。〔（日）每日新闻社整理：《不许可写真1：20世纪的记忆》，每日新闻社，1998年，第155页〕

2-1-6 被迫在街道等待"迎接"日军进入天津的中国人。图片摄于1937年7月。〔（日）每日新闻社整理：《不许可写真1：20世纪的记忆》，每日新闻社，1998年，第156页〕

2-1-6

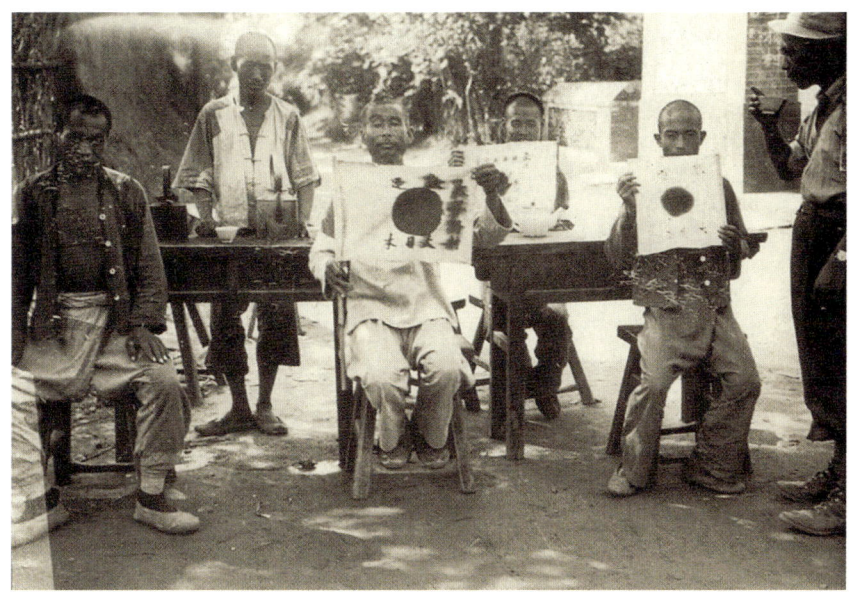

2-1-7

2-1-8

2-1-7 1937年9月14日，在中部战线（自北平向南延伸的平汉铁路沿线），日军渡过永定河攻占了固安。图为永定河北岸榆垡镇居民被迫举着太阳旗"欢迎"日军。〔（日）每日新闻社整理：《不许可写真2：20世纪的记忆》，每日新闻社，1999年，第7页〕

2-1-8 1937年9月24日，日军占领了保定。保定市民被迫在街道两旁列队摇旗"欢迎"日军入城。照片原有的"○○部队长保定入城"的说明被改为"欢迎我军入城的保定市民"。这些虚假的宣传目的是渲染日本侵华的正义性，以煽动日本青年参军入武加入侵略战争。〔（日）每日新闻社整理：《不许可写真2：20世纪的记忆》，每日新闻社，1999年，第10页〕

2-1-9 日本随军记者在中国某地民宅内安营扎寨，生火做饭。这种反映日本随军人员日常生活的照片可以满足日本国内民众急于了解战争中在华日本人生活实况的需求，因此是可以被发表的。〔（日）每日新闻社整理：《不许可写真2：20世纪的记忆》，每日新闻社，1999年，第7页〕

2-1-10 1937年9月13日，日军攻占大同。图为手持太阳旗在大同市内与日军同行的伪蒙古骑兵队。图片标榜"日中友好"，利于国际舆论宣传，被允许发表。〔（日）每日新闻社整理：《不许可写真2：20世纪的记忆》，每日新闻社，1999年，第13页〕

2-1-11 1937年9月24日，日本关东军自大同进一步北上占领了内蒙古平地泉镇。图为9月19日在大同火车站视察的时任关东军参谋长东条英机一行。陆军省审查照片，要求禁止刊登旅团长（少将）以上的军官照片，图片因之被禁止发表。〔（日）每日新闻社整理：《不许可写真2：20世纪的记忆》，每日新闻社，1999年，第11页〕

2-1-9

2-1-10

2-1-11

第二章　占我家园

2-1-12

2-1-13

2-1-14

2-1-12　在平地泉镇第一批爬上屋顶的千田部队士兵。〔（日）每日新闻社整理：《不许可写真2：20世纪的记忆》，每日新闻社，1999年，第11页〕

2-1-13　1937年10月1日，日军第5师团从察哈尔向山西省太原进攻。图为驻扎在原平镇（今原平市）的日军兵营。图片为日本随军记者长井拍摄。这类反映日军顺利推进战争的图片是被允许发表的。〔（日）每日新闻社整理：《不许可写真2：20世纪的记忆》，每日新闻社，1999年，第15页〕

2-1-14　1938年2月20日，日军第2军第108师团自平汉线的邯郸向山西省南部进军，并占领了潞安（今长治）。图为1938年3月潞安民众被迫手持太阳旗参加日伪组织的集会。这种粉饰太平、美化侵略的图片利于宣传，自然被允许发表。〔（日）每日新闻社整理：《不许可写真2：20世纪的记忆》，每日新闻社，1999年，第31页〕

43

2-1-15

2-1-16

2-1-17

2-1-15 1937年8月13日，日军以八九式中型坦克为前卫的混成第11旅团所属坦克部队在北平南口附近的村落通行。图片被解除禁止后发表。〔（日）每日新闻社整理：《不许可写真1：20世纪的记忆》，每日新闻社，1998年，第181页〕

2-1-16 1937年9月1日，日军占领上海并列队进入一栋大型建筑。〔（日）每日新闻社整理：《不许可写真1：20世纪的记忆》，每日新闻社，1998年，第36页〕

2-1-17 1937年11月，被占领的上海，在街上悬挂的日本太阳旗。〔（日）每日新闻社整理：《不许可写真1：20世纪的记忆》，每日新闻社，1998年，第138页〕

2-1-18

2-1-19

2-1-18　日军军车行驶在上海商业街道。〔柏原英一拍摄〕

2-1-19　日军坦克开进上海外滩。〔柏原英一拍摄〕

2-1-20

2-1-21

2-1-20 1937年11月19日，日军占领常熟附近村庄后，在被其占领的农家小院内兴致勃勃地下棋。〔（日）每日新闻社整理：《不许可写真1：20世纪的记忆》，每日新闻社，1998年，第137页〕

2-1-21 中国人被责令打着太阳旗呼喊"日本万岁"。此图毫无悬念地被允许刊载。〔（日）每日新闻社整理：《不许可写真1：20世纪的记忆》，每日新闻社，1998年，第221页〕

第二章　占我家园

2-1-22

2-1-23

2-1-22　1937年11月27日，日军第16师团乘船进入无锡。〔（日）每日新闻社整理：《不许可写真1：20世纪的记忆》，每日新闻社，1998年，第141页〕

2-1-23　1937年12月，日军攻占南京后，驻扎在滁县（今滁州）的日军两个多月中无事可做，每天只是吃饭、洗衣服、擦拭武器、给家里写信。〔日中友好协会总部提供，村濑守保拍摄〕

47

2-1-24

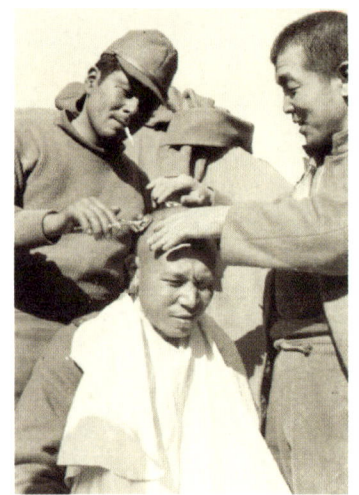

2-1-25

2-1-26

2-1-24　2-1-25　2-1-26
新年时，每个日军士兵都分到了美酒佳肴，他们在霸占的中国土地上理发、洗澡甚至击鼓跳舞。〔日中友好协会总部提供，村濑守保拍摄〕

2-1-27

2-1-28

2-1-29

2-1-27　1938年1月10日，日本海军第四舰队在青岛登陆并占领了青岛。图为在青岛市区行驶的日本海军坦克队列。图片因泄露坦克行驶的位置等信息而被禁止发表。〔（日）每日新闻社整理：《不许可写真2：20世纪的记忆》，每日新闻社，1999年，第27页〕

2-1-28　日军占领下的厦门市悬挂着日本太阳旗的街道。图片摄于1938年6月。〔（日）每日新闻社整理：《不许可写真1：20世纪的记忆》，每日新闻社，1998年，第190页〕

2-1-29　1938年10月，日军占领武汉。图为武汉市民在日军士兵监视下通过城楼。〔柏原英一拍摄〕

2-1-30

2-1-31

2-1-30　日军坦克部队在湖北汉口的街道上行进。〔柏原英一拍摄〕

2-1-31　1938年10月21日下午3点30分，日军进攻广州市珠江沿岸城区。〔（日）每日新闻社编辑：《一亿人的昭和史·日本的战史（5）·日中战争（3），每日新闻社，1979年，第21页〕

2-1-32

2-1-33

2-1-32 1938年11月，日军攻陷湖南省岳阳市。图为日本随军记者与日军新闻官在岳阳楼前的合影。〔柏原英一拍摄〕

2-1-33 1938年9月27日傍晚6时25分，日军进攻长沙后在建筑物砖墙上所贴的具体占领时间的标语。〔柏原英一拍摄〕

2-1-34

2-1-35

2-1-34 1940年6月，日军占领湖北宜昌。图为日军开着装甲车在宜昌城内巡逻的情景。〔柏原英一拍摄〕

2-1-35 日军占领宜昌村庄。〔柏原英一拍摄〕

第二章 占我家园

2-1-36 日军在占领的中国土地上用餐。〔柏原英一拍摄〕

2-1-37 1940年6月，继宜昌沦陷后，日军占领湖北省当阳县城。图为日军进城后行走在当阳街道上。〔柏原英一拍摄〕

2-1-38 1939年12月31日，日军第108联队侵入广东英德。街道建筑被炸得只剩下了残垣断壁。〔（日）每日新闻社编辑：《一亿人的昭和史·日本的战史（5）·日中战争（3）》，每日新闻社，1979年，第252页〕

2-1-39 1941年初，为攻击中国第五战区主力，打通平汉路，利用花园口黄河决堤后黄河改道流经的河道作战，日军第11军向豫南发起进攻。图为进入安徽太和县城后在城内耀武扬威的日军，以及被迫前来表示"欢迎"的民众。〔（日）新人物往来社编辑：《未公开写真日中战争》，新人物往来社，1989年，第21页〕

2-1-38

2-1-39

2-1-40

2-1-41

2-1-40　1941年12月8日凌晨3时，日军入侵香港，并以重炮部队开始发动进攻。登陆香港岛所用登陆艇经九龙半岛陆路运输南下。日军登陆战开始于18日夜。25日，日军占领了香港岛。日本海军省规定，舰艇的正前面、正后面、正侧面的照片禁止发表，此幅登陆艇照片被判为"不许可"即禁止发表。〔（日）每日新闻社整理：《一亿人的昭和史10·不许可写真史》，每日新闻社，1982年，第188页〕

2-1-41　1941年12月，日本海军舰队劝降了停泊在黄浦江上的美国海军炮舰"威克"号，将拒不投降的英国海军海防舰"海燕"号击沉。在军舰炮声中，日本海军陆战队开始接管上海租界。图为向上海南京路进发的日本海军陆战队。〔（日）每日新闻社整理：《一亿人的昭和史10·不许可写真史》，每日新闻社，1982年，第186页〕

2-1-42

2-1-43

2-1-44

2-1-42　2-1-43　日军占领香港后组织的大规模的庆祝活动。〔柏原英一拍摄〕

2-1-44　从华南北上的吉武部队士兵的刺刀对准中国士兵时，中国士兵求助无望又无处申诉的眼神，真实地表现了他们在生死一线间内心的恐惧与悲凉。〔（日）赤木益一郎：《从满洲事变到太平洋战争：20年中的不许可战场写真集》，每日新闻社，1965年，第9页〕

第二节 警戒镇压

为加强统治、防止中国人民的抗日活动，日军对中国各沦陷区采取了严密的控制措施与残暴的镇压行动。一方面，日军在城市内的交通要道及公共活动区域设立固定的检查所，加强岗哨，严密盘查与清查来往人员，一方面对郊区居民进行挨家挨户的搜查、追捕。一旦发现可疑人员，立即予以逮捕。日军甚至对抗日根据地和游击区施行全面的封锁，集家并村，制造"集团部落"和"千里无人区"，中国百姓在自己的土地上居行受限。

2-2-1　1931年9月19日，日军举行奉天（今沈阳市）入城式。图为日军步兵第29联队正在执行警戒任务。〔（日）国防智识普及会编：《满洲事变写真帖》，东京省文社，1932年〕

2-2-2　九一八事变后，日军在奉天附近的"满铁"附属地边界处进行夜间值勤。〔（日）国防智识普及会编：《满洲事变写真帖》，东京省文社，1932年〕

2-2-3　由日本军警与普通民众组成的日本自警团在奉天"满铁"附属地边界处手执步枪等器械加强警戒。〔（日）国防智识普及会编：《满洲事变写真帖》，东京省文社，1932年〕

2-2-1

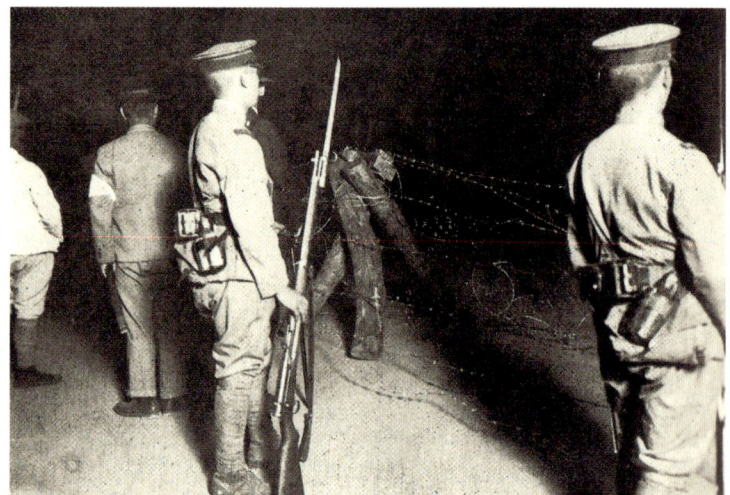

2-2-2

2-2-3

2-2-4

2-2-4 日军炮兵部队在驻吉林的日本领事馆前加强警戒。〔（日）国防智识普及会编：《满洲事变写真帖》，东京省文社，1932年〕

2-2-5 吉林日本领事馆门前的日军哨位。〔（日）国防智识普及会编：《满洲事变写真帖》，东京省文社，1932年〕

2-2-5

2-2-6

2-2-7

2-2-6　在奉天城内进行巡逻的日军骑兵。〔（日）国防智识普及会编：《满洲事变写真帖》，东京省文社，1932年〕

2-2-7　九一八事变后，日军在奉天城内对往来行人携带的物品严加检查。〔（日）国防智识普及会编：《满洲事变写真帖》，东京省文社，1932年〕

2-2-8

2-2-9

2-2-8 九一八事变后,各地开展的反日运动发展到了天津,留守天津市区的日本侨民协会成员被组织起来进行"自卫"。〔(日)每日新闻社编:《日本的战历》,每日新闻社,1967年,第82页〕

2-2-9 自1932年1月18日以来,上海的反日活动频繁,日本陆战队人数不足,开始军训在上海居住的侨民并将其作为"编外军人"。〔(日)每日新闻社编:《日本的战历》,每日新闻社,1967年,第85页〕

2-2-10 1937年8月9日,日本海军陆战队大山勇夫中尉和担任驾驶的一等水兵斋藤要藏驱车闯入上海虹桥机场进行挑衅,被中方驻军保安队击毙。之后,日军在上海驻地逮捕所有可疑的路人并进行彻底的盘问。〔(日)每日新闻社编:《日本的战历》,每日新闻社,1967年,第7页〕

2-2-11 七七事变后3个月左右,日军在从北平向南进发的途中发现了琉璃河边的中国男性居民,临时军需品征集队的岩切中佐命令翻译对他们进行严格盘查。〔日中友好协会总部提供,村濑守保拍摄〕

2-2-10

2-2-11

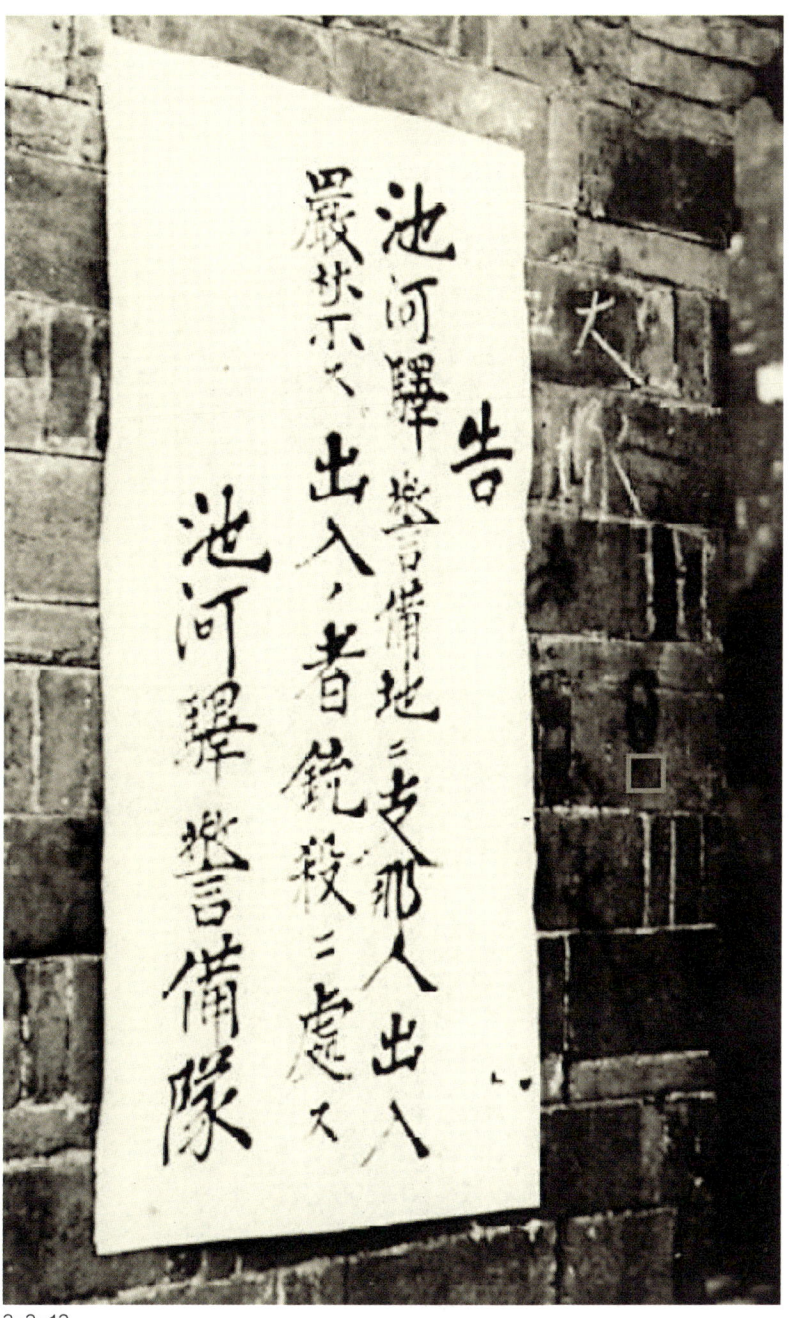

2-2-12　日军在安徽滁州池河车站警戒区张贴的布告，内容为"中国人不得出入，违者枪毙"。〔日中友好协会总部提供，村瀬守保拍摄〕

2-2-13

2-2-14

2-2-13 守卫天津杨村大铁桥的日军步哨。〔(日)每日新闻社整理：《不许可写真1：20世纪的记忆》，每日新闻社，1998年，第180页〕

2-2-14 警卫天津火车站军用物资的日军。〔(日)每日新闻社整理：《不许可写真1：20世纪的记忆》，每日新闻社，1998年，第169页〕

2-2-15

2-2-15 在行人绝迹的大街上执行警戒任务的日军士兵。〔（日）每日新闻社整理：《不许可写真1：20世纪的记忆》，每日新闻社，1998年，第143页〕

2-2-16 租界工部局巡捕在向日军讲述1937年12月3日事件的经过。〔（日）每日新闻社整理：《不许可写真1：20世纪的记忆》，每日新闻社，1998年，第143页〕

2-2-17 1937年12月3日炸伤日军事件查证现场。〔（日）每日新闻社整理：《不许可写真1：20世纪的记忆》，每日新闻社，1998年，第143页〕

2-2-16

2-2-17

2-2-18

2-2-19

2-2-18 1939年7月,"第二次上海事变2周年纪念日"之前,日本海军陆战队在被视为抗日分子聚居地的上海市虹口天潼路搜捕抗日分子。日军挨家挨户搜查的照片被禁止发表。〔(日)每日新闻社整理:《一亿人的昭和史10·不许可写真史》,每日新闻社,1982年,第72页〕

2-2-19 1937年9月29日,为防止中国人民的反日活动,日军加强警戒。图为在大同城内执行警戒任务的日军十川部队。图片通过审查,允许发表。〔(日)每日新闻社整理:《不许可写真2:20世纪的记忆》,每日新闻社,1999年,第12页〕

第二章 占我家园

2-2-20

2-2-21

2-2-20　1938年6月，日军占领厦门后，为防止中国人民进行抗日活动，命令各区居民协助其进行"户口调查"。〔（日）每日新闻社整理：《不许可写真1：20世纪的记忆》，每日新闻社，1998年，第190页〕

2-2-21　在战争期间，日军士兵严加警戒，对往来行人的行李进行严格检查。图为在广州市海珠桥接受检查的中国人。〔（日）赤木益一郎：《从满洲事变到太平洋战争：20年中的不许可战场写真集》，每日新闻社，1965年，第157页〕

67

2-2-22

2-2-23

2-2-22 1940年1月15日,中日双方在中国南部三角洲地带开展攻防战期间,乘坐快艇的日本海军部队士兵对珠江下游的可疑船只进行检查。〔(日)每日新闻社编:《日本的战历》,每日新闻社,1967年,第99页〕

2-2-23 1940年12月,香港沦陷后,被俘的英军士兵在接受搜查。〔(日)每日新闻社编:《日本的战历》,每日新闻社,1967年,第177页〕

2-2-24

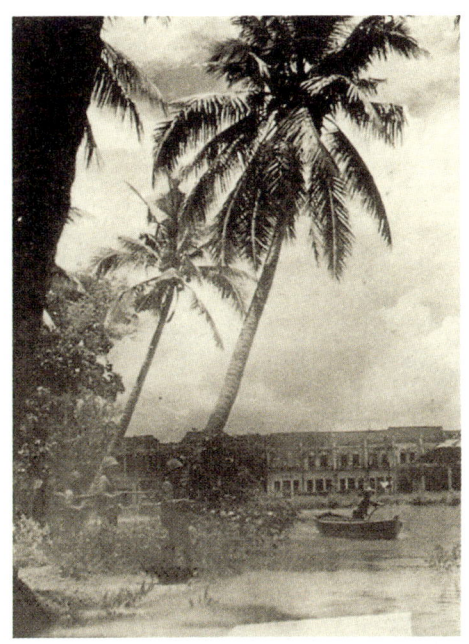

2-2-24　1939 年 3 月，日军占领海南岛文昌后，加强对该地的警戒。〔（日）每日新闻社整理：《不许可写真 2：20 世纪的记忆》，每日新闻社，1999 年，第 116 页〕

2-2-25　日军占领湖北宜昌后，带着警犬在田地里搜查可疑目标。〔柏原英一拍摄〕

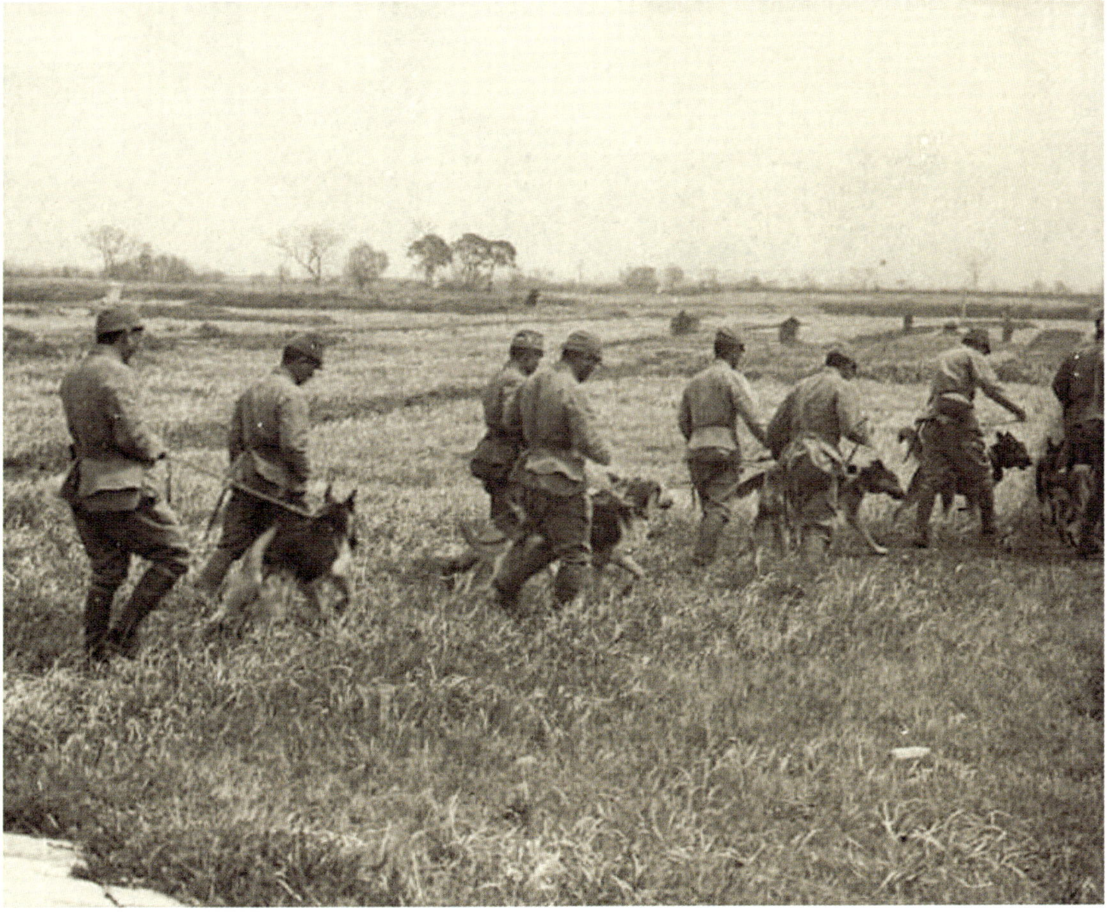
2-2-25

2-2-26

2-2-27

2-2-26 2-2-27 中国东北沦陷区某地,"集团部落"碉堡林立,铁丝网重重。〔伪满皇宫博物院藏〕

第三节　百姓流离

　　在侵华的十四年中，日军为瓦解中国人的抗战斗志，所到之处，无论城区的商铺、百姓的住宅，还是乡村的农田，都被毫无理由地恣意纵火焚毁，中国百姓世代居住的家园惨遭浩劫，几成废墟。数以千万计的中国百姓为躲避战乱而被迫背井离乡，成为难民。他们居无定所，食物奇缺，没有更换或御寒的衣物，贫病交加，许多难民在流亡途中死亡甚至惨遭日军的屠杀、凌辱。中国百姓躲避战乱的避难所空间狭窄，人员拥挤不堪，成为密度极大的难民营。

2-3-1 "建设王道乐土"下的伪满百姓靠沿街乞讨生活，十分悲惨。〔伪满皇宫博物院藏〕

2-3-2 流离失所、病倒街头的东北百姓。〔伪满皇宫博物院藏〕

2-3-1

2-3-2

2-3-3

2-3-4

2-3-3 1937年8月21日，日军占领上海后，市民为躲避战火而不得不四处逃散。图为前往百老汇方向避难的中国人。〔（日）每日新闻社整理：《不许可写真1：20世纪的记忆》，每日新闻社，1998年，第21页〕

2-3-4 1937年11月12日，在上海法租界避难的中国人。〔（日）每日新闻社整理：《不许可写真1：20世纪的记忆》，每日新闻社，1998年，第128页〕

2-3-5

2-3-6

2-3-7

2-3-5　1937年10月，日军占领苏州后，当地的中国百姓将行李放到船上，然后纷纷沿河渠逃难。这种反映战争中群众信息的图片是陆军省允许发表的。〔（日）每日新闻社整理：《不许可写真1：20世纪的记忆》，每日新闻社，1998年，第119页〕

2-3-6　1938年7月，日苏两军对阵的张鼓峰山脚下住着很多朝鲜族农民。他们只能两手空空地逃走避难，这一年注定颗粒无收。〔（日）赤木益一郎：《从满洲事变到太平洋战争：20年中的不许可战场写真集》，每日新闻社，1965年，第152页〕

2-3-7　为躲避诺门罕战火而流亡的难民。〔（日）每日新闻社整理：《一亿人的昭和史10·不许可写真史》，每日新闻社，1982年，第121页〕

第二章　占我家园

2-3-8

2-3-9

2-3-8　日军在一个村庄休息吃午餐时，发现逃晚了的老人和孩子惊恐地躲在屋子的角落里。日本士兵村濑守保想给小孩儿糖块，小孩子不敢伸手接。老妇人哭着说已经80岁了，还是被两名日本军人打伤后轮奸了。村濑守保听后无言以对。〔日中友好协会总部提供，村濑守保拍摄〕

2-3-9　1939年3月，日军占领江西南昌。图为战后街道上的难民。〔柏原英一拍摄〕

75

2-3-10

2-3-11

2-3-10 1940年5月1日，日军发动枣宜会战；6月12日宜昌沦陷后，宜昌百姓无家可归，只得四处流浪。〔柏原英一拍摄〕

2-3-11 日军入侵海南岛期间，只带着随身物品的中国农村妇女儿童被聚集在海南岛儋县七里村的避难所里。〔（日）每日新闻社整理：《一亿人的昭和史10·不许可写真史》，每日新闻社，1982年，第153页〕

第三章

移民入侵

1932年10月，日本第一次武装移民团抵达佳木斯地区，1933年2月移入伪满三江省（今黑龙江省境内）桦川县永丰镇，后改称"弥荣村"，人数为1131人，团长山崎芳雄；1933年7月，日本第二次武装移民团到达伪满三江省依兰县七虎力村（与永丰镇毗邻），后迁至湖南营子，组成"千振村"，人数为1188人，团长宗光彦；1934年10月，日本第三次武装移民团到伪满滨江省（今黑龙江省境内）绥棱县，建立"瑞穗村"，人数为614人，团长林恭平；1935年6月，日本第四次武装移民团进入伪满牡丹江省（今黑龙江省境内）密山县，建立"哈达河村""城子河村"，这两个村人数分别为447人、535人，团长分别为贝沼洋三、佐藤修；1936年6月，日本第五次武装移民团进入伪满牡丹江省密山县，建立了"永安屯村""朝阳屯村""黑台村""黑台信浓村"，这四个村人数分别为620人、588人、497人、472人，团长分别为木村直雄、矢口道爱、加藤熊治郎、青木虎岩。与此同时，日本还组织了许多分散自由移民，从事各行业的生产、经营与掠夺。

　　1936年5月9日，日本提出《满洲农业移民百万户移住计划》，要在20年内向中国东北移民100万户500万人。移民成员，从日本内地的农村、山村、渔村居民及城市失业者中选择，主要考虑35岁以下身强力壮、坚决拥护日本政府侵华政策的人。移民用地主要安排在黑龙江省齐齐哈尔以北松花江上游、小兴安岭南麓、瑷珲、黑河、辽河等地。

　　移民分为甲种移民和乙种移民。第一期拟移入甲种移民6万户，乙种移民4万户；第二期拟移入甲种移民12万户，乙种移民8万户；第三期拟移入甲种移民14万户，乙种移民16万户；第四期拟移入甲种移民18万户，乙种移民22万户，四期总计移入100万户。甲种移民获得政府补助较多，由政府直接办理；乙种移民获得政府的补助较少，主要由民间办理。

　　本章主要内容包括：弥荣村、千振村、瑞穗村、哈达河村、黑台信浓村等日本五次武装移民生活耕作场景和管理机制，以及日本武装移民阶段分散自由移民移入中国东北的有关情况；日本大规模移民时期，日本移民在日本内原训练所培训、在伪满耕作和捕鱼，他们的日常生活和精神信仰；日本满蒙开拓青少年义勇军的训练、学习、耕作以及大陆新娘制度等。本章照片多为反映日本移民村及日本移民的日常生活情况，以向日本国内民众炫耀日本移民在中国东北的"幸福"生活，鼓励日本民众移民中国东北为目的，因此照片都是允许发表和公开出版的，在宣传上掩盖了大量殖民、奴役等真实历史信息。

第一节　武装移民

　　自 1932 年，日本关东军和陆军省、拓务省开始研究向中国东北武装移民的方案。武装移民与普通移民不同，是特别农业移民，即屯田兵制移民，具有试验性质。日本武装移民到达中国东北后，按军事组织编组，配发武器，边耕边战。他们一边生产，一边进行武装训练，随时准备参加侵略战争，是由日本组织领导的、在乡军人组成的军事化的移民。其侵占的这些地区不仅土地肥沃，适于耕种，森林渔业资源丰富，而且是中苏边防地区，也是东北人民抗日武装最活跃的地带，移民的经济和军政意图显而易见。

3-1-1 日本政府在国内招募移民中国东北地区的广告。〔伪满皇宫博物院藏〕

3-1-2 1932年10月，日本政府从"在乡军人"中选拔并组织的第一个武装移民团从日本出发抵达"满洲国"，1933年移入伪满三江省桦川县永丰镇，组成"弥荣村"。图为弥荣村村公所。〔（日）满史会编：《满洲慕情：全满洲写真集》，株式会社谦光社，1971年，第123页〕

3-1-3

3-1-4

3-1-3　日本将永丰镇的99户中国农民全部赶走，掠夺其全部土地。图为弥荣村的日本移民在霸占的中国土地上收割粮食。日本移民收获的粮食，一部分运往日本国内用以缓解经济危机引发的粮食短缺，一部分作为战争的给养。〔（日）河岛成光编：《素描大满洲》，细谷真美馆大连出版所，1941年，第53页〕

3-1-4　为永久占领中国东北，日伪在弥荣村设立小学校，以培养移民的后代。〔（日）满史会编：《满洲慕情：全满洲写真集》，株式会社谦光社，1971年，第127页〕

3-1-5 日本移民在弥荣村建立的日本神社。〔（日）满史会编：《满洲慕情：全满洲写真集》，株式会社谦光社，1971年，第123页〕

3-1-6 1933年7月，日本第二个武装移民团到达伪满三江省七虎力村（后改称"千振村"）。图为千振村的日本移民家庭在野外合影。〔日本满蒙开拓和平纪念馆藏〕

3-1-5

3-1-6

3-1-7

3-1-8

3-1-7 伪满千振村日本移民在从水井中汲水。〔日本满蒙开拓和平纪念馆藏〕

3-1-8 伪满千振乡"枥木村"的日本移民出发去耕作。〔(日)河岛成光编:《素描大满洲》,细谷真美馆大连出版所,1941年,第54页〕

3-1-9 千振村的日本移民在秋收。〔（日）加持正范编：《满洲国写真集》（第二回），满洲事情案内所，1942年，第35页〕

3-1-10 千振村的日本移民一家去田地里采摘瓜果。〔（日）加持正范编：《满洲国写真集》（第二回），满洲事情案内所，1942年，第44页〕

3-1-11 伪满千振乡"群马村"的日本移民耕作收工后走在回家的路上。〔（日）河岛成光编：《素描大满洲》，细谷真美馆大连出版所，1941年，第54页〕

3-1-9

3-1-10

3-1-11

3-1-12 千振小学校。〔(日)满史会编:《满洲慕情:全满洲写真集》,株式会社谦光社,1971年,第123页〕

3-1-13 伪满千振乡"长野村"的日本移民。〔日本满蒙开拓和平纪念馆藏〕

3-1-14 1935年6月,日本第四个武装移民团进入伪满牡丹江省密山县。图为"哈达河村"移民团本部和村办小学校。〔(日)每日新闻社:《别册一亿人的昭和史·日本殖民地史(2)·满洲》,每日新闻社,1978年,第100页〕

3-1-12

3-1-13

3-1-14

3-1-15

3-1-16

3-1-17

3-1-15　1934年10月，日本第三次武装移民在伪满滨江省绥棱县建立"瑞穗村"。图为移入绥棱瑞穗村的背着婴儿的日本妇女。〔伪满皇宫博物院藏〕

3-1-16　1936年6月，日本第五次武装移民进入伪满滨江省密山县，建立了"永安屯村""朝阳屯村""黑台村""东信屯村"。图为东信屯村的日本移民集体合影。〔日本满蒙开拓和平纪念馆藏〕

3-1-17　日本政府鼓动日本青年妇女携带武器嫁到东北，成为"武装新娘"。图为坐在马车上前往移居地的日本"武装新娘"。〔伪满皇宫博物院藏〕

3-1-18

3-1-19

3-1-18 日本还组织了许多分散自由移民，从事各行业的掠夺。图为1934年11月移入哈尔滨市东北阿什河岸由天理教信徒组成的"天理村"一隅。〔（日）满史会编：《满洲慕情：全满洲写真集》，株式会社谦光社，1971年，第122页〕

3-1-19 日本移民妇女在从事手工纺织劳动。〔（日）每日新闻社：《别册一亿人的昭和史·日本殖民地史（2）·满洲》，每日新闻社，1978年，第96页〕

3-1-20 日本移民妇女一边带学步车内的孩子，一边缝制衣服。〔（日）每日新闻社：《别册一亿人的昭和史·日本殖民地史（2）·满洲》，每日新闻社，1978年，第95页〕

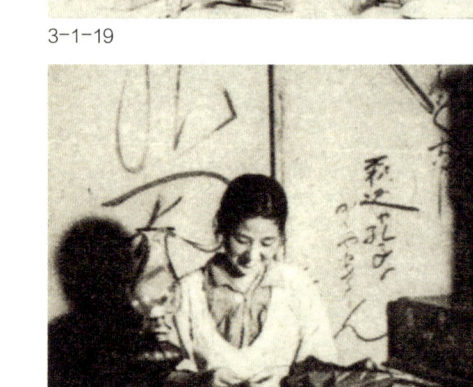

3-1-20

3-1-21

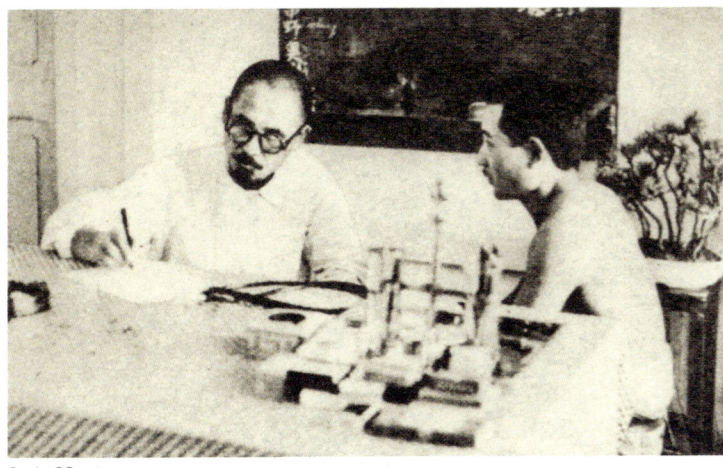

3-1-22

3-1-23

3-1-21　日本移民村的锻工作坊。〔(日)每日新闻社：《别册一亿人的昭和史·日本殖民地史(2)·满洲》，每日新闻社，1978年，第98页〕

3-1-22　日本在伪满哈尔滨等三地设置2年制的移民开拓医学院。该校学生毕业后，颁发当地医师从业资格证书。〔(日)每日新闻社：《别册一亿人的昭和史·日本殖民地史(2)·满洲》，每日新闻社，1978年，第95页〕

3-1-23　为日本移民村村民新开设的连接弥荣村、佳木斯、图们的南满洲铁道图佳线的某小站。〔(日)每日新闻社：《别册一亿人的昭和史·日本殖民地史(2)·满洲》，每日新闻社，1978年，第95页〕

3-1-24 日本移民村实施经济行政统一管理的村政体系，村长由移民团团长担任。〔（日）每日新闻社：《别册一亿人的昭和史·日本殖民地史（2）·满洲》，每日新闻社，1978年，第96页〕

3-1-25 "聚会"是日本移民村中交流不可或缺的。〔（日）每日新闻社：《别册一亿人的昭和史·日本殖民地史（2）·满洲》，每日新闻社，1978年，第97页〕

3-1-26 武装移民奉命执行冬季松花江的警戒任务。〔伪满皇宫博物院藏〕

3-1-24

3-1-25

3-1-26

第二节　大规模移民

日本大规模移民，是日本政府组织的国策移民，有集团移民、集合移民、分散移民和义勇队移民四种组织形式。集团移民，属于百万户移民计划中的甲种移民，由日本官方组织，每个开拓团200户至300户，每户补助1000元以下；集合移民，属乙种移民，由日本民间来组织，每户补助500元以下；分散移民，每30户至50户为一个部落，分布在铁路沿线，主要从事种植业、林业兼保护铁路的工作，每户补助200元以下；义勇队移民，由16岁至19岁的青少年组成，经过三年的训练组成开拓团，他们既是一般移民，又是日本关东军的后备兵源。移民用地由伪满政府提供。日本大规模移民的殖民色彩鲜明，目的明确。

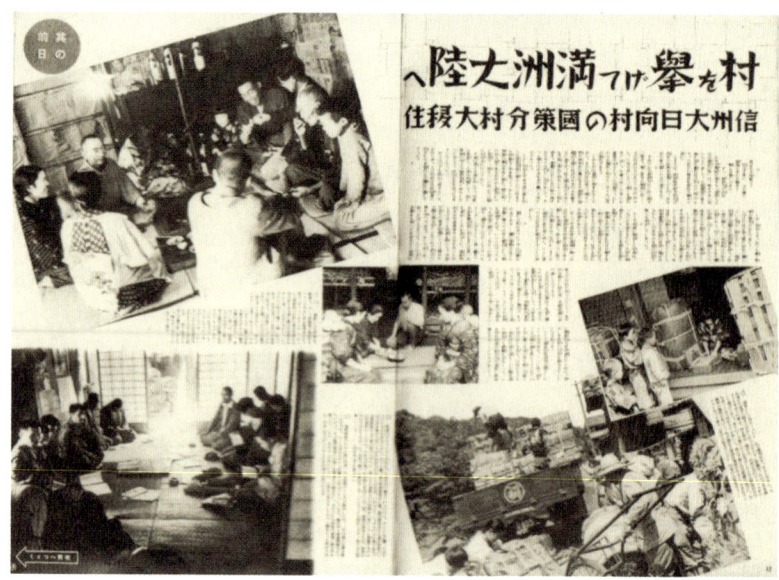

3-2-1

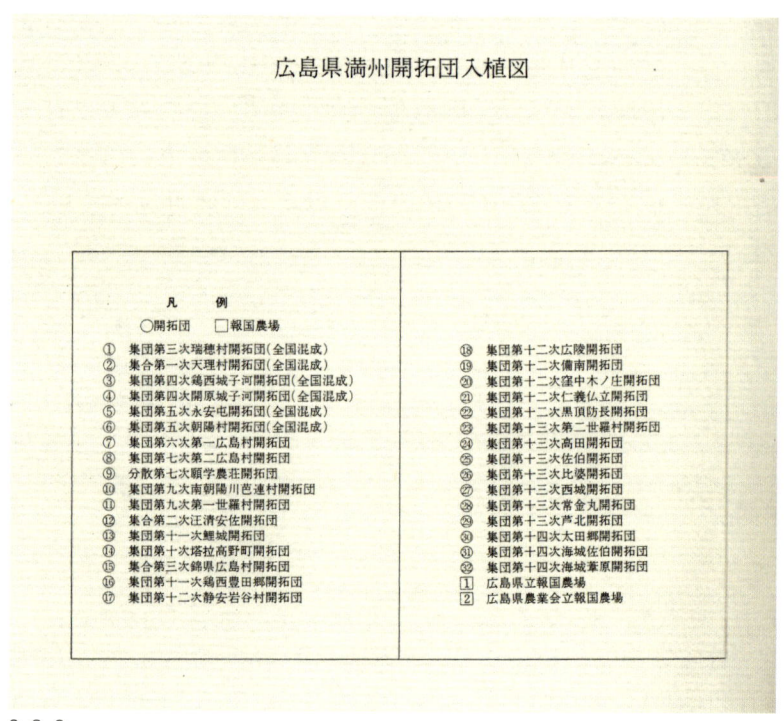

3-2-2

3-2-1 1938年朝日新闻社刊发的国策移民宣传。〔日本满蒙开拓和平纪念馆藏〕

3-2-2 1937年，日本开始采取"分村分乡"移民的形式，就是把日本的一个村或一个乡作为母村，从中分出一部分农户，组成一个开拓团，移民到我国东北建立一个分村，或叫子村。图为广岛县满洲开拓团移民伪满洲国"开拓团"、"报国农场"的凡例表。〔（日）广岛县民之中国东北地区开拓史编纂委员会编：《广岛县满洲开拓史》（上卷），1989年，插图〕

3-2-3

3-2-3 为保证日本移民计划的顺利实施,日本政府在日本各地建立训练所,对移民进行语言、技能等各项训练。图为日本移民某家庭在日本内原训练所的合影。〔日本满蒙开拓和平纪念馆藏〕

3-2-4 日本政府为日本移民举行送别仪式。〔日本满蒙开拓和平纪念馆藏〕

3-2-4

3-2-5

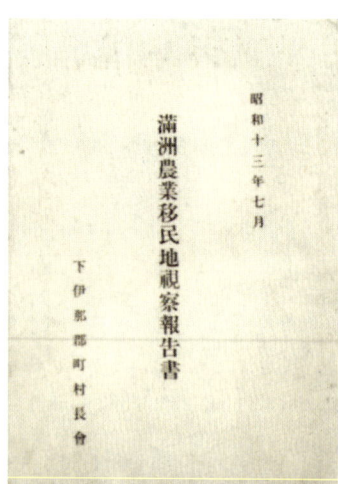
3-2-6

3-2-7

3-2-5 日本义勇队满蒙开拓团组成的移民队伍来伪满洲国之前在日本某城市街道举行游行活动。〔日本满蒙开拓和平纪念馆藏〕

3-2-6 1937年8月，日伪成立"满洲拓植公社"。1938年，日伪设立开拓总局，以对移民进行指导及调查和购置日本移民用地等。至1944年末，日本移民占用中国东北耕地面积约1.5万平方千米。图为《满洲农业移民地视察报告书》。〔日本满蒙开拓和平纪念馆藏〕

3-2-7 日本开拓团移民以极低的价格收购中国人的房屋后加以改造，建成日本移民住宅。图为吉林省水曲柳开拓团日本移民住宅。〔（日）寺沢秀文：《述说"满蒙开拓"史实——"满蒙开拓和平纪念馆"建成前》，信浓史学会编：《信浓》第65卷第3号，1989年，第219页〕

3-2-8

3-2-9

3-2-10

3-2-8　伪满滨江省玉川村茨城开拓团本部。〔（日）加持正范编：《满洲国写真集》（第二回），满洲事情案内所，1942年，第42页〕

3-2-9　日本开拓团移民后代——小学生上课的场景。〔（日）广岛县民之中国东北地区开拓史编纂委员会编：《广岛县满洲开拓史》（上卷），1989年，插图〕

3-2-10　大日向村的日本移民后代在集中学习。〔（日）加持正范编：《满洲国写真集》（第二回），满洲事情案内所，1942年，第98页〕

3-2-11

3-2-12

3-2-11 第一广岛村医院。〔(日)广岛县民之中国东北地区开拓史编纂委员会编:《广岛县满洲开拓史》(上卷),1989年,插图〕

3-2-12 广岛开拓团本部。〔(日)广岛县民之中国东北地区开拓史编纂委员会编:《广岛县满洲开拓史》(上卷),1989年,第189页〕

3-2-13 第一广岛村开拓团本部。〔(日)广岛县民之中国东北地区开拓史编纂委员会编:《广岛县满洲开拓史》(上卷),1989年,插图〕

3-2-13

3-2-14

3-2-15

3-2-16

3-2-14 日本广岛县中国东北地区开拓团本部办公室。〔（日）广岛县民之中国东北地区开拓史编纂委员会编：《广岛县满洲开拓史》（上卷），1989年，插图〕

3-2-15 中国东北地区日本移民出发耕作前的朝礼。〔（日）广岛县民之中国东北地区开拓史编纂委员会编：《广岛县满洲开拓史》（上卷），1989年，插图〕

3-2-16 中国东北地区日本移民正在集体耕作。〔（日）广岛县民之中国东北地区开拓史编纂委员会编：《广岛县满洲开拓史》（上卷），1989年，插图〕

3-2-17

3-2-18

3-2-17 日本移民正在中国东北地区挖坑种树。〔（日）广岛县民之中国东北地区开拓史编纂委员会编：《广岛县满洲开拓史》（上卷），1989年，插图〕

3-2-18 日本移民在中国东北地区的农田耕地。〔（日）加持正范编：《满洲国写真集》（第二回），满洲事情案内所，1942年，第30页〕

3-2-19

3-2-20

3-2-21

3-2-19 日本移民在中国东北农村修建的粮仓。〔（日）广岛县民之中国东北地区开拓史编纂委员会编：《广岛县满洲开拓史》（上卷），1989年，插图〕

3-2-20 日本移民的捕鱼船。〔（日）广岛县民之中国东北地区开拓史编纂委员会编：《广岛县满洲开拓史》（上卷），1989年，插图〕

3-2-21 日本移民捕获的鱼。〔（日）广岛县民之中国东北地区开拓史编纂委员会编：《广岛县满洲开拓史》（上卷），1989年，插图〕

3-2-22

3-2-23

3-2-24

3-2-22 日本民众多数信奉神道教，故在伪满各个日本移民村大肆修建神社。图为第一广岛村修建的神社。〔（日）广岛县民之中国东北地区开拓史编纂委员会编：《广岛县满洲开拓史》（上卷），1989年，插图〕

3-2-23 日本移民砍伐树木，并用雪橇运出。〔（日）每日新闻社：《别册一亿人的昭和史·日本殖民地史（2）·满洲》，每日新闻社，1978年，第128页〕

3-2-24 3-2-25 为适应在伪满洲国的工作及生活，应募的日本青少年要先在日本训练所进行为期三年的实地训练。图为茨城县内原满蒙开拓青少年义勇队队员所用的训练服和金属饭盒。〔日本满蒙开拓和平纪念馆藏〕

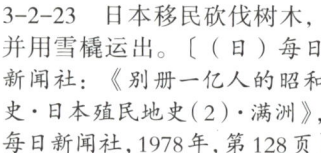
3-2-25

3-2-26

3-2-27

3-2-28

3-2-26　在日本茨城县内原训练所受训的满蒙开拓青少年义勇队队员。〔日本满蒙开拓和平纪念馆藏〕

3-2-27　1942 年准备赴伪满洲国的满蒙开拓青少年义勇队。〔日本冲绳县和平祈念资料馆藏〕

3-2-28　日本满蒙开拓团青少年义勇队的出行式。〔（日）广岛县民之中国东北地区开拓史编纂委员会编：《广岛县满洲开拓史》（上卷），1989 年，插图〕

3-2-29

3-2-30

3-2-29　广岛县政府颁发给日本满蒙开拓团青少年义勇军的徽章。〔（日）广岛县民之中国东北地区开拓史编纂委员会编：《广岛县满洲开拓史》（上卷），1989年，插图〕

3-2-30　1938年，日本开始在中国东北各地大办义勇队训练所，对日本青少年进行军事、生产、生活等综合训练。图为满洲开拓青年义勇队哈尔滨特别训练所标志牌及受训学员。〔日中友好协会总部提供，村濑守保拍摄〕

3-2-31　满蒙开拓哈尔滨训练所。〔日中友好协会总部提供，村濑守保拍摄〕

3-2-31

3-2-32

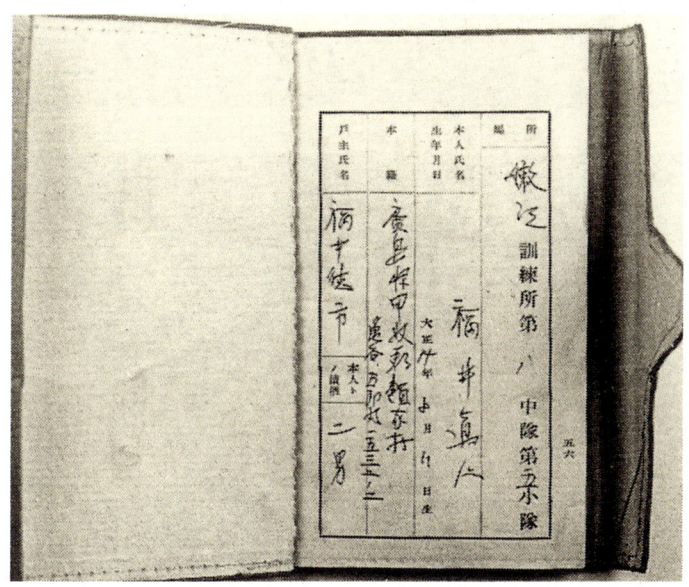
3-2-33

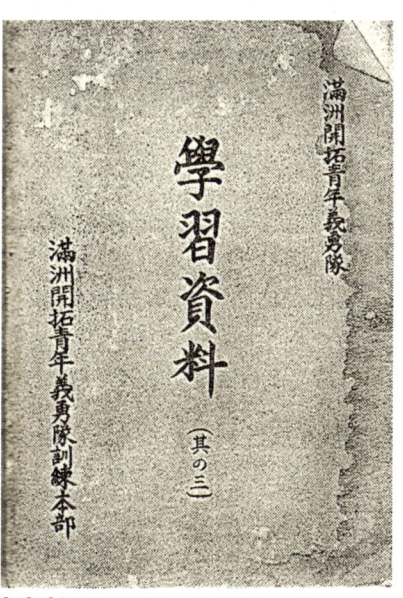
3-2-34

3-2-32 嫩江训练所的"满洲开拓青少年义勇队"学员在接受机械耕作训练。〔(日)河岛成光编:《素描大满洲》,细谷真美馆大连出版所,1941年,第68页〕

3-2-33 满洲开拓青年义勇队队员的学员证。〔(日)广岛县民之中国东北地区开拓史编纂委员会编:《广岛县满洲开拓史》(上卷),1989年,插图〕

3-2-34 满洲开拓青年义勇队在训练所所使用的学习资料。〔(日)广岛县民之中国东北地区开拓史编纂委员会编:《广岛县满洲开拓史》(上卷),1989年,第266页〕

3-2-35

3-2-36

3-2-35　广岛县在中国东北地区的第三次八家子义勇队开拓团本部。〔（日）广岛县民之中国东北地区开拓史编纂委员会编：《广岛县满洲开拓史》（上卷），1989年，插图〕

3-2-36　1940年，日本实行"大陆新娘"制度，动员日本女青年经女子拓务训练所培训后留居中国东北，集体嫁给那里的日本男性移民。图为1939年在中国东北"女子拓殖讲习会"进行短期培训的日本女青年与讲习所教职工的合影。〔日本冲绳县平和祈念资料馆馆藏〕

第三章 移民入侵

3-2-37

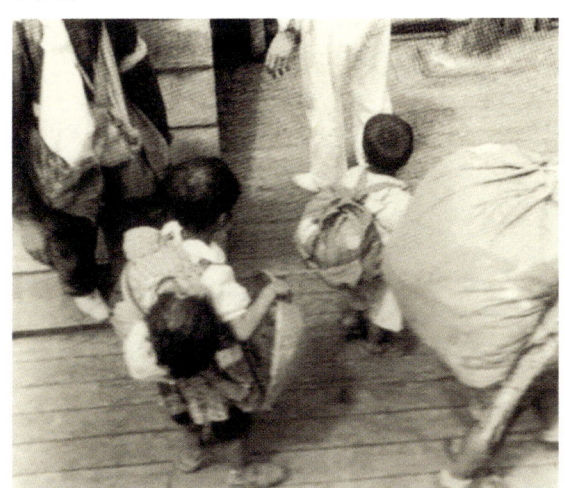
3-2-38

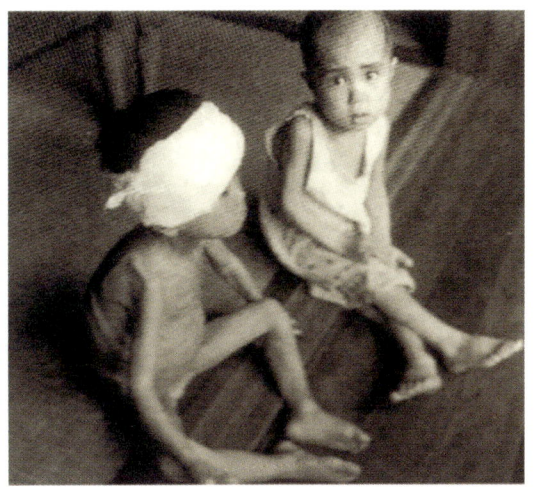
3-2-39

3-2-37 1945年8月，日本战败投降。日本移民被遣返归国，总计约11万人。图中等待登船回国的移民排起了长队。〔日本满蒙开拓和平纪念馆藏〕

3-2-38 准备乘船归国的日本儿童。〔日本满蒙开拓和平纪念馆藏〕

3-2-39 战后，遗留在中国的日本遗孤约有5000人。图为被中国的日本孤儿收容所收养的日本遗孤。〔日本满蒙开拓和平纪念馆藏〕

第四章

经济统制

为垄断中国的经济命脉,强化日本的殖民统治,日本侵占中国领土后,采取了一系列措施,加强对各占领区的经济统制。

交通运输线是日本加强对中国经济统制的前提,也是日军运输军需、物资及兵员的基础设施。为进行殖民统治与掠夺,1907年"满铁"迁至大连,成为日本在中国进行殖民掠夺的中枢机关。九一八事变后,日本通过"满铁"逐步抢夺铁路,至1935年完全垄断了中国东北的铁路,并控制了东北的航空、航运等。随着日军侵入,日本控制了中国东部的全部交通要道。

九一八事变后,日军立即派兵侵占中国东北各银行,没收了其全部资产,1932年3月设立伪满中央银行,统一币制,垄断货币发行。日本发动全面侵华战争后,为实现在经济上"以战养战",以北平和上海为中心,在各占领区查封外资、接收银行,发行伪钞,压榨中国百姓。日军还发行军票进行流通,造成通货膨胀,并同时发行毫无保障的各类债券,造成金融系统的混乱。

为控制中国的财税,日军很早就开始谋划接收海关、财政系统。1932年6月,伪满政府宣布东北各海关归伪满洲国所有,并命令各海关停止向上海总税务司送款而将收入上交伪满政府财政部。同年10月,海关一律改称税关。至1933年1月,伪满洲国境内的全部海关均由日军霸占。与此同时,日军又相继接管各占领区的财政机关。为补充军费,日军增加税种,提高税率,盘剥中国百姓。

邮政电信是国计民生的重要组成部分,甚至是日军军事指挥体系的一部分,与交通设施一样,也是日本侵占的重点对象。因此,日军侵占中国各地后,便着手强制占领各个邮政及电信机关。日军发行新邮票,改用新邮戳,设立新的电报电话局及无线电台,抢占了有关占领区的邮政及电信大权。为阻止中国人民的抗日斗争,搜集情报,日军施行严密的邮件检查制度,发现可疑信件、电报等,均予以销毁、扣押。1942年,日军完全阻断了中国的国际邮路。

在日军侵占的华北、华中、华南等沦陷区,日本通过"以华制华""以战养战"等手段,利用各个伪政权,全面加强了对各占领区的经济统制。

本章主要内容包括:日军依托"满铁"控制伪满的空运、陆运和水运交通,并南下侵占各地火车站等交通要道;日军在各占领区通过控制银行,垄断货币发行;通过接管各占领区的海关、财税机关,掌握财政税收;通过夺取邮政机关,垄断通信。本章中除暴露日本关东军参谋长东条英机和车站信息的照片被禁止发表之外,其他绝大多数照片都是允许发表的,在日军看来这是可以宣扬的功绩或反映了其中国占领区的"正面形象"。

第一节　控制交通

　　中国东北的铁路、公路及航运事务，日本关东军早于1932年3月伪满洲国成立之初便委托"满铁"经营。1936年10月，"满铁"在沈阳设"铁道总局"。通过"满铁"，日军完全控制了中国东北的水陆交通运输。随着南下侵占中国的广袤土地，日军占领了华北、华中的主要交通干线，并通过各种会社控制了有关占领区的水陆空运输业。日本对中国水陆空交通体系通过多元手段经营管理、全方位统制，实际上是其殖民统治的一部分，既利于对中国各沦陷区的交通运输进行控制，又便于掠夺中国物资。

第四章 经济统制

4-1-1

4-1-2

4-1-3

4-1-1　1906年11月26日，日本成立"南满洲铁道株式会社"（简称"满铁"），它于1907年4月1日开始营业，成为日本侵略东北和发动侵华战争的重要工具。〔（日）金泽求也编：《南满洲写真大观》，满洲日日新闻社，1911年〕

4-1-2　"满铁"控制下的大连火车站。〔（日）金泽求也编：《南满洲写真大观》，满洲日日新闻社，1911年〕

4-1-3　"满铁"疾行的列车。〔（日）金泽求也编：《南满洲写真大观》，满洲日日新闻社，1911年〕

4-1-4

4-1-5

4-1-4 运送煤炭、大豆等货物的"满铁"五十吨货车车厢。〔(日)金泽求也编:《南满洲写真大观》,满洲日日新闻社,1911年〕

第四章 经济统制

4-1-6

4-1-7

4-1-5 4-1-6 1904年,日本占领了大连港。1907年,"满铁"控制了大连港的经营业务,设大连埠头事务所经营码头业务。图为"满铁"控制下的大连码头。〔(日)满史会编:《满洲慕情:全满洲写真集》,株式会社谦光社,1971年,第8页〕

4-1-7 "满铁"控制下的安东(今丹东)码头。〔(日)满史会编:《满洲慕情:全满洲写真集》,株式会社谦光社,1971年,第79页〕

113

4-1-8 为垄断东北的航运，"满铁"于1933年2月从伪满政府手中取得了松花江水运经营权，接收了原航务局、江运处及船舶、码头等设施。图为"满铁"控制下的吉林松花江码头。〔（日）加持正范编：《满洲国写真集》（第一回），满洲事情案内所，1941年，第6页〕

4-1-9 "满铁"控制下的佳木斯松花江码头。〔（日）河岛成光编：《素描大满洲》，细谷真美馆大连出版所，1941年，第55页〕

4-1-10 "满铁"控制下的哈尔滨松花江码头。〔（日）河岛成光编：《素描大满洲》，细谷真美馆大连出版所，1941年，第62页〕

4-1-8

4-1-9

4-1-10

4-1-11

4-1-12

4-1-11 1937年7月12日，日军占领天津总站后在屋顶上欢呼。〔（日）每日新闻社整理：《不许可写真1：20世纪的记忆》，每日新闻社，1998年，第177页〕

4-1-12 日伪控制下的天津火车站。〔（日）每日新闻社整理：《不许可写真1：20世纪的记忆》，每日新闻社，1998年，第158页〕

4-1-13

4-1-13 1938年8月,中国中部的陇海线成为日军的专用运输线。有"满铁"标志的货车被发往华中,日军难忍车厢内的闷热,在车厢顶部搭建了帐篷。〔(日)每日新闻社编:《日本的战历》,每日新闻社,1967年,第132页〕

4-1-14

4-1-15

4-1-14 4-1-15 1937年10月5日，日军攻陷德州后在德州车站警戒。图片通过审查，但被要求删去德州车站背景。军队进驻地点或可能暴露军事意图的照片是禁止发表的。〔（日）每日新闻社整理：《不许可写真2：20世纪的记忆》，每日新闻社，1999年，第19页〕

第二节　垄断金融

九一八事变后，日本关东军占领了"四行号"[1]，控制了东北的金融命脉。1932年3月15日，日伪宣布合并"四行号"，成立伪满中央银行，并在各地设立分行计120余家。此后，日本在华北、华东及华中占领区，相继接管外国银行，削弱进而消灭外国银行在华势力，进而垄断金融和货币发行。为筹措战争经费，日伪还在各占领区发行各类债券及军用票，强制中国企业及百姓购买，赤裸裸地掠夺中国人民的财富，借中国人的资金维系战争的正常进行，这同时在一定程度上造成了各占领区的物价飞涨，致使人心惶惶。

---

[1] 四行号指东三省官银号、边业银行、吉林永衡官银号和黑龙江省官银号。

第四章 经济统制

4-2-1

4-2-1 1932年7月1日,伪满中央银行及其在伪满奉天、哈尔滨等地设立的分行计120家正式开业。伪满中央银行垄断货币发行,集中信贷管理,成为日本控制伪满国民经济的重要工具。图为伪满中央银行发行的货币。〔(日)满史会编:《满洲慕情:全满洲写真集》,株式会社谦光社,1971年,第130页〕

4-2-2 为执行日本对华侵略政策,日本横滨正金银行在中国哈尔滨、长春、沈阳、大连、天津、青岛、上海、香港、广州等地建立支行,为"附属地"日本建筑业提供投资服务。图为正金银行长春支行办公楼。〔(日)金泽求也编:《南满洲写真大观》,满洲日日新闻社,1911年〕

4-2-2

4-2-3

4-2-4

4-2-3　正金银行奉天支行办公楼。〔(日)金泽求也编：《南满洲写真大观》，满洲日日新闻社，1911年〕

4-2-4　正金银行营口支行办公楼。〔(日)金泽求也编：《南满洲写真大观》，满洲日日新闻社，1911年〕

4-2-5　1941年12月8日晨，驻上海的日本海军特别陆战队查封了上海市内的外资资产。图为日本海军陆战队队员接管汇丰银行（香港上海银行）。〔(日)每日新闻社整理：《一亿人的昭和史10·不许可写真史》，每日新闻社，1982年，第184页〕

4-2-5

4-2-6

4-2-6 继银行之后，驻上海的日本海军特别陆战队接管了上海外滩英国麦加洋行。他们给洋行贴上封条，其上印有"蓄意破坏或偷盗者一律军法处置"。〔（日）每日新闻社整理：《一亿人的昭和史10·不许可写真史》，每日新闻社，1982年，第184页〕

4-2-7 驻上海的日本海军特别陆战队相继接管英美银行，引起民众恐慌，老百姓开始大规模提现。日军接管范围之外的中国银行门前也排起了提现的长队。〔（日）每日新闻社整理：《一亿人的昭和史10·不许可写真史》，每日新闻社，1982年，第185页〕

4-2-7

4-2-8　4-2-9　4-2-10　侵华战争期间，日本在中国大量发行没有号码、没有发行保证的军用票，强制在其占领区流通，进行经济掠夺。〔中国人民银行《中国历代货币》编辑组编：《中国历代货币》，新华出版社，1988年〕

4-2-11　1942年，为庆祝"建国十周年"，伪满政府发行"第一回富国债券"。债券由伪满经济部大臣签发，面值五元，不付利息，以每年抽奖一次的方式鼓励民众购买。〔伪满皇宫博物院藏文物〕

4-2-12　太平洋战争后期，为支援日本，伪满政府发行公债并对伪满政府职员和百姓强行摊派。图为1945年伪满发行的第二期报国公债券证书，它是根据伪满《投资事业公债法》发行的有息公债，兑换日期为伪康德十七年（1950年）。〔伪满皇宫博物院藏文物〕

4-2-8

4-2-9

4-2-10

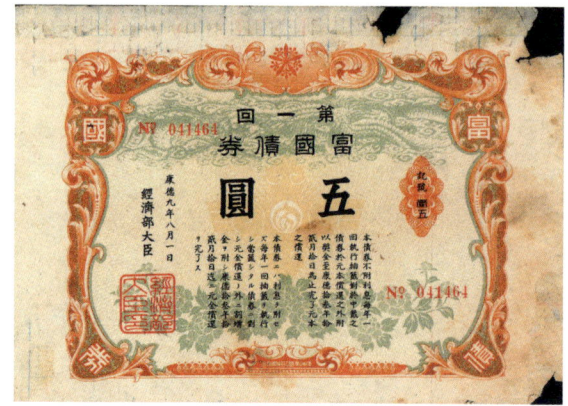
4-2-11

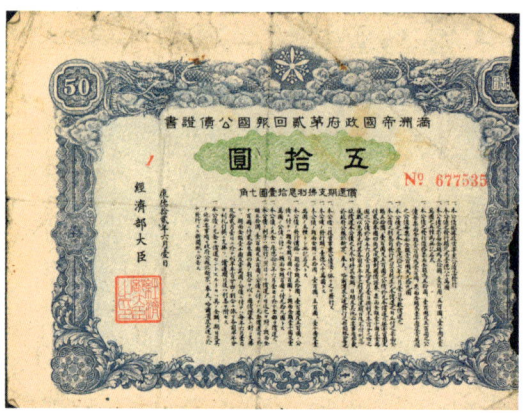
4-2-12

第三节 统一财税

　　东北海关的税收在中国占有举足轻重的地位。日本接收和夺取中国东北海关后将其改称为税关，并进行了多次税关改革。1937年9月，伪满颁发了新《税关法》，以加强伪满和日本的经济贸易关系，支持日本侵华战争。日本接管其占领区的海关及财政部门后，为保证军需，还多次进行战时增税，仅1944年一年，伪满的税收总额即达到日本入侵前的30倍。日军命令其占领区的海关税收一律存入日本横滨的正金银行，由此完全控制了中国海关的税收。日军甚至在一些较发达的城市和地区直接设卡增税。严酷的财税政策使中国民族工商业发展受到极大限制，加强了对日本及其轴心国成员间的贸易，使其占领区贸易呈现鲜明的殖民特点。

4-3-1

4-3-1 伪满洲国成立后，强行接管各地海关并改称税关，增设了各种苛捐杂税。图为日伪控制下的营口税关关址。〔（日）金泽求也编：《南满洲写真大观》，满洲日日新闻社，1911年〕

4-3-2 伪满安东（今丹东）税关检查所。〔（日）满史会编：《满洲慕情：全满洲写真集》，株式会社谦光社，1971年，第79页〕

4-3-2

4-3-3

4-3-4

4-3-5

4-3-3　1931年9月23日，日军步兵第29联队占领的奉天的辽宁省财政厅大门。〔（日）国防智识普及会编：《满洲事变写真帖》，东京省文社，1932年〕

4-3-4　日本关东军察哈尔派遣兵团于1937年8月27日占领了张家口，并进一步西进，分别于9月11日、13日占领了聚乐堡和大同。图为日军占领下的伪察南自治政府财政厅。〔（日）每日新闻社整理：《不许可写真2：20世纪的记忆》，每日新闻社，1999年，第9页〕

4-3-5　1937年12月13日，日军千叶部队占领了南京国民政府财政部。〔（日）每日新闻社整理：《不许可写真1：20世纪的记忆》，每日新闻社，1998年，第146页〕

第四节 控制邮电通信

　　伪满洲国政府成立后,日伪开始接管中国东北的邮政通信,宣布从1932年4月1日起全面接管东北邮政及其业务。1933年9月,由日伪共同出资合办的"满洲电信电话株式会社"(简称"满洲电电")成立,并在东北各地设立7个管理局,完全接管和控制了东北的电信业务。日军还设立特殊无线通信部,控制了中国东北的通信,至1935年,日伪抢占了中国东北所有的通信设施,垄断了全部通信业务。至1941年,日伪在中国东北设立了1055个电报电话局,18个无线电台。

4-4-1

4-4-2

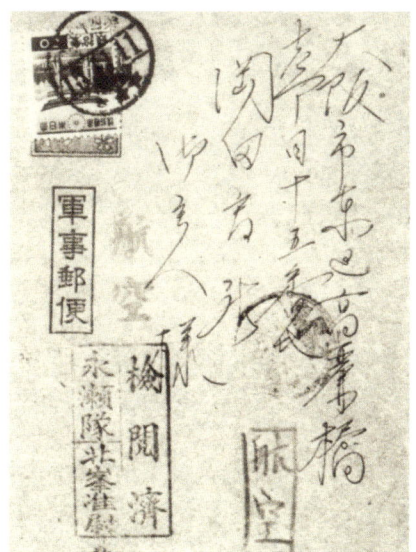

4-4-3

4-4-1 伪满大连电话交换局办公地点。〔(日)金泽求也编：《南满洲写真大观》，满洲日日新闻社，1911年〕

4-4-2 伪满大连邮政局业务大楼。〔(日)金泽求也编：《南满洲写真大观》，满洲日日新闻社，1911年〕

4-4-3 所有邮件都要经过审查，可以看到审查印章。即使是日军士兵从战场邮往日本国内的信件，如果写有部队行动等内容，也会被禁止邮寄。〔(日)每日新闻社整理：《一亿人的昭和史10·不许可写真史》，每日新闻社，1982年，第232页〕

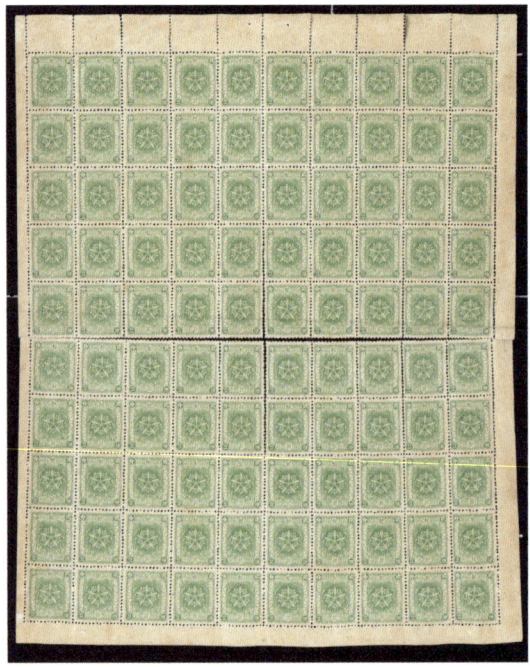
4-4-4

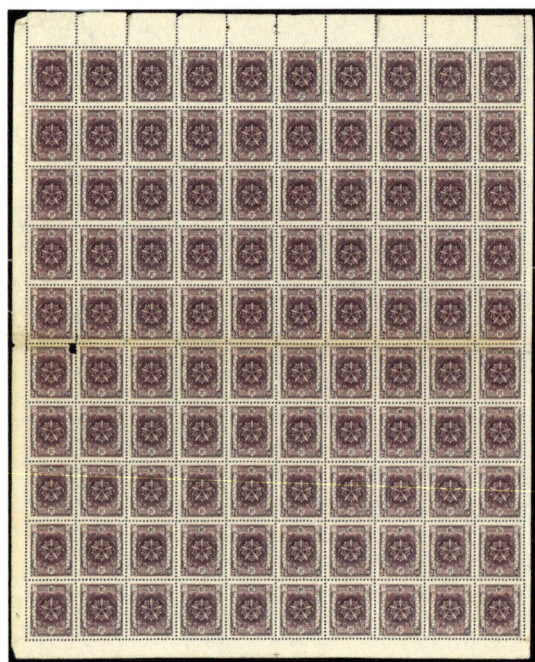
4-4-5

4-4-6

4-4-4 1935年，伪满发行了首版通邮邮票，面值2分。〔伪满皇宫博物院藏文物〕

4-4-5 伪满发行的第四版通邮邮票，面值2分5厘。〔伪满皇宫博物院藏文物〕

4-4-6 为垄断中国东北电信业务，1933年9月"满洲电信电话株式会社"（简称"满洲电电"）成立。

第五章

掠夺资源

掠夺中国的物产资源是日本侵华的主要经济目的。日本侵占中国各地后，即针对各占领区的资源状况，进行分阶段、有侧重、有针对性的、灵活多变的经济掠夺，从地下矿藏到地上农林物产无所不抢，尤其在1943年下半年至1945年8月，到了十分疯狂的程度。

为发展军工，支援侵略战争，日军对每个占领区的矿产资源都进行竭泽而渔式的"开发"与掠夺。中国东北、华北地区矿产资源丰富，以煤炭为例，仅东北煤炭储量就为230亿吨，年产量超过10万吨的煤矿有30多个，其储量和质量在世界都屈指可数，日本觊觎良久。1932年9月，日本关东军通过与伪满政府签订的《日满议定书》附件《关于规定国防上必需的矿业权的协定》，攫取了中国东北的矿产开采权，占领了东北40余处煤矿以及铁矿、油页岩矿和金矿等。继中国东北之后，日军每南下侵占中国的一块土地，必迅速霸占工矿企业，并通过军管、委托经营或中日合办等方式实行掠夺式的开采。

日本石油资源贫乏，原油90%依靠进口。为满足侵略战争需要，日本当局费尽心机地在中国东北寻找石油资源。因未找到天然油田，日本就开始研究通过油页岩提取液体燃料。为发展军事工业，日伪还大力"开发"电力、发掘电能。太平洋战争爆发后，日本颁发了《战时紧急经济对策要纲》，明确提出"作为对日支援，特别要加强钢铁、煤炭、液体燃料、轻金属、有色金属及农产品的增产"。由此，日伪对有关资源开始了更为疯狂的抢掠行动。

农林产品同样是日本掠夺的目标。中国东北、华北和华南地区农业基础较好，是日本掠夺粮食的重要区域。尤其中国东北，是世界著名的产粮区。中国东北农民人口占总人口的80%，农业是最基本的国民经济生产部门。九一八事变后，为使中国东北成为日本进行侵略战争的粮食基地，日本不断加强对其粮食的掠夺。日本将搜刮的粮食大量运往日本、朝鲜和中国华北以换取其他军用物资。

日本还破坏性地抢掠中国的林业资源。中国东北是日本掠取林业资源的重要基地。据1942年的调查，中国东北的森林面积约 21 万平方千米，森林蓄积量约 26.2 亿立方米，森林资源非常丰富。日伪为修建军用设施如营房、地下仓库等，野蛮地采伐中国树木，使中国的森林遭受严重破坏，出现大量荒山，水土流失严重。

为满足侵略战争的需要，日军对占领区的一般性物资亦进行疯狂掠夺，这在中国华中、华东地区表现最为严重。无论是百姓的生活用品，还是工商企业物资，日军都强制掠夺，无所不用其极。

本章主要内容包括：日本对伪满大型煤矿、钢铁公司、海南铁矿、伪满石油公司、发变电所等开采利用，对中国东北农林特产以及其他物资抢掠的实况。这些照片多数来自院藏文物资料，部分照片是在伪满时期即在伪满洲国或日本国内公开出版，少量照片是日本随军记者近年才公布的。在表现中国各地矿藏及物产资源丰富、日本利用大型重工机械"帮助中国开发和现代化"的同时，也从客观上揭露了日本不惜提升硬件设施对我国物产资源掠夺及精心谋划殖民统治的本质。为了向中国及日本国内民众炫耀日本在伪满洲国所谓开发的功绩，以蒙蔽民众、争取同情，本章照片中除少量涉及具体矿山、暴露战机型号或运输手段等照片禁止发表外，绝大多数照片是允许公开发表的。

第一节　攫取重工业资源

为满足侵略战争及军事工业发展的需要，日本加速掠夺中国的煤炭、石油、钢铁等重工业资源。为提高产量，日本采取"以人换煤"和增加富矿比率的办法进行破坏性开采，导致矿难频发；至日本投降，这些煤矿被严重破坏，几乎失去再生产能力。日本还通过冶炼钢铁，掠走了中国大量的钢铁资源。1932年至1944年间，日本从中国东北掠走煤炭2.23亿吨，钢580万吨，生铁1100万吨。

石油是重要的动力燃料和军需用品，具有重要的经济和军事价值。日本对中国石油的掠夺以页岩油为主。为掠夺中国石油、占领中国东北石油贸易份额，日本成立各种石油株式会社，垄断中国的石油开采、冶炼和销售。此外，日本还通过收购原有电力工厂、增加电力设施提高产能等手段，大力开发作为其他工业产业动力的中国电力资源，以满足日本掠夺中国资源的需要。为控制舆论宣传，日本在公开出版物及新闻报道中，对掠夺矿产资源、劳工生存环境及矿难等情况避而不谈，有关照片被禁止发表。

第五章 掠夺资源

5-1-1

5-1-2

5-1-3

5-1-1 日俄战争后，日本霸占了抚顺煤矿，并成立"抚顺采炭所"，开始对抚顺煤矿进行疯狂的开采和掠夺。图为日伪煤矿企业在抚顺煤矿坑内作业。〔（日）金泽求也编：《南满洲写真大观》，满洲日日新闻社，1911年〕

5-1-2 日伪煤矿企业在抚顺煤矿"古城子"进行露天采掘。〔（日）河岛成光编：《素描大满洲》，细谷真美馆大连出版所，1941年，第27页〕

5-1-3 伪满抚顺千金寨西竖坑采煤场。〔（日）金泽求也编：《南满洲写真大观》，满洲日日新闻社，1911年〕

133

5-1-4

5-1-5

5-1-6

5-1-4　为加速开采和掠夺中国东北煤矿，日本大量使用现代机械设备。图为1932年抚顺煤矿用挖掘机向铁矿车上装运煤炭，当时这样的大型机械，在抚顺煤矿就有25台。〔（日）每日新闻社编：《别册一亿人的昭和史·日本殖民地史（2）·满洲》，每日新闻社，1978年，第132页〕

5-1-5　日伪经营东北煤矿的机构伪满洲炭矿株式会社（简称"满炭"）于1934年成立后，于1936年在阜新成立矿业所，统一经营阜新露天煤矿开采现场。图为日伪控制下的阜新露天煤矿开采现场。〔（日）加持正范编：《满洲国写真集》（第一回），满洲事情案内所，1941年，第43页〕

5-1-6　日伪控制下的鞍山制铁所局部。〔（日）野间清治编：《满洲事变/上海事变：新满洲国写真大观》，大日本雄辩会讲谈社，1932年，第129页〕

第五章 掠夺资源

5-1-7

5-1-8

5-1-7 5-1-8 1933 年，日伪将鞍山制铁所并入昭和制钢所，实行钢铁连续作业。图为伪满昭和制钢所工人炼钢车间的作业现场。〔（日）河岛成光编：《素描大满洲》，细谷真美馆大连出版所，1941 年，第 15 页〕

5-1-9

5-1-10

5-1-11

5-1-9　1905年，日伪为加速掠夺中国东北资源而建立的本溪湖煤铁公司。1924年这里曾发生矿难，死亡1500余人。〔(日)野间清治编：《满洲事变／上海事变：新满洲国写真大观》，大日本雄辩会讲谈社，1932年，第128页〕

5-1-10　日军占领海南岛后，对全岛的地下资源进行了勘察，在田独、石碌发现了藏量大、含铁量高的优质铁矿，便开始作为国策大力"开发"，给矿山造成极大破坏。图为田独矿山开采现场。此照被禁止发表。〔(日)每日新闻社整理：《不许可写真2：20世纪的记忆》，每日新闻社，1999年，第116页〕

5-1-11　日军在侵占海南期间，从田独、石碌两个矿山共掠走3,382,634吨矿石。（参见《海南铁矿志》编撰委员会编：《海南铁矿志1939—1983》，1984年，第5页）图为田独矿山的矿工正用缆绳将铁矿石运下山。此照被禁止发表。〔(日)每日新闻社整理：《不许可写真2：20世纪的记忆》，每日新闻社，1999年，第116页〕

第五章 掠夺资源

5-1-12

5-1-13

5-1-12 "满铁"成立后,日伪在营口设立亚细亚石油公司,专司石油贸易。〔(日)金泽求也编:《南满洲写真大观》,满洲日日新闻社,1911年〕

5-1-13 日军为日本军用飞机补充汽油。〔日中友好协会总部提供,村濑守保拍摄〕

137

5-1-14

5-1-15

5-1-14 1937年10月22日，日军在德州飞机场用掠夺的石油为日本"荒鹫"战机补给汽油。图片因暴露飞机型号被禁止发表。〔(日)每日新闻社整理：《不许可写真2：20世纪的记忆》，每日新闻社，1999年，第17页〕

5-1-15 日军维修人员为战斗机加油，以作好出发准备。图片通过审查，被允许发表。〔(日)每日新闻社整理：《不许可写真2：20世纪的记忆》，每日新闻社，1999年，第39页〕

5-1-16 堆积如山的汽油桶。〔日中友好协会总部提供，村濑守保拍摄〕

5-1-16

第五章 掠夺资源

5-1-17

5-1-18

5-1-17 成立于1908年的"满铁"长春发电所，以煤、石油、天然气等能源进行火力发电。1934年改称"新京发变电所"，以掠夺的能源为基础，大肆生产并使用中国的电力资源。〔（日）金泽求也编：《南满洲写真大观》，满洲日日新闻社，1911年〕

5-1-18 1908年，日军为扩大掠夺抚顺煤炭，满足扩张需要，在抚顺千金寨大山坑兴建了第一座煤炭发电厂。〔（日）金泽求也编：《南满洲写真大观》，满洲日日新闻社，1911年〕

5-1-19

5-1-20

5-1-19 随着对煤炭的开采加剧和对电力的需求日益增加,日伪电力企业不断增加电容量。图为大山坑的大型燃煤发电机。〔(日)金泽求也编:《南满洲写真大观》,满洲日日新闻社,1911年〕

5-1-20 1934年10月,日伪成立满洲电业株式会社,对水、火、电进行统一管理,从而完全垄断了东北的电力。〔(日)满史会编:《满洲慕情:全满洲写真集》,株式会社谦光社,1971年,第90页〕

第二节　抢掠农林物资

日本觊觎中国丰富的物产资源已久，并视其为建设"大东亚共荣圈"的物质基础。日本通过对水稻、谷子、大豆、棉花等主要作物的购买、销售、运输等，完全统制了中国的农业经济。据日本战犯、伪满国务院总务厅次长古海忠之的自供状记载，从1944年至1945年，"伪满每年援助日本粮食300万吨，其中有180万吨是大豆，占了60%。"[1]日本对中国的林业资源采取"剃光头"式的采伐方式，使中国的森林尤其是东北的珍贵林木遭到毁灭性的破坏。为了解决给养问题，日军在其占领区对中国农林资源、战略物资与生活必需品的抢掠与破坏，可谓竭尽全力，完全不计破坏生态平衡、可持续发展及牺牲中国百姓的利益等代价和后果。

---

[1]（日）古海忠之：《日本控制伪满经济命脉的内幕》，《决策与信息》2004年第6期，第52～54页。

5-2-1 日伪把东北大豆及其制品作为农产品掠夺的重点。图为日伪奴役劳工精选大豆的场景。〔(日)加持正范编:《满洲国写真集》(第二回),满洲事情案内所,1942年,第48页〕

5-2-2 日伪奴役劳工搬运大豆的场景。〔(日)加持正范编:《满洲国写真集》(第二回),满洲事情案内所,1942年,第47页〕

5-2-3 堆积如山的大豆正准备由长春运往日本或中国关内。〔(日)金泽求也编:《南满洲写真大观》,满洲日日新闻社,1911年〕

5-2-1

5-2-2

5-2-3

5-2-4

5-2-5

5-2-6

5-2-4 堆积在通辽火车站等待装运的袋装大豆。〔（日）野间清治编：《满洲事变/上海事变：新满洲国写真大观》，大日本雄辩会讲谈社，1932年，第141页〕

5-2-5 堆积在开原火车站的袋装大豆。〔（日）满史会编：《满洲慕情：全满洲写真集》，株式会社谦光社，1971年，第83页〕

5-2-6 大连某货站堆积如山的农产品。〔（日）国防智识普及会编：《满洲事变写真帖》，东京省文社，1932年〕

5-2-7

5-2-7 停放在大连码头准备外运的大批豆油。〔(日)金泽求也编:《南满洲写真大观》,满洲日日新闻社,1911年〕

5-2-8 大连码头准备外运的堆积如山的农产品。〔(日)满史会编:《满洲慕情:全满洲写真集》,株式会社谦光社,1971年,第9页〕

5-2-8

第五章 掠夺资源

5-2-9

5-2-10

5-2-9 大批的棉花被装车外运。〔（日）满史会编：《满洲慕情：全满洲写真集》，株式会社谦光社，1971年，第9页〕

5-2-10 为防雨雪及盗窃，日伪在大连码头附近建立十余栋仓库存放大豆及豆饼等物。〔（日）金泽求也编：《南满洲写真大观》，满洲日日新闻社，1911年〕

145

5-2-11

5-2-12

5-2-11 设在大连的三井物产株式会社，主要经营大豆等农产品的进出口业务。〔（日）金泽求也编：《南满洲写真大观》，满洲日日新闻社，1911年〕

5-2-12 主要生产面粉的满洲制粉株式会社铁岭支社的工厂。〔（日）金泽求也编：《南满洲写真大观》，满洲日日新闻社，1911年〕

第五章　掠夺资源

5-2-13　东北林业资源丰富，日本觊觎已久。〔（日）野间清治编：《满洲事变／上海事变：新满洲国写真大观》，大日本雄辩会讲谈社，1932年，第149页〕

5-2-14　堆积在海兰河畔的大量木材准备外运。〔（日）野间清治编：《满洲事变／上海事变：新满洲国写真大观》，大日本雄辩会讲谈社，1932年，第149页〕

5-2-13

5-2-14

147

5-2-15

5-2-15 随着七七事变的爆发和中国全面抗战的开始,日军紧急将日本关东军的两个旅团和驻朝日军的一个师团调往华北,并将侵略的物资运送至华北。图为1937年7月12日抵达北平丰台的关东军装甲列车。丰台为军事要地,中国不允许日本在此驻军,图片因此被禁止发表。〔(日)每日新闻社整理:《一亿人的昭和史10·不许可写真史》,每日新闻社,1982年,第39页〕

5-2-16 1937年7月12日,到达丰台的日军某部在大街上运输物资。图片通过审查,但被指示将"天津"改为"○○"。〔(日)每日新闻社整理:《不许可写真1:20世纪的记忆》,每日新闻社,1998年,第155页〕

5-2-16

第五章　掠夺资源

5-2-17

5-2-18

5-2-17　1937年，日军以抢占的民用马车运送大炮向北平西南部的宛平城前进。图片在所有马车拉着的大炮之处都打上了"×"记号，被禁止发表。〔（日）每日新闻社整理：《不许可写真1：20世纪的记忆》，每日新闻社，1998年，第168页〕

5-2-18　1937年，日军侵占天津后运输抢占的物资。图片因用特殊汽车运输物资而被禁止发表。〔（日）每日新闻社整理：《不许可写真1：20世纪的记忆》，每日新闻社，1998年，第177页〕

149

5-2-19

5-2-20

5-2-19 1937年9月1日,日军第3师团步兵第6联队将抢占的物资运至上海卸货。图片起初被禁止发表,后又解除禁止,但要求删除照片文字说明中的部队名称。〔(日)每日新闻社整理:《不许可写真1:20世纪的记忆》,每日新闻社,1998年,第36页〕

5-2-20 1937年10月19日,日军在上海战线庙村附近用摩托艇来运送货物。图片通过审查,但被指示删除照片文字说明中的"鸟海部队沼田队(船运队)"。〔(日)每日新闻社整理:《不许可写真1:20世纪的记忆》,每日新闻社,1998年,第116页〕

第五章　掠夺资源

5-2-21

5-2-22

5-2-23

5-2-21　1937年11月12日，日军为攻击上海南市而抢掠物资。图为日军用搬运车在南市搬运物资。图片通过审查，被允许发表。〔（日）每日新闻社整理：《不许可写真1：20世纪的记忆》，每日新闻社，1998年，第128页〕

5-2-22　日军占领上海后，为供给军队足够的食物，加紧对百姓家畜的掠夺。图为日军增田部队的士兵在处理猪肉。此照片在《东京日日新闻》千叶版中使用过。图片通过审查，被允许发表。〔（日）每日新闻社整理：《不许可写真1：20世纪的记忆》，每日新闻社，1998年，第137页〕

5-2-23　1937年上海淞沪会战期间，因中国人民的奋起抗争，日军通过运河运送粮食和弹药时每前进一步都会有几个士兵战死。这条运河因此被称为"魔道"或"冥河"。图为1937年10月14日日军笠原部队正在这条河道上运送粮食和弹药。图片禁止公开的理由是它暴露了工兵用的铁船船体以及河岸上遗留的尸体。〔（日）每日新闻社整理：《一亿人的昭和史10·不许可写真史》，每日新闻社，1982年，第71页〕

151

5-2-24 日军在南京中山路上用人力车搬运抢掠的物品。图片通过审查,被允许发表。〔(日)每日新闻社整理:《不许可写真1:20世纪的记忆》,每日新闻社,1998年,第147页〕

5-2-25 1937年12月15日,南京城内有日军士兵将物品放在抢来的婴儿车上,远端是将行李放在抢来的驴的背上的日军。东京审判记录记载:日军抢夺财物,强奸、虐杀平民事件层出不穷。此类图片不允许公开。〔(日)每日新闻社整理:《一亿人的昭和史10·不许可写真史》,每日新闻社,1982年,第84页〕

5-2-24

5-2-25

第五章　掠夺资源

5-2-26

5-2-26　战场休息期间，日军士兵拉着抢来的胡琴，抽着抢来的土烟。图片通过审查，被允许发表。〔（日）每日新闻社整理：《不许可写真2：20世纪的记忆》，每日新闻社，1999年，第105页〕

5-2-27　1937年10月7日，日军在雨中打着抢来的中国雨伞，将从中国百姓那里征用的牛车充当弹药搬运车。此图片曾一度通过审查，但最终被禁止公开。〔（日）每日新闻社整理：《一亿人的昭和史10·不许可写真史》，每日新闻社，1982年，第68～69页〕

5-2-27

5-2-28

5-2-29

5-2-28 1938年6月11日，日本陆军征用中国渔船跟随日军部队进攻安庆。渔船主要任务是运输粮食和弹药。〔（日）每日新闻社整理：《一亿人的昭和史10·不许可写真史》，每日新闻社，1982年，第88页〕

5-2-29 日军通过临时自制船舶将粮食和弹药从苏州运往无锡。因照片暴露物资运送手段而被禁止发表。〔（日）每日新闻社整理：《不许可写真1：20世纪的记忆》，每日新闻社，1998年，第141页〕

第五章 掠夺资源

5-2-30

5-2-31

5-2-30 日军通过临时自制船舶将粮食和弹药从苏州运往无锡。因照片暴露物资运送手段而被禁止发表。〔（日）每日新闻社整理：《不许可写真1：20世纪的记忆》，每日新闻社，1998年，第141页〕

5-2-31 1938年9月，日军土师部队士兵在攻打汉口期间正在食用从当地农田中抢来的地瓜。图片通过审查，被允许发表。〔（日）每日新闻社整理：《不许可写真2：20世纪的记忆》，每日新闻社，1999年，第84页〕

5-2-32

5-2-32 1938年10月12日,日军第21军(下辖第5、第18、第104师团等)为了攻占广州,于大亚湾登陆,并于21日侵占了广州。图为日军用运输船将抢掠的物资运至大亚湾集结。〔(日)每日新闻社整理:《不许可写真1:20世纪的记忆》,每日新闻社,1998年,第191页〕

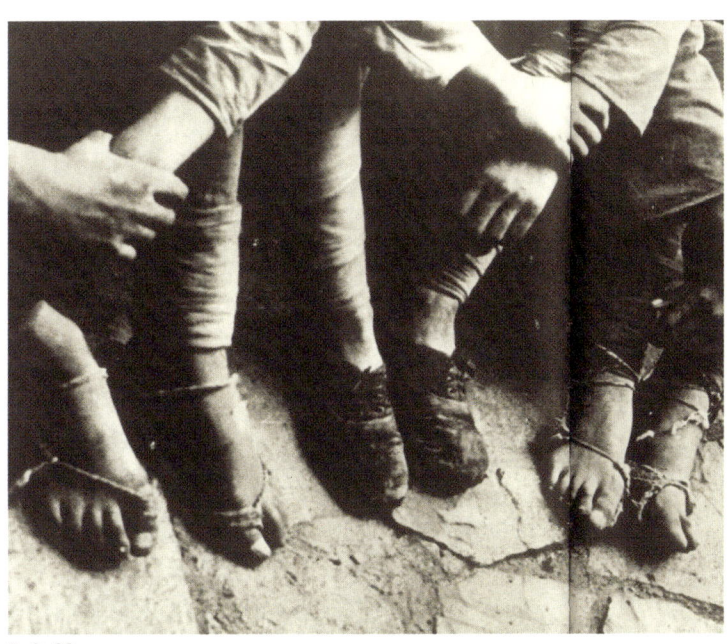

5-2-33　在广东战场上被俘的中国士兵。由于物资匮乏，这些中国俘虏脚上穿的是草鞋，双脚的皮肤干裂，指甲里渗着血。〔（日）每日新闻社编：《日本的战历》，每日新闻社，1967年，第108～109页〕

5-2-34　日军用抢来的大米在野地生火煮饭。〔柏原英一拍摄〕

第六章

巧取豪夺

为满足侵略战争的需要，加速对中国的经济掠夺，日本通过奴役中国劳工、种植贩售鸦片等方式压榨中国，使中国人民陷入悲惨的境地。

为了准备对华及对苏作战的各种军用交通、军事工程，日军对劳动力的需求日益增加。日本通过设立劳工协会、劳务司、勤劳部等组织机构，于1938年12月颁发了违反国际法的劳务制度——敕令第268号《劳动统制法》，对中国劳动力资源从募集、供给到管理、经营实施全面统制。1941年9月，伪满政府制定《劳务新体制确立要纲》，调整和强化了劳工统制制度，推动赋役和勤劳奉公的统制，强征中国人民从事各种繁重劳役。据日本战犯古海忠之承认，在1939年实行诱招方针后，伪满对华北劳工一年招募的劳工数量即达100万—130万人。

日本榨取中国人民财富的另一个手段是违反《海牙禁烟公约》推行鸦片专卖政策。《海牙禁烟公约》是1912年由德美中法俄日等多国共同订立信守的条约，其第十七条规定："缔约各国与中国有条约者，应从事于采用必需之办法，以限制及检查在中国之各国租借地、殖民地及租界内吸食鸦片之习，并与中国政府同时进行，以禁绝现在尚有之烟馆及与烟馆相类之所，其公众娱乐处及娼寮内，亦禁止吸食鸦片。"日本虽在公约上签了字，却因鸦片有巨额利润，仍在其占领区强制推行鸦片专卖制度，垄断鸦片的种植与销售，仅伪满区域内鸦片种植面积即达1万多平方千米。日本还鼓励中国民众吸食鸦片，在中国各地设立零卖所，大发战争横财。据伪满洲国民政部统计，伪满有900余万人吸食鸦片，占总人口3000万的30%。一年鸦片销售额即超过5亿元。1937年，伴随着日本全面侵华，鸦片的种植范围也由东北扩散至华北、华中与华南地区，鸦片的贩售更加肆无忌惮，华北地区鸦片泛滥尤甚。东京远东国际军事法庭对日本战犯审判的判决书明确指出："凡被日本所占领的地方，从占领时起到日本投降为止，鸦片和麻药的使用都是日益增多。"日本对中国的鸦片侵略具有明显的目的性和垄断性，给中国人民带来了深重的灾难。

在战乱中,房屋被焚毁,百姓居无定所,社会动荡,经济凋零,百姓衣食都无法得到最基本的保障,食不果腹,生活举步维艰。流浪街头乞讨、卖儿鬻女者屡见不鲜。日伪当局虽采取一定的"社会救济"措施如设施粥处,但杯水车薪,收效甚微。许多百姓饿死街头,中国人民生活极度困苦。

本章主要内容包括:日军征用中国劳工修建机场、交通等土木工程,运输或搬运物资;日本推行鸦片专卖政策,致中国人吸食成瘾,频仍的战乱致各占领区百姓生活贫困潦倒、四处漂泊。本章照片中有少量照片因涉及暴露机场等战略要地或泄露军事意图、部队活动被禁止发表,其他大部分照片是日本随军记者近年公布于世的。

第一节　滥用劳工

为最大范围地征用中国劳动力，日伪当局征招上百万的失业工人、破产农民和城市贫民以及流民、学生等社会各阶层人员，甚至战俘，主要从事矿区开采、军事设施等土木工程的施工及运输等，既有高强度作业，也做一些杂役。据不完全统计，1941年后，伪满洲国每年从关内和本地骗招与强抓劳工总数达到200余万人。日伪对中国劳工实施严密管控、奴役，劳工生产、生活区域被限制在一定范围内，毫无人身自由。

第六章 巧取豪夺

6-1-1

6-1-2

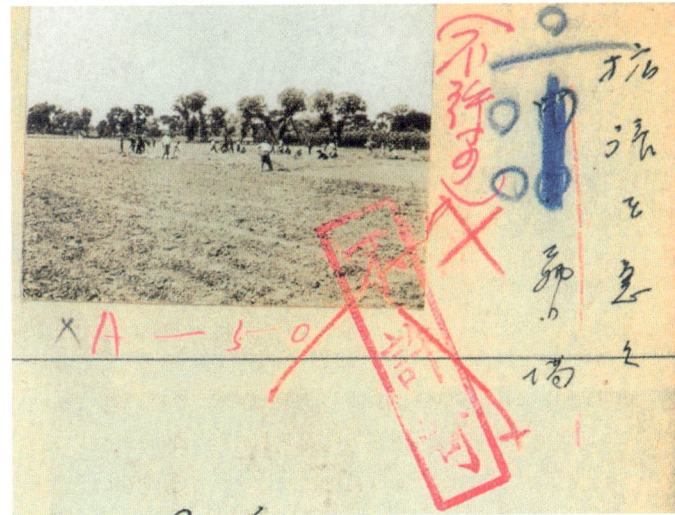
6-1-3

6-1-1 七七事变发生后第五天，日军便开始秘密在北平丰台郊外修建飞机场（1936年3月，日军曾试图获取这片土地，因中国反对未遂）。图为大量中国劳工被秘密驱赶去修建机场。〔（日）每日新闻社整理：《一亿人的昭和史10·不许可写真史》，每日新闻社，1982年，第38页〕

6-1-2 日军强征中国劳工在丰台郊外扩建机场。照片一度被禁止发表，但之后又被解除了禁止，不过指示要求须将"丰台"改为"○○"。〔（日）每日新闻社整理：《不许可写真1：20世纪的记忆》，每日新闻社，1998年，第155页〕

6-1-3 紧急扩建中的丰台机场。照片因近距离地暴露机场施工现场及日军监视人员，被禁止发表。〔（日）每日新闻社整理：《不许可写真1：20世纪的记忆》，每日新闻社，1998年，第155页〕

163

6-1-4

6-1-5

6-1-4 6-1-5 1937年10月，日军强征中国劳工在津浦战线的德州飞机场为日军装运炸弹。近距离反映中国劳工运送弹药及飞机场的照片，日本陆军省禁止公开发表。〔（日）每日新闻社整理：《不许可写真2：20世纪的记忆》，每日新闻社，1999年，第18～19页〕

第六章　巧取豪夺

6-1-6

6-1-6　1932年，"一·二八"事变中，日军死亡769人、伤2332人。图为日军强征中国劳工搬运大场镇战场上的日军伤兵。〔（日）每日新闻社整理：《一亿人的昭和史10·不许可写真史》，每日新闻社，1982年，第30—31页〕

6-1-7

6-1-8

6-1-9

6-1-7　日军征用中国挑夫为日本人扛着行李去打中国的军队，日本公开发表，并讽刺道："这里不愧是'阿Q'的故乡中国啊！"〔（日）每日新闻社编：《日本的战历》，每日新闻社，1967年，第126页〕

6-1-8　日军征用中国人做厨师，并从蚌埠随日军北上侵华。中国厨师的围裙上写有"崛场队本部室使用炊事"字样。〔（日）每日新闻社整理：《不许可写真2：20世纪的记忆》，每日新闻社，1999年，第45页〕

6-1-9　日军征用中国战俘在第5师团的坂本旅团司令部劳作。图片为1938年11月16日摄于广东佛山。〔（日）每日新闻社编辑：《一亿人的昭和史·日本的战史（5）·日中战争（3）》，每日新闻社，1979年，第48页〕

第六章 巧取豪夺

6-1-10

6-1-11

6-1-10 6-1-11 日军利用中国劳工维修土木建筑。〔日中友好协会总部提供，村瀬守保拍摄〕

6-1-12　伪满劳工在切割木材。〔（日）加持正范编：《满洲国写真集》（第一回），满洲事情案内所，1941年，第39页〕

6-1-13　伪满劳工在开采石材。〔（日）加持正范编：《满洲国写真集》（第一回），满洲事情案内所，1941年，第40页〕

6-1-12

6-1-13

第六章 巧取豪夺

6-1-14

6-1-14 在日军的监视下修筑军用公路的中国劳工。〔柏原英一拍摄〕

第二节　鸦片专卖

　　长期吸食鸦片会成瘾、精神涣散。为麻痹中国人的精神、搜刮民财，日本对中国各占领区实行鸦片专卖制度，对鸦片的种植、收购、制造、销售与吸食实行统制。在鸦片专卖制度下，日本利用伪政府对鸦片的购销严格控制，一切均按规定执行。日本不仅通过给农民发补助等形式鼓励中国各占领区大面积种植鸦片，还大规模向中国出口销售鸦片。日本对华施行的鸦片专卖政策，使各个占领区鸦片种植和吸食泛滥，不仅严重危害中国人的身心健康，更为日本侵华战争提供了经费保障。

6-2-1

6-2-2

6-2-3

6-2-1　日本在中国各地种植鸦片，仅1945年伪满吉林省鸦片的种植面积就达19100亩（12.73平方千米）。图为日本记者拍摄的正在伪满同江口采收用于制作鸦片的罂粟果实的中国姑娘。〔吉林省档案馆编：《伪满洲国的"照片内参"》，山东画报出版社，2004年，第185页〕

6-2-2　伪满洲国政府公开鼓励种植罂粟，并派人定期到各地指导。图为伪满代表宫泽秋次到内蒙古指导罂粟的采集。〔中共中央党史研究室第一研究部、中国人民抗日战争纪念馆编：《中国抗日战争图鉴》（下），湖南人民出版社，2005年，第529页〕

6-2-3　日本侵略者在中国各占领区开设鸦片售吸所即鸦片零售店和吸食馆，供中国人购买和吸食。〔日中友好协会总部提供，村濑守保拍摄〕

6-2-4 鸦片泛滥使许多人染上吸食鸦片的恶习。据1938年饶河县公署资料记载，全县成年人吸食鸦片者达55%。图为饶河县城内的鸦片街。〔吉林省档案馆编：《伪满洲国的"照片内参"》，山东画报出版社，2004年，第184页〕

6-2-5 日本设在北平贩售鸦片的机关。〔《申报每周增刊》（上海），1937年第2卷第23期，封三〕

6-2-4

6-2-5

第六章　巧取豪夺

6-2-6

6-2-6　日本占领时期上海的一处鸦片烟馆。〔上海市档案馆编：《日军占领时期的上海：汉日对照》，上海人民出版社，2010年，第115页〕

6-2-7　日本占领时期中国人吸食鸦片的情景。〔日中友好协会总部提供，村濑守保拍摄〕

6-2-7

第三节　民不聊生

随着日本侵华战争的深入，日本占领区产生了大批难民，尤其在七七事变爆发后，据国民政府赈济委员会统计，1937年8月至1939年末，中国救济难民达21805700人。[1] 他们饥寒交迫，生活极其艰难，尤以老人、妇女和儿童受害最重。在侵入华北、华中等地后，日军象征性地给百姓施舍米粥。靠领取救济粥生活的中国人民的身体健康状况严重下降，疾病和死亡率急剧上升，许多难民因饥饿而死。在弥漫的硝烟中，在日军的重重盘剥与压榨下，中国百姓内心充满绝望。

---

[1]孙艳魁：《苦难的人流——抗战时期的难民》，广西师范大学出版社1994年版，第102页。

6-3-1

6-3-2

6-3-3

6-3-1　中国难民临时搭建居住的简易木屋。〔（日）野间清治编：《满洲事变／上海事变：新满洲国写真大观》，大日本雄辩会讲谈社，1932年，第120页〕

6-3-2　日军列车进入伪满洲国境内时，一对中国母子为求生存，带着很少的水果在车边叫卖。〔日中友好协会总部提供，村濑守保拍摄〕

6-3-3　日军列车进入伪满洲国境内时，当地饥饿的中国妇女儿童守候在铁路旁，准备捡拾火车上的日军扔下的剩饭或杂物。〔日中友好协会总部提供，村濑守保拍摄〕

6-3-4 日军列车进入伪满洲国境内时,当地饥饿的中国儿童捡到日军扔下的剩饭,立刻狼吞虎咽地吃起来。〔日中友好协会总部提供,村濑守保拍摄〕

6-3-5 由于日军入侵华北,大片田地变成战场,庄稼颗粒无收,平津到处闹饥荒。为粉饰太平,1938年2月日军在北平广济寺设立粥棚供应稀粥。图为带着碗和桶一拥而上的饥饿的中国儿童。〔(日)每日新闻社编:《日本的战历》,每日新闻社,1967年,第54～55页〕

6-3-4

6-3-5

第六章 巧取豪夺

6-3-6

6-3-7

6-3-6 饥饿的中国儿童聚集在日军驻地，隔着铁丝网讨要日军的剩饭和菜汤。〔（日）每日新闻社编：《日本的战历》，每日新闻社，1967年，第56～57页〕

6-3-7 在战后城市的焦土上讨生活的中国民众。〔（日）每日新闻社整理：《一亿人的昭和史10·不许可写真史》，每日新闻社，1982年，第123页〕

6-3-8 大批山东百姓在当地无法生存，徒步北上伪满洲国境内谋生。〔（日）野间清治编：《满洲事变／上海事变：新满洲国写真大观》，大日本雄辩会讲谈社，1932年，第121页〕

6-3-9 山东难民在大连登陆。〔（日）野间清治编：《满洲事变／上海事变：新满洲国写真大观》，大日本雄辩会讲谈社，1932年，第121页〕

6-3-10 关内难民搭货车前往伪满洲国谋生。〔（日）野间清治编：《满洲事变／上海事变：新满洲国写真大观》，大日本雄辩会讲谈社，1932年，第120页〕

6-3-8

6-3-9

6-3-10

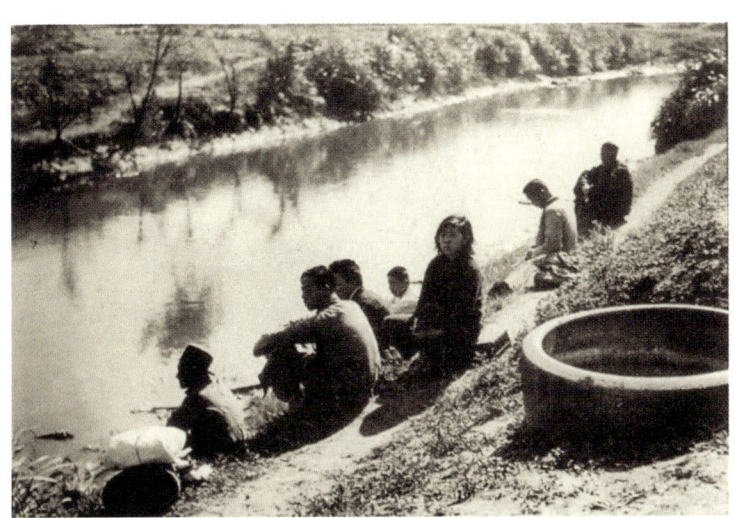

6-3-11 日军攻占上海后，流落城外无以谋生的上海市民。〔（日）每日新闻社整理：《不许可写真1：20世纪的记忆》，每日新闻社，1998年，第127页〕

6-3-12 1937年11月，在上海南市某处聚集的中国难民。〔（日）每日新闻社整理：《不许可写真1：20世纪的记忆》，每日新闻社，1998年，第221页〕

6-3-11

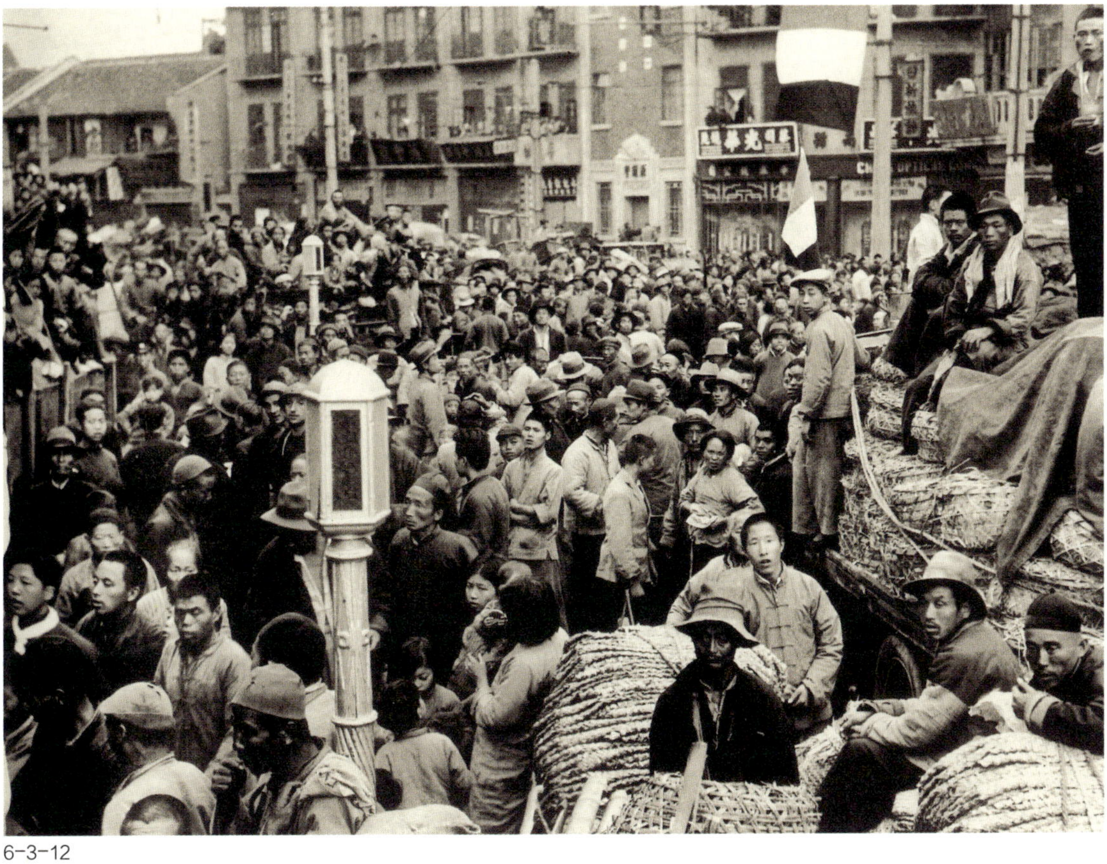

6-3-12

6-3-13

6-3-13　由于日军在华东地区烧杀抢掠造成了极其恶劣的国际影响，日军攻占汉口且控制稳定后，挂出了"不得随意征用民间物资及危害居民"的告示。〔日中友好协会总部提供，村濑守保拍摄〕

6-3-14　在日军的"保卫"下，饥民无处不在。图为随身携带碗筷四处讨饭的中国孩子。〔日中友好协会总部提供，村濑守保拍摄〕

6-3-14

6-3-15

6-3-15　为保障侵华日军的消费，日伪当局在中国各占领区实行物资统制和物资配给制度。中国平民为领取粮食等日常生活用品，要排队等候，而所分到的配额极少，仅够活命。〔日中友好协会总部提供，村濑守保拍摄〕

6-3-16

6-3-17

6-3-16 战争的最大受害者是社会底层的人们，特别是残疾人。图为一个失去双腿的中国女子一脸苦楚地在路边乞讨。〔日中友好协会总部提供，村濑守保拍摄〕

6-3-17 拄着拐杖的失明老人被一位男子架着蹒跚前行，他们破衣烂衫，营养不良。〔日中友好协会总部提供，村濑守保拍摄〕

第六章　巧取豪夺

6-3-18

6-3-19

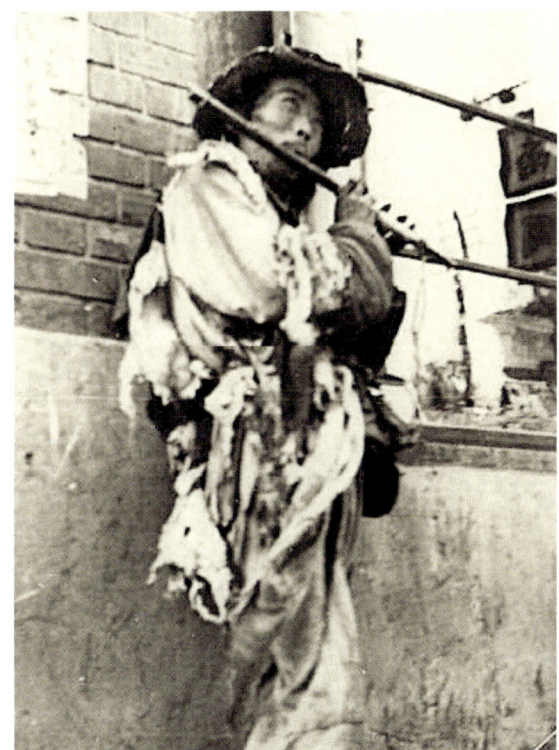
6-3-20

6-3-18　失明的残疾人除了做乞丐别无生路。〔日中友好协会总部提供，村濑守保拍摄〕

6-3-19　双眼失明的中国男子在路边行乞，乞讨的铁碗也已残破不堪。〔柏原英一拍摄〕

6-3-20　靠在街头吹笛子卖艺乞讨的中国流浪汉。〔柏原英一拍摄〕

6-3-21 为安抚占领区的中国百姓,日伪军在其侵占的清化县公署设立救济米药处。〔日中友好协会总部提供,村濑守保拍摄〕

6-3-22 日军占领湖北宜昌后,在街上设立的"武汉报施米"处围满了前来领米的中国百姓。〔柏原英一拍摄〕

6-3-21

6-3-22

第六章 巧取豪夺

6-3-23

6-3-24

6-3-23 广州陷落后，经济萧条，治安混乱，民不聊生，街上所有的店铺都关闭着，到处都是寻找食物的饥民。〔（日）赤木益一郎：《从满洲事变到太平洋战争：20年中的不许可战场写真集》，每日新闻社，1965年，第156页〕

6-3-24 1938年12月1日，珠江流域的渔民生活无以为继，排队领取日军施舍的剩饭。〔（日）每日新闻社编辑：《一亿人的昭和史·日本的战史（5）·日中战争（3）》，每日新闻社，1979年，第50页〕

185

后　记

自2016年始，山东画报出版社与伪满皇宫博物院联合推出《日本秘藏侵华战争照片实录》丛书项目，该项目是"十三五"国家重点图书出版规划项目。《日本秘藏侵华战争照片实录》丛书共四卷，《抢占破坏与经济掠夺》是其中一卷。该卷于2018年1月完成初稿。

本卷共分6大部分、16个专题，遴选了350余幅珍贵历史照片，深刻揭露了日本侵华期间对中国进行抢占破坏与经济掠夺的罪行。

我们在征集图片资料的过程中，得到了山东画报出版社、日中友好协会、满蒙开拓和平纪念馆、日本冲绳县和平祈念资料馆等单位的大力帮助和支持，使本书搜集到了可靠的第一手资料。

本卷的编撰得到了主编王志强、赵继敏的指导以及伪满皇宫博物院同事的帮助和支持，在此谨致谢忱。

学无止境。为确保照片的秘藏性与稀缺性，本卷收入的照片未能全面完整地反映日本侵华期间给中国经济造成的重创和损失，尚有结构不平衡或内容疏漏之处，许多资料仍有待进一步挖掘、研究，敬请广大读者不吝赐教。

李　莉

2022年6月